La Religión del Poder

El culto imperial en Atenas en época de Augusto y los emperadores Julio-Claudios

Fernando Lozano

BAR International Series 1087
2002

Published in 2019 by
BAR Publishing, Oxford

BAR International Series 1087

La Religión del Poder

© Fernando Lozano and the Publisher 2002

The author's moral rights under the 1988 UK Copyright,
Designs and Patents Act are hereby expressly asserted.

All rights reserved. No part of this work may be copied, reproduced, stored,
sold, distributed, scanned, saved in any form of digital format or transmitted
in any form digitally, without the written permission of the Publisher.

ISBN 9781841713199 paperback
ISBN 9781407324814 e-book
DOI https://doi.org/10.30861/9781841713199
A catalogue record for this book is available from the British Library
This book is available at www.barpublishing.com

BAR Publishing is the trading name of British Archaeological Reports (Oxford) Ltd.
British Archaeological Reports was first incorporated in 1974 to publish the BAR
Series, International and British. In 1992 Hadrian Books Ltd became part of the BAR
group. This volume was originally published by John and Erica Hedges Ltd in
conjunction with British Archaeological Reports (Oxford) Ltd / Hadrian Books Ltd,
the Series principal publisher, in 2002. This present volume is published by BAR
Publishing, 2019.

BAR titles are available from:

           BAR Publishing
           122 Banbury Rd, Oxford, OX2 7BP, UK
EMAIL   info@barpublishing.com
PHONE +44 (0)1865 310431
FAX   +44 (0)1865 316916
           www.barpublishing.com

Índice:

Abreviaturas. 3

English Abstract 4

1.- Introducción. 10

2.- Atenas y Roma. Situación política de Atenas durante el reinado de Augusto y la Dinastía Julio-Claudia. 15
    2.1.- Antonio en Atenas. *15*
    2.2.- El advenimiento de Augusto y su relación con Atenas. *16*

3.- El culto a Augusto y los primeros emperadores julio-claudios en Atenas 22
    3.1.- Los primeros sacerdotes de culto imperial. *22*
        3.1.1.- Función de los sacerdotes y el sumo sacerdocio del emperador. 23
        3.1.2.- Los protagonistas. 23
        3.1.3.- Los cargos. 25
    3.2.- Las fiestas imperiales en época de Augusto y los primeros Julio-Claudios. *32*
        3.2.1.- *Panateneas Sebastas.* 33
        3.2.2.- La celebración del cumpleaños de Augusto. 35
    3.3.- La implicación de la efebía en el culto imperial: las fiestas efébicas. *38*
        3.3.1.- Efebía y culto imperial. 39
        3.3.2.- Las fiestas efébicas de culto imperial. 40
    3.4.- Los lugares de culto imperial en Atenas bajo Augusto y los primeros Julio-Claudios. *42*
        3.4.1.- Lugares de culto imperial en la Acrópolis. 43
        3.4.2.- El emperador en la ciudad baja. 46
        3.4.3.- La presencia del culto imperial en santuarios extraurbanos y la *chora* ateniense. 51
    3.5.- El culto a Augusto y los primeros emperadores Julio-Claudios en Atenas: recapitulación. ..*53*

4.- La reforma del culto imperial ateniense: Claudio y Nerón. 57
    4.1.- El énfasis dinástico en el culto imperial. *58*
        4.1.1.- Domus Augusta y dioses Augustos. 58
    4.2.- Los cambios en los sacerdocios de culto imperial. *61*
        4.2.1.- Ἀρχιερεύς Ἀντωνίας Σεβαστῆς: inexistencia de una regulación de los sacerdocios de culto imperial. 61
        4.2.2.- Ἀρχιερεύς τοῦ οἴκου τῶν Σεβαστῶν: la regularización de los sacerdocios imperiales. 64
    4.3.- Las reformas en las fiestas de culto imperial. *66*
        4.3.1.- Los *Agones* de los Augustos. 66
        4.3.2.- Las *Panateneas Sebastas.* 70
    4.4.- La aparición de los juegos gladiatorios. *71*
    4.5.- Continuidad e innovación en los lugares de culto imperial. *76*
        4.5.1.- El emperador en la Acrópolis. 76
        4.5.2.- Lugares de culto imperial en la ciudad baja. 78
        4.5.3.- Continuidad de la presencia del culto imperial en la *chora* ateniense. 79
    4.6.- La reforma del culto imperial durante los reinados de Claudio y Nerón: recapitulación. *80*

Epílogo 83

Appendixes. **84**

    Appendix 1. Cult places. Buildings (plates 2-7). *85*

    Appendix 2: Cult Places. Altars. *88*

    Appendix 3: Imperial Priests. *95*

    Appendix 4: Identification of emperors and members of the Imperial family with traditional divinities *98*

    Appendix 5: Imperial visits and number of altars by emperors *99*

Figuras. **100**

Láminas. **107**

Bibliografía. **117**

Índice de autores clásicos citados en el texto. **132**

Índice de magistraturas, instituciones y órganos de gobierno atenienses. **133**

Índice epigráfico. **134**

Abreviaturas.

Los autores clásicos latinos se citan siguiendo las convenciones de: LEWIS, C. T. y SHORT, C., *A Latin Dictionary*, Oxford, 1955. Para los autores griegos, así como para las colecciones epigráficas no señaladas abajo, se ha utilizado: LIDDELL, H. G. y SCOTT, R., *A Greek-English Lexicon*, 1968.

Los libros y artículos se citan utilizando el sistema de autor-fecha; el desarrollo de las referencias se encuentra en la bibliografía al final del trabajo. El motivo de la utilización de este sistema es práctico, pues agiliza la labor del escritor a la vez que alivia el aparato a pie de página. No obstante, este sistema plantea un serio problema, pues en ocasiones ocurre que el libro que se cita es sólo una reedición o una traducción de un original mucho más antiguo. Para solventar este inconveniente, ayudando así a la valoración correcta de algunos libros citados, he incluido dos fechas -el año de la primera edición y el de la edición que se usa- en aquellos casos en los que la inadecuación era demasiado significativa. Los autores españoles se suelen citar con dos apellidos, salvo en algunos casos en los que el autor sólo menciona su primer apellido.

Para las abreviaturas de revistas y otras obras de consulta se ha empleado el modelo de *L'Année Philologique*, salvo para algunas publicaciones arqueológicas que se abrevian según el *Archäologische Bibliographie*.

Otras abreviaturas corresponden a:

AE	*L'Année Épigraphique*, París.
ANRW	*Aufstieg und Niedergang der römischen Welt*, Berlín-Nueva York.
BCG	Biblioteca Clásica Gredos, Madrid.
BEFAR	Bibliothèque des Écoles Francaises d'Athènes et de Rome, París.
BMC	British Museum Catalogue.
CAH	*The Cambridge Ancient History* (1ª ed. 1923-1939; 2ª ed. 1961-)
Dar.Sag.	DAREMBER, Ch. y SAGLIO, E. (1877-1919), *Dictionnaire des antiquités grecques et romaines d'après les textes et les monuments*, París.
Entretiens Hardt	Foundation Hardt pour l'Étude de l'Antiquité Classique (1952-), *Essais sur l'antiquité classique*, Bruselas.
EPRO	*Études préliminaires aux religions orientales dans l'empire romain*, Leiden.
I. Ephesos	*Die Inschriften von Ephesos* (1979-1984), Bonn
OCD	HORNBLOWER, S. y SPAWFORTH, A. J. S. (1999), *The Oxford Classical Dictionary*, Oxford.
PIR	*Prosopographia Impeii Romani* (1897-1948), vols. I-VII, Berlín.
RE	PAULY, A., WISSOWA, G. y KROLL, W. (eds.) (1893-), *Real-Encyclopädie d. Klassischen Altertumswissenschaft*, Stuttgart.
SEG	*Supplementum Epigraphicum Graecum* (1923-), Amsterdan.
SIA	*Supplementum Inscriptionum Atticarum*, Chicago.

English Abstract*

The monograph has been divided into four chapters with a further section of tables and appendixes:

a) Introduction: The introductory chapter presents a discussion of the author's interpretation of the imperial cult. The potential of the epigraphic evidence is analysed.

b) Athens and Rome. Political and Economical Situation of Athens during the Principate of Augustus and the Julio-Claudians.

c) The Imperial Cult in Athens during the Principate of Augustus and the first Julio-Claudian Emperors.

d) Changes and Developments of the Athenian Imperial during the reigns of Claudius and Nero.

e) Tables and Appendixes. This section presents the evidences on which the discussion and conclusion defended in the text are based.

Finally, a brief summary of the aspects treated in the main four chapters is presented. The organization of the summary follows the order of the chapters. The inclusion of an English summary seeks to open such discussions to a broader audience. However, the summary only displays the main conclusions of the work. Detailed discussions of the evidence have been omitted and should be consulted in the original Spanish text.

Introduction. The limits of the evidences.

In the introductory chapter the historical evidences for the realisation of the work are presented. The limits of this testimony as historical sources are discussed.

The present study relies heavily on the analysis of the epigraphic evidence from Athens while epigraphic testimony from other cities of the Roman Empire are also incorporated. Likewise, further interpretation and analysis are developed drawing upon a wide range of sources: archaeological, literary and numismatic. Nevertheless, this work is mainly an epigraphical assessment of the imperial cult.

Such a historical study, relying mainly on the epigraphic evidence, has specific limitations and peculiarities. The introduction of the present work is devoted to a discussion of these limits and their repercussions.

Firstly, it is emphasised that only a small sample of the ancient epigraphic production has been preserved. Indeed, the discovery of the inscriptions is not only concomitant to the quantity of epigraphy produced in the past, but it is also heavily determined by other factors, both human and environmental. Therefore, it can be concluded that the total number of preserved inscriptions, despite their seeming profusion, is only a small portion of those created in antiquity. Furthermore, these inscriptions do not constitute a homogeneous sample of the total epigraphical production as their survival is radically dependant on often arbitrary factors.

Arising from this previous problem is the establishment of the *corpus* of a region to represent an organic and closed entity. Reconstruction of fragmentary inscriptions is only assessed regarding the *corpus*. Likewise, in those urban centres, where only a small portion of the entire inhabited area has been excavated it is often attempted to allocate all new discoveries to this area. Usually, more information is ignored than known with certainty. Therefore, caution must be applied in any reconstruction based on fragmentary information.

Closely related to the previous discrepancies is yet another which is also derived from the state of conservation of the epigraphic body. Unfortunately, in many occasions inscriptions have been found in small fragments yielding few identifiable letters. In such a case, as when the evidence does not exist, the best procedure is to catalogue the material evidence but avoid further debate without more solid foundation.

Another important characteristic of epigraphy that is highlighted is the nature of the information that it presents. The abundance of such widely interpretive study materials and their informative idiosyncrasy may suggest that epigraphy is informative about all aspects of ancient life. However, it is not. Inscriptions are often desiderative testimonies, very much like modern laws. The information they provide is neither wholly reliable nor indicative of an actual event.

In addition to this restriction, it has also been outlined that the epigraphical information is formular and conservative by nature. Nonetheless, in spite of the difficulties that entail the use of epigraphy as the main source of a historical study, it is notable that Athens presents one of the most abundant epigraphical *corpus* of antiquity. Great quantities of inscriptions belonging to the Principate have been preserved. They offer a thorough overview of civic institutions and life. They also facilitate a reliable chronological order.

Therefore, it must be said that the choice of Athens as a context to the present work is not arbitrary. This decision was motivated by both the rich tapestry of Athenian history and its wealth of preserved sources from imperial times. This wealth of testimony allows us to intensely investigate aspects of the imperial cult that cannot be approached in many other cities.

Lastly, it is also indicated that the abundance of the Athenian sources are not limited to epigraphy. They also embrace literary as well as archaeological testimonies.

Athens and Rome: Political and economical situation of Athens under Augustus and the Julio-Claudians.

The present work contends that one of the fundamental bases for the conformation of the imperial cult in a specific city should be understood through an assessment of the city's relation with Rome. This analysis should include a reflection of the political, social and economic situation of the *polis*. This approach is not usually adopted when discussing the imperial cult in a provincial city, although in the case of Athens the recent work of Spawforth is an example of a contextualized approach to the imperial cult[1]. The second chapter of this work attempts to present this analysis. The conclusions are based mainly on the epigraphic evidence, while literary texts are also taken in account.

Firstly attention is paid to Marcus Antonius as he played a major role in the history of Athens. In the first section of the chapter (section 2.1), the political actions of the triumvir in the *polis* are studied, followed by the analysis of the divine honours that were conferred on Marcus Antonius. I propose that the study of the homages conferred on Marcus Antonius will improve our knowledge of those received by Augustus and his successors. The chapter will focus on Antonius' assimilation with Dionysos and his marriage with Athena, as well as the inclusion of special honours to him during the *Panathenaic* Festival. To outline these questions it must be stated that most of the information concerning Marcus Antonius' political work has been contorted by Augustus' propaganda.

Secondly, the relationship of Augustus with Athens is addressed (section 2.2). An episode narrated by Cassius Dio (D. C. 54. 7. 2-3) is traditionally interpreted as showing the opposition of the Athenians against Augustus. A second piece of evidence, belonging to the end of the Principate of

---

* I wish to express my gratitude to Amanda Kelly (BSA) who read my first abstract and purged it of errors and barbarisms.

[1] SPAWFORTH, 1997.

Augustus, seems to confirm the existence of stressful relations between Athens and Rome (Eus. *Hist.* CXCVII.4; Oros. VI.22.2; Paul. Petr. *Hist. Misc.* VII. 25 with other two authors cited by: GRAINDOR, 1927a, pp. 41-42. See also the interpretation of SEG 12, 157; IG II² 3233 in EHRENBERG, 1953, pp. 943). Both events are analysed regarding previous historiographical interpretations. In this way, I hope to outline the circumstances under which the emergence of the imperial cult in Athens took place.

After assessing the relationship between Augustus and Athens, an account of the economic and politic situation of Attica during the specific period under study is presented. One of the main conclusions of this work is that the tense relations between Augustus and Athens favoured an oligarchical arrangement of civic life in Attica and that the aristocrats, who arrived to power thanks to Augustus, knew how to control the voices subversive to Rome.

Another aspect highlighted in the final part of chapter 2 is the transformation of Athens into a provincial city, as observed by Shear[2]. The transformation to a provincial city coincided with a loss of economic power. However, this loss was not so great that the city no longer enjoyed a relatively healthy economy. The reorganization of Greece as a constituent of the Roman Empire, as well as the terrible consequences of the wars that took place at the end of the Republic, stimulated a new economic pattern. Both Patras and Corinth, and also the coastal cities of western Greece, experienced substantial growth. However, cities with traditionally commercially-based economies, like Athens, lost a great part of their significance in favour of the urban centres protected and strengthened by Rome. The territories assigned by Augustus to his favoured cities in Achaia, Nicopolis (a free city) and Patras (a Roman Colony), were immense. Thus, they were able to sustain their new status as major centres of the province with strong influence over their wide hinterlands and neighbour towns. Corinth (a Roman Colony) stood notably higher.

Lastly, I stress that Athens remained in a secondary political and economic position in this specific period, although some remarks concerning her position must be made. Firstly, the significance of the crisis is usually magnified because Roman Athens is always compared with Classical Athens. Secondly, this work emphasises that the city remained one of the main populated urban centres in the whole of the Mediterranean area. However, Athens was not only significant for its dense population, but also excelled thanks to its highly-regarded educational tradition. Oligarchs' sons from all over the Roman Empire were formally educated in the city. To summarize, Athens was not what it had been in the past when it shone with maximum splendour, but it maintained a status higher than most of the cities of the Empire. Its greatness is evident in regarding to the attention that emperors continued to pay to Athens. Consequently, most of the monuments currently seen in the centre of the city belong to this period of economically prosperous subjugation.

The Imperial Cult in Athens during the Principate of Augustus and the first Julio-Claudian Emperors (Chapter 3).

In the third chapter the emergence of worship for the Roman emperors is analysed. The study of the cult of the emperors that is framed historically in the second chapter evolves from the honours received by the Hellenistic kings. This is why, Augustus' adoration in Athens began soon after Actium, at the instant he rose to power, according to the previous Hellenistic tradition. Subsequently, other members of his family were praised with divine honours.

These rituals receive the generic denomination of "imperial cult" and are studied as such by investigators of the Roman world. I believe this is one of the reasons why the homage received by the emperors are usually studied as a new introduction. Nevertheless, at least during the reign of the first three emperors, these religious practices maintained basically the characteristic of the adoration to the Hellenistic kings. However, some interesting changes were starting to appear. A new reality was being shaped, heir of the Hellenistic tradition but born from the needs and culture of a Roman Mediterranean-wide Empire.

The present work underlines that the active participation of the local oligarchies was decisive in the development and consolidation of these rituals (see especially section 3.1.2). This is dependent on different factors, such as the remarkable influence that eminent individuals exercised on their fellow citizens. This influence is not as much imposed on the populace as the creation of a model of behaviour. This was affected mainly by means of the public benefactions, that define the limits of correct and desirable behaviour, while seducing the less favoured layers of society into imitating, or at least supporting, the acts of their superiors. Plutarch summarized the example that eminent persons gave to their neighbours by means of their liturgies with the following words:

> Let the gifts be made without bargaining for anything; for so they surprise and overcome the recipients more completely. They should also be given on some occasion which offers a good and excellent pretext, one which is connected with the worship of a god and leads the people to piety; *for at the same time there springs up in the minds of the masses a strong disposition to believe that the deity is great and majestic, when they see the men whom they themselves honour and regard as great so liberally and zealously vying with each other in honouring the divinity* (Plu., *Moralia* 822B).

Indeed, the passion and support for a god expressed by the most influential men in a city incited the rest of the inhabitants to follow their example. Undoubtedly, this procedure also occurred regarding the emperors.

All in all, the example was not only good for the acceptance of the cults, but the oligarchies also determined by means of sacred laws, what gods should be adored and the nature of their worship (see SEG 17, 34). Those who did not participate in, or at least collude with, the civic rituals were threatened with punishment (see, for example, SEG 11, 923): coercion and example were two faces of the same coin.

It was through the local ruling class, supported by the Roman power, that the imperial cult quickly became one of the head cornerstones of Athenian civic religion. This dynamic change is one of the developments that distinguishes the emperors' cult from the cult of the Hellenistic kings. The transformations were materialised in the creation of new priesthoods, festivals, and sanctuaries and also in the change of young Athenian aristocrats' education.

A specific section deals with the explanation of the changes in the education of young Athenian aristocrats. On the bases that educational systems are aimed to perpetuate the structure of the society that forged them, the study of the degree to which ephebes engaged in the imperial cult can be used as an indicator of the oligarchic enthusiasm with the cult. The study of ephebic participation was addressed by analysing the

---

[2] SHEAR, 1981.

abundant preserved documentation dealing with ephebic festivals. This discussion shows the narrow link between the dominant oligarchy and the imperial family in Athens. The future rulers of the city learnt to honour the Roman *Princeps* from an early age.

The activity of the aristocracy gave rise to a heterogeneous corpus of characters worshipped and rituals practiced (studied in detail in section 3.1.3; also see Appendix 3.1). It is apparent that Athens created numerous priesthoods that included the emperor himself and most of his closest relatives -Augustus, Tiberius, Livia, Julia, Drusus Consul, Germanicus, Antonia *Minor*, possibly Julia Livilla, daughter of Germanicus. Furthermore, honours of uncertain character were lavished on other members of the *Domus Augusta* associated with traditional divinities -Gaius Caesar, son of Julia and Agrippa and Drusus Caesar, son of Tiberius associated with Ares, among others (see Table 1).

In section 3.1.1 the rituals developed by the priests of imperial cult are studied. The activity of these priests has usually been understood as distinctive from those carried out by the priests of traditional divinities. However, one of the conclusions reached in this chapter is that imperial priests dealt with ceremonies and divine worship in the same manner as priests of other divinities. This is not to say that they carried out exactly the same duties, but those specifically appointed to the cult over which they presided. Thus, it can be postulated that different tasks existed for priests of different divinities including that of the emperors. The diversity was mainly due to the kind of god and the mandatory rules that had been established within the sacred law of each cult. Nevertheless, these small divergences do not suppose the existence, at least in the preserved sources, of an essential difference between traditional priests and imperial *hiereus*; the formers being the models for the new sacred officials.

The same heterogeneous and complex character of priesthoods appears in the rituals of worship of the emperors. Section 3.2 is devoted to the study of these rituals. The study is based on the analysis of Athenian inscriptions. They are contrasted with comparable and mainly epigraphical information coming from other cities. It has been concluded that the inhabitants of Attica introduced innovations to their religious festivals and civic rituals in order to integrate the new Roman power. The celebration of the emperor's birthday, which was modelled on the festival consecrated to Apollo, demonstrates such dynamics in designing new rituals for the rising authority. The decree that immortalised the decision of the Athenians to celebrate Augustus' birthday is very fragmentary and obscure. However, it can be deduced that Augustus was honoured in Athens with monthly celebrations. It can also be inferred that these monthly celebrations were enlarged in the month of *Boedromion* with an agonistic festival of Pythian character. Thus, Athens, guided by its oligarchs, took an active role in favour of Augustus and subsequently the whole community adored him like a god. The altars consecrated to him are undeniable testimonies to the sacrifices carried out during the festival of imperial cult (see Appendix 2.1).

The dedication of new altars to the successive emperors, in combination with the inclusion of the name of the new rulers in precedent altars, indicates that the rituals continued to be conducted, possibly, with the same frequency. It is also probable that together with these celebrations Augustus was honoured in the *Panathenaic* Festival. However this proposal is not sustained in conclusive testimonies and it must remain as a non-verified hypothesis.

All the changes that were taking place in Athens, as well as the aforementioned implication of aristocracy and Roman authorities, were also manifested in the material appearance of the city. Section 3.4 and Appendix 1.1 are devoted to these changes. The study of the cult places has been ordered by geographical areas. The Acropolis is analysed first, then the lower city and lastly the extra-urban sanctuaries and the Athenian *chora* (see plates 2-7).

The most important change is the ubiquitous presence of the emperor and his family in the city. The *Domus Augusta* occupied the most significant places of the city centre, so that the eminence of the imperial power could be displayed to a maximum audience.

Section 3.4.3 deals with an aspect, usually ignored by investigators of the imperial cult, which is the appearance of the imperial cult in all the territories controlled by a political entity. This procedure arises from the belief that the imperial cult is a religious expression and that, therefore, it should be studied as a part of civic religion. Extra-urban sanctuaries are essential in understanding the religion of the Classical *polis* and, since they maintained their religious function throughout Roman times, they are still valuable in the specific period under study. It is possible to obtain valuable information through the analysis of the presence of imperial divinities in these peripheral sanctuaries. This hypothesis is confirmed in the case of Athens by the recent studies of Mavrojannis and Clinton (see plate 8)[3]. The present work also focuses on other cult places that hosted imperial divinities, namely Rhamnus. In this way, a new date can be attributed to IG II^2 3242+SEG 19, 202.

Changes in the Imperial Cult under the principates of Claudius and Nero (chapter 4)

The heterogeneous rituals analysed in the third chapter were supplanted by new worship applied to abstract concepts of dynastic meaning. Thus the imperial cult evolved in order to adapt the new perceptions and semantics of the established regime arisen in Rome with Augustus. It was no longer the isolated cult of a new Roman commander that had reached the power by means of conquest and whose future was uncertain. From the time of Claudius and Nero the imperial cult became a whole complex of rituals dedicated to the house of Augustus and the *Sebastoi* who governed, and claimed to keep on governing, throughout the years.

Section 4.1, explores how this perception of power took shape under two new abstractions: the *Domus Augusta* and the *Theoi Sebastoi*. These concepts were used broadly in the whole Roman East. It is also highlighted that both terms arise as ideological support of the new political order. From an ideological point of view, these new terms present substantial advantages from the previous honours, since they grant a vision of continuity able to assure the adhesion of citizens and the tranquillity of rulers. Moreover, they were more durable governmental weapons, since emperors could change and dynasties could disappear but the religious concepts in which the government of the *Princeps* was based would continue ideologically intact. Therefore, these concepts were of the highest use for the central power. However, they were also explanatory for the provincial populations who worshiped a stable and -presumably- unalterable political power, without damaging the honours that each emperor individually received.

This type of synthetic abstraction combines complex realities that are difficult to understand and are similar to other later examples, such as the unknown soldiers, the All Saints festivity, the Homeland or the Monarchy. These concepts lack a deep rational foundation, but they are useful in the political

---

[3] MAVROJANNIS, 1995 on Delos and CLINTON, 1997 on Eleusis.

and religious fields. Obscurantism, poverty and disinformation among the people provided a good environment for the worships of these general and abstract concepts.

Following the presentation of these two abstractions, section 4.1 presents a definition of both terms. I argue that the usual definition of the cult of the *Sebastoi*, as including only those emperors and members of the imperial family divinised at Rome, is too strict for the Greek poleis. I propose that in Athens the cult of the *Sebastoi* included every member of the imperial family that had been honoured with the title of *Sebastos* and had received a cult during his/her lifetime. This group of *Sebastoi* did not correlate at all with the group of Roman *divi*. Thus, among the Athenian *Sebastoi* are counted Tiberius, Livia, Claudius, Nero, Antonia *Minor*, and most likely Caligula, among others. However only Claudius and Livia were consecrated by the Senate as *divus*.

I wish to develop the idea that the Athenian cult of the *Sebastoi* was, as already mentioned, a cult to a general and abstract concept. Its real importance lay in its capacity to define and ascribe power to the position of the *Domus Augusta* in the Roman Empire. The individualization of single deities worshipped under this generic term is more problematic for the modern reader than for the ancient worshiper.

The analysis of these two new concepts has been accompanied by the study of imperial priesthoods (section 4.2; see also Appendix 3.2). In this second stage of the development of the imperial cult in Athens, the number of adored persons decreases, at the same time that priesthoods become definitively hierarchizised. This hierarchization is characterised by the linkage of the title of *archiereus* to the priest of the *Domus Augusta* (see Appendix 3.3). This process was not an impersonal change, but was represented by an identifiable character: the influential and rich Athenian Tiberius Claudius Novius.

The career of this eminent Athenian citizen served, in turn, to highlight two factors outlined in chapter 3 but that are defined more sharply by Novius example. These factors concern the oligarch's starring role in the conformation and diffusion of the imperial cult and also the possibilities of imperial worship for social promotion.

It is explained that Novius became the most powerful Athenian during the reign of Claudius and Nero. His position is denoted by his civic posts: eight times hoplite general, high priest of the *Domus Augusta*, *epimelete* of the city and *agonothete*. Among them, the high priesthood of the *Domus Augusta* allowed him to share religious eminence with the two traditional clans, the Kerykes and Eumolpids, which monopolised the Eleusian priesthoods. It is also a position that survived uninterruptedly until the end of the Principate (see Appendix 3.3). The new *archiereus* overcame all previous Athenian creations and notably Antonia *Minor*'s high priesthood, a novelty from Claudius' reign. The change was coherent with the new development in Roman imperial politics that tended to emphasise the importance of the imperial family. The validity of the development is demonstrated by its adoption by most of the Greeks cities.

Thanks to the study of Novius' life it was also possible to show the vitality of the Athenian's political life and the internal conflicts which arose among Athenian oligarchs. Thus, the role of the imperial cult in the fight for power among provincial elites is emphasised. When the High Priesthood of Tiberius was vacant the dispute to obtain the title of *archiereus* arrived at an unusual solution; a less powerful oligarch was awarded the priesthood of Claudius, while Novius, rich and influential, devised and achieved the High Priesthood of Antonia *Minor*.

Following the discussion about the changes in imperial priests, the festivals consecrated to the emperors and their relatives are analysed (section 4.3; see also Appendix 4). Athenian festivals were subjected to important reorganization during the reigns of Claudius and Nero, changes in which Novius also took an active part. Subsequently, the new imperial festivals, *Agones* of the *Sebastoi* and *Panathenea Sebasta* are discussed followed by an exposition of a very interesting new celebration: the gladiatorial games.

The study of the *Agones* of the *Sebastoi* as presented in this work is based on the revision of all related epigraphical evidences. I wish to develop the idea that the *Agones* of the *Sebastoi* were the continuation of the celebrations approved to commemorate Augustus' birthday. I propose on the basis of some epigraphical testimonies -mainly imperial altars- that it is very probable that these celebrations were held after the death of Augustus and included the subsequent emperors. Thus, I argue that Athens continued to have monthly celebrations that were enlarged once a year with an agonistic context. It could be suggested that this *agon* was the one that Novius reorganized and enlarged and so became the first agonothete of these newly founded contexts (IG II^2, 3270) consecrated to Claudius specifically and all the Sebastoi as a whole. These were stablished at the beginning of Novius' political career and through this *agonothesia* he started to build his primacy in the city. It has also been proposed that the new *agon* was isopithic as the one earlier consecrated to Augustus. Lastly, it has also been proposed that the *Agones* of the *Sebastoi* had a special celebration, the *Great Agones* of the *Sebastoi*, that were held with uncertain frequency (SEG 47, 226 has been revised).

In section 4.3 it has also been shown that the most important and representative celebrations of Athens, the *Panathenaic* Festival, were included in the group of rituals consecrated to the emperors. Thus they became the *Panathenaia Sebasta*. The texts that inform us about this change are scarce and not very explicit, thus impeding the establishment of ulterior conclusions regarding the significance of the innovations. Nevertheless, in spite of the fact that the changes cannot be deeply analysed, the link between oligarchy and the Roman imperial regime is fully-attested through this association.

Besides the festivities of Greek origin, another important aspect is underlined in this chapter: the appearance in Athens of Gladiatorial games (section 4.4). Unfortunately, no document exist that indicates the exact date at which these games began. Nevertheless, other available sources have been used to establish an approximate date. Thus, thanks to two texts (D. Chr. 31, 121-122 and Philostr. *VA*, 4. 22) and two inscriptions (IG II^2 3156 and IG II^2 3182) it is attested that the gladiatorial fights began in Athens during the reign of the Julio-Claudian Dynasty. Neither the first celebration nor the name of the eminent person who financed it can be identified, although the Thracian king Roimetalcas paid for festivals involving animals during the reign of Caligula similar to those that used to accompany gladiatorial games.

All in all, the most important fact is not exactly when the games began, but in what period they were actually incorporated into Athenian life and became regularly displayed. According to the aforementioned testimonies, and some other evidences, it is shown that these spectacles were instigated during the reign of Claudius and Nero. At least it seems clear that under their government the games attained great popularity.

Once again, the role of Tiberius Claudius Novius seems to be definitive in the diffusion of the gladiatorial games. It was he who dedicated the *scaena frons* of the Theatre of *Dionysos*, where the fights took place, to Nero. This fact, together with his active civic role and his well-attested wealth, suggest that he was the first Athenian citizen to provide this kind of spectacle, most likely when he instituted the new *Agones* of the *Sebastoi*. However, this is only a working hypothesis that lacks definitive support in the preserved evidences.

The importance of the study regarding the instance in which gladiatorial fights began to be shown in Athens is concomitant with the relationship between these games and the imperial cult. Section 4.4 explains such relation. It was especially interesting to realise that the reason that gladiatorial games took place was related to the emperor's health with a cyclical frequency. In this sense, I believe that death in the arena was not merely a show, it was an entire ritual in which the death of a man was offered to sustain the life of another, namely, the emperor. It was, therefore, a type of substitute-sacrifice.

Furthermore, the potential for gladiatorial combats has also been studied as a tool for the preservation of the political and social regime. It was through the hierarchic organisation of the inhabitants of the *polis* and *chora* that the theatre, and the games, became tools to distinguish and explain social differences and status. In turn, the games constituted means for the consolidation of both imperial power, as distant but omnipresent, and local primacy.

Lastly, the changes that took place in both rituals and imperial priesthoods during the reigns of the two last Julio-Claudians introduced new transformations in the architectural aspect of the city. These changes are presented in section 4.5 (see plate 2-7 and Appendix 1).

Among the most important changes which took place, those of the Acropolis should stand out since they affected the emblematic Parthenon and the relevant Theatre of *Dionysos*.

The Parthenon was crowned with an inscription in which Nero was honoured and Tiberius Claudius Novius was mentioned. In this section attention is paid to explain this unique and interesting inscription. Accepting Carroll's proposal[4], it is exposed that the inscription marked Nero's coronation for his ephemeral victories in Armenia. At least this seems the only plausible explanation for the appearance of Nero's name in accusative. No other working hypothesis have been proposed, and the possibility of cult to Nero in the building has not been refuted[5]. Together with this change, the Theatre of Dionysos was enlarged with a new *scaena frons* also due to the evergesies of Novius.

In the lower city and in the *chora* changes were not so significant. In both areas continuity of cult places was widespread. The temple of Apollo Patroos and the Agoranomion in the lower city is studied. The former is a likely candidate to host a cult to the emperors as New Apollo. The case of the *Agoranomion* is less clear, in spite of Hoff's effort, since they are based on the reconstruction of a badly-preserved inscription[6]. Hoff's proposal to identify this building with a *Sebasteion* cannot be sustained for the moment due to the lack of further research in the area.

The same continuity of cult places that can be observed in the lower city is encountered in the *chora*. The study aims to highlight this continuity. The appearance of an altar consecrated to Claudius in Rhamnus demonstrates the endurance of this location as a centre of imperial worship. However, new cultic places were also evidenced, such as one building in Eleusis.

Therefore, in chapter 4 I reveal that the imperial cult underwent significant transformations during the reigns of Claudius and Nero in Athens. These changes were not an isolated Athenian development, but a trend that can be traced through the Empire as a whole. The transformation is aimed to consolidate imperial power by means of new abstractions and ritual formulae. It is the forging of a new ideological foundation for a growing power. In this way, the changes that were being introduced at this time act as a prelude to the later evolution carried out under Domitian and the Antonines, that was to end in the theocratic power of late antique emperors.

Main Conclusions.

To conclude a brief summary of the main ideas concerning the imperial cult in this work is presented:

-The first of these deductions concerns the evolution of the imperial cult. Relying mainly on the Athenian evidences, and contrasting them with those of other *poleis*, it was observed how the imperial cult affected remarkable changes in its conformation through time. In this way, it has been shown that the form in which Athenians worshipped Augustus is basically similar to that which was used to honour the Hellenistic Kings and previous magistrates. The first emperor was a new general who rose to power and Athens did not hesitate to include him in its divine rituals. However, the homage bestowed on him, and his closest relatives, was a compound of heterogeneous celebrations that lacked the coherence and dynastic significance of later honours. There survived also typically Greek homage in areas where the Roman power still had not heavily infiltrated.

In my opinion, Augustus' imperial cult in Athens should be understood as a continuation of the Hellenistic rituals. However gradual changes were introduced in these rituals and these transformations become clearer during the reign of Claudius and Nero. The changes include such introductions as the gladiatorial games, the creation of a Mediterranean-wide hierarchy of imperial priesthoods and an emphasis on the *Sebastoi* as a representation of the continued and sacred power exercised from Rome by the *Domus Augusta*. The type of rule usually defined as the Principate -the subjugation of the Mediterranean Sea to a *Princeps* that imposed his own interest and those of roman ruling class- caused an important cultural change, an *imperialization*, that brought about significant transformations in the imperial cult[7]. In this way, the honours granted to the emperor were a reflection of the subtle mixture of Roman and Greek components that characterised the culture of the Principate.

I conclude that the appearance of a cult to the *Sebastoi* constitutes both the creation of a more developed tool to control society and also a better vehicle to sustain and explain the privileged position of the emperors.

-The second concluding point is that the cult of the emperor shared a common meaning with the rest of the sacred rituals. That is why I consider the imperial cult as an important aspect of the broader religious sphere. Two critics arise from such a statement. On the one hand, it could be argued that emperors were not equal to traditional deities, while on the other hand it could also be argued that the imperial cult is only a political manifestation. However, these critics are not an obstacle to my thesis, because emperors were different to other gods. Their divinity did not imply that they were equal to the rest of the gods. All in all, emperors were deemed gods by the Greeks and, in due course, they received homage reserved specifically to divinities.

I have tried to explain that any investigations regarding imperial cult is conditioned by the relationship that the investigator places between both concepts. I believe politics to

---

[4] CARROLL, 1982.
[5] SPAWFORTH, 1994a
[6] HOFF, 1994.

[7] On *imperialization*: WALKER, 1997.

be the government of people, and religion to be one of the most important ideological constructs on which this government depends. Thus, the worship of the emperors shares characteristics of both concepts. The difficulty in separating these peculiarities increases when it is pointed out that both concepts are used to describe a society that did not include them in their intellectual background. Therefore, the imperial cult, in my approach, is understood as both at the same time as both religion and politics. By means of this procedure I have tried to expand the complexity of the discussion about the nature of these rituals rather than reducing it to simplistic formulae.

-The third concluding point refers to the social forces that encouraged and motivated the appearance of the imperial cult. I wish to develop the idea that the imperial cult was a vehicle for social promotion that was used within traditional procedures but that it sometimes overcame them. Basically it is an alternative in cases where the ancient means for promotion of a certain community were closed, and they had become tools for the maintenance of the established social order.

Likewise, the diversity of the social groups that integrated Greek cities under the Roman Empire has been demonstrated to highlight and apply these social differences in the study of imperial cult. In this way I want to show that these different groups accepted the cult and contributed to its diffusion with unequal enthusiasm. This opinion does not deny the explanatory quality of the imperial cult -as depicted by Price[8]- but it does not accept that the message transmitted by the imperial cult was equally supported by those who profited highly from the system and the rest of the population subjected to Rome. So, in my opinion, the complexity of the social relationships characteristic of the Greek *polis* give rise to a myriad of different positions regarding the imperial cult. Thus, I have tried to avoid a simple approach in addressing the rise and maintenance of cults of such special nature as those attributed to the rulers. The preserved testimonies talk of a harmony among classes. Learning about the opinion of the subversive and oppressed is extremely complicated. Regarding this difficulty I have exercised a degree of caution to avoid being seduce by the beguiling nature of the evidence.

Finally, another aspect that deserves further comment is the importance of extra-urban sanctuaries. Scholars attest that classical religion cannot be explained without studying liminal sanctuaries that populated the city *chora*. Likewise, in Imperial times it is necessary to pay attention to the countryside to be able to understand the religious conformation of the *polis*. The imperial cult constitutes a major part of the ritual manifestation of the city and, therefore, it also appeared in the *chora*. Furthermore, the enthusiastic acceptance of imperial cult by the urban oligarchy is not only confined to the civic centres that allowed for easy political propaganda, but it is also manifested by the inclusion of the emperor-god in many extra-urban sanctuaries.

---

[8] PRICE, 1984.

1.- Introducción.

> La religión es esencialmente una expresión de la cultura que refleja la mentalidad social de su tiempo, aunque lo haga de una forma que no es nunca muy clara o directa y a menudo extremadamente compleja y velada.
> VERSNEL, 1990, pág. 37.

Quiero comenzar mi estudio con las palabras de uno de los autores que más me han motivado mientras escribía. La cita se ha elegido porque en ella Versnel realiza una aproximación al concepto de religión que se adecua a la empleada en el presente trabajo con respecto al culto imperial. En el presente trabajo, la adoración de los emperadores se considera religión y es, por lo tanto, parte de un entramado cultural más amplio gestado a lo largo de siglos de contactos culturales mediterráneos -podría definirse como cultura imperial romana- en el que reverbera y a la vez se moldea la mentalidad social y la conformación política del Principado. Pero también el culto imperial encierra otras informaciones y actúa en otros ámbitos, ya que constituye así mismo una manifestación política, pues ayuda al gobierno de los hombres y sirve de instrumento en la vertebración de las poblaciones. Constituye un espejo que refleja la subyugación o pertenencia a un sistema y es, en definitiva, la plasmación de los valores sociales y económicos que conformaron el Imperio Romano en los tres primeros siglos de nuestra Era.

Este acercamiento al estudio del culto imperial parte de la aceptación personal de una definición sustantiva de la religión que, en el presente trabajo se entiende, así lo demuestra la cita que encabeza la introducción, como directamente relacionada con la conformación económica y social de los grupos humanos. La religión está en íntima comunión con la naturaleza del poder en una sociedad determinada y es susceptible, por lo tanto, a través de un análisis crítico de informar sobre dicha estructuración. Este enfoque se ha tomado del propio Versnel y también de otros historiadores como Hopkins, Gordon y Alvar. Cada autor aporta conceptualizaciones que son similares en algunos casos y enfrentadas en otros[9].

En la tarea de adoptar una definición de la religión no sólo se han consultado las obras de historiadores. También se estudiaron trabajos de antropología y sociología que han prestado atención al problema. Entre las obras gestadas en el seno de estas disciplinas he encontrado especialmente estimulantes las páginas de Geertz y Turner; aunque otras obras clásicas, como las de Weber y Durkheim, también me han resultado de sumo interés[10].

De todos estos estudios, junto a una aproximación crítica a los testimonios atenienses, he aprendido que la "humanidad" de la religión -"el hombre hace la religión" y no entidades sublimes externas a él- no supone en ningún caso el acercamiento irrespetuoso a la materia o su desestimación. Todo lo contrario, las creencias son significativas por su poder de sugestión en los hombres y, como Hopkins defiende, en la medida en que una idea, por descabellada que sea, es aceptada por las personas, esa idea pasa a ser un elemento fundamental para el análisis histórico. La verdadera importancia, por lo tanto, no radica en estimar si se trata de una idea "real" -en los límites siempre subjetivos de la realidad-, más bien estriba en determinar si los miembros de una sociedad concreta la creían cierta y fundamentaban su vida en torno a ella, para después establecer conclusiones sobre la conformación social y económica que se desprende de dichas creencias[11].

El acercamiento al estudio del fenómeno religioso que se plantea parece especialmente válido para los cultos imperiales donde religión y conformación social y política se fusionan de una manera más explícita, menos velada, siguiendo con la cita de Versnel, que otras manifestaciones religiosas del Mundo Antiguo -política y religión son, en efecto, categorías conceptuales propias de nuestro bagaje cultural, pero ajenas a la antigüedad. Esta cualidad de la adoración de los emperadores, que durante mucho tiempo le valió el desdén de los historiadores y su caracterización de mera servidumbre hipócrita, la convierte en un campo de estudio susceptible de aportar jugosas informaciones sobre el Imperio y la vida cívica provincial. Así mismo, al ser una manifestación religiosa -y entendida así por los propios súbditos del Imperio- permite estudiar la religión del Principado y la creciente importancia de la religión de la obediencia y la servidumbre que encarnaba el culto imperial.

El presente trabajo estudia esta manifestación religiosa y política en Atenas y, por lo tanto, estudia el desarrollo del culto imperial con una acotación geográfica y cultural importante, pues se limita a la capital del Ática y estudia las pleitesías acordadas a los emperadores por una *polis* griega. Se trata además de una ciudad sometida a Roma por la fuerza de las armas y en la que se estaban produciendo importantes cambios sociales, encaminados a una limitación del poder del pueblo en beneficio de las familias oligarcas. Por esto, en Atenas la adoración imperial es índice de la proximidad afectiva al régimen y de las tensiones sociales del cuerpo cívico.

El estudio se basa en el análisis de la documentación propia de la capital del Ática; pero ha partido de consideraciones generales, prestando especial atención a la funcionalidad y conformación del culto en el conjunto del Imperio. Así, una vez tuve un conocimiento suficientemente amplio de la adoración recibida por los emperadores y sus familiares en el

---

[9] Las obras con las que más se identifica mi estudio son: VERSNEL, 1990; HOPKINS, 1999, esp. págs. 108-111, y ALVAR EZQUERRA, 2001b, esp. págs. 30-31. Otras obras de referencia son: BAYET, 1984 y CUMONT, 1ª ed, 1906; 1987. La religión es un subsistema del lenguaje centrado en la categoría "poder" en: GORDON, 1979, esp. págs. 17-19. Me gustaría también mencionar a Marx cuyo trabajo sigue siendo admirable e iluminador: "El hombre hace la religión; la religión no hace al hombre. En otras palabras, la religión es la autoconciencia y la autosensación del hombre [...] Pero el hombre no es un ser abstracto que ocupa el mundo desde fuera. El hombre es su propio mundo y es también el Estado y la sociedad". (cita tomada de *Una crítica a la Filosofía del derecho de Hegel*, 1844) En el texto y las notas me limito a indicar las lecturas que me han servido para reflexionar sobre la religión, pese a no estar siempre de acuerdo con las opiniones recogidas en ellas. Recientemente se han publicado varias obras –misceláneas de artículos- que buscan aportar una definición de religión: IDINOPULOS y WILSON, 1998 y PLATVOET y MOLENDIJK, 1999. Sobre el problema de definir la religión: ALVAR EZQUERRA, 2001b, págs. 315-316, n. 1 que recopila los trabajos más significativos.

[10] GEERTZ, 1ª ed. 1975; 2000, (sobre todo págs. 87-117) y TURNER, 1969. Las otras obras de antropología y sociología mencionadas en el texto son: DURKHEIM, 1ª ed. 1912; 1993 y WEBER, 1ª ed. 1922; 1997. En el seno del

Seminario Permanente de Historia de las Religiones de la Universidad de Huelva discutimos fragmentos y obras integras de muchos de estos autores, a los que sumamos: MALINOWSKI, 1ª ed. 1925; 1982, y LÉVI-STRAUSS, 1961 y 1964-1971. Existen dos libros que sirven para aportar buenas visiones de conjunto sobre las aportaciones de la antropología al estudio de la religión: EVANS-PRITCHARD, 1ª ed. 1962; 1990 y MORRIS, 1995.

[11] La opinión de Hopkins se deja sentir en las páginas de su último libro: HOPKINS, 1999.

Imperio pasé a estudiar las manifestaciones particulares de Atenas. De esta forma, los datos y conclusiones extraídos del análisis de los testimonios de la capital del Ática podían ser confrontados con las tesis anteriores sobre los rituales imperiales. Este método de trabajo me ha permitido comprobar algo que ya se intuía al comenzar las tareas de investigación, que el análisis de lo local permite aumentar nuestra comprensión sobre la lógica general del culto imperial en su conjunto, ya que aporta datos concretos, correctamente engarzados en la tradición cultual de la ciudad que los genera, que son del máximo interés para la reconstrucción de la política religiosa de los emperadores romanos, así como la vida cívica en su independencia relativa de la férrea voluntad imperial. No obstante, la correcta comprensión del culto imperial en Atenas y en cualquier ciudad gobernada por Roma sólo puede surgir del conocimiento de las generalidades y motivos últimos que promovieron, sostuvieron y dinamizaron la adoración a los emperadores. El análisis local y la síntesis global deben ir siempre de la mano y así se ha intentado hacer en el presente estudio[12].

Los datos e informaciones a los que se hace referencia -y que constituyen el grueso de los testimonios en los que se ha basado el trabajo- se han obtenido del estudio de la documentación epigráfica proveniente principalmente de Atenas y, en menor medida, de otras ciudades del Imperio Romano. También se han utilizado informes arqueológicos y textos literarios; pero puede decirse que el presente estudio aborda el culto imperial gracias a la epigrafía[13].

Esto supone una serie de limitaciones y peculiaridades que deben apuntarse desde un principio y que están en relación directa con el carácter y posibilidades informativas de la epigrafía como fuente para el estudio histórico de la antigüedad[14].

En primer lugar debe destacarse que sólo una pequeña muestra de la producción epigráfica antigua se ha conservado. Además, para agudizar este inconveniente, la pervivencia de inscripciones o mejor dicho su descubrimiento no sólo está ligado a la cantidad de epigrafía producida en el pasado, sino que también está determinado por otros factores tanto naturales como humanos. Los detonantes naturales son de muy diversa índole, como catástrofes naturales, cambios del litoral y del curso de los ríos, entre otros. Aunque estos factores han podido tener gran protagonismo, su incidencia es escasa y es sin duda el factor humano el que más afecta a la aparición de nuevas inscripciones y también a su desaparición.

Las zonas que por razones diversas –el esplendor pasado de las poblaciones que vivieron en ella o el poder presente de sus habitantes, son sólo algunos ejemplos- han concentrado la atención de los investigadores y cuyo estudio ha contado con más financiación aportan habitualmente una mayor cantidad de información susceptible de análisis. Lo mismo puede decirse de aquellos períodos históricos que interesen a los investigadores, pues al suscitar más estudios se ven recompensados con hallazgos y síntesis más frecuentes. Es necesario señalar, por otra parte, que estas indicaciones no constituyen reglas fijas, pues puede ocurrir que una región por mucho que se estudie no aporte material epigráfico y esto debido a la falta absoluta de él o a su destrucción a lo largo de la historia.

La incidencia de la acción humana sobre un determinado lugar a lo largo de la historia puede ser también determinante, puesto que constituye un factor crucial en la conservación, pérdida y posibilidad de hallazgo de epígrafes. Así, una población antigua cuyo poblamiento fuera interrumpido y abandonado sin que después se recuperara, es susceptible de aportar más información epigráfica y arqueológica que otra ciudad que haya sido habitada hasta nuestros días; aunque ésta última pudiera ser más importante y contar con mayor número de inscripciones en la antigüedad; y esto por el uso de los materiales epigráficos en ulteriores necesidades de los habitantes de la ciudad y por la imposibilidad de someter los cascos históricos poblados al mismo tipo de investigaciones arqueológicas a las que pueden someterse las zonas despobladas. Las tesis que se obtengan del análisis comparado de la información de distintas poblaciones, si no son baremadas correctamente por el criterio antes descrito, serán con certeza erróneas y aportarán una visión inexacta de la vida cívica de cada lugar.

Por lo tanto, puede concluirse que el registro epigráfico conservado, pese a su tamaño relativo, es sólo una mínima porción del creado en la antigüedad y, además, dicho registro no responde de forma homogénea a la producción epigráfica total, sino que está radicalmente supeditado a la labor del hombre y la naturaleza. Por todo ello, los estudios que se sustenten principalmente en la epigrafía, deben someter sus datos a una crítica severa que les obligue a suspender en ocasiones las conclusiones hasta la aparición de ulteriores inscripciones o informaciones alternativas al campo de la epigrafía.

Otro problema derivado de la parcialidad numérica de las fuentes es el establecimiento del *corpus* documental de una región como un todo orgánico y cerrado en el que las inscripciones se relacionan entre sí. Por supuesto que es necesario establecer las posibles vinculaciones existentes entre las informaciones aportadas por los epígrafes conservados. El inconveniente de esta forma de trabajo se produce cuando se anula la precaución necesaria ante la pérdida segura de inscripciones y datos y se defienden reconstrucciones textuales apoyándose únicamente en la información conservada, sin prestar en muchos casos atención a argumentos de peso que abogan por el abandono del debate.

En estrecha relación con este inconveniente se encuentra otro derivado del estado de conservación de los epígrafes. Lamentablemente, en muchas ocasiones, como se indicará a lo largo del presente trabajo, las inscripciones han sido halladas en fragmentos minúsculos con pocas letras identificables. Estos textos dificultan la datación e identificación del epígrafe,

---

[12] Estudios sobre el culto imperial –en ocasiones surgidos de un discurso más amplio que engloba la adoración a los monarcas helenísticos- en su conjunto: CERFAUX, y TONDRIAU, 1957 y TAEGER, 1957. También el trabajo clásico de: BEURLIER, 1891. Más bibliografía y algunas aportaciones interesantes en: ROSTOVTZEFF, 1926, págs. 507-508 y 517. Ver también recientemente: CLAUSS, 1999. Dos análisis del culto imperial en conjunto, pero en forma de recopilación de artículos son: BOER, 1973 y SMALL, 1996. Existen también monografías dedicadas a un período concreto: SCOTT, 1ªed. 1936; reimp. 1975, para el período de los Flavios y TAYLOR, 1931, principalmente centrada en Augusto. El artículo de Nock en la *CAH* sigue teniendo predicamento, a pesar de las críticas que ha sufrido con el tiempo: NOCK, 1934. El culto imperial también es tratado en: HOPKINS, 1978, págs. 197-242, cuyas conclusiones se encuentran sin duda entre las más brillantes acerca de este fenómeno religioso. La adoración a los emperadores se ha insertado también en historias más amplias sobre la religión romana: FERGUSON, 1970, págs. 88-98; BAYET, 1984, págs. 183-206, y BEARD, NORTH, y PRICE, 1998, vol. I, sobre todo págs. 348-363. Con carácter de conjunto, pero incluyendo una división cultural entre Oriente y Occidente: FISHWICK, 1987-1992, para la parte occidental y PRICE, 1984, sobre la provincia de Asia aunque propone un modelo para todo el Oriente romano. Centrando la atención en espacios geográficos más pequeños se encuentran aquellas obras que han afrontado el estudio del culto imperial por provincias: ETIENNE, 1958; SMADJA, 1980; CID, 1986, y LIERTZ, 1998, entre otros. Por último, recientemente ha aparecido una obra, que se venía anunciando desde hacía tiempo, que también merece destacarse: GRADEL, 2002 que realiza un interesante estudio sobre la discutida romanidad del culto imperial.

[13] Existen abundantes obras para el estudio de la epigrafía. Centrándonos sólo en la griega pueden destacarse: GUARDUCCI, 1967-1978, que constituye la obra fundamental; KLAFFENBACH, 1966; WOODHEAD, 1981a; GUARDUCCI, 1987, y recientemente en español, CORTES COPETE, 1999a.

[14] La relación entre epigrafía e historia en: ROBERT, 1961; WOODHEAD, 1981a, págs. 1-5; MILLAR, 1986, y MANGANARO, 1996.

a la vez que pueden hacer volar la imaginación. Ante un documento de estas características, la mejor solución es un análisis concienzudo de las posibles relaciones con otras inscripciones conservadas y la exposición de las conclusiones, cuando las haya, enfatizando su carácter hipotético. Obrar de otra forma supone la creación de discusiones insolubles y, lejos de aclarar, enturbian el conocimiento de la antigüedad.

Junto al estado de conservación y transmisión de los testimonios epigráficos, una segunda característica de la epigrafía es la singularidad de la información que transmite. La abundancia de materiales susceptibles de estudio y la idiosincrasia informativa de los mismos puede llevar a pensar que la realidad presentada por las fuentes epigráficas es explicativa del conjunto de las sociedades antiguas mediterráneas. Se trata, no obstante, de un espejismo. La epigrafía en casi todas sus manifestaciones –podrían constituir una excepción las inscripciones votivas, aunque tampoco éstas están libres del formulismo y rigidez semántica que caracteriza a este medio de comunicación– es un vehículo de expresión propio de las ciudades o núcleos de representación social controlado por una parte muy concreta del cuerpo cívico; habitualmente el campo y los grupos sociales menos favorecidos quedan al margen. Constituye la plasmación física de la actividad de los órganos rectores y las instituciones conformadoras de la ciudad. Su temática, por lo tanto, es restringida; gracias a la epigrafía puede conocerse el funcionamiento oficial de la ciudad y la vida de sus oligarquías y, por ello, también resulta explicativa de algunas facetas del culto imperial en tanto que culto cívico. No obstante, deja a un lado casi toda la información sobre resistencias al sistema, divergencias, y grupos minoritarios.

Es más, el epígrafe habitualmente sólo describe una cara del proceso gubernativo, pues rara vez informa del final de las disposiciones que comienzan con él; y mucho menos es fiable para saber si realmente las leyes, pactos, honras y acuerdos de todo tipo que se recogen fueron efectivamente llevados a cabo. Se trata de documentos desiderativos y enfáticos, interesantes para el estudio de los objetivos de los órganos rectores de las urbes y de las instituciones que vertebraban el cuerpo social de las *poleis*; pero que en contadas ocasiones pueden tomarse como indicadores de lo que ocurría finalmente en las ciudades. En este aspecto son similares a las modernas disposiciones legales recogidas en los boletines oficiales que responden a intereses político-sociales concretos y pretenden conformar la vida de las personas según parámetros diseñados por un sector determinado de la población –habitualmente tanto intereses como parámetros emanan de las necesidades de la clase alta dirigente–; pero que no pueden tomarse como descriptivas de la mentalidad de toda la sociedad, ni tampoco su aparición es índice del cambio de comportamiento[15].

Además, estas resoluciones cívicas tienen una peculiaridad que también hay que tener en cuenta para utilizarla en la interpretación histórica, pues son formulares con una clara tendencia al inmovilismo en las formas. Así, por ejemplo, los documentos más informativos que se conservan en el Ática, los decretos y las honras a los efebos como cuerpo cívico, mantuvieron durante un período histórico que abarca más de seiscientos años, tanto un mismo aspecto externo, con grafía y soporte epigráfico similar, como una estructuración del discurso análoga, organizada en torno a fórmulas generalmente inmutables. No suele encontrarse en los epígrafes el color y riqueza de comentarios de las narraciones literarias, aunque no por ello dejen de ser interesantes y relevantes para el historiador.

Todas estas limitaciones expuestas de los estudios epigráficos se agudizan al emplearlos para conocer la religión de una sociedad determinada. La demanda más importante es cómo puede investigarse las creencias de un colectivo humano a partir de sus producciones epigráficas y si es lícito tomar por buenas las conclusiones obtenidas mediante dicha aproximación. Sin duda la aparición de un altar implica la existencia de un ritual. También puede defenderse, aunque con menos fuerza, que la existencia de un rito lleva emparejada una creencia. Sin embargo, es un objetivo intelectual difícil, por no decir inalcanzable, la precisión, por medio de los escuetos y formulares textos epigráficos, de la creencia que dio lugar al rito y al altar y, aún más complicado, individualizar los sentimientos de la masa colectiva que frecuentemente se esconde tras una dedicación epigráfica. Este inconveniente insalvable no incita, por otra parte, al abandono de las reflexiones, sino, más bien, a un replanteamiento de las interrogantes propuestas a las fuentes y, a su vez, a un enjuiciamiento crítico de la validez de nuestras preguntas para la comprensión y explicación del pasado –y, por ende, del presente.

Así, puede conocerse gracias al estudio de las inscripciones la conformación de los rituales: participantes, orden y recorrido de las procesiones; lugar de los sacrificios; número y tipo de los animales consagrados. Sin embargo, sólo en contadas ocasiones puede analizarse la vinculación afectiva y la piedad personal de las personas que intervenían, y esto gracias a las dedicaciones votivas que en sí tampoco son especialmente informativas.

Otro de los límites principales de la epigrafía en el estudio de la religión cívica, que se destaca con frecuencia en nuestro trabajo, es la imposibilidad, por las características propias del transmisor del mensaje -el epígrafe- de establecer diferencias anímicas y de contenido entre las prácticas rituales consagradas al emperador en comparación a las de otros dioses. Los altares de los emperadores usan los mismos soportes y las mismas fórmulas que los de cualquier otra divinidad. Los decretos –deberían llamarse con propiedad leyes divinas– en los que se aprueban honores a los emperadores son idénticos a los empleados con respecto a las otras deidades. No sería lícito por ello concluir que existen diferencias entre unos y otros. La epigrafía muestra así una limitación insalvable que sólo puede resolverse acudiendo a otras fuentes. Con todo, esta propia limitación aporta una información del máximo interés, pues la equiparación de emperadores y dioses en el registro epigráfico no deja de ser significativa y digna de análisis.

Todos los inconvenientes y límites que se han enunciado, que justifican la cautela al emplear la documentación epigráfica para la interpretación histórica, son aplicables a Atenas. Con todo, también es necesario destacar que esta ciudad goza de uno de los más abundantes y mejor organizados registros epigráficos de todo el Oriente mediterráneo –siempre dentro del caos típico de la disciplina epigráfica griega que se diferencia tanto de la romana en la efectividad y utilidad de sus *corpora*. Se ha conservado gran cantidad de inscripciones pertenecientes al Principado que ofrecen un panorama de las instituciones poliadas y de la vida cívica, además de permitir realizar dataciones fiables sobre los acontecimientos. El tratamiento de los epígrafes es facilitado por la existencia de varios *corpora* que incluyen la mayor parte de las inscripciones: IG e IG II^2. Desde la conclusión de los *corpora*, los testimonios nuevos se publican en revistas especializadas

---

[15] Una fuente alternativa para estudiar las sociedades son las creaciones populares transmitidas por vía oral. Son ejemplares los estudios de J. Cascajero cuyo objeto es habitualmente: "Tratar de acercarse a las condiciones de existencia de la mayoría de las gentes de la Antigüedad, a través de los escasos restos de su propia producción ideológica y no desde la que, interesadamente, se les haya podido conceder", CASCAJERO, 1997, pág. 28.

como *Hesperia* y *Antike Deltion* y se incluyen habitualmente en el SEG[16].

No debe soslayarse, por lo tanto, que la elección de Atenas para realizar el presente trabajo distó de ser azarosa; fue motivada por el sugestivo pasado ateniense y por la riqueza de fuentes conservadas de Época Imperial que permite profundizar en aspectos de la adoración imperial que en muchas otras ciudades no pueden abordarse.

La abundancia testimonial no se limita a la epigrafía, sino que abarca, como se indicó antes, la mayor parte de las fuentes históricas. Así, los testimonios literarios incluyen numerosas citas sobre la ciudad. Desde las noticias latinas que aporta Cicerón o César, hasta las griegas de autores como Dion Crisóstomo, Plutarco, Filóstrato y Elio Aristides, entre otros. La capital del Ática, por lo tanto, se presenta como una de las ciudades que en mayor número de ocasiones aparece en las fuentes literarias de Época Imperial[17].

Los testimonios arqueológicos son también numerosos. La Escuela Americana en Atenas realiza frecuentes campañas en el Ágora que han permitido un conocimiento del período romano de la ciudad que sólo puede compararse con el de otras ciudades como Éfeso o Corinto. Los estudios de las acciones arqueológicas se publican en la revista *Hesperia* y en la colección *Agora Excavations* con volúmenes del máximo interés para el investigador. También hay que destacar la labor de otras escuelas nacionales afincadas en Atenas como la francesa, la inglesa y la alemana que realizan también interesantes aportaciones. Por último, los esfuerzos de las instituciones griegas –sobre todo el Servicio Griego de Arqueología– que se están viendo recompensados con frecuentes descubrimientos.

La abundancia de fuentes primarias ha sido motivo y causa, como se explicó antes, de la copiosa producción historiográfica centrada en la Atenas romana. Se trata, además, de un hecho singular, ya que los investigadores del mundo griego prefieren estudiar habitualmente períodos anteriores. Así, a principios del siglo XX Graindor escribió sus tres grandes obras sobre Atenas en las dos primeras centurias de nuestra era. La división en tres volúmenes se realizó atendiendo a un criterio cronológico: el primer libro se consagró a Augusto, el segundo al período comprendido entre Tiberio y Adriano y el último al reinado de Adriano. Después de Graindor, Oliver constituye otro gran ejemplo del interés que ha despertado el estudio de Atenas en época romana. Ambos autores son sólo una muestra del amplio grupo de investigadores de diferentes nacionalidades que se han dedicado al estudio de este tema. Una vez más, la Escuela Americana en Atenas con nombres como Thompson, Shear, Raubitschek y Benjamin merece ser destacada. Junto a ellos otros investigadores como Follet, Geagan o Clinton han realizado interesantes aportaciones para el conocimiento de este período de la historia de la capital del Ática[18].

Por último, como conclusión a estas líneas introductorias, no puedo terminar sin destacar que este trabajo no podría haber sido completado sin el concurso y apoyo de muchas personas e instituciones. Quiero dedicarles unas líneas al comienzo del libro que, pese a no hacerles justicia, transmiten mi sincero agradecimiento.

En primer lugar me gustaría agradecer al profesor J. M. Blázquez Martínez que me animara a mejorar y publicar el trabajo que estaba realizando. Sin su apoyo el resultado final de la publicación habría sido muy distinto.

Entre las instituciones que me han ayudado a lo largo de mi investigación, es necesario destacar la ayuda de la Universidad de Huelva, en la que disfrutó de una beca FPI y, en concreto, del Departamento de Historia I y su Área de Historia Antigua. En la Universidad de Huelva también he de mencionar el *Seminario Permanente de Historia de las Religiones* que me ha permitido contactar con investigadores nacionales y extranjeros con los que confrontar mis ideas; de la misma forma, los alumnos del seminario con sus comentarios ayudaron a matizar muchas de mis conclusiones.

También he tenido la oportunidad de disfrutar del apoyo de otra universidad andaluza, la Universidad de Sevilla, en la que cursé los estudios de licenciatura, y en la que debo destacar el Departamento de Historia Antigua, sus profesores y su biblioteca.

El presente trabajo se ha realizado principalmente fuera de España ya que sólo en determinados centros extranjeros podía tener acceso a los *corpora* epigráficos, las monografías y las publicaciones periódicas necesarias.

En el año 2000 el profesor K. Hopkins de la Universidad de Cambridge me facilitó una estancia de tres meses en la Facultad de Estudios Clásicos de dicha universidad, donde gocé de una atmósfera inmejorable para el estudio. Su amabilidad y disposición me permitieron asaltarlo con preguntas y dudas que fueron resueltas con su habitual genialidad. Me alojé en el Kings College y el Wolfson College que demostraron ser modelo de hospitalidad. Cambridge acoge asiduamente a otros investigadores españoles que tuve la suerte de conocer y con los que sigo manteniendo una amistad forjada en el exilio: a Alejandro Rodríguez de la Peña, a Mar Gabaldón Martínez y a Emma Falque Rey por brindarnos unas veladas excelentes. También a Gabriel Rodríguez Mateo y Bruno Rodríguez Franco por visitarnos y participar.

En Cambridge tuve el placer de conocer también al profesor H. Mattingly, cuyos consejos fueron especialmente útiles en el ámbito de la numismática. También en este campo debo agradecer al Dr. T. Volk su tiempo y consejo. Para la profesora J. Reynolds sólo puedo tener palabras de agradecimiento: por su hospitalidad, su ejemplo y su magisterio ininterrumpido.

En el año 2001 disfruté de seis meses de estancia en Roma en el Instituto Arqueológico Germánico. Me gustaría destacar la ayuda prestada por el prof. H. Blanck, director de la Biblioteca, pues solucionó muchos problemas que surgieron durante la estancia. También en Roma debo mencionar la Escuela de Historia y Arqueología de España en Roma, en especial a sus becarios de investigación: Miguel Ángel García García, Joaquín de la Hoz Montoya, Diana Gorostidi Pi y Gonzalo Redín Michaus, que me brindaron su ayuda en todo momento. También la Academia de España en Roma, la Escuela Francesa y la Escuela Americana en Roma, me acogieron y me permitieron usar sus fondos bibliográficos. Entre ellas me gustaría destacar la Escuela Americana en Roma, un paraíso en el Janículo y uno de los lugares más cómodos y hermosos para trabajar.

Durante los seis meses de estancia en Roma hubo personas, valientes, que sufrieron la hospitalidad de San Bartolomé de Vaccinari: a Jorge Alvar Villegas, a David Govantes Edwards y Maribel González García, por su amistad y su comprensión. Después, en Monteverde Vecchio muchos amigos compartieron la estancia y la hicieron más llevadera: a María

---

[16] Para los *corpora* epigráficos griegos: WOODHEAD, 1981a, págs. 94-107; KLAFFENBACH, 1966, págs. 21 y ss.; GUARDUCCI, 1987, págs. 451-489, y CORTÉS COPETE, 1999a, págs. 19-32. Para la datación de acontecimientos en Atenas: GRAINDOR, 1922a; DOW, 1934; DINSMOOR, 1931 y 1939; MERITT y TRAILL, 1974; MERITT, 1977, y FOLLET, 1976, con novedades en 1979, y, recientemente http://www.history.ccsu.edu/elias/elias.htm.

[17] Una recopilación sucinta de las fuentes literarias disponibles para la provincia de Acaya en: ALCOCK, 1993a, pág. 25. La mayor parte de estos testimonios hacen referencia a Atenas o Corinto. También puede resultar de utilidad la obra de WYCHERLEY, 1957, en la que se recogen fuentes literarias junto a otros documentos para el estudio de Atenas.

[18] Para la obra de los autores citados consultar la bibliografía.

Gómez Velarde y Joaquín Navarro Lizaranzu; a Almudena Torres Garay e Ignacio García Burguillos; a Jesús Chaves Posadillo y Silvia Ramos León; a Curro Garay Rodríguez y Paqui Vázquez Silvestre; a Antón Alvar Nuño -que compartió las fatigas de la excavación en el Testaccio- y a Mirella Romero Recio. A todos ellos sólo puedo agradecerles el interés demostrado y también el haber querido participar de la experiencia.

En el año 2002 tuve la enorme fortuna de conocer Grecia y poder visitar los yacimientos y trabajar directamente con los materiales en los que se basa este trabajo. La estancia no hubiera sido posible sin el apoyo del profesor P. Doukellis y la Universidad del Egeo. El profesor P. Doukellis me ayudó en todas las cuestiones administrativas y, además, sus consejos sobre el enfoque que debía dar a la monografía han sido de gran ayuda. En Atenas también quiero mencionar a la Escuela Británica que me acogió durante mi estancia y que me facilitó el acceso a numerosas colecciones epigráficas. Quiero expresar mi agradecimiento a Vicky Jackson y Amanda Kelly, por su amistad y su apoyo. Muy especialmente en la Escuela Británica en Atenas me gustaría destacar a Cèlia Torrent i Riba -intérprete, guía y amiga, hasta en los momentos menos duros.

Jaime Mayol Hernández de la Torre ayudó generosamente en la realización del trabajo y, como siempre, demostró su amistad en innumerables ocasiones. Su concurso ha sido fundamental sobre todo en la elaboración de las ilustraciones.

No puedo acabar estas breves líneas de agradecimiento sin mencionar a mis compañeros y amigos: a Clelia Martínez Maza, Elena Muñiz Grijalvo y Mirella Romero Recio, que unen a su simpatía la sabiduría de todo buen exbecario. A Patricio Guinea Díaz por conducir por tantos kilómetros de perspicaz conversación y, también, por tantas otras muestras de su generosidad. A Jaime Alvar Ezquerra he de agradecerle su generosidad por haberme adoptado científicamente y por su crítica siempre acertada. A Pilar por su amistad y sus comidas, que me mantuvieron con vida en la inhóspita Albión, y a Pablo e Irene que aceptaron compartir su comida y su tiempo conmigo y aún así me siguen acogiendo con alegría. Por último, a Juan Manuel Cortés Copete le debo el tema, las correcciones y todas las horas que hemos empleado en el comentario de las ideas que se exponen en este trabajo. Me gustaría poder agradecerle con una buena obra los esfuerzos que ha empeñado en la realización de ésta. Al trabajo y a su magisterio se une la amistad personal.

También quiero emplear estas líneas de agradecimiento para mencionar a mis padres, que han sabido crear en la familia un clima intelectual sano y estimulante, y a mis hermanos por soportar mis interminables charlas y por apoyarme en todas mis empresas y, simplemente, por estar ahí.

Por fin, no encuentro palabras con las que expresar mi agradecimiento a Carolina: porque leyó el manuscrito; aguantó estoicamente la exposición de todas mis ideas; compartió los alojamientos insalubres y las estrecheces de la vida del becario español en el extranjero y, sobre todo, porque antepuso siempre generosamente mi trabajo al suyo.

2.- Atenas y Roma. Situación política de Atenas durante el reinado de Augusto y la Dinastía Julio-Claudia.

> Bien es verdad que él es ateniense y yo romano. Si se disputa sobre la gloria de nuestras ciudades diré que yo soy de una ciudad libre y él de una tributaria; diré que yo soy de una ciudad señora de todo el mundo y él de una ciudad que obedece a la mía; diré que yo soy de una ciudad muy floreciente en armas, en imperio y en estudios, mientras él no podrá alabar a la suya más que en los estudios.
> Boccaccio, *Decamerón*, X, 9, (pág. 1108, trad. Hernández Esteban, M., Madrid, 1994).

Boccaccio recoge en pocas líneas la imagen que habitualmente se tiene de la relación entre Atenas y Roma en Época Imperial, momento en el que se desarrollan los acontecimientos que narra el escritor y de los que se ha tomado la cita. La capital del Ática es cuna de filósofos y maestra de los romanos, pero en todo lo demás: imperio, armas y fiscalidad, está sometida al poder del Lacio. Esta interpretación de la historia y relación de las dos ciudades europeas más famosas del mundo antiguo se convirtió, ya en época romana, en un tópico literario del que bebió Boccaccio. En el presente capítulo se estudian estos contactos que el autor italiano resume en pocas líneas a través del estudio de la epigrafía y algunos textos literarios relevantes. Se pretende, de esta forma, iluminar las circunstancias políticas y económicas en las que surgió el culto a los emperadores intentando huir de los lugares comunes que transmiten las fuentes; pero discriminando las ocasiones en que éstos se adecuan a la reconstrucción que aquí se propone.

Primero se centra la atención en Marco Antonio, para quien la capital del Ática tuvo un significado especial. En esta sección se estudian las acciones políticas del triunviro en la *polis*. Junto a ellas se analizan los honores divinos que le fueron conferidos. Estas pleitesías permitirán iluminar mejor las que recibió posteriormente Augusto.

Después se plantea la relación del primero de los Césares con Atenas. La interpretación de un episodio narrado por Dion Casio ha sugerido que los atenienses se enfrentaron con el emperador al principio de su reinado. Una segunda noticia perteneciente al final del período augústeo parece confirmar la existencia de tensiones entre el Ática y Roma. Ambos acontecimientos se analizan por medio de las interpretaciones historiográficas que se han realizado para plantear una descripción del clima en el que se produjo el surgimiento del culto imperial en la ciudad.

Tras la evaluación de la relación entre Augusto y Atenas, el capítulo se cierra con la exposición de la situación económica y política del Ática durante el resto del período sometido a estudio en la que se hace patente la influencia de las noticias literarias que se han enmarcado con la cita que encabeza el capítulo.

2.1.- Antonio en Atenas.

El estudio de la vida política de Antonio es difícil de acometer, pues el triunviro sufrió dos duros ataques contra su memoria. Primero, las *Filípicas* ciceronianas y después las labores propagandísticas de Augusto. De esta forma, todas las noticias sobre su actividad en el Oriente se ven enturbiadas por la propaganda de sus enemigos. Fue sin duda la protagonizada por su compañero triunviro, Octavio, la que más duramente ha castigado y ocultado la verdadera labor y objetivos de Antonio en el Mediterráneo Oriental. Gracias a la reconstrucción histórica de los últimos años de la República Antonio es recordado por su gusto antirromano por los excesos orientales, su cobardía en Accio y su sometimiento al lazo tiránico de una reina extranjera[19].

No obstante, es posible distinguir algunas facetas de su labor política que permiten iluminar su relación con la capital del Ática. Noticias transmitidas por Plutarco, así como el registro epigráfico informan de que Antonio tuvo especial predilección por Atenas y bajo su mandato la capital del Ática ocupó un lugar significativo en la propaganda política del triunviro. Sus evergesías fueron notables, materializándose en la entrega a la *polis* del dominio sobre las islas de Queos, Icos, Egina, Peparetos y Esciatos. Siguiendo a Graindor, algunos autores han sostenido que las reformas territoriales fueron acompañadas por la implantación de un gobierno oligárquico, aunque esta opinión ha sido rebatida recientemente. Sin embargo, pese a la importancia de estas medidas, las acciones más sugerentes del período en el que Antonio gobernó Atenas proceden del ámbito religioso[20].

A continuación, con el objetivo de enmarcar las acciones políticas y religiosas a las que se hace referencia, se estudian las repetidas visitas que Antonio hizo al Ática que sirven de hilo conductor de la exposición y que demuestran el apego del general por la ciudad.

Su estrecha relación con Atenas comenzó tras derrotar a los tiranicidas en Filipos (42 a. C.), cuando asistió a encuentros de filosofía y se interesó por los rituales de la ciudad, iniciándose en los misterios eleusinos. También en esta ocasión, Antonio concedió los territorios antes mencionados para el disfrute de Atenas. Realizadas las evergesías partió en dirección a Éfeso, donde realizó una entrada triunfal dionisíaca, que marca el

---

[19] Sobre Marco Antonio: BENGTSON, 1977; HUZAR, 1986; CHAMOUX, 1986, y MARTIN, 1990. Su política oriental en: SYME, 1939, págs. 259-275, BUCHHEIM, 1960 y SYME, 1995, *passim*. La propaganda política del final de la República en: SCOTT, 1933. Para el estudio de la vida de Marco Antonio y la propaganda que se desplegó contra él se ha seguido el texto no publicado de la conferencia que J.-M. Roddaz dio en un ciclo de conferencias de la Universidad Menéndez y Pelayo con el título: *Marc Antoine: propagande et réalités*.

[20] La importancia de Atenas en la política de Antonio queda patente por sus continuas visitas a la ciudad y la instrumentalización que realizó de la Acrópolis para sus campañas párticas. Las visitas en: HABICHT, 1997, págs. 360-365. La instrumentalización de la Acrópolis en: Plut. *Ant.* 34.1 y SPAWFORTH, 1994a. Su insistencia en aparecer como protector y evérgeta de la ciudad, así como que le denominaran filoateniense: Plut. *Ant.* 33.2. El triunviro seguía una práctica habitual con profundas raíces en Época Helenísitica. Un profuso tratamiento del papel del evérgeta en: GAUTHIER, 1985. Antonio pidió a Octavio, tras ser derrotado en Accio, que le dejara retirarse a la ciudad: Plut. *Ant.* 72.1. La entrega de los territorios en: App. *BC.* 5. 7 que explica cómo los atenienses pedían la isla de Tasos que fue concedida, no obstante, a Rodas por su fidelidad en la lucha contra los tiranicidas. Sobre esta polémica consultar: GRAINDOR, 1927a, págs. 5-8. La implantación del gobierno oligárquico en: GRAINDOR, 1927a, pág. 95, seguido por DAY, 1942, pág. 133 y nota 73 y GEAGAN, 1979a, pág. 376. En contra: HOFF, 1989a, pág. 273 nota 34.

comienzo de la relación con este dios que sustentó las aspiraciones políticas universalistas de Antonio[21].

Más adelante en el año 40 a. C. volvió a la capital del Ática tras invernar en Alejandría. En esa ocasión se encontró con Fulvia, su esposa, que le traía noticias de Italia. El hermano de Antonio, Lucio, y ella habían emprendido hostilidades contra Octavio –la denominada guerra de Perusa. Abandonó entonces apresuradamente la ciudad para enfrentarse con su compañero triunviro. Sin embargo, la muerte de Fulvia, que había estado involucrada activamente en los conflictos, permitió una salida pacífica a la crisis que se saldó mediante el casamiento de Antonio con Octavia, la hermana mayor de Octavio. El matrimonio se encaminó a Atenas nada más formalizar su situación en el 39 a. C., donde se le dispensaron honores divinos como "dioses evérgetas" y se consagró un altar en su honor. Octavia posiblemente fuera también identificada con Atenea *Polias*[22].

El invierno siguiente también lo pasó Antonio en Atenas. Fue durante esta estancia en la ciudad cuando recibió los mayores honores de la larga lista que le dedicaron los atenienses. Sin duda, se trataba de una respuesta a la propaganda que Antonio había diseñado como sustento ideológico para sus pretensiones políticas, basándose en el modelo de su mentor, Julio César y en la rica tradición helenística anterior. Para cimentar su nueva imagen el señor de Oriente ordenó en el año 39/38 a. C., mientras pasaba el invierno a salvo en la capital del Ática, que se le denominara el Nuevo Dionisio[23].

Es también durante este período cuando se ha sugerido que le fueron consagradas las fiestas más importantes celebradas en la ciudad, las *Panateneas*; difícil adscripción sobre la que se discutirá en el apartado 3. 2. 1[24].

Otra pleitesía contemporánea recogida por M. Séneca y Dion Casio consistió en el casamiento de Antonio Nuevo Dionisio con Atenea, que permitió al triunviro pedir una gran suma de dinero en concepto de dote. La veracidad de la noticia ha sido discutida por varios autores. Para algunos como Taylor, Raubitschek y, más recientemente, Hoff, se trata de un episodio cierto. Raubitschek en concreto basa su afirmación en que la noticia transmitida por Séneca surgió del testimonio directo de Q. Delio presente en Atenas cuando se desarrollaron los acontecimientos. A este motivo suma la corroboración epigráfica de parte de la historia, al menos la referente al epíteto divino de Antonio, Nuevo Dionisio, gracias al estudio de IG II^2 1043, líneas 22-23[25].

Frente a estos dos autores, otros, como Habicht y antes que él Day, ponen en duda el episodio y lo explican como una muestra más de la efectiva propaganda de Octavio para mancillar el nombre de Antonio. En efecto, los argumentos de Raubitschek están lejos de ser definitivos, pues se basan en la supuesta, aunque indemostrable, fiabilidad de las fuentes, gracias al concurso de Q. Delio, y en la probada asimilación de Antonio con Dionisio que, no obstante, dista mucho de justificar un casamiento con Atenea por motivos abiertamente sacrílegos y picarescos. Por ello creo que puede concluirse que las fuentes son sin lugar a duda conscientemente difamatorias y que, por lo tanto, lo más probable es que los acontecimientos tal y como han sido transmitidos sean falsos. Por otra parte, la propia naturaleza difamatoria de las fuentes impide dirimir si existió un fondo de verdad, un suceso que, tergiversado y amplificado, sirviera de vehículo para las invectivas augústeas o si, por el contrario, se trata de una fantasía creada *ex novo* para mancillar a Antonio[26].

Dejando a un lado las posibles incidencias de la propaganda augústea sobre el buen nombre y recuerdo de Antonio, sí es cierto que las pretensiones hegemónicas del triunviro lo llevaron a emparejarse con la última reina helenística de Egipto, Cleopatra, incluso antes de su ruptura definitiva con Octavia en el año 32 a. C. La última de los Lágidas, utilizando el recurso de la asociación a la divinidad, se convirtió en la Nueva Isis y recibió el favor divino de los atenienses a cambio de sus evergesías. Así, la favorita de Antonio fue situada en una posición similar a la que había gozado Octavia y los cultos egipcios cobraron mayor importancia. Por otra parte, no debe olvidarse que la relación entre Cleopatra y Atenas se insertaba en la política tradicional de las monarquías helenísticas con respecto a la capital del Ática y especialmente en las conexiones de los Ptolomeos con Atenas sobre la que ejercieron una gran influencia si bien no ocuparon nunca su territorio[27].

De esta forma, durante los más de diez años en los cuales Antonio controló el Ática el triunviro retomó la tradición del culto a los reyes helenísticos; un culto que, por otra parte, también habían recibido con anterioridad algunos magistrados romanos en territorio griego. Aunque las noticias sobre su actividad en Atenas han sido ensombrecidas y desdibujadas por las maquinaciones de la propaganda augústea, los testimonios que han perdurado demuestran que recibió honores divinos. Junto a esta asociación, es destacable su posible inclusión en la fiesta más importante de Atenas, así como los honores rendidos a sus compañeras, típicos también de las monarquías helenísticas[28].

2.2.- El advenimiento de Augusto y su relación con Atenas.

La batalla de Accio significó, sin embargo, la derrota de Antonio con el que tan bien había sintonizado una gran parte de los atenienses. Accio conllevó además la aparición de un

---

[21] La iniciación de Antonio en: CLINTON, 1989b, pág. 1506. La entrega de las islas en el año 39/38 a. C. en: GEAGAN, 1979a, pág. 377. Antonio en Éfeso: Plut. *Ant.* 24.3 y CERFAUX, L. y TONDRIAU, 1957, págs. 297-298.
[22] Los honores conferidos a Octavia en: RAUBITSCHEK, 1946. El altar al matrimonio en: RAUBITSCHEK, 1946, págs. 149-150. Una relación sucinta en: GEAGAN, 1979a, pág. 377. El favor de los atenienses para con Octavia en: Plut. *Ant.* 57.1-2.
[23] Antonio por su forma de vida comparado con Dionisio en: Plut. *Ant.* 60.3. Su ascendencia divina lo emparejaba con Hércules: Plut. *Ant.* 4.1-2. Antonio Nuevo Dionisio en: Sen. *Suas.* 1.6-7 y D. C. 48.39.2. Nuevo Dionisio en Atenas: CERFAUX y TONDRIAU, 1957, págs. 300-301 y 304-306; RAUBITSCHEK, 1946, y TAYLOR, 1931, págs. 121-122. Para los cultos a gobernantes y benefactores en Época Helenisítica consultar: GAUTHIER, 1985 y HABICHT, 1970. Ver también: CERFAUX y TONDRIAU, 1957, págs. 123-267; FREDRICKSMEYER, 1979 y 1981; PRICE, 1984, págs. 25-32 y 47-51; PRÉAUX, 1984, vol. I, págs. 46-68 y TAYLOR, 1931, 1-34. Resulta interesante destacar que otro gobernante asociado con Dionisio también recibió el favor de muchos atenienses, se trata de Mitrídates Eupátor; ver: BALLESTEROS PASTOR, 1995, esp. págs. 130-133. Ambos son deudores de Alejandro que fue Nuevo Dionisio en Atenas: D. L. 6. 63.
[24] La posible celebración de las *Panateneas* en nombre de Antonio en: IG II^2 1043, líneas 22-23 (ver también SEG 14, 77; SEG 21, 492 y SEG 23, 73).
[25] La polémica boda con Atenea *Polias* aparece en: D. C. 48,39.2 y también en Sen. *Suas.* 1.6-7. Admiten la noticia: TAYLOR, 1931, pág. 122; RAUBITSCHEK, 1946 y, más recientemente, HOFF, 1989a, pág. 273 nota 36.

[26] En contra de los hechos: DAY, 1942, pág. 133, y HABICHT, 1997, pág. 362. Sobre la propaganda de Augusto contra Antonio consultar: SCOTT, 1929 y 1933, sobre todo págs. 35-49.
[27] Para Cleopatra como Nueva Isis: Plut. *Ant.* 54.4 y D. C. 50.5.3. Para los cultos egipcios en Atenas: DOW, 1937b; WALKER, 1979, y PLÁCIDO, 1981. La posible influencia de Cleopatra en Atenas y la defensa de los cultos egipcios en el Ática en: POLITT, 1965 y OLIVER, 1965b. Consultar para epígrafe y discusión bibliográfica: SEG 22, 114 y SEG 23, 77. Los honores que habían disfrutado los monarcas helenísticos en Atenas fueron muy abundantes, como se refirió antes, y en ellos se basaron los decretos para Octavia y Antonio; consultar: CERFAUX y TONDRIAU, 1957, *passim*, y PARKER, 1996, cap. 12. Sobre la relación de la ciudad griega, Atenas en concreto, y las monarquías helenísticas consultar en general: HABICHT, 1997.
[28] Sobre los cultos a magistrados romanos en Época Republicana, ver: BOWERSOCK, 1965, págs. 150-151. Sobre las Panateneas Antonias ver *infra* apartado 3. 2. 1.

nuevo caudillo romano en el horizonte de las ciudades griegas. Octavio visitó Atenas inmediatamente después del enfrentamiento armado cuando realizó una rápida travesía por Grecia intentando ganar el mayor número posible de ciudades sin necesidad de emplear sus fuerzas militares[29].

El heredero de César demostró una habilidad política a la altura de las circunstancias y supo cimentar su poder en Oriente mediante pactos y una filosofía mediadora que le permitió incorporar amplios territorios hostiles con poco derramamiento de sangre. El primer ejemplo lo constituye el desarme del ejército terrestre de Antonio, que había quedado atrapado en la península de Ambracia tras Accio (31 a. C.) pero que todavía era un peligro a tener en cuenta[30].

Siguiendo esta astuta pauta, sólo eliminó aquellos asociados de Antonio en los que no podía confiar o que habían estado directamente implicados en la muerte de su padre adoptivo, Julio César. No obstante, en líneas generales, perdonó más que castigó en una preclara actitud de la que, a la larga, fue el máximo beneficiario. Incluso en aquellas ciudades en las que Antonio había tenido especial acogida, como Atenas, Augusto optó por un acercamiento pacífico, pues el Oriente ya había sufrido bastante y no le interesaba apoderarse de un territorio yermo. Por ello, se limitó a asegurar el abandono de toda actitud hostil por parte de las ciudades. El castigo y la reorganización, allí donde fuera necesario, podía esperar hasta la eliminación completa de Antonio y la consolidación efectiva de su autoridad en Roma[31].

Por otra parte, aunque Atenas tomó partido por Antonio, sin duda existieron también ciudadanos cercanos a Augusto. Las tensiones internas en el seno de la ciudadanía ateniense a lo largo del siglo I a. C. demuestran que los oligarcas se hallaban divididos y no dudaban en apoyarse en fuerzas foráneas para alcanzar el poder, como había ocurrido en la guerra mitridática, cuando una facción favorable al rey helenístico consiguió expulsar a los partidarios de Roma. De la misma forma, al caer los antirromanos volvieron a la ciudad aquellos oligarcas que habían sido desbancados, entre los que destacan la familia de Maratón que usaba los nombres de Pamenes y Zenón[32].

Seguramente la ciudad se encontró durante el tiempo que duraron las guerras civiles en una situación similar. Además había que contar con el descontento de los ciudadanos menos favorecidos que veían en Roma un freno a sus intereses en beneficio de la aristocracia. La sociedad ateniense presenta así una imagen rica con posiciones opuestas y diversidad de opinión e intereses[33].

Un pasaje de Plutarco permite entrever los enfrentamientos entre los seguidores de Augusto y Antonio, puesto que relata, justo antes de Accio, el derribo de una estatua de Dionisio asociada a Antonio que cayó desde la Acrópolis al teatro a causa de una fuerte tormenta. También dos estatuas consagradas a Antonio -antes lo habían sido a Eumenes y Átalo- fueron derribadas por la tormenta, siendo las únicas que corrieron esta suerte de entre todas las que había en la Acrópolis. También Dion Casio incluye en su obra estos fenomenales sucesos. Las efracciones de las imágenes del triunviro permite concluir con Geagan que no todos los atenienses eran leales a Antonio[34].

La oligarquía ateniense todavía hacía política. La orientación de dicha actividad puede resultar poco acertada si se juzga en función del bando ganador, ya que Atenas durante el siglo I a. C. siempre se alió con los perdedores. No obstante, demuestra la voluntad de un colectivo privilegiado por elegir aquella alternativa que juzgaba más provechosa para sus objetivos políticos y económicos. Lo mismo puede decirse del resto de los ciudadanos atenienses.

Los personajes que llegaron al poder con la victoria de Augusto estuvieron implicados activamente en la implantación y consolidación del culto imperial. Además, la tradición política de estos próceres previa al Principado fue en algunos casos escasa y de poca importancia, por lo que se puede concluir que llegaron al poder auspiciados por su lealtad al emperador. En otras ocasiones se trataba de familias con un pasado político de carácter marcadamente prorromano. El caso de Jenocles hijo de Teopompo de Ramnunte constituye un buen ejemplo, ya que su familia fue importante en el período anterior a la Guerra Mitridática para desaparecer entre este momento y la llegada de Augusto al poder. Lo mismo ocurrió con las familias de los hombres que gobernaron Atenas durante el último cuarto del siglo I a. C. Entre ellos cabe destacar a Epícrates hijo de Calímaco de Leuconeo, Pamenes hijo de Zenón de Maratón y Eukles hijo de Herodes de Maratón, que tras el ostracismo volvieron al poder con la llegada triunfal del primer emperador[35].

Tras Accio, por lo tanto, empiezan los contactos directos entre Augusto y la capital del Ática. La relación entre el emperador y la ciudad ha sido muy discutida y se interpreta habitualmente como tormentosa y difícil. Esta opinión se basa en dos incidentes ocurridos durante el mandato de Augusto que se han datado en el 21 a. C. y en el 13 d. C., coincidiendo así con el comienzo y el final de su gobierno.

El primero de ellos es recogido por Dion Casio:

> A los atenienses [Augusto] los privó de Egina y Eretría, que pagaban tributo, porque habían defendido a Antonio. También les prohibió hacer ciudadanos por dinero. Los atenienses creían que lo que había ocurrido a la estatua de Atenea había provocado los acontecimientos actuales [los castigos impuestos por Augusto]: en efecto, la estatua, que se encontraba en la Acrópolis mirando a Oriente, se había girado hacia Occidente y había escupido sangre[36]

Las noticias transmitidas por Dion Casio fueron completadas por Bowersock con un pasaje suplementario de Plutarco. Se trata de una carta de Augusto a los atenienses en

---

[29] La rápida visita a Atenas en: Plut. *Ant.* 68.4-5. Sobre la política de Augusto después de la batalla de Accio: SYME, 1939 y MILLAR, 2000.
[30] El desarme pacífico del ejército en: Plut. *Ant.* 68.1-3. También en: D. C. 51.1.4.
[31] La inteligente actitud de Augusto ante sus rivales derrotados y los territorios conquistados en: BOWERSOCK, 1965, 42-61, con respecto a los reyes clientes, y págs. 85-100 para las ciudades. También SARTRE, 1994, págs. 12-22 y, recientemente, SARTRE, 2001, *passim*. La opinión contraria en: D. C. 51.2.1. Las fases en las que Augusto reorganizó el Imperio en: OLIVER, 1981, pág. 414 y SCHMALZ, 1996, págs. 384-385.
[32] Sobre Mitrídates y la guerra que lo enfrentó con la República romana consultar: REINACH, 1890; MAGIE, 1950, págs. 177-232, y BALLESTEROS PASTOR, 1996. Sobre la resistencia al poder imperial en las provincias: BOWERSOCK, 1987. Este es también el tema central de buena parte de los artículos, de diverso interés, recogidos en: MATTINGLY, 1997. La familia de Maratón ha sido estudiada en detalle en: GEAGAN, 1992.
[33] El período de las Guerras Mitridáticas y el papel de Atenas en el conflicto: HABICHT, 1997, págs. 297-314. Las consecuencias de la derrota ateniense en: HOFF, 1997. La constitución oligárquica de Sila es una clara muestra del carácter social de la guerra: GEAGAN, 1967 y GEAGAN, 1979a, pág. 374 nº 1. Un estudio interesante sobre la división de la oligarquía y la actitud de la aristocracia ateniense ante Roma en: GEAGAN, 1997, en especial las págs. 19-21.
[34] Los ataques contra las estatuas de Antonio en: Plut. *Ant.* 60.2-3 y D. C. 50.15.2. Ver: GEAGAN, 1997, pág. 20.
[35] Las familias de estos personajes han sido estudiadas por: GEAGAN, 1997, págs. 22-24, con bibliografía.
[36] Lo acaecido a la estatua de Atenea en: D. C. 54. 7. 3. Las estatuas eran fuente continua de portentos; una recopilación interesante de casos, aunque sin voluntad de exhaustividad en: BOWERSOCK, 1987.

la que se les indicaba que estaba enfadado con ellos, por lo que pasaría todo el invierno en la isla de Egina en vez de en Atenas. El curioso acontecimiento de la estatua, completado con la carta conservada en Plutarco, permitió a Bowersock datar el enfado del emperador en el año 21 a. C., coincidiendo con su segunda visita a la ciudad. El emperador, molesto por el mensaje que transmitía la estatua profanada, no invernó en Atenas, sino que permaneció en la isla de Egina[37].

Dion Casio presenta el incidente protagonizado por la estatua de Atenea como el motivo que explicaba a los atenienses las sanciones fiscales de Augusto. El discurso del autor clásico, que presenta serios problemas de interpretación, ha sido, no obstante, aceptado por la moderna historiografía, de forma que se defiende que a raíz del enfado del primero de los Césares los atenienses se vieron privados de Egina y Eretría, además de tener que acabar con la lucrativa venta de la prestigiosa ciudadanía ateniense[38].

Los problemas que presenta el fragmento de Dion Casio afectan sobre todo a la confiscación de Eretría, puesto que no hay testimonios que corroboren la veracidad de la información del autor clásico. Es más, no sólo carecemos de dichos testimonios, sino que existen otros que apuntan en dirección contraria a las afirmaciones del autor. Así, todo parece indicar que la isla de Eretría, de la que según Dion Casio fue privada Atenas, no pertenecía en este momento a la capital del Ática, lo que imposibilita, obviamente, que le fuera requisada[39].

Las dificultades interpretativas son menores con respecto a las otras dos afirmaciones del autor. La información sobre Egina parece más fiable, puesto que, como se indicó antes, había sido entregada a los atenienses por Antonio. La misma fiabilidad puede inferirse con respecto a la prohibición de vender la ciudadanía como parece indicar la caída del número de efebos extranjeros en Atenas durante el reinado de Augusto[40].

Además de estas duras acciones, se ha defendido la posibilidad de que el emperador castigara la ciudad con la reducción de los poderes de la Eclesía y la prohibición de acuñar monedas. Con todo, ninguna de las dos sanciones se apoya en terreno firme.

Así, la prohibición de acuñar moneda es un tema debatido, puesto que no existe ninguna mención en las fuentes a esta medida, que ha sido elucubrada por Hoff solamente por la desaparición de las acuñaciones en época romana desde Augusto hasta Adriano. No obstante, una explicación más sencilla es que la moneda de bronce emitida en grandes cantidades en el período de las guerras civiles y al principio del reinado de Augusto fue suficiente para las necesidades de la ciudad de Atenas, como parece indicar el desgaste al que fueron sometidas las monedas[41].

Por otro lado, la noticia sobre la reducción de poderes de la Eclesía y su relación con los incidentes del año 21 a. C. ha sido defendida tomando como apoyo otro fragmento de Dion Casio (51.2.1): "[Augusto] castigó algunas ciudades con tributos y con la supresión del poder político que todavía tenían". Dion Casio, sin embargo, no indica que las medidas se llevaran a cabo con respecto a Atenas y situó las sanciones poco después de Accio insertas en un discurso de carácter general en el que discutía sobre las medidas tomadas por Octavio tras su victoria sobre Antonio. Si bien es cierto que la Eclesía del Principado es un órgano menos poderoso que su homólogo clásico, tampoco creo que por esto pueda argumentarse que se trata de un retroceso legislado por Augusto, ya que el complejo proceso de oligarquización de la vida política ateniense comenzó mucho antes y, lejos de ser un castigo por parte del emperador, fue una iniciativa propia de los oligarcas en los que residía el poder gubernativo en Atenas. Con todo, los aristócratas contaron con el apoyo de Roma. La labor política de los próceres potenció el Areópago, como ha demostrado el detallado estudio de Geagan sobre la Constitución ateniense después de Sila[42].

Concluir por D. C. 51. 2. 1, como hace Hoff, que Atenas sufrió más sanciones de las recogidas en D. C. 54. 7. 3 –siendo éstas, además, de interpretación difícil– es aventurado. La opinión de Hoff, por lo tanto, debe ser desestimada.

A la explicación de los sucesos del año 21 a. C. que se ha expuesto, se ha sumado recientemente la realizada por Schmalz que aporta una nueva explicación de los hechos que afecta tanto a la datación como a la interpretación del fragmento de Dion Casio antes comentado. Schmalz defiende, mediante un análisis de conjunto de las acciones emprendidas por Augusto en los años 21-20 a. C. tal y como las relata el autor bitinio, que las medidas tomadas en Atenas se englobaron dentro del amplio proceso de reestructuración de toda Grecia continental y del mundo oriental en general. Se trata de un proceso análogo al emprendido con las provincias occidentales y la propia Roma. Para defender su opinión se apoya también en un fragmento de Pausanias en el que se recogen medidas desarrolladas por Augusto en el Peloponeso y que pueden ponerse en relación con el texto comentado de Dion Casio en el que se mencionan así mismo las acciones llevadas a cabo por el emperador en Acaya[43].

Todo permite concluir que esta última hipótesis es la más acertada, puesto que integra las acciones locales del primer emperador en Atenas dentro del marco general de las reformas

---

[37] Las medidas contra Atenas en: D. C. 54.7.2. La interpretación que defiende la relación directa entre el incidente de la Acrópolis y la estancia de Augusto en Egina en: BOWERSOCK, 1964. También: BOWERSOCK, 1965, pág. 106. Ambas obras destacan la carta recogida en: Plut. *Moralia*, 270 E-F. La visión de Bowersock ha sido seguida casi unánimemente por todos los investigadores: GEAGAN, 1979a, págs. 378-379 y HOFF, 1989a. Dataciones distintas en: GRAINDOR, 1927a, págs. 134-136 (año 31 a. C.) y SCHMALZ, 1996, (segunda mitad del año 21 a. C.; el año ático 21/20 a. C.) Ver también la opinión sobre la relación entre Augusto y Atenas en: COPPOLA, 1997. La estatua de Atenea es para RIDGWAY, 1992, pág. 126 la de Atenea *Polias*, mientras que para ROBERTSON, 1996, pág. 47 se trata de Atenea *Higiea*. HOFF, 1989a es menos aventurado y se limita a informar de que, en su opinión, se trata de una estatua de la diosa aunque probablemente no se trata de la adorada en el *Erecteion*.

[38] La causa de las sanciones es la violencia cometida contra la estatua en: BOWERSOCK, 1964 y HOFF, 1989a, págs. 268-269, entre otros.

[39] La cuestión de Eretria en: GRAINDOR, 1927a, págs. 5-6, que es quien reconoce la dificultad de los testimonios. Como ni Apiano, que constituye la fuente básica para conocer las donaciones realizadas por Antonio a Atenas, menciona Eretria, ni ningún testimonio de otro tipo lo hace, la solución planteada por Graindor es negar que la isla pudiera haber sido requisada a los atenienses, ya que éstos no eran los dueños de ella en época de Augusto.

[40] Sobre la pérdida de Egina: GRAINDOR, 1927a, págs. 6-7, para quien es probable que fuera libre, pero siguiera bajo dominio ateniense, como ocurría con Delos. Para la venta de la ciudadanía: FERGUSON, 1911, págs. 245-246 y 315 y DAY, 1942, pág. 127. Las fuentes se hacen eco del uso frecuente de este método para ganar dinero: D. Chr. 31, 116. La pérdida del derecho de vender la ciudadanía ha sido interpretada como el motivo de la caída del número de efebos extranjeros en Atenas durante el reinado de Augusto: DAVIES, 1977, pág. 119 y nota 83.

[41] Para los otros castigos ver: HOFF, 1989a, págs. 269. Una visión general de las acuñaciones atenienses bajo dominio romano en: KROLL, 1997. Sobre las acuñaciones y el cierre de la ceca ateniense: KROLL, 1973, págs. 323-327, en esp. págs. 323-324 para la opinión expuesta en el texto sobre el motivo de la inexistencia de acuñaciones durante el siglo I d. C.

[42] Además de Hoff, 1989a, también se apunta la posibilidad de castigos de Augusto a los poderes de la Eclesía en: GEAGAN, 1979a, págs. 379-380. La oligarquización de Atenas en: PLÁCIDO, 1995. Los cargos públicos más importantes fueron en la primera parte del Principado (desde Augusto a Domiciano aproximadamente) ocupados por una misma persona con mucha frecuencia: TRACY, 1991. Esta conformación volvió a variar en el siglo II: OLIVER, 1973, págs. 401-402. La principalidad del Areópago en: GEAGAN, 1967, págs. 32-40 y 41-61; también en SARTRE, 1994, págs. 236-237.

[43] La revisión del texto de Dion Casio a partir de una noticia recogida en Paus. 4.31.1-2 en: SCHMALZ, 1996, págs. 381-389.

emprendidas al comienzo del principado para sustentar el nuevo régimen político. De esta manera, las medidas que han sido interpretadas como un castigo pueril por el ataque a una estatua cobran una mayor verosimilitud y coherencia al insertarse en el conjunto de acciones emprendidas por Augusto en Acaya y en el Imperio, sobre todo en su parte oriental, que fue reorganizada, como explica Dion Casio, a partir del año 21 a. C. después de asentar su dominio sobre Occidente:

> Augusto fue a Sicilia con el objetivo de reorganizar la isla para después pasar de provincia en provincia hasta llegar a Siria[44]

Se explica así la contradicción que existía entre las concesiones territoriales y actividades edilicias desarrolladas por el emperador en Atenas y los castigos económicos que el mismo César aplicó a la capital del Ática. En última instancia Augusto se limitó a edificar su régimen sobre sólidos fundamentos, siguiendo en buena medida la labor de Antonio, pero premiando aquellas poblaciones que le habían apoyado. Atenas, junto a Tegea o Mesenia fueron algunas de las ciudades que, sin desaparecer o perder completamente su importancia, sufrieron la llegada del nuevo caudillo. En cambio, Patras, Nicópolis y Esparta fueron premiadas por el emperador. Atenas, a causa de su importancia ideológica en el mundo griego, no fue olvidada y la maquinaria propagandística augústea se apropió del mensaje que emitía la capital del Ática, sobre todo a través de la asociación de individuos de la familia imperial con divinidades preexistentes de gran significación panhelénica y, también, mediante un inteligente programa edilicio[45].

No obstante, aunque la explicación general del proceso de reestructuración de Atenas realizada por Schmalz es sumamente interesante, su interpretación del ataque a la estatua de Atenea no parece correcta. El autor se refiere al suceso en los siguientes términos:

> Ya fuera presagio o simple episodio, el comportamiento de la estatua de Atenea en la Acrópolis en cualquier caso sólo podía augurar bonanzas para Augusto, pues el giro hacia Roma significaría buena fortuna para su régimen, mientras que los esputos de sangre se referirían más bien a los atenienses como afligidos fieles de la diosa[46]

Sigue pareciendo más correcta la explicación de Bowersock, que interpreta las violencias contra la estatua como una muestra del descontento de un colectivo de atenienses con el nuevo gobierno romano. Puede concluirse que la remodelación del Ática coincide con las reformas del Imperio; dichas reformas beneficiaron a una minoría selecta de atenienses, mientras perjudicaban al común, que se veía privado de unas fuentes de ingreso nada desdeñables. Fruto de este descontento es el incidente de la Acrópolis y no al contrario[47].

La datación tradicional de la estancia del primero de los Césares en Atenas también ha sido combatida por Schmalz, puesto que, según el relato de Dion Casio, Augusto estuvo en Sicilia al final de septiembre o comienzos de octubre del año 22 a. C. donde se dedicó a organizar la provincia fundando nuevas colonias y llevando a cabo reformas estatutarias en otras ciudades. Según el reciente trabajo de Schmalz, es improbable que dedicara sólo unos meses a una tarea tan compleja y, por lo tanto, su estancia en Atenas en el invierno del 21 a. C. es puesta en duda. La nueva reconstrucción sitúa la visita del emperador a Atenas y Esparta en la segunda mitad del año 21 a. C., coincidiendo con el comienzo del año ático 21/20 a. C. Tras las reformas emprendidas en Acaya, el primero de los Césares partió hacia Samos donde invernó. La cronología propuesta se apoya no solamente en el análisis del texto de Dion Casio, sino también en la revisión realizada por el autor de los testimonios epigráficos conservados para ese año, que es el mejor documentado de todo el período augústeo, coincidente con la tercera estrategia de Antípatro de Flía, la segunda procesión sagrada a Delfos (*dodekais*) y la reforma de los ritos mistéricos eleusinos. El número de reformas emprendidas en este año sugieren que Antípatro de Flía pudo ser un agente de Augusto en Atenas - entendiendo agente como un colaborador afecto al régimen, pero sin vinculación institucional alguna- apoyado por el emperador en sus acciones y con amplia libertad de maniobra. El refrendo imperial daba seguridad y preeminencia al prócer, mientras que el carácter local de su poder lo convertía en una figura de escaso peligro para Augusto; pero de gran utilidad en Atenas, ya que conocía las tradiciones de la *polis* y podía defender los objetivos augústeos desde dentro de la propia ciudad con mayores posibilidades de éxito que un gobernador[48].

El segundo incidente que marca las relaciones del primer emperador con Atenas ocurrió alrededor del año 13 d. C. y ha sido transmitido por varios autores tardíos que informan sobre una revuelta en Atenas a consecuencia de la cual se abrieron las puertas del templo de Jano en Roma. A estos testimonios se ha unido el epígrafe SEG 12, 157; IG II² 3233 con la reconstrucción propuesta por Ehrenberg. Para dicho autor, la inscripción recoge un legado de Augusto y Tiberio datable en el año 13 a. C. y que bien podría estar en relación con la necesidad de aplacar la rebelión de la capital del Ática[49].

La interpretación de los sucesos, sin embargo, no es unánime, puesto que se ha explicado, por una parte, como una

---

[44] D. C. 54.6.1.
[45] La contradicción que impide comprender correctamente la actuación de Augusto en Atenas es más evidente en: HOFF, 1989a, pues es el autor que enfatiza el enfrentamiento de la *polis* contra Augusto. Para la mayor parte de los autores el período augústeo es un momento de bonanza económica, aunque también de reforma: GRAINDOR, 1927a, págs. 159-167; DAY, 1942; GEAGAN, 1979a, págs. 379-381, y SARTRE, 1994, págs. 247-248. La reforma de la provincia de Acaya en: ALCOCK, 1993a, capítulo 4 principalmente; WOOLF, 1997, y RIZAKIS, 1997. La violencia llevada a cabo en Tegea consistió en el robo de objetos sacros: Paus. 8.46.1-5 con la explicación en ALCOCK, 1993a, págs. 176-180 y ALCOCK, 1993b, págs. 157-158. Consultar también: ALCOCK, 1994. Grecia analizada como un territorio en resistencia al poder imperial: ALCOCK, 1997a. Las medidas aplicadas en Mesenia fueron, como en Atenas, de carácter territorial, con el objetivo de premiar a Esparta y devolver a esta ciudad el dominio sobre la parte central del Peloponeso: SCHMALZ, 1996, págs. 382-382. También: BOWERSOCK, 1984, pág. 184. Para la asociación a divinidades preexistentes y el programa edilicio de época de Augusto ver *infra*.
[46] SCHMALZ, 1996, pág. 386. El autor argumenta que la elección de Egina para invernar es lógica, pues la isla fue desde Época Helenísitica un lujoso lugar de retiro para los atálidas y, por lo tanto, no es de extrañar que Augusto pasara allí parte de su tiempo: SCHMALZ, 1996, págs. 390-391 en especial nota 30.
[47] BOWERSOCK, 1964 y BOWERSOCK, 1965, pág. 106.
[48] La discusión sobre la datación de la visita en: SCHMALZ, 1996, pág. 388. El análisis de los testimonios epigráficos en: SCHMALZ, 1996, págs. 392-398. La tercera estrategia de Antípatro de Flía en: GEAGAN, 1979b. La segunda *dodekais*: Delph. 3.2, 61. La reforma de los misterios en: IG II² 1040 y SEG 30, 93.
[49] Los autores son: Eus. *Hist.* CXCVII.4; Oros. VI.22.2; Paul. Petr. *Hist. Misc.* VII. 25 (en HOFF, 1989a) con la adición de otros dos autores en: GRAINDOR, 1927a, págs. 41-42. Todas las noticias parecen derivar en última instancia de Julio Africano; para esta opinión ver: GRAINDOR, 1927a, pág. 42, seguido por HOFF, 1989a, pág. 275 nota 47. El epígrafe en: EHRENBERG, 1953. La posibilidad de que el legado fuera a Atenas para solventar la sedición en: EHRENBERG, 1953, pág. 943; seguido por BOWERSOCK, 1965, págs. 107-108 y HOFF, 1989a, págs. 275-276.

sedición de envergadura, -así se deduce por la apertura del templo de Jano. Aunque también, por otra parte, se ha interpretado como problemas domésticos, sin mayor trascendencia política a escala imperial. Esta última hipótesis, lanzada por Graindor, rechaza la posibilidad de que Roma llevara a cabo la ceremonia de guerra sólo por conflictos en Atenas y se apoya en un texto de Orosio que indica que las puertas del Templo de Jano se abrieron como consecuencia de la rebelión en Atenas y de problemas con los dacios. Según Graindor, el peligro bárbaro y no las protestas en el Ática motivaron la apertura del templo[50].

Así, como se ha indicado a lo largo de estas páginas, el período augústeo parece haber estado caracterizado por una fuerte tensión entre la capital del Ática y el emperador. La oligarquización de la vida social y política y la inclusión de Atenas dentro del marco gubernativo diseñado por Augusto para Acaya, con la consiguiente reducción de los dominios de la ciudad, fueron los motivos fundamentales de las luchas intestinas y antirromanas que supusieron los incidentes de los años c. 21 a. C. y c. 13 d. C. Sin embargo, la oligarquía que llegó al poder gracias a Augusto supo controlar las voces contrarias a Roma[51].

El culto imperial constituye un claro instrumento para lograr el objetivo de la concordia y, en este sentido, los testimonios conservados no muestran un rechazo a estas prácticas que se asemejan a las de cualquier otra ciudad libre de Grecia como Mitilene, Gitio o la propia Esparta, que había sido mucho más favorecida por el primer emperador. Por ello, aunque es probable que los rituales consagrados a Augusto estén cargados de violencia y que constituyan una imposición a los ciudadanos libres de Atenas, que veían cómo unos pocos se adueñaban del poder que antaño pertenecía a la comunidad; no obstante, como demostrará el tratamiento de los testimonios conservados, las fuentes callan estas dificultades. Los oprimidos y derrotados tuvieron pocas posibilidades no sólo de mostrar su descontento en la antigüedad, sino incluso de hacerse oír a través del tiempo[52].

Bajo el mando del primer emperador se llevó a cabo una profunda reestructuración de la *polis* y su territorio. Sin embargo, la capital del Ática no gozó nunca de la importancia en el Mediterráneo que posiblemente le hubiera conferido Antonio. Esto no quiere decir que Atenas fuera desatendida, puesto que, como se estudiará sobre todo en el apartado dedicado a los lugares de culto imperial, durante este periodo se emprendieron obras de magnitud[53].

Poco después, a comienzos del reinado de Tiberio, Acaya y Macedonia se unieron a la provincia de Mesia que contaba con un gobernador de probado talento militar, G. Popeo Sabino, y tropas para defender los intereses romanos en la zona. Según Tácito, la reforma se introdujo para aliviar la presión económica insoportable que sufría la Grecia continental como consecuencia del gobierno senatorial. En la fusión de las provincias también pudo contar la voluntad de ejercer un mayor control sobre el territorio levantisco habida cuenta de la propensión ateniense a reivindicar sus intereses, ilustrada casi cómicamente en el discurso que Cneo Pisón dirigió a la *polis* (Tac. *Ann*. 2.55.1-3). Claudio en el año 44 d. C. devolvió la provincia al Senado; medida interpretada como una muestra de la mejora de la situación política y social en el Ática –lo que supone, en definitiva, el abandono de la lucha o el aniquilamiento de los contestatarios-[54].

Los movimientos antirromanos en el Ática después de los incidentes de época augústea parece que cesaron completamente o, por lo menos, no se han transmitido con la contundencia de los dos antes tratados. Los emperadores Julio-Claudios siguieron prestando atención a Atenas, sobre todo para utilizar su mensaje antibárbaro en las campañas párticas. Con todo, la ciudad pasó a un segundo plano en la provincia, cediendo su primacía durante buena parte del siglo I d. C. a Corinto, estado del que no emergería hasta el reinado de Adriano[55].

No obstante, Atenas mantuvo su puesto de capital cultural e ideológica del mundo griego, aunque su posición no impidió que Calígula y Nerón la utilizaran como fértil museo del que robar obras de arte. Claudio, por su parte, intentó trasplantar el más preciado tesoro ateniense, los misterios eleusinos, a Roma. Las preocupaciones e incluso revueltas que estas acciones pudieron provocar no han sido conservadas en las fuentes[56].

El paso a ciudad provincial coincide también con la pérdida de poder económico de la capital del Ática que, sin embargo, no impidió que la ciudad tuviera una economía al menos saneada. La reestructuración de Grecia para hacerla provincia romana, así como las terribles consecuencias de las guerras libradas al final de la República motivaron un nuevo patrón económico. Patras y Corinto, así como las ciudades costeras del Peloponeso, experimentaron un crecimiento importante. Sin embargo, ciudades de tradición comercial como Atenas perdieron gran parte de su predicamento en favor de los núcleos protegidos y potenciados por Roma. El territorio asignado por Augusto a sus nuevas ciudades en Acaya, Nicópolis (ciudad libre) y Patras (colonia romana), fue inmenso y las situaban a la cabeza del resto de las *poleis* vecinas. Corinto destacaba incluso por encima de ellas[57].

Con todo, un dato que no puede olvidarse es la población que siguió teniendo Atenas y que la convertían en una de las ciudades más grandes del Imperio:

---

[50] HOFF, 1989a, págs. 275-276 no duda en atribuir la apertura del Templo de Jano a la revuelta ateniense. Sin embargo, contra su interpretación: GRAINDOR, 1927a, págs. 41-44, que sigue siendo, en mi opinión, el tratamiento más sutil y verosímil de los acontecimientos; seguido por EHRENBERG, 1953, pág. 943 y BOWERSOCK, 1965, pág. 107: "It is reasonable to assume that the doors were opened because of the Dacian disturbance".
[51] Sobre los límites de la libertad de las ciudades griegas es sumamente interesante el comentario de: STE. CROIX, 1983, págs. 310-311. Atenas se contó entre las ciudades que recibieron grano al final de la guerra entre Antonio y Augusto en Grecia, como demuestran las teseras encontradas en la ciudad: SHEAR, 1981, pág. 361.
[52] La presencia durante el reinado de Augusto de dos legados más en la provincia ha sido interpretada como otra muestra de la situación inestable de la capital del Ática: GEAGAN, 1979a, pág. 379 nº 2.
[53] La propaganda augústea difundió la idea de que Antonio planeaba trasladar la capital a Oriente, más concretamente a Alejandría: D. C. 50.4.1. El triunviro era culpado de males que ya se habían atribuido a César: Suet. *Caes*. 79.3. La actitud de Augusto frente al Oriente en: CORTÉS COPETE, 1997a.

[54] Sobre la incorporación de Acaya a Mesia ver: BOWERSOCK, 1965, pág. 108; GEAGAN, 1979a, pág. 379 nº 2; BOWERSOCK, 1987, págs. 292-293, y ALCOCK, 1993a, pág. 16, que ofrece una visión de conjunto muy útil sobre el devenir histórico de la provincia. Sobre el valor de Mesia para la vida económica de Atenas por el mercado de cereales: OLIVER, 1965c. Las quejas de los griegos de Acaya y Macedonia en: Tac. *Ann*. 1.76. Sobre la propensión a la revuelta de Atenas ver: GRAINDOR, 1927a, pág. 43 nota 2. El mismo autor comenta la "arrogancia" de los atenienses aportando ejemplos significativos de su relación con algunos emperadores antes de su llegada al trono, ver: GRAINDOR, 1927a, págs. 44-45.
[55] El paso a un segundo plano de Atenas en: SHEAR, 1981 y GEAGAN, 1979a, págs. 383-385. El papel de Atenas en las luchas contra el parto en: SPAWFORTH, 1994a y CARROLL, 1982.
[56] El robo de obras de arte en: GEAGAN, 1979a, pág. 384 y SHEAR, 1981, pág. 367. El trasplante de los ritos mistéricos en: Suet. *Claud*. 26; CLINTON, 1989b, págs. 1513-1514.
[57] Para la economía ateniense de este periodo: DAY, 1942; GEAGAN, 1979a, págs. 385-386, y WILL, 1997 con abundante bibliografía. La reestructuración de Grecia en: ALCOCK, 1993a, págs. 129-171. Los conflictos bélicos y su incidencia en Atenas: HOFF, 1997. Sobre Patras: RIZAKIS, 1997, págs. 19-32. Sobre Nicópolis: PURCELL, 1987.

Las estimaciones de población incluso para las mayores urbes del Imperio difieren considerablemente, sin embargo está claro que varias ciudades superaron los 100.000 habitantes. Roma, Alejandría y Antioquía sin duda formaron parte de este grupo. Entre las ciudades occidentales sólo Cartago (seguro) y Gades (posiblemente) son aspirantes, pero en Oriente Corinto, Atenas, Pérgamo, Éfeso, Esmirna, Apamea y Cirene parecen todas candidatas posibles[58]

La capital del Ática, por lo tanto, se mantuvo en el período sometido a estudio en un segundo plano político y económico. La brutalidad del cambio se hace más patente puesto que siempre se compara el estado de la *polis* en Época Imperial con la ventajosa posición que había tenido en el período helenístico y clásico. No obstante, siguió constituyendo uno de núcleos poblacionales principales del mundo romano. Los hijos de los oligarcas de todo el mundo se educaban en la ciudad. Atenas, en definitiva, no era lo que había sido antaño en el momento de su máximo esplendor; pero todavía se encontraba por encima de la mayor parte de las ciudades del Imperio[59].

---

[58] La cita en: WOOLF, 1997, pág. 6. Para un interesante estudio demográfico en el que se demuestra la necesaria importancia de Atenas en el ámbito Mediterráneo: WOOLF, 1997. Con todo, no creo que Cádiz tuviera 100.000; circunstancia que no afecta en absoluto a la conclusión que se defiende -es más, incluso aumenta el valor de la reflexión.

[59] Los estudiantes en Atenas: DALY, 1950 y SHEAR, 1981, pág. 357 con bibliografía y fuentes.

3.- El culto a Augusto y los primeros emperadores julio-claudios en Atenas.

> Como el antiguo proverbio con razón afirma, gobernar es tener el poder de un dios.
> Artemidoro, *La interpretación de los sueños*, 2, 36.

Augusto contó con un poder enorme, superior al que había gozado ningún romano antes que él. Su preeminencia política fue acompañada, al menos en la mayor parte del Oriente romano, del culto a su persona y a la de sus familiares. En este tercer capítulo se analiza la aparición de la adoración a los emperadores en Atenas. En concreto se centra el estudio en las manifestaciones cultuales durante los reinados de Augusto, Tiberio y Calígula. El siguiente capítulo se dedica a los cambios en este primer culto imperial durante los reinados de Claudio y Nerón.

Primero se centra la atención en los sacerdocios creados para realizar la adoración de los miembros de la familia imperial. Se comienza el análisis con un estudio de la función de los oficiantes en el que se exponen y discuten las tesis anteriores. A continuación se centra la atención en la relación entre la oligarquía -las personas concretas encargadas de estos cargos- y el culto a los emperadores. Esta vinculación afectiva, que fue uno de los factores más importantes en el surgimiento y desarrollo de las pleitesías concedidas a los gobernantes, se analiza a través de la carrera política de los primeros oficiantes. Tras estudiar la labor de la oligarquía, se muestran, gracias a los abundantes materiales epigráficos atenienses, los miembros de la familia imperial que fueron adorados.

Una vez indicada la vinculación de la aristocracia cívica en el culto imperial, se pasa a estudiar, en el apartado 3.2, los rituales asociados a los emperadores. Se presta atención tanto a los antiguos festejos, como a los *agones* creados *ex novo* para rendir pleitesía a los emperadores. La relación que se presenta analiza los difíciles materiales epigráficos conservados para establecer cuándo surgieron las distintas fiestas de culto imperial, así como en qué consistirían y cuál fue su importancia en la ciudad.

En los rituales cívicos la efebía siempre contó con un lugar destacado y fueron, de hecho, los encargados de realizar muchas de las honras que los atenienses dedicaron a sus dioses. Los cambios que se produjeron en esta ancestral institución a raíz de la oligarquización de la sociedad ateniense, así como la vinculación en gran medida de dichos cambios con el culto imperial se analizan en el apartado 3.3. En él se presenta una exposición detallada de los rituales y cargos de adoración a los emperadores que tenían los efebos atenienses. También se ha incidido en la utilización del culto imperial para establecer las diferencias en el cuerpo cívico ateniense.

Por último, de la misma forma que la incorporación de las nuevas divinidades conllevó la inclusión de nuevas fiestas en el calendario ateniense o la remodelación de festividades precedentes, el surgimiento de estas deidades también supuso la remodelación física de los monumentos y zonas políticas y religiosas de la ciudad. Estos cambios se realizaron en algunos casos para incorporar a los emperadores en templos antiguos o para dotarlos de estructuras nuevas en las que gozaran de preeminencia absoluta. En ambos casos, la presencia opresiva de los emperadores en las ciudades es manifiesta a través del análisis de los restos arqueológicos y epigráficos.

3.1.- Los primeros sacerdotes de culto imperial.

La concepción divina de los emperadores supuso la creación de sacerdotes encargados de su culto. La existencia de estos oficiantes implica por sí sola la inclusión de los gobernantes en el plano religioso en pie de igualdad, al menos en los testimonios conservados, con los dioses. Sólo las deidades eran servidas por sacerdotes y esto es un indicación clara e incontestable de la consideración divina del emperador y sus familiares en las ciudades griegas. El presente apartado se dedica al estudio de estos oficiantes[60].

El primero de los aspectos que se analiza es la función de los sacerdotes encargados del culto imperial. El estudio parte de la opinión expresada por S. Price en su obra sobre los rituales imperiales en Asia Menor, que se considera habitualmente como fundamental para el conocimiento del culto imperial en el mundo griego. En opinión del autor, los oficiantes llevan a cabo tareas distintas a las de los sacerdotes encargados de otras divinidades. Las conclusiones de Price pueden, no obstante, matizarse. Para ello se utilizan las precisiones de otro autor, Friesen, y se comparan sus conclusiones, extraídas a partir de datos de Asia Menor, atendiendo a la información ateniense. Por otra parte, también se destaca, como indica Price, que los testimonios directos relativos a las funciones de los sacerdotes son escasos y difíciles de interpretar. La cautela se impone.

Tras plantear la funcionalidad de los sacerdotes de culto imperial se analiza, en el segundo subapartado, quiénes fueron los personajes implicados y favorecidos por la implantación, consolidación y preeminencia del culto imperial en Atenas. De esta forma, la dicotomía imposición-espontaneidad utilizada habitualmente para explicar los motivos que promovieron el surgimiento del culto a los gobernantes se combate a través del estudio concreto de la implicación de la aristocracia ateniense en los rituales imperiales. La implicación de la oligarquía y la estructuración de los sacerdocios obliga, por otra parte, a plantear la validez de la hipótesis según la cual el culto imperial en Atenas tardó en imponerse y fue poco entusiasta.

El tercer subapartado se dedica al análisis de los testimonios relacionados con los oficiantes. Se pretende conocer qué miembros de la *Domus Augusta* fueron adorados y cuántos cultos hubo en un momento determinado en Atenas. El estudio de los sacerdocios de culto imperial en Atenas permitirá destacar el carácter caótico y heterogéneo de los primeros pasos de la adoración a los emperadores, así como la vitalidad de estas prácticas. La información más interesante en este aspecto es que la conformación del culto imperial se fue gestando paulatinamente y en función de los intereses de la clase dominante y las directrices marcadas desde Roma[61].

---

[60] Sin embargo, es necesario indicar que el concepto de lo divino en el Principado que, por otra parte, no fue único, se aleja de la consideración habitual en aquellos que han sido socializados en el credo cristiano católico. Las páginas más ilustrativas sobre este problema son: PRICE, 1984, págs. 7-9 y FRIESEN, 1993, págs. 146-152. También cabe precisar que la divinidad de los emperadores durante el principado es distinta que la que consiguieron los gobernantes tras el triunfo del cristianismo. La bibliografía sobre esta cuestión es amplia. Una reflexión al respecto que puede servir de introducción en: SAN BERNARDINO, 1995. Sobre el poder del emperador en la Antigüedad Tardía consultar: KELLY, 1998b. Un trabajo sumamente interesante, también en la misma línea de ideas, que explica la conformación del cielo cristiano en relación a los poderes terrenales en: KELLY, 1998a. Ver para el período en general: CAMERON, 1998.

[61] La misma conformación se ha propuesto en otros trabajos sobre ciudades del Imperio: ALVAR EZQUERRA, 2001a que estudia el caso de Carmona. Una reflexión sobre las causas del cambio cultural y una clasificación de los

3.1.1.- Función de los sacerdotes y el sumo sacerdocio del emperador.

La funcionalidad de los sacerdotes de culto imperial ha sido estudiada por Price, cuyas conclusiones son ampliamente aceptadas. En su obra, el autor inglés defiende que los sacerdotes imperiales tenían cometidos distintos a los de sacerdotes de otras divinidades, debido sobre todo a que no llevaban a cabo sacrificios en honor a los emperadores, sino por su salud. De esta forma, según Price, aunque el lenguaje en ocasiones igualaba a los emperadores con los dioses, los rituales establecían una división más acusada. Su teoría, como el propio historiador reconoce, se asienta sobre fuentes escasas que en su mayor parte no hacen referencia a la labor ritual del sacerdote y, además, proceden mayoritariamente del Asia Menor[62].

Friesen ha contestado duramente las conclusiones de Price. En su opinión, el autor ingles no usó todos los datos disponibles, muchos de los cuales igualan a los emperadores con los dioses: "De hecho, la mayor parte de los testimonios no distinguen a los dioses de los emperadores". Además, Friesen no estima que los dos tipos de sacrificios, por la salud del emperador y directamente por él, sean incompatibles:

> Era correcto que las poblaciones del Imperio sacrificaran al emperador porque el emperador funcionaba como un dios con respecto a ellas. También era correcto para las poblaciones del Imperio sacrificar a los dioses por la salud de los emperadores porque los emperadores no eran independientes de los dioses[63].

En Atenas la estrecha relación de los emperadores con dioses antiguos, la habilitación de lugares de culto para los gobernantes, la celebración de fiestas religiosas en su honor, así como la consagración de múltiples altares para llevar a cabo su culto permiten defender una función similar a la marcada por Friesen. Por ello, a pesar de que no puedan establecerse con seguridad sus actividades, nada parece indicar que los sacerdotes de culto imperial se diferenciaran de los encargados de otras divinidades. Su misión consistiría en llevar a cabo los rituales religiosos aprobados en honor de los amos del Mediterráneo.

De hecho, la utilización del mismo término –en ausencia de otros testimonios aclaratorios- impide en principio la búsqueda de una semántica alternativa. Nada diferencia, dentro del límite que impone el tratamiento de la información epigráfica, los títulos de los sacerdotes de culto imperial y los de otras divinidades. Así, en Atenas al menos, nada separa al sacerdote de Apolo Delio (ἱερέως Ἀπόλλωνος Δηλίου, IG II² 5052) o de Dionisio *Eleuterio* (ἱερέως Διονύσιου Ἐλευθερέως, IG II² 5022) en su aparición en el registro epigráfico con el ministro de Augusto o de Livia (ἱερήας Λειβίας, IG II² 5097, o ἱερέως Σεβαστοῦ Καίσαρος, IG II² 5034), como queda físicamente demostrado en los asientos del teatro de Dionisio[64].

De la misma forma, por otra parte, los altares imperiales aparecidos en la capital del Ática con una profusión mayor que en ningún otro lugar del Mediterráneo son siempre dedicados a los emperadores y no se diferencian en absoluto de los de otras divinidades. Por ello, lo más probable es que la diferencia que Price defiende se trate solamente de cometidos distintos que estaban en función de la especificidad propia de las divinidades a las se rendía culto. La disparidad en las misiones de los sacerdotes, sin embargo, también existió entre las deidades clásicas, pues cada una recibía pleitesías concretas que estaban constituidas con frecuencia por tratamientos particulares[65].

3.1.2.- Los protagonistas.

La aceptación e instrumentalización de los cultos por parte de la clase dominante debe ser destacada y es otra de las conclusiones que pueden extraerse del análisis de los sacerdocios de la familia imperial al comienzo del principado. La disminución del número de personajes implicados en las magistraturas cívicas y sobre todo en los cargos sacerdotales más importantes es una muestra de la oligarquización de la sociedad ateniense en época romana. El culto imperial permitía a los más favorecidos basar su preeminencia en su estrecha vinculación con los gobernantes del mundo. Las pleitesías dedicadas a los emperadores se entienden, de esta manera, como una relación de poder en la que los aristócratas actuaban como beneficiarios y dinamizadores. Por ello, son las familias mejor situadas y con mayor predicamento político aquéllas que aparecen más íntimamente ligadas al desarrollo del culto imperial. Recíprocamente se puede afirmar, por lo tanto, que la participación activa en la adoración de los emperadores facilita la ascensión social[66].

Al estudio de estas familias oligárquicas, sobre todo en su participación en los rituales desarrollados en los santuarios cívicos atenienses de Eleusis y Delos, se han dedicado dos recientes artículos de Clinton (Eleusis) y Mavrojannis (Delos). Cada uno defiende la estrecha relación existente entre los primeros sacerdotes de culto imperial y esos santuarios extraurbanos. No obstante, las conclusiones de ambos autores son complementarias, puesto que los tres sacerdotes encargados de la adoración del emperador que se conocen con seguridad para el período comprendido entre los años 31 a. C y 41 d. C. estuvieron estrechamente relacionados con ambos lugares. Las familias que controlaban Delos y Eleusis fueron también las encargadas de incluir la adoración a los emperadores en esos santuarios[67].

Los tres sacerdotes a los que se hace referencia son Pamenes hijo de Zenón de Maratón, Papio de Maratón y Policarmo, hijo de Eukles de Maratón[68].

---

resultados culturales surgidos del contacto entre culturas en: ALVAR EZQUERRA, 1990.
[62] Consultar: PRICE, 1984, págs. 210-213. La dificultad para el moderno investigador de explicar cómo un emperador podía ser a la vez objeto de culto y sacerdote él mismo se resuelve con maestría en: GORDON, 1990. Sobre los otros sacerdotes con los que convivió el culto imperial, consultar, en el caso concreto de Atenas, el detallado estudio de: GARLAND, 1984.
[63] La refutación de Price en: FRIESEN, 1993, págs. 146-152, primera cita pág. 149, segunda pág. 150.
[64] Consultar: MAASS, 1972, págs. 141-143.

[65] Sobre los altares imperiales en Atenas: RAUBITSCHEK, 1966; BENJAMIN y RAUBITSCHEK, 1959; BENJAMIN, 1963, y GEAGAN, 1984 que aporta nueva documentación. Para una discusión más amplia ver *infra* apartado 3.2.2 y Apéndice 2.
[66] Estas familias son las mismas que Roma favorecía para facilitar su control territorial con el menor esfuerzo directo posible; sobre las familias privilegiadas y la oposición a Roma por parte de los estamentos menos favorecidos ver: BOWERSOCK, 1965, págs. 101-111. Sobre la actuación política de las oligarquías griegas durante el Imperio: URÍAS, 1997. Para una relación análoga entre el poder político, la estructura social y el sacerdocio en Época Clásica, consultar: GARLAND, 1984 y 1990 y PLÁCIDO, 1998.
[67] Así, "the principal conclusions are that Eleusis was a major center of imperial cult at Athens, and the Eleusinian clans which supervised the Mysteries, viz. the Eumolpidai and the Cérices, were largely responsible for the establishment of the imperial cult at Athens", CLINTON, 1999, pág. 94 (también la versión más larga en: CLINTON, 1997) y "cercherò di mettere in risalto il contributo decisivo del culto di Apollo Delio per la definizione dell'articolato legame fra culti apollinei e culti degli imperatori giulio-claudii in Atene", MAVROJANNIS, 1995, pág. 85.
[68] La mayor parte de las familias que se relacionaron estrechamente con el culto imperial eran del *demos* de Maratón (la familia de Zenón de Maratón, Policarmo, Herodes Ático...). La relación, si es que existe alguna, entre la tradición política de las familias aristocráticas provenientes de Maratón y su activa participación en la difusión del culto imperial sólo puede sugerirse.

El primero de ellos, Pamenes, sacerdote de Roma y Augusto en la Acrópolis fue también, como lo había sido su padre antes que él, el sacerdote vitalicio de Apolo Delio. Su familia fue sumamente importante en Atenas y dominó la isla de Delos introduciendo en ella, según Mavrojannis, el culto a los emperadores. También Geagan indica que los testimonios conservados de Pamenes demuestran su entusiasmo en favor del nuevo orden romano. Su carrera incluye las más altas magistraturas y honores puesto que desempeñó los cargos de gimnasiarca, arconte, agorónomio y estratego de los hoplitas[69].

La elección de Pamenes para el sacerdocio se llevó a cabo con cautela y entre los miembros de la aristocracia ateniense menos comprometidos con la causa de Antonio; de hecho, según Oliver, el elegido fue cliente de Agripa, aunque esta afirmación ha sido contestada últimamente gracias a nuevos estudios epigráficos. El oficiante, por otra parte, pertenecía muy probablemente al clan de los Eumólpidas que junto con el de los Cérices controlaba el santuario de Eleusis[70].

Por lo tanto, Pamenes estaba implicado en Atenas, concretamente en la Acrópolis, y en sus dos santuarios extraurbanos más importantes: Delos a través de su sacerdocio apolíneo y Eleusis gracias a sus conexiones familiares.

El siguiente sacerdote imperial conocido, Papio de Maratón, fue, según Clinton, un Eumólpida y tuvo más peso en el santuario de Deméter y Coré donde apareció mencionado en un gran monumento dedicado a Tiberio. Si Clinton acierta al adscribir a Papio en el clan de los Eumólpidas, el sacerdocio más importante de la ciudad estuvo durante el reinado de Augusto y Tiberio en las manos del mismo clan[71].

Más significativa aún es la aparición del primer sumo sacerdote imperial, Policarmo hijo de Eukles de Maratón, consagrado a Tiberio, que es considerado miembro de la familia de Herodes Ático e hijo de Eukles, el embajador enviado por el pueblo de Atenas ante Augusto cuyo nombre fue inmortalizado en la puerta del Ágora Romana[72]. El sacerdocio de Policarmo se conoce a través de un epígrafe dedicado por su hijo:

τὸν ἀρχιερέα Τιβερίου Καίσαρος
Σεβαστοῦ καὶ ἱερέα Πατρῴου Ἀπόλλω-
νος//Πολύχαρμον Εὐκλέους Μαρα-
θώνιον Εὔμερτος Πολυχάρμου Μαρα-
θώνιος τὸν ἑαυτοῦ εὐεργέτην vacat
//Ἐπὶ ἱερείας Κλεοῦς τῆς Εὐκλέους
Φλυέως θυγατρός

Emerto hijo de Policarmo de Maratón [erigió una estatua a] su benefactor, Policarmo hijo de Eukles de Maratón sumo sacerdote de Tiberio César Augusto y sacerdote de Apolo *Patroos*. Siendo sacerdotisa [de Atenea *Polias*] Klea hija de Eukles de Flía[73]

Policarmo pertenecía al clan de los Cérices que dominaba Eleusis junto a los Eumólpidas; pero también desempeñaba el sacerdocio de Apolo *Patroos*, una divinidad muy importante para los atenienses y con la que se asimilaron los emperadores julio-claudios después de Augusto[74].

Otros personajes que no fueron sacerdotes imperiales como Antípatro de Flía, sobre el que se discutirá en el siguiente apartado, o cuya adscripción al culto imperial presenta alguna dificultad, como ocurre con Calicrátides o Demóstrato sin constituir argumentos definitivos, también apuntan esta estrecha relación de la fortalecida oligarquía con el culto imperial[75].

Los tres sacerdotes que se han analizado pertenecían a familias nobles y contaban con amplios recursos. Es significativo que, además, los tres fueran sacerdotes de Apolo en alguna de sus advocaciones (délico o *Patroos*), dios con el que se vinculó a Augusto en Atenas. Una vez más los motivos para dicha asociación deben buscarse tanto en la política imperial como en motivaciones internas. Así, la vinculación apolínea era querida por el propio emperador que tampoco rechazaba la asociación con otras divinidades como Zeus. Sin embargo, no se trata, por esto, de una mera imposición romana, sino que se debe valorar también la dinámica interna ateniense, puesto que el culto a *Febo* se potenció durante el período de reformas que caracterizó el comienzo del principado en Atenas. De esta forma, entre las novedades religiosas que se llevaron a cabo dos de las más notables fueron la reforma de los rituales de Eleusis y la renovación de la embajada sagrada a Delfos[76].

---

[69] El sacerdocio de Apolo Delio se convirtió en vitalicio a principios del siglo I a. C., consultar: ROUSSEL, 1916, pág. 339, nota 2. Para el cargo ver también: FOLLET, 1976, págs. 149-199. Para Pamenes consultar: SARIKAKIS, 1976, págs. 77-78 con relación de las magistraturas y los epígrafes en los que aparece. Últimamente sobre Pamenes: FOLLET, 2000. Sobre la familia del personaje, su llegada al poder y su desaparición del registro epigráfico, ver: GEAGAN, 1992, con *stemma* en el que el personaje analizado aparece como Pamenes II. Para la vinculación con Delos consultar: MAVROJANNIS, 1995, págs. 86-90. Ver también más recientemente y con completo tratamiento: HOFF, 1996, págs. 190-192. Pamenes aparece como sacerdote vitalicio de Apolo Delio en: Inscr. Délos 1592; Inscr. Délos 1593; Inscr. Délos 1594; Inscr. Délos 1605; Inscr. Délos 1625; Inscr. Délos 1626; Inscr. Délos 2515; Inscr. Délos 2516; Inscr. Délos 2517 e Inscr. Délos 2518. Su padre también desempeñó el cargo, ver: Inscr. Délos 1624. Como gimnasiarca en: Inscr. Délos 1956; cf. ROUSSEL, 1916, pág. 198. Sobre la posibilidad de que Pamenes desempeñara el cargo de arconte: HOFF, 1996, nota 30. Como agorónomio aparece en: GRAINDOR, 1914, págs. 411-412, nº 20. Su estrategia en: IG II² 3173.
[70] Pamenes cliente de Agripa en: OLIVER, 1950, pág. 92, nota 35 basándose en IG II² 2111/2. Seguido por: TORELLI, 1995, pág. 26 y MAVROJANNIS, 1995, pág. 98, nota 38. Contra: SPAWFORTH, 1997, nota 70 que ataca, acertadamente, la construcción de Oliver que defendía su postura alegando que Marco Julio Zenón, que aparece en la inscripción IG II² 2111/2, era un descendiente de Pamenes fechado en el año 185/6 d. C. cuyo *nomen* era el de Augusto y su *praenomen* el de Agripa. Sin embargo, Spawforth ha señalado que los descendientes inmediatos de Pamenes no eran ciudadanos romanos, lo que invalida la relación establecida entre el sacerdote de Roma y Augusto y Marco Julio Zenón.
[71] Papio sacerdote vitalicio de Tiberio en: IG II² 3261, líneas 4-5. Según CLINTON, 1997, pág. 169, probablemente también en IG II² 3524, lo que permite al autor defender la pertenencia de Papio al clan de los Eumólpidas.
[72] Para la familia de Policarmo ver: AMELING, 1983, para el personaje en concreto, págs. 50-51, nº 19. Consultar también: IG II² 3594-3595.

[73] IG II² 3530.
[74] La asignación al clan de los Cérices se debe a su pertenencia a la familia de Herodes Ático: OLIVER, 1950, págs. 93-94; MAVROJANNIS, 1995, pág. 91; SPAWFORTH, 1997, pág. 186; CLINTON, 1997, págs. 169-170.
[75] Sobre Antípatro de Flía consultar: SARIKAKIS, 1976, pág. 41 y GEAGAN, 1979b, pág. 62. Sobre Calicrátides y Demóstrato ver *infra* apartado 3.1.3.
[76] El sacerdote de Augusto y Roma, Pamenes de Maratón, fue también sacerdote del Apolo Délico: MAVROJANNIS, 1995, esp. pág. 90 y nota 39. El sumo sacerdote encargado del culto a Tiberio lo es también de Apolo *Patroos* (IG II² 3530). Lo mismo ocurre con Dionisodoro, sacerdote de Claudio, que dedicó una estatua al emperador en la misma silaba con Apolo *Patroos*: IG II² 3274+SEG 22, 153. Nerón en varios altares es llamado Nuevo Apolo: a) IG II², 3278; b) PEEK, 1942, *MDAI(A)* 67, pág. 45, nº 60; c) SEG 32, 252; MASTROCOSTAS, 1970, *AAA* 3.3, págs. 426-427, nº 1; d) SEG 34, 182, y e) SEG 44, 165. Un epígrafe hallado en el ágora sugiere que Nerón se relaciona con *Febo* en su advocación de *Patroos*: SEG 34, 182; ágora Inv. nº I 4093; cit. GEAGAN, 1984, pág. 76 y nota 35. Para este epígrafe véase lám. 1. La vinculación de Augusto en Atenas con Apolo en: a) SEG 17, 34; STAMIRES, 1957, *Hesperia* 26, págs. 260-265, nº 98; IG II² 1071; b) SEG 29, 167; PEPPAS-DELMOUSOU, 1979, *AJPh* 100 y c) TRUMMER, 1980, pág. 62, n. 1 Ver también: HOFF, 1992 y MAVROJANNIS, 1995. Esta y otras asociaciones de dioses con emperadores y sus familiares en el Apéndice 4. Apolo y Augusto: GAGÉ, 1955, parte tercera. También existe la posibilidad de que el primer emperador se asociara con Zeus *Boulaios*: CLINTON, 1997, págs. 166-167; ver *infra* apartado 3. 1. 3. La vinculación de Augusto con Zeus: RIEWALD, 1912, págs. 273-275 y THOMPSON, 1966, pág. 184. Además de Mitilene, donde Augusto fue asimilado con Zeus, también se asoció con Zeus *Patroos* en Afrodisias: REYNOLDS, 1986, pág.

Por ello puede concluirse que la relación entre la clase dominante y el culto imperial es estrecha. Las nuevas creaciones se basaban en rituales pretéritos coincidentes con los controlados por los sacerdotes imperiales. Roma marcaba ciertas pautas y los atenienses –su oligarquía- las adaptaban a sus usos particulares.

3.1.3.- Los cargos[77].

El entusiasmo de las aristocracias cívicas por vincularse a los nuevos dueños del Mediterráneo las llevó, como se ha expuesto, a buscar fórmulas apropiadas para honrarlos. Fruto de estas nuevas pleitesías, que en líneas generales se basaban en las acordadas para los reyes helenísticos, surgieron los sacerdocios de culto imperial. En los apartados anteriores se ha discutido sobre la funcionalidad de dichos oficiantes, así como la participación de los oligarcas atenienses en el surgimiento de éstos. A continuación se analizan los sacerdocios concretos que hubo en Atenas al comienzo del Principado con el objetivo de determinar los personajes que fueron honrados, así como el número de cultos a emperadores y miembros de su familia que hubo en la *polis*.

Para conseguir este objetivo es necesario estudiar detenidamente la documentación epigráfica. Al hacerlo se descubre que los testimonios son pocos y aportan información tan diversa que han suscitado numerosas interpretaciones. Dichas interpretaciones se apoyan muchas veces en terreno poco firme como consecuencia de la propia naturaleza de las fuentes que, en su parquedad, animan a la lucubración.

Con el fin de aportar una relación clara de los sacerdocios de culto imperial que instauró Atenas durante los primeros años del Principado, se utiliza un discurso similar en cada uno de los apartados siguientes. Dicho esquema consiste en presentar primero la documentación existente, para que sea evidente su dificultad interpretativa y puedan exponerse los límites en los que es lícito moverse a la hora de efectuar ulteriores hipótesis y reconstrucciones de la adoración imperial de la época. Posteriormente se presentan las interpretaciones aportadas hasta el momento, para finalizar con nuestra propia propuesta que pretende ser poco aventurada y limitarse a los testimonios fácilmente defendibles. Este sistema expositivo se aplica a todos los posibles sacerdocios imperiales y con él se pretende mejorar la comprensión de los mismos, así como reunir en un único trabajo los testimonios que habitualmente aparecen dispersos en distintos artículos y monografías.

-El sacerdote del emperador:

Los testimonios seguros que corroboran la existencia de un sacerdocio de Augusto en Atenas son: a) IG II², 5034; b) IG II², 3173; c) IG II² 5114, y d) IG II² 3242+SEG 19, 202. A continuación se presentan estos epígrafes para ofrecer una panorámica previa a la interpretación. Junto a estas cuatro inscripciones, otros testimonios menos concluyentes que pueden aducirse son: a) una inscripción eleusina reconstruida recientemente por Clinton (SEG 47, 218; CLINTON, 1997, págs. 166-167), y b) los altares y las fiestas en honor de Augusto. Estas dos últimas informaciones no son determinantes y se usan como apoyo en las distintas interpretaciones que se han realizado sobre los cuatro testimonios que sí mencionan a sacerdotes de culto a Augusto. Al tratarse de testimonios esgrimidos por diversos autores al defender sus hipótesis, pero no determinantes, se comentan cuando se analicen las propuestas que los sacaron a colación.

El primero de los testimonios que se analizan es un asiento del teatro de Dionisio, situado en la primera fila junto a los puestos reservados para el sacerdote de Dionisio Eleuterio y del Hierofante, en el que se encontró la siguiente inscripción: ἱερέως καὶ ἀρχιερέως Σεβαστοῦ Καίσαρος (IG II² 5034). Los estudios sobre el epígrafe han desvelado que el texto se compuso en dos momentos distintos. Originalmente la inscripción rezaría: ἱερέως Σεβαστοῦ Καίσαρος. Esta lectura es la que presentaba el asiento en época de Augusto. Más adelante se añadieron el resto de las letras (ἱερέως καὶ ἀρχ), hasta completar la inscripción como se conserva en la actualidad. Esta última actuación muy peculiar y de difícil explicación ha sido fechada últimamente durante el reinado de Nerón, aunque sin argumentos definitivos[78].

Junto a este sacerdocio consagrado al emperador en solitario, otro epígrafe, perteneciente a un edificio redondo emplazado en la Acrópolis (IG II² 3173) –interpretado habitualmente como un templo monóptero-, informa de la existencia de un sacerdocio conjunto de Roma y Augusto *Soter*, cuyo oficiante realizaba sus funciones en la ciudad alta ateniense:

[ὁ] δῆμος Θεᾶι Ρωμηι καὶ Σ[εβασ]-
τῶι Καίσαρι στρα[τηγ]οῦντος ἐπὶ τ[οὺς]/
Ὁπλίτας Παμμένους τοῦ Ζήνωνος Μαραθωνίου ἱερέως Θεᾶ/ Ρώμης καὶ Σεβαστοῦ Σωτῆρος ἐπ' ἀκροπόλει, ἐπὶ ἱερείας Ἀθηνᾶς /Πολιάδος Μεγίστης τῆς
Ἀσκληπίδου Ἁλαιέως θυγατρός, / ἐπὶ
ἄρχοντος Ἀρήου τ[οῦ] Δωρίωνος Παια-
νιέως

El pueblo [lo consagró] a la diosa Roma y a Augusto César, siendo estratego de los hoplitas y sacerdote de la diosa Roma y de Augusto Salvador en la Acrópolis Pamenes hijo de Zenón de Maratón. Era sacerdotisa de Atenea *Polias* Megista hija de Asclépides de Aleo y era arconte Ares hijo de Doriono de Peane[79].

---

110 y REYNOLDS, 1996, pág. 45. Lo mismo puede decirse de Asia en general: BUCKLER, 1935. En el *Metroon* de Olimpia los emperadores se representan como Zeus: THOMPSON, 1966, págs. 185-186; TRUMMER, 1980, págs. 30-32; PRICE, 1984, págs. 160-161; HITZL, 1991; ALCOCK, 1993a, págs. 190-191. La reforma de los ritos eleusinos fue realizada por Temístocles de Hagnunte: SEG 30, 93. El mismo personaje se encargó de reformar el *genos* de los Cérices y el culto a Poseidón *Erecteo* en la Acrópolis. Las modificaciones tenían un marcado carácter oligárquico y suponían la elección directa de los sacerdocios en detrimento de su adjudicación por sorteos restrictivos: ALESHIRE, 1994, conclusión en pág. 335. Su artículo revisa la opinión de: OLIVER, 1980. Las *Dodekais* en: GRAINDOR, 1927a, págs. 139-144 y GRAINDOR, 1931, págs. 105-107. Se ha sugerido que el surgimiento de las *Dodekais* está en relación directa con el decreto para celebrar el cumpleaños de Augusto y el culto imperial: MAVROJANNIS, 1995, págs. 93-94. El auge del culto a Apolo en Atenas al que se hace referencia comenzó en Época Helenística y está en relación con la recuperación de Delos (168 a. C.) y el protagonismo de Atenas en el restablecimiento de la Anfictionía délfica tras la expulsión de los etolios por parte de los romanos (189 a. C. expulsión; 186-185 a. C restablecimiento; HABICHT, 1987). Ver: MIKALSON, 1998, págs. 268-274.

[77] Ver Apéndice 3.1.

[78] Sobre la inscripción y el estudio de sus dos fases consultar: MAASS, 1972. Sobre la datación en época de Nerón: SPAWFORTH, 1997, págs. 183-186. Consultar también: SEG 47, 233.

[79] La inscripción fue recogida por primera vez por el viajero Ciriaco de Ancona en el año 1436: BODNAR, 1960, págs. 36 y 164. La inscripción está inscrita en estilo arcaizante: ALESHIRE, 1999, pág. 158 y nº 6 en apéndice. Ver también apartado 3.4.1. Es interesante notar que al principio el emperador, que no el cargo, se definió como *Soter*, aunque después, en un momento indeterminado, se borró y retalló a César. El significado de esta acción es difícil de precisar. La interpretación que me resulta más acertada es que se

Un sacerdote de titulatura semejante a la anterior se menciona en otra inscripción del teatro de Dionisio (IG II² 5114) que fue tallada en un asiento de la fila sexta, un emplazamiento menos importante que el ocupado por el sacerdote de Augusto. En este caso, el sacerdocio no incluye mención del lugar en el que debían realizarse sus funciones y sólo indica que el oficiante estaba encargado del culto conjunto de Roma y Augusto (ἱερέως Θεᾶς Ῥώμης καὶ Σεβαστοῦ Καίσαρος). El mismo sacerdocio aparece en una inscripción de Ramnunte en la que se recoge la consagración del templo de Némesis a Livia (IG II² 3242+SEG 19, 202)[80].

Estas cuatro inscripciones constituyen el *dossier* de menciones directas de sacerdotes de culto a Augusto en Atenas. La información, que parece en principio sencilla y clara, se ha sometido a interpretaciones divergentes que han propiciado interesantes debates historiográficos. El aspecto que más interesa en el presente apartado y quizás sobre el que más se ha discrepado, es la identificación de los cultos del emperador reinante que funcionaban en Atenas al comienzo del Principado.

La discusión sobre los cultos a Augusto tiene como fundamento la inscripción del monóptero de la Acrópolis. En dicho epígrafe el sacerdocio conjunto de Augusto y Roma aparece claramente limitado a la ciudad alta (ἱερέως Θεᾶς Ῥώμης καὶ Σεβαστοῦ Σωτῆρος ἐπ' ἀκροπόλει; líns. 2 y 3). Esta información sugiere la existencia de otro oficiante cuyo campo de actuación no sería la Acrópolis. La controversia nace al intentar dilucidar a qué otro culto hace referencia la inscripción. Se han aportado dos soluciones distintas. Por una parte, se ha defendido que había dos cultos conjuntos a Roma y Augusto en Atenas –uno en la Acrópolis y otro en la *chora* o en la ciudad baja. Por otra parte, se ha propuesto que el oficiante en cuestión estaría encargado de la adoración al emperador en solitario.

La primera propuesta sugiere que el sacerdote mencionado en el monóptero se separaría de otro oficiante de igual titulatura que efectuaría sus funciones en otra parte de Atenas. La aparición de un sacerdote conjunto de Augusto y Roma en Ramnunte, así como en el teatro de Dionisio parece confirmar esta propuesta. Esta solución ha sido defendida últimamente por Torelli para quien el segundo culto conjunto de Roma y Augusto se llevaría a cabo en la estoa de Zeus Eleuterio en el Ágora Clásica, que había sufrido una remodelación en este mismo período aproximadamente[81].

También defiende la tesis de la existencia de dos cultos conjuntos Hoff, que planteó, no obstante, una pequeña variable. Su propuesta es que existieran dos lugares de culto separados, pero sólo un sacerdote. La hipótesis se basa en la existencia de un único asiento en el teatro de Dionisio para el oficiante, la anteriormente citada IG II² 5114. Sin embargo, como queda claramente indicado en la inscripción del monóptero, el sacerdocio y no el culto es el que se realiza en la Acrópolis, invalidando la interpretación de un único sacerdote en varios lugares. El personaje mencionado en la inscripción del monóptero era sacerdote de Roma y Augusto Salvador y se distinguía de otro oficiante por desarrollar su labor en la Acrópolis. Hoff, por lo tanto, no resuelve satisfactoriamente el interrogante planteado por el epígrafe[82].

La segunda posibilidad a la que se hacía referencia, aboga por que el otro sacerdocio fuera de Augusto en solitario. El argumento principal utilizado para defender esta hipótesis es que de tratarse de otro culto a Roma sería el tercero que habría en este período, ya que la divinidad se había asociado también al Pueblo y a las Cárites -también contaba con un sacerdote. El número de cultos parece excesivo para los defensores de esta segunda propuesta. Además apoyan su conclusión en que sólo existía un asiento reservado para el culto conjunto de Roma y Augusto en el teatro de Dionisio[83].

Ambas tesis están bien construidas y presentan argumentos correctos, por lo que nada impide negar ninguna de las dos. En efecto, nuevos testimonios podrían aportar más luz sobre un debate que se intenta resolver mediante pocos y nebulosos textos. Con todo, la propuesta que se sigue en el presente trabajo es la segunda –un sacerdocio conjunto de Augusto y Roma y otro del emperador en solitario-, puesto que resulta, en mi opinión, más elaborada y verosímil, y esto por varios motivos. Por una parte, en esta decisión, pesa más que el argumento del excesivo número de cultos a Roma, la inserción de las noticias sobre sacerdocios de Augusto en lo que se conoce de los rituales imperiales a comienzos del Principado. En Atenas, como se explica en los apartados 3.2 y 3.3, Augusto recibió culto en vida y el énfasis se situó siempre en su persona, dejándose a un lado a la diosa Roma. Por otra parte, los testimonios encontrados hasta el momento parecen indicar la existencia de un solo sacerdote de culto conjunto a Roma y Augusto, cuya función se desarrollaría en todos los territorios controlados por Atenas; de ahí su aparición en Ramnunte, la Acrópolis y el teatro. De ser así, se explicaría la existencia de un solo asiento en el teatro de Dionisio para este oficiante.

Una vez establecido el número de cultos con los que se adoró a Augusto, a continuación se someten a estudio dichos sacerdocios, para establecer conclusiones sobre su duración temporal y su prestigio social.

Con respecto al sacerdocio conjunto de Roma y Augusto hay dos cuestiones que merecen ser destacadas. La primera es que fue un puesto codiciado como puede inferirse de que en las dos ocasiones en las que se conoce al personaje que ocupó el cargo, éste era además el estratego de los hoplitas, una de las más importantes magistraturas de la Atenas del momento. El significado de esta asociación, pese a informar de la preeminencia del sacerdocio, escapa a ulteriores conclusiones. Es imposible establecer sólo con dos casos si el puesto de estratego de los hoplitas llevaba emparejado el sacerdocio conjunto o si se trata de situaciones aisladas. Es cierto que la existencia de magistraturas con puestos religiosos asociados es conocida en la capital del Ática. Un buen ejemplo es el sacerdocio de Druso Cónsul que se estudia más abajo y que estuvo unido al arconte epónimo. No obstante, me parece más probable que el sacerdocio fuera un cargo independiente que, por su prestigio, fuera codiciado por los próceres atenienses, pero sin que fuera asignado a una magistratura concreta. En este caso, puede defenderse que se conoce el cargo de los dos sacerdotes conservados porque las inscripciones recogen evergesías importantes -la fundación del monóptero y la rededicación del templo de Némesis en Ramnunte- que responden correctamente a las que podrían esperarse del

---

deba a la duda en la forma en la que dirigirse al emperador al principio de su reinado. Sin embargo, el motivo de que se cambiara sólo en el nombre del emperador y no en el del cargo que siguió siendo sacerdote de Agusto Soter, no resulta claro en absoluto.

[80] Sobre la inscripción y el templo de Livia en Ramnunte ver *infra* en este mismo apartado.

[81] TORELLI, 1995, págs. 21-22. También: HÄNLEIN-SCHÄFER, 1985, págs. 159-160 y BALDASSARRI, 1995, pág. 74.

[82] La propuesta en: HOFF, 1994, pág. 110.

[83] Así se definen: SPAWFORTH, 1997, págs. 184-185 y CLINTON, 1997, págs. 166-167. Para el culto al Pueblo y a las Cárites junto a Roma ver el asiento del teatro de Dionisio: IG II² 5047. El santuario del Pueblo y las Cárites, donde se piensa que también fue adorada Roma, en: WYCHERLEY, 1957, nos 125-132. Para un culto similar en Delos a Hestia, el Pueblo y Roma, ver: MIKALSON, 1998, págs. 221-222.

estratego de los hoplitas. Otros sacerdotes de menor poder económico no realizaron obras dignas de inmortalizarse mediante inscripciones y esta es la razón de que no se haya conservado memoria de su nombre y del cargo que desempeñaban en el momento de ocupar el sacerdocio[84].

El segundo aspecto que interesa sobre el oficiante de Roma y Augusto es el tiempo en el que el sacerdocio funcionó. Aportar una solución a este interrogante es, sin embargo, tarea difícil, pues pasa por fechar los epígrafes en los que aparece el puesto: IG II^2 3173 e IG II^2 3242+SEG 19, 202. Según la explicación habitual hay una diferencia cronológica de unos setenta años entre la que se considera primera aparición del cargo, IG II^2 3173, y la última, IG II^2 3242+SEG 19, 202. De forma que el sacerdocio se extendió, según esta hipótesis, al menos desde el principio del reinado de Augusto hasta época de Claudio. No obstante, las fechas asignadas a las inscripciones deben ser revisadas y con ellas el tiempo en el que estuvo en funcionamiento el puesto[85].

La fundación del monóptero (IG II^2 3173) se toma habitualmente como momento inicial del sacerdocio. La fecha del epígrafe no puede averiguarse a través del texto y lo único que puede inferirse gracias a la vida cívica de Pamenes, sacerdote de Augusto y Roma, es que debe tratarse de una acción llevada a cabo en la primera mitad del reinado de Augusto, antes del cambio de Era. Ante la imposibilidad de extraer datos concluyentes de la propia inscripción se recurre a otros procedimientos para datar el monóptero. Esta es una cuestión de interés; pero que, aunque pudiera resolverse con seguridad, circunstancia que por el momento es imposible, no sería tampoco definitiva, para fechar el momento en el que comenzó a trabajar el sacerdote, puesto que la inscripción no indica que el oficiante surgiera a la vez que el monóptero.

Existen varias dataciones para la erección del monumento que oscilan entre el 27 al 17 a. C., con numerosas variantes interpretativas. La acotación cronológica se basa, por un lado, en el título del emperador, que ya es Augusto y que permite, por lo tanto, fijar un justo *terminus post quem* en el año 27 a. C. Por otro lado, Graindor defendió que el aroconte que aparece en la inscripción desempeñó su cargo entre los años 27 al 17 a. C. Su opinión se basó en la existencia de unos años, 17 a 11 a. C., en los que se conocía a los oligarcas que ocuparon el cargo. De los dos períodos cronológicos que el autor pudo elegir —antes y después de las fechas en las que había arcontes establecidos con seguridad- Graindor se decantó por el más temprano, ya que en su opinión los atenienses no habrían tardado mucho en decretar honras a Augusto tras Accio para aparecer así como fieles súbditos ante el nuevo caudillo romano. La tesis de Graindor, pese a no seguirse en su totalidad, ha permitido a los investigadores centrar sus hipótesis entre los años 27 a 17; no obstante, como se ha comentado, la historiografía más reciente olvida que el propio Graindor admitía que la dedicación pudo haber sido posterior al año 11 a. C., fecha en la que los nombres de los arcontes vuelven a ser imprecisos o desconocidos. En cualquier caso, como se explicó antes, el comienzo de la actuación del sacerdote no puede establecerse en función del momento de la fundación del edificio redondo, por lo que deben utilizarse fuentes de información alternativa o dejar sin resolver el problema por el momento[86].

El único testimonio adicional que puede aducirse son las noticias literarias sobre la actuación de Augusto con respecto a cultos en su nombre. Los textos que se utilizan son fundamentalmente tres: DC. 51.20. 6-8; Suet. *Aug.* 52, y Tac. *Ann.* 4. 37. Las noticias distan también mucho de ser claras. La tesis más extendida es que Augusto dictó que fuera adorado junto a Roma —noticia recogida por Suetonio, que no aporta fecha- y que esta política se llevó a cabo con respecto al Asia Menor —información tomada de Dion Casio que data el suceso en el año 29 a. C., como Tácito, aunque este autor se esté refiriendo a sucesos acaecidos en época de Tiberio. Apoyándose en estos datos, se ha querido ver en el sacerdocio ateniense una respuesta a la petición augústea que debería datarse además inmediatamente después de la acción llevada a cabo en la vecina Asia Menor[87].

Suetonio (Suet. *Aug.* 52) informa efectivamente de la voluntad de Augusto por ser adorado junto a Roma: "En ninguna provincia ni comunidad aceptó [Augusto] templos si no se dedicaban a él y Roma, pese a que sabía que estos honores se solían decretar para los Procónsules". Sin embargo, el autor ni fechó la medida, ni la relacionó con Asia Menor. La noticia se incluyó dentro de un amplio discurso en el que narraba las acciones positivas de Augusto y que comenzaba con las significativas palabras: "Tenemos grandes y numerosas pruebas de su clemencia y civismo" (Suet. *Aug.* 51); para luego continuar con una relación de las acciones del primero de los Césares que merecían esta categoría según el escritor.

Por otra parte, la información de Dion Casio, que sí se refiere a sucesos acaecidos en Asia Menor, no indica, sin embargo, que el culto fuera de Augusto y Roma, sino que el escritor bitinio sentencia que las poblaciones no romanas deberían adorar al emperador en persona:

> Augusto mientras tanto, además de organizar muchas cuestiones, ordenó que fuera erigido un templo en honor de Roma y de su padre César, al que denominó Héroe Julio, tanto en Éfeso como en Nicea, las dos ciudades más ilustres de Asia y Bitinia y ordenó a los ciudadanos romanos que habitaban allí a rendirle los honores debidos. Por otra parte, permitió a los extranjeros, llamados griegos, la

---

[84] "Durante el Imperio Romano el Estratego de los Hoplitas alcanzó una posición de preeminencia en la que sólo era superado por el arconte epónimo", GEAGAN, 1967, pág. 18, para el cargo págs. 18-31. Ver también: OLIVER, 1950, pág. 84 y GEAGAN, 1979c, pág. 279. Sobre el Estratego de los Hoplitas consultar el estudio, con importante recopilación prosopográfica, de: SARIKAKIS, 1976.

[85] Esta opinión es defendida por todos los editores de la inscripción del templo de Livia en Ramnunte; consultar: MILES, 1989, págs. 236-239; DINSMOOR, 1961, pág. 188; BRONEER, 1932, págs. 397-398, y OLIVER, 1950, pág. 85 nota 18. Últimamente: SPAWFORTH, 1997, esp. pág. 194.

[86] Consultar *infra* apartado 3.4.1. Sobre la inscripción consultar: HOFF, 1996, págs. 185-200; HÄNLEIN-SCHÄFER, 1985, págs. 156-159, y TRUMMER, 1980, págs. 54-59. También: SEG 47, 209. Dataciones alternativas: GRAINDOR, 1927a, págs. 30-31 y 150 y ss. fecha el edificio en torno al año 27 a. C.; seguido por TRAVLOS, 1971, pág. 494; BALDASSARRI, 1995, págs. 69-84 aboga por el 19 a. C. en relación con la visita de Augusto a Atenas tras su campaña pártica (SEG 45, 177); también HOFF, 1996, pág. 193 defiende el año 19 a. C. aunque en base a argumentos ligeramente distintos. Baldassarri (op. cit. pág. 73) apoya su opinión en dos nuevos argumentos: a) la dedicación no incluye el término de *Pontifex Maximus*, lo que, según la autora, limita necesariamente la inscripción a un período anterior al año 12 a. C., y b) el arconte epónimo no es mencionado como sacerdote de Druso Cónsul, lo que impide la datación posterior al supuesto momento de comienzo de dicho cargo en el año 9 a. C. Ambos argumentos carecen de fundamento. Por una parte, nada indica que el emperador debiera aparecer con su titulatura completa y, además, de haberlo hecho sería una excepción más que la regla, como demuestra una rápida revisión de las apariciones de los emperadores en las IG atenienses (ver capítulo octavo, sección primera). Son escasas las ocasiones en las que aparecen mencionados los cargos del emperador; consultar por ejemplo: IG II^2 3268 y 3269. Con respecto al argumento del sacerdote de Druso Cónsul también es inexacto como se demuestra *infra*, puesto que no siempre los arcontes mencionaron este puesto en su titulatura; ver: GEAGAN, 1967, pág. 8, nota 46, que sigue a DOW, 1934, pág. 149.

[87] La relación entre la propuesta augústea y la actuación ateniense en: GRAINDOR, 1927a, pág. 150.

erección de un templo en su honor: los asiáticos en Pérgamo y los bitinios en Nicomedia[88].

Por último, Tácito, que hace referencia a los mismos acontecimientos que Dion, aunque en relación a sucesos del reinado de Tiberio, indica que Augusto había aceptado que se le consagrara un templo a él y a Roma en Pérgamo, sin precisar fecha.

De esta forma, las noticias literarias que podrían emplearse para esclarecer el origen del sacerdocio de Roma y Augusto en Atenas tampoco aportan nueva luz a la discusión, salvo la de demostrar que se trata de una acción emprendida en el Ática como respuesta original a la cambiante situación política que sufría el Mediterráneo. Sólo puede aceptarse, gracias a la reconstrucción antes citada de la vida de Pamenes, que el sacerdocio comenzó en la primera mitad del reinado de Augusto.

Los problemas que presenta la inscripción del monóptero son incluso menos graves que los planteados por IG II^2 3242+SEG 19, 202, el epígrafe encontrado en Ramnunte, y esto a pesar del acuerdo habitual de los investigadores en fechar el texto en el año 46 d. C:

ὁ δῆμος
θεᾶι Λειβίᾳ. Στρατηγοῦντος
ἐ[πὶ] τοὺς ὁπλε[ί]τας τοῦ καὶ ἱερέως θεᾶς
'Ρώ[μη]ς κ[α]ὶ Σεβασ[τ]οῦ Καίσαρος [Δημ]οστράτου
[τοῦ Διονυ]σίου Παλληνέως, ἄρχοντος δὲ
[---------] τοῦ 'Αν<τι>πάτρου Φλυέ[ως ν]εωτέρου

El pueblo [lo dedicó] a la diosa Livia. Siendo estratego de los hoplitas y sacerdote de Roma y Augusto César Demóstrato hijo de Dionisio de Palene y siendo arconte ... hijo de Antípatro de Flía[89].

La datación de la inscripción se basa en la imposición de un rígido *terminus post quem* en la divinización por parte de Claudio de la emperatriz Livia. El argumento que ha propiciado dicho límite es erróneo, pues entiende que la calificación de Livia como diosa sólo pudo ocurrir con posterioridad a su divinización en Roma por Claudio en el año 45 d. C. Los autores que defienden este *terminus* equivocado olvidan que la esposa del primer emperador, como se verá después, recibió culto en Atenas con mucha anterioridad al reinado de Claudio, al menos con certeza desde época de Tiberio. Es más, el nombre con el que Livia aparece en la inscripción (θεᾶι Λειβίᾳ) no es el que recibió en el siglo I d. C., sino el típico del reinado de Augusto. Livia había dejado de existir tras su adopción en el año 14 d. C. en la familia imperial y se había convertido en *Julia Augusta*, denominación que también perdió nuevamente tras su divinización en el 41 d. C. cuando recibió el nombre de *Diva Augusta*[90].

---

[88] DC. 51.20. 6-8.
[89] Sobre la datación y edición de la inscripción: MILES, 1989, págs. 236-239. Consultar también para la inscripción: DINSMOOR, 1961, pág. 188; BRONEER, 1932, págs. 397-398, y OLIVER, 1950, pág. 85 nota 18. *Terminus post quem* en: DINSMOOR, 1961, pág. 188, seguido por MILES, 1989, pág. 237.
[90] Para el arconte Antípatro que aparece en la inscripción y su familia ver: SARIKAKIS, 1976, pág. 41; DINSMOOR, 1961, pág. 189-194, y GEAGAN, 1979b. Para ejemplos de la emperatriz como Livia durante el reinado de Augusto en el oriente ver: HAHN, 1994, págs. 322-334, catálogo 2, 4 (ILS 8784=IG XII 8, 381), 7 (Atenas; IG II^2 3241), 17 (SEG 33, 1055), 19 (IGRom IV 249), 20, 22 y 23 (SEG 15. 532). Con el mismo nombre en la base de estatua mencionada en: ROSE, 1997, n° 71 (SEG 24, 212). *Julia Augusta* es *Julia Sebasta* en el mundo griego, su denominación más habitual. *Diva Augusta* es *Thea Sebasta* para los griegos.

Todos estos argumentos permiten redatar la dedicación del templo de Ramnunte en un momento indeterminado del reinado de Augusto. Afinar más en la fecha es complicado; sólo dos apuntes pueden realizarse, aunque no aporten más que información inconcreta. Así, por una parte, en la inscripción del santuario de Némesis aparece un magistrado ateniense, cuyo nombre coincide con otro personaje encontrado en una inscripción de Eleusis que Clinton ha datado en los años 22-21 a. C. Como el epígrafe de Ramnunte se creía firmemente datado en el año 46 d. C. Clinton sugirió que el prócer mencionado en la inscripción eleusina fue un antepasado del aparecido en el templo de Livia. No obstante, tras las críticas que se han realizado al *terminus post quem* utilizado para fechar la dedicación del templo, es posible aventurar que ambos nombres hicieran referencia a la misma persona. La renovación del templo a Némesis se dataría de esta forma en la primera mitad del reinado de Augusto, período en el que, como se indicó antes, también puede fijarse la construcción del monóptero de la Acrópolis. Por otra parte, la datación podría ajustarse al período 27-9 a. C. pues Octavio ya había recibido el título de *Sebastos*; pero el arconte epónimo no era sacerdote de Druso Cónsul, aunque este dato no es concluyente[91].

De esta forma, si el presente análisis de las dos inscripciones es correcto, todos los testimonios que existen sobre este sacerdocio conjunto se circunscriben a los treinta primeros años del reinado de Augusto. La inexistencia de menciones posteriores, así como el énfasis que Atenas puso en la persona del emperador y sus familiares permite concluir que el culto conjunto al primero de los Césares y Roma fue una novedad instaurada en los prolegómenos del Principado y que duró poco tiempo. Los súbditos atenienses, deseosos de encontrar la fórmula correcta para dar forma a su relación de subordinación con el nuevo poder romano, crearon multitud de cultos imperiales; alguno de los cuales perduraron, mientras que la mayoría fueron abandonados con el paso del tiempo en beneficio de fórmulas dinásticas en las que la mano uniformizadora de Roma era más patente. El sacerdocio de Roma y Augusto fue uno de los rechazados.

Todo lo contrario ocurrió con el segundo oficiante que se estudia en el presente apartado, el de Augusto en solitario. Su labor, que comenzó en un momento indeterminado del reinado del primero de los Césares, se mantuvo con el correr del tiempo para convertirse, con algunas mutaciones, en un sacerdocio bien establecido y crucial en la religión ateniense del Principado, que sería más adelante elevado a la categoría de *archiereus*. Los próceres más importantes ocuparon este cargo –Tiberio Claudio Novio y Heródes Ático constituyen ejemplos significativos.

La función de este sacerdote debió de ser, como se comentó arriba, la realización de los rituales consagrados a Augusto. Los altares y las menciones de fiestas en honor del emperador, principalmente la celebración de su cumpleaños, son testimonios de una actividad cultual que pudo ser protagonizada por el propio sacerdote del emperador.

En cuanto a la cronología del puesto, su continuidad en ulteriores principados sólo hace necesario plantear el momento de su surgimiento. La ausencia absoluta de testimonios, aparte del asiento del teatro de Dionisio, impiden basar las conclusiones en argumentos sólidos. El sacerdocio de Augusto pudo haber sido aprobado poco después de Accio, cuando las

---

[91] El sacerdocio de Druso acompañó siempre al cargo de arconte epónimo en los listados de arcontes, sin embargo no apareció siempre en otro tipo de documentos como explica: GEAGAN, 1967, pág. 8, nota 46 que sigue a DOW, 1934, pág. 149.

facciones pro-augústeas atenienses ocuparon el poder en la *polis*, aunque se trata sólo de una hipótesis de trabajo[92].

La escasez documental sobre el comienzo del puesto es tal que resulta sumamente interesante detenerse para analizar nuevas propuestas que puedan iluminar el problema. Este es el caso de la reedición de una inscripción de Eleusis realizada recientemente por Clinton que ha apuntado también que el personaje reconstruido como sacerdote de Augusto pudiera ser el primer ateniense en ocupar dicho puesto:

[Σεβαστὸν Καίσ]αρα Δια Βουλαῖ[ον ...6-7...]/
[...ca.7. ὁ ἱερε]ὺς αὐτοῦ καὶ ἀ[γωνοθέτης] /
[...... καὶ κῆρυξ β]ουλῆς καὶ δ[ήμου Καλλι]/
[κρατίδης Συνδρόμου Τρικ]ορύσ[ιος........]

Calicrátides hijo de Sindromos de Tricorinto sacerdote de Augusto y agonóteta [...] y Heraldo de la Asamblea y el Pueblo [erigió una estatua de] Augusto César Zeus *Boulaios*[93]

El texto se ha conservado en estado fragmentario y falta tanto el nombre de la divinidad como el dedicante. La parquedad del documento hace que la reconstrucción de Clinton sea sólo una posibilidad, posiblemente acertada, pero que presenta igualmente numerosas complicaciones.

La primera de ellas es que el personaje honrado también pudo ser Augusto denominado *Autokrator Kaisar*, presente en Eleusis en otra base datable entre los años 31-27 a. C[94]. Es más, también pudo tratarse de cualquier otro emperador de los muchos que son susceptibles de asimilarse con Zeus *Boulaios* y contar con un sacerdote en Eleusis.

Por otra parte, la propia identificación del sacerdote es problemática. La propuesta de Clinton se basa en la reconstrucción en la línea 3 del cargo de Heraldo de la Asamblea y el Pueblo. A continuación el autor busca aquellos personajes conocidos que ocuparan el puesto al principio del reinado de Augusto. El personaje que más se adecua a la búsqueda emprendida por el reeditor es Calicrátides hijo de Sindromos de Tricorinto, que fue heraldo entre los años 45-30 a. C. y cuyo demótico coincide con las letras conservadas en la línea 4, ορύσ[95]. Calicrátides reúne efectivamente las características necesarias para ser sacerdote imperial, pues gozó de preeminencia política y económica en la ciudad, como demuestra que llegará a ser estratego de los hoplitas[96].

Pese a que el prócer elegido presente una trayectoria política adecuada, la reconstrucción del nombre del personaje realizada por Clinton es extremadamente dudosa, pues asigna el epígrafe a un período, el reinado de Augusto, que había elegido arbitrariamente, para después estudiar los heraldos de la Asamblea y el Pueblo que se han conservado en dicho período que, por otra parte, son extremadamente escasos. En efecto, son muchos más los heraldos que desconocemos que los que se han conservado, lo que resta verosimilitud a la nueva edición. Además, las letras de la línea 4 en las que Clinton rastrea el demótico de Calicrátides se han conservado en mal estado y su lectura es dudosa. En su afán por dar una nueva respuesta al problema del sacerdocio del emperador, el autor realiza una reconstrucción aventurada que, además, no puede comprobarse.

Por último, incluso aceptando la lectura de Clinton, el comienzo del sacerdocio tampoco podría fecharse con mayor seguridad, ya que no existe ningún elemento en la nueva reedición del epígrafe por el que pueda concluirse que Calicrátides fue el primer oficiante encargado del culto de Augusto.

-El Sumo Sacerdocio[97]:

Durante el reinado de Tiberio el sacerdocio del emperador continuó funcionando, como demuestra IG II² 3261. Además se vio adornado con la calificación de sumo sacerdocio (ἀρχιερεύς; IG II² 3530). Sobre este término merece la pena detenerse, pues supone una novedad en Atenas que no dejará de aparecer en el registro epigráfico del Principado. Su historia, al menos hasta el reinado de Nerón, sugiere que fue utilizado en un principio para aumentar el prestigio de los cargos, pero sin estar unido indefectiblemente a uno concreto. Esta conclusión se desprende del análisis de los sacerdocios que fueron categorizados con este término. Así, en época de Tiberio fue el sacerdocio del emperador el elegido, pero después se separó de él para definir al oficiante de Antonia *Minor*. Estas mutaciones, que sugieren efectivamente que la categoría de sumo sacerdote no estaba todavía fijada a un cargo concreto, se debieron sin duda a la presión de los individuos particulares que ocupaban los distintos puestos religiosos de la Atenas del momento.

El empleo del término *archiereus* en la capital del Ática acerca la terminología empleada en la *polis* a la de otros territorios griegos del Imperio, principalmente Asia Menor. La elección de un término tan poco frecuente en la religión griega sugiere una imitación del *Pontifex Maximus* romano. De esta forma, durante el Principado se produce la interesante circunstancia de que el oficiante del emperador basaba su título en el de la persona a la que adoraba. La proximidad a la titulatura imperial pudo buscar que la sombra del emperador cobijara a sus sacerdotes y los ensalzara a la cúspide de la religión cívica. Es más, se ha defendido que el *archiereus* fue el cargo religioso más importante de las ciudades griegas durante el principado[98].

Esta afirmación introduce un juicio de valor demasiado estricto, sobre el que es necesario reflexionar, puesto que, aunque la jerarquización de los sacerdocios existía, es extremadamente complicado juzgar cuál ocupaba la primacía religiosa en las ciudades helenas del Imperio. Por ello, en el

---

[92] La posibilidad de que los atenienses honraran a Augusto con un culto en solitario inmediatamente después de Accio en: SPAWFORTH, 1997, pág. 184.
[93] SKIAS, *AEph* 1897, nº 22. La revisión del epígrafe en: CLINTON, 1997, pág. 166; SEG 47, 218. Las negritas son mías y el subrayado equivale a los puntos subíndice que indican letras poco claras.
[94] Augusto como *Autokrator Kaisar* en Eleusis en: SEG 24, 212; ROSE, 1997, nº 71 y BARTMAN, 1999, cat. epg. nº 1. Los nombres con los que aparece Augusto en Atenas en: BENJAMIN, y RAUBITSCHEK, 1959; TRUMMER, 1980, págs. 59-60, y BALDASSARRI, 1998, pág. 69, nota 23.
[95] La discusión sobre el epígrafe en: CLINTON, 1997, págs. 166-167. Calicrátides coronado por los pritaneos: MERITT y TRAIL, 1974, pág. 223, nº 282.
[96] Un resumen de la vida del personaje en: SARIKAKIS, 1976, págs. 65-66. Para la posición de Calicrátides como heraldo de la Asamblea y el Pueblo ver: GRAINDOR, 1927a, págs. 119-121 y GEAGAN, 1967, págs. 104-106, que incluye también una breve relación de las funciones y duración del cargo. Spawforth ha criticado la asignación de Clinton argumentando que Calicrátides no era rico, una opinión contraria a la que aquí se ha seguido: SPAWFORTH, 1997, pág. 186; ver la respuesta en CLINTON, 1999, pág. 95. Calicrátides también es considerado un miembro de la aristocracia más rica de Atenas en: McKENDRICK, 1969, págs. 64-65. Sobre Calicrátides ver también: GRAINDOR, 1922a, págs. 62-63.

[97] El Apéndice 3.3 es una lista de los sumos sacerdotes atenienses durante todo el principado.
[98] Así en: WOLOCH, 1973, pág. V; SPAWFORTH, 1997, págs. 185, y CLINTON, 1997, págs. 169-170 y notas 55 y 56; que siguen la opinión recogida en *Dar.Sag.* s. v. *Archiereus*.

presente trabajo, se evita afirmar que el sumo sacerdocio era el más importante de la ciudad, al menos en el caso de Atenas[99].

La cautela se debe a que en la capital del Ática existían sacerdocios tradicionales de gran prestigio, entre los que destacan los oficiantes eleusinos de predicamento no sólo cívico, sino también imperial. Es aventurado afirmar que el sumo sacerdote del emperador era más importante que el hierofante de Eleusis, más aún cuando se desconoce si se buscó establecer esa categorización entre ambos sacerdocios.

Los argumentos que ayudarían a establecer la jerarquización sacerdotal son, además, escasos y de difícil interpretación. Entre ellos, el que podría resultar más claro es la situación de los sacerdotes en el teatro de Dionisio. El oficiante consagrado al emperador se sentaba en uno de los mejores lugares, no obstante, le acompañaban el hierofante y el sacerdote de Dionisio que ocupaba el lugar central. En este mismo escenario Dion de Prusa explica que se llevaban a cabo combates gladiatorios. Una de las mayores muestras de la depravación ateniense es que permitieran que los luchadores murieran en las gradas "entre los mismos asientos donde tienen que sentarse el hierofante y los demás sacerdotes". Es significativo que el oficiante que se destaque sea el eleusino y no el *archiereus*[100].

No obstante, sí es lícito argumentar que se trataba de uno de los puestos religiosos más prestigiosos de la *polis*, como demuestra su aparición en el registro epigráfico junto a los más importantes cargos cívicos. Se trataba, por otra parte, de un puesto abierto a las personas no vinculadas con las familias sacerdotales atenienses, circunstancia que, como se expondrá en el apartado 4.3.1, permitía la promoción social de individuos tradicionalmente marginados en la religión del Ática.

Otra característica destacable de los sumos sacerdotes atenienses es que el cargo era ocupado de forma permanente. Esta periodicidad del cargo se encuadra correctamente dentro de la evolución de los sacerdocios atenienses en Época Helenística e imperial caracterizada por la elección en vez del sorteo de los puestos y la asignación vitalicia en detrimento de la rotación anual. Sin embargo, la tenencia vitalicia contrasta claramente con la conformación típica de Asia, donde la dignidad se asignaba cada año a un miembro distinto de la aristocracia provincial[101].

Por otra parte, es también sumamente interesante el hecho de que no exista ningún testimonio que indique la presencia del puesto de suma sacerdotisa, un cargo frecuente en el *koinon* asiático: "Un número significativo de las personas que ocuparon el cargo de sumo sacerdote provincial de Asia fueron mujeres (alrededor de un 20%)"[102].

-*Sacerdotes de otros miembros de la familia imperial:*

Junto al cargo destinado a la realización de las pleitesías divinas al emperador desde época de Augusto aparecieron sacerdocios de otros miembros de la casa imperial. Su abundancia confirma la inexistencia de una normativa impuesta desde Roma, donde muchos de los personajes adorados no recibieron gran atención, y propugna una explicación local para muchos de ellos que, si bien fueron difundidos por la capital del Lacio mediante la propaganda estatal, sin embargo fueron adoptados atendiendo a razones internas y el propio bagaje histórico-cultural de Atenas.

Los otros sacerdocios de culto imperial que se estudian a continuación corroboran la implicación activa de la clase dominante en el desarrollo del culto imperial. La importancia de alguno de estos nuevos cargos religiosos en la ciudad queda patente a través de su asociación con las magistraturas de mayor prestigio de Atenas.

-*Sacerdote de Druso Cónsul y sacerdotisa de Antonia Minor:*

Uno de los sacerdocios de culto imperial más interesantes y singulares de Atenas es el de Druso Cónsul. El puesto se asoció desde su nacimiento con el arconte epónimo, es decir, con una de las magistraturas más importantes y prestigiosas de la capital del Ática en este momento[103].

Druso, hermano del futuro emperador Tiberio, recibió culto en Atenas. El comienzo del culto se ha fechado a partir de su muerte en el año 9 a. C., aunque pudo comenzar antes, puesto que el *terminus post quem* de la muerte del oligarca romano no es fiable para explicar las medidas tomadas en el Ática. El éxito del culto es sorprendente ya que las pleitesías a él dedicadas se realizaron durante un período de tiempo muy amplio y sólo desaparecieron del registro epigráfico con Adriano. La singularidad de este culto debe ser destacada, pues, como ha demostrado Price, los honores a individuos concretos de la familia imperial tenían una vida muy corta[104].

Es significativo que también su esposa, Antonia *Minor*, contara con sacerdotisa y culto. La relación de esta parte de la familia imperial con Atenas debió de ser intensa. El sacerdocio de la matrona romana está atestiguado por el texto tallado en un asiento del teatro de Dionisio que se ha datado en época de Tiberio[105].

Germánico, uno de los tres hijos de la pareja, también se relacionó íntimamente con la ciudad que instauró unos juegos en su honor. Todos estos testimonios apuntan a la perduración en la familia del filohelenismo que había caracterizado a Marco

---

[99] Graindor pensaba que el título podía otorgarse indistintamente con el de sacerdote a cualquier oficiante del culto imperial: GRAINDOR, 1931, pág. 113, nota 3.
[100] La internacionalidad de los misterios eleusinos en: CLINTON, 1989b, pág. 1499 y CLINTON, 1997, págs. 162-163. Ver también: Cic. *Leg.* 2.36. Los misterios eleusinos en el Imperio: ALDERINK, 1989. Para el hierofante: FOLLET, 1976, págs. 247-274. La importancia de Eleusis ha sido también apuntada por MILLAR, 1992, pág. 449, que se basa en el secretismo de Augusto al tratar cuestiones sobre ese santuario: Suet. *Aug.* 93 y D. C. 51.4.1. Sobre el sumo sacerdote en Atenas: OLIVER, 1950, págs. 73-101 y SPAWFORTH, 1997, págs. 183-186 y 188-191. Los mejores puestos del teatro de Dionisio se reservaron para el sumo sacerdote imperial, el hierofante y el Sacerdote de Dionisio, que ocupaba el mejor puesto: MAASS, 1972, con la situación respectiva de los sacerdocios citados en H II b, F III 3, G II c según su Planta 1. El sacerdote de Adriano se situó al lado del sumo sacerdote: H II c y lámina Va. La cita en: D. Chr. 31, 121-122.
[101] Sobre los cambios en la forma de adjudicación de los sacerdocios: ALESHIRE, 1994, conclusión en pág. 335. Muchos sacerdocios en Atenas pasaron a ser vitalicios, como el de Apolo Delio o Asclepio. Sobre los sacerdocios vitalicios: FOLLET, 1976, págs. 145-147 y ALESHIRE, 1989, pág. 85-86. Los sacerdocios anuales en Asia: FRIESEN, 1993, apéndice I.
[102] La cita en: FRIESEN, 1990, pág. 122.

[103] Sobre el arconte epónimo consultar: GEAGAN, 1967, págs. 6-10. Ver también el listado on-line: http://www.history.ccsu.edu/elias/elias.htm. Para el sacerdocio de Druso Cónsul, ver: GRAINDOR, 1927a, pág. 157 notas 4 y 5 y GRAINDOR, 1931, pág. 116 y 1934, pág. 171. Consultar también: GRAINDOR, 1922a, en general págs. 18-19, también los nos 16, 20, 26, 27 y 88; y los epígrafes IG III 1005; IG III 1009; IG III 1010; IG III 1078; IG III 1085; IG III 1088?; IG II^2 3572; IG II^2 3589, e; OLIVER, 1941b, *Hesperia* 10, págs. 72-77, n° 32; IG II^2 4193. Ver también: SIG3 796B e IG II^2 3176, por citar algunos ejemplos significativos. La relación entre ambos puestos es también destacada por: DOW, 1934, pág. 149 y WOLOCH, 1973, págs. 118 n° 2, (2) y pág. 215, C, (1).
[104] Primer sacerdote en GRAINDOR, 1922a, n° 16 y el último (año 121/122 d. C.) n° 88. "Cults of individual emperors did not endure the death of that emperor", PRICE, 1984, pág. 61.
[105] La inscripción en el asiento: IG II^2 5095. Para este sacerdocio ver: KOKKINOS, 1992, pág. 55 y GRAINDOR, 1927a, pág. 157-158. Otros sacerdocios de Antonia *Minor* en Afrodisias, Ilión, Clazómenas: KOKKINOS, 1992, pág. 57. En concreto para el sacerdocio de Antonia en Afrodisias: REYNOLDS, 1981, pág. 322, donde la autora indica la dificultad de encontrar paralelos para esta creación.

Antonio y que intentaron explotar sus descendientes, aunque con éxito variable[106].

-Sacerdotisa de Livia y Julia:

También en el reinado de Augusto pueden situarse dos advocaciones cultuales más a miembros de su familia, una a Livia y otra a Julia, que fueron oficiadas por una única sacerdotisa. Ambos están atestiguados por la inscripción tallada en el asiento reservado para su oficiante en el teatro de Dionisio (ἱερήας Ἑστίας ἐπ' Ἀκροπόλει καὶ Λειβίας καὶ Ἰουλία[ς]; IG II² 5097). Por lo tanto, la esposa del primer emperador fue adorada en Atenas antes del 2 a. C., fecha en la que Julia fue apartada de la familia[107].

Junto a este sacerdocio de Livia, se han apuntado algunas asimilaciones de la emperatriz con distintas divinidades que pudieron implicar culto. Se trata de cuatro adscripciones distintas: Hestia, *Higiea*, Ártemis *Boulaia* y *Pronoia*.

La primera de estas adscripciones es poco clara; aunque recientemente ha sido defendida por Torelli, con reflexiones interesantes. Los testimonios que fundamentan la hipótesis son el asiento de la sacerdotisa conjunta de Hestia, Livia y Julia (IG II² 5097) y otro asiento reservado a la ἱερείας Ἑστίας Ῥωμαίων (IG II² 5102 e IG II² 5145)[108].

La equiparación entre Vesta y Livia no se basa, como se indicó antes, en testimonios determinantes y surge de un análisis que, pese a su interés, presenta algunos problemas. Así, la relación con Vesta a través de su sacerdotisa común (IG II² 5097) no indica la equiparación de las divinidades, sino más bien la unificación cultual de deidades distintas, puesto que no puede admitirse que Julia y Livia sean epítetos de la diosa. Por otra parte, el segundo testimonio aducido, el de la sacerdotisa de Hestia de los romanos, haría referencia efectivamente a la diosa romana tal y como el aparato propagandístico del primer emperador la diseñó para que se convirtiera, a partir del año 12 a. C., en uno de los pilares básicos de la ideología política imperial, sin que sea necesario encontrar en este sacerdocio una relación oscura con Livia. Sí es posible argumentar que la relación entre las deidades implicara que compartían un mismo espacio cultual. El lugar de culto no ha sido identificado y la hipótesis de Torelli, que sugiere que los rituales se llevarían a cabo en el templo redondo de la Acrópolis y en la *Tholos* del ágora, -las dos únicas estructuras religiosas redondas de Atenas que, por su forma, el investigador relaciona con el templo de Vesta en el Foro Romano- es muy atractiva; aunque se basa únicamente en la morfología de las estructuras -un argumento poco definitorio- y, al menos por el momento, carece de apoyo en las fuentes. Las propuestas de Torelli, sin embargo, no pueden ser sobreseidas sin mayor contraste, pues resultan renovadoras y se apoyan en un amplio conocimiento de la antigüedad, sobre todo en el sustento ideológico del poder[109].

La asociación de la emperatriz con *Higiea* también es dudosa y se fundamenta únicamente en la aparición durante el reinado de Tiberio de una basa de estatua con una escueta inscripción: Σεβαστῇ Ὑγείᾳ. La relación se establece al ser Livia asimilada por la propaganda imperial con *Salus* y al ser ésta, a su vez, la homóloga romana de la *Higiea* griega. De esta forma, se ha hipotetizado que la estatua fue consagrada a Livia como *Higiea*. La asimilación, aunque está lejos de carecer de fundamentos, también dista de ser clara. No obstante, si la asimilación es dudosa, menos firmes aún son las conclusiones que se han tomado a partir de dicha asimilación. Así, se ha querido ver en la dedicación de época de Tiberio una restauración del culto de *Higiea* en la Acrópolis, en concreto del culto de Atenea *Higiea* instaurado por Pericles del que se tiene noticias a través de Plutarco y que renacería fortalecido por su vinculación al culto imperial. La hipótesis no es concluyente y seguramente, como opina Graindor, la estatua nada tenga que ver con Livia; de haber sido así, el nombre de la emperatriz hubiera aparecido con mayor claridad, como ocurrió en otras asimilaciones de la matrona romana con diosas tradicionales atenienses[110].

Mucho más claras son las asociaciones de Livia con *Pronoia* (IG II² 3238), la Providencia Imperial, y Ártemis *Boulaia* (SEG 22, 152). Estas dos asimilaciones de la emperatriz resultan ilustrativas de la conformación del culto imperial en Atenas, pues, por un lado, se atiende a las directrices o por lo menos a la propaganda central creada en Roma con la Livia-*Pronoia*, a la vez que, por otro lado, se inserta la adoración de la familia de los Césares en la tradición más puramente griega como atestigua la asociación con Ártemis *Boulaia*. Gracias, además, a la segunda de estas asimilaciones la emperatriz asumía la protección de la Asamblea ateniense adquiriendo un puesto importante entre las divinidades cívicas de la ciudad[111].

En época de Tiberio, se ha apuntado que los atenienses aprobaron un sacerdote encargado de honrarla. De ser así, la aparición del oficiante puede significar que la emperatriz contara con dos personas encargadas de su culto o que el sacerdote varón sustituyera a la sacerdotisa femenina precedente. No obstante, el testimonio que ha dado pie a esta interpretación presenta algunas dificultades.

El epígrafe que recoge el oficiante de *Julia Sebasta* (SEG 47, 220=Inv. nº E 844) se halló en Eleusis y tiene unas dimensiones considerables; alrededor de 4.5 metros. La inscripción parece ser la pareja de otra en la que el sacerdote de Tiberio dedicaba una estatua al emperador (IG II² 3261). La edición del fragmento de Eleusis ha sido llevada a cabo por Clinton[112]. Su lectura se apoya en el epígrafe dedicado al emperador Tiberio, puesto que éste se ha conservado mejor:

[vacat Τιβέριον Καίσαρα Σεβαστὸν vacat/
[ἡ βουλὴ ἡ ἐζ Α]ρίου πάγου καὶ ἡ βουλὴ τῶν ἐζακοσίων
καὶ ὁ δῆμος ἐπὶ ἱερείας Κλεοῦς]/ [τῆς Εὐκλέους]
Φλυέως θυγατρός, ἐπιμεληθέντος τῆ[ς ἀναθέσεως vacat]/
[vacat] Παπί(ου) Μαραθωνίου, ἱερέως ὄντος διὰ [βίου
vacat]// vacat Παπί(ου) Μαραθωνίου vacat/

---

[106] De esta rama de la familia de los augustos recibieron grandes honores y culto en Atenas: Antonio y Octavia, Antonia, Druso, Germánico, Claudio, Calígula y Julia Livila (probablemente). Para la vida y obras de Germánico consultar: GALLOTA, 1987. Estudio epigráfico de Germánico en: BERTINELLI, 1987.

[107] Para testimonios de Livia ver, con respecto a estatuaria: BARTMAN, 1999, con dos catálogos útiles. Consultar también la obra más amplia de: HAHN, 1994, págs. págs. 322-334 para los ejemplos de todo el Oriente romano. Consultar también: WINKES, 1995.

[108] En general TORELLI, 1995, pág. 28.

[109] Sobre la posibilidad de este culto ya se definió Graindor, ver: GRAINDOR, 1927a, págs. 153, nota 6, en la que duda que la inscripción IG II² 5097 implique la asimilación de la diosa con Julia y Livia, y también pág. 155. Ovidio comparó a Livia con Vesta, Ov. *Ponticas* IV.13.19. Sobre las divinidades que comparten santuarios el artículo básico, aunque mejorado en muchos aspectos, sigue siendo: NOCK, 1930. La crítica a sus postulados en: FRIESEN, 1993, págs. 73-75.

[110] El epígrafe es: IG II² 3240. La interpretación de la inscripción como muestra de la asimilación de *Higiea* con Livia retomada últimamente por: TORELLI, 1995, págs. 27-28. La relación entre *Salus* e *Higiea* en: D. C. 54.35.2; cf. TAYLOR, 1931, págs. 199-200 y BALDASSARRI, 1998, pág. 69, nota 24. El culto instaurado por Pericles en: Plu. *Per.* 13.12-13. Contra la opinión de que la estatua se refiera a Livia como *Salus-Higiea*: GRAINDOR, 1927a, págs. 156 y 205.

[111] La asociación de Livia con Ártemis *Boulaia* en: OLIVER, 1965a, pág. 179. Ártemis *Boulaia* en Atenas: WYCHERLEY, 1957, págs. 55-57.

[112] Ver edición en CLINTON, 1997, pág. 167 (SEG 47, 220=Inv. nº E 844) y la versión resumida en CLINTON, 1999, pág. 96.

El Areópago, la Asamblea de los Seiscientos y el Pueblo [erigió una estatua de] Tiberio César Augusto. Siendo sacerdotisa [de Atenea *Polias*] Klea hija de Eukles de Flía. Siendo financiada la dedicación por Papio de Maratón, sacerdote vitalicio de él [Tiberio][113].

Gracias a esta inscripción Clinton reconstruye el fragmentario epígrafe hallado en Eleusis de la siguiente forma:

[Ἰουλίαν Σεβαστ]ὴν ἡ βου[λὴ ἡ ἐξ Ἀρείου πάγου καὶ ἡ βουλὴ τῶν ἑξακοσίων καὶ ὁ δῆμος ἐπὶ] / [ἱερείας Κλεοῦς τ]ῆς Εὐκλ[έους Φλυέως, γόνωι δὲ Νικοδήμου Ἑρμείου vacat]/ [vacat θυγ]ατρός, [ἐπιμεληθέντος τῆς ἀναθέσεως nomen? vacat] /[vacat Πρ]αξαγ[όρου demoticum./ ἱερέως ὄντος διὰ βίου vacat]//[vacat nomen? Πραξαγόρου ? demoticum vacat]

El Areópago, la Asamblea de los Seiscientos y el Pueblo [erigió una estatua de] Julia Augusta. Siendo sacerdotisa [de Atenea Polias] Klea hija de Eukles de Flía, descendiente de Nicodemo Hermeo. Siendo financiada la dedicación por Praxágoras? ... sacerdote vitalicio de ella [Julia Sebasta=Livia][114].

El análisis directo de la pieza llevado a cabo por Clinton y su afirmación de que ambos monumentos constituyen una pareja es lo único que impide rechazar de plano esta inscripción que es tan fragmentaria que imposibilita cualquier aproximación satisfactoria. Con todo, aún aceptando la utilización del epígrafe para el estudio de Livia en Atenas, la asignación de un nuevo sacerdocio en base a ella es arriesgada. En efecto, Clinton ha defendido con vehemencia que el oficiante mencionado en la línea 4 de SEG 47, 220, no es Papio de Maratón, el sacerdote de Tiberio recogido en la línea 4 de IG II² 3261. Esta afirmación es sumamente aventurada, pues las únicas letras que se conservan en dicha línea se leen con dificultad.

-Sacerdotisa de Julia Livila:

Otro sacerdocio de época del segundo emperador es el muy disputado de Julia Livila, la hija de Germánico. La existencia de un culto a este personaje secundario, aunque sin duda importante por ser no sólo hija del querido general sino hermana de Calígula, se fundamenta únicamente en la inscripción de un asiento en el teatro de Dionisio cuya lectura es incierta y presenta serias dificultades:

Ὀλβίας ἱερήας
καθ' ὑπομνημ[α]τισμὸν καὶ κατὰ
ψήφισμα Ἰουλίας τῆς ..θ[.]μα..κο[υ] θυγ[ατρός][115]

El final de la tercera línea es la sección incompleta que ha sido interpretada, aunque sólo como una mera posibilidad, por Merkel siguiendo el juicio de los Levensohns como: Ἰουλίας [Γερ]μανικοῦ θυ[γατρός]. La hija de Germánico

también tuvo una sacerdotisa en Pérgamo lo que supone un apoyo a su existencia en Atenas. Desde que Merkel lanzó su propuesta no se ha vuelto a discutir sobre este posible sacerdocio que, como se ha indicado, se basa en testimonios poco sólidos[116].

-Otros sacerdocios de adscripción incierta:

Por otra parte, junto a los sacerdocios analizados, durante el período sometido a estudio hubo otros personajes de la familia imperial que recibieron honores en Atenas, pero para los que no se han encontrado testimonios de sacerdotes. Es el caso de las estatuas en las que se asimilaba a miembros de la *Domus Augusta* con divinidades del panteón clásico. En la Atenas de comienzos del Principado, el procedimiento fue frecuente. En algunos casos, como el de Druso César y Gayo César que fueron denominados Nuevos Ares, se ha propuesto que los personajes recibieron culto, aunque las estatuas con este tipo de honores no lo implican necesariamente. Puede tratarse de objetos sagrados que se situaban en templos, edificios y plazas públicas; pero sin tener asociados rituales divinos[117].

Un caso que debe ser destacado es el de la hermana de Calígula, Drusila, que fue asociada en Atenas con Afrodita (SEG 34, 180). Es un indicativo, además, de la continuidad del culto imperial en época de Calígula. Lamentablemente las fuentes atenienses para este reinado son muy escasas[118].

3.2.- Las fiestas imperiales en época de Augusto y los primeros Julio-Claudios.

Las fiestas griegas eran momentos de gran importancia dentro de la vida social de la comunidad que cumplían numerosas funciones tanto económicas como políticas y, por supuesto, religiosas. Las *poleis* honraban a sus dioses con festejos en los que se llevaban a cabo procesiones, comidas, sacrificios, competiciones... Las ciudades se engalanaban para

---

[113] IG II² 3261.
[114] SEG 47, 220=Inv. nº E 844. Las negritas son mías y se insertan para enfatizar la escasa información que se conserva. El subrayado equivale a los puntos subíndice que indican letras poco claras.
[115] IG II² 5101.

[116] Consultar: MERKEL, 1947, págs. 76-77. El culto a Julia Livila en Pérgamo en: HAHN, 1994, nº inventario 154 (IGRom IV 464), 155 (IGRom IV 476) y 156 (IGRom IV 328). Otros posibles lugares de culto en: HAHN, 1994, nº 152 y 153.
[117] Para una mayor claridad en la identificación de estas asociaciones se ha confeccionado la Tabla 1 en la que se incluyen tanto los miembros de la familia imperial con sacerdotes constatados como aquellos que seguramente no recibieron culto.
[118] En SEG 34, 180 (véase lám. 2) se reconstruye el nombre de la divinidad imperial de la siguiente manera: [Δρουσίλλαν νέαν Θε]ὰν Ἀφροδείτην. En mi opinión es más acertado reconstruir el epígrafe sin incluir Θεάν. Esta reconstrucción se debe a dos motivos. Por una parte, en Atenas es más frecuente que el nombre de la divinidad no se preceda por *thea*, sino por *nea*; si bien esta práctica varió considerablemente si se considera todo el Oriente romano. Ver los paralelos atenienses: LEVENSOHN y LEVENSOHN, 1947. *Hesperia* 16, pp. 68-69; IG II² 3250 y los altares de Nerón Apolo, ver *infra* Apéndice 2.4. Fuera de Atenas, Drusila recibió también el calificativo de Nueva Afrodita, donde lo hizo con y sin *thea*: a) un altar imperial de Mitilene, IGRom IV 78b (también sin *thea*); b) en Cízico IGRom IV 145 (aquí sí es *theas neas Afrodites*, aunque nótese el cambio de orden de *theas* con respecto a *neas* y que se trata de un texto más largo); c) una estatua de Magnesia del Menandro (*nea thea afrodite*) Inscr. Magn. 156, y d) en Mileto (*thea Afrodite*), WIEGAND, 1908, pág. 27. Por otra parte, el motivo principal es epigráfico. Parece que las tres líneas comienzan a la misma altura; pero acaban en puntos distintos, en función de la longitud del texto asignado a cada una. La primera línea, al igual que la tercera termina en *vacat*, mientras que la segunda ocupa todo el espacio disponible. Si se añade Θεάν la línea 1 tendría 28 letras y la 2 27. Esta reconstrucción no parece correcta pues los restos conservados indican que la línea 1 es más corta que la 2. Por ello, junto a los paralelos antes expuestos, se ha preferido elidir Θεάν de la reconstrucción. En cualquier caso, esta corrección no afecta al carácter de las honras.
Edición (el texto subrayado es el que fue borrado en la Antigüedad pero todavía puede leerse con seguridad):
[Δρουσίλλαν νε]ὰν Ἀφροδείτην vacat
[[[Γαΐου Καίσαρος Σεβ]αστοῦ Γερμαν]]
[[[ικοῦ]]] [ἀδελφήν] vacat

estas ocasiones en las que, además, las diferencias sociales entre favorecidos y pobres podían expresarse con mayor claridad. Junto a las numerosas implicaciones internas de las celebraciones, éstas también constituían importantes muestras del orgullo cívico y de la competitividad entre ciudades tan típicamente griega[119].

Los festejos se organizaban dentro del calendario de la *polis* de manera que la ciudad compartimentaba el año en función de las divinidades de su panteón y, mediante la celebración cíclica de los mismos rituales, cumplía con las pleitesías acordadas para cada deidad. El mundo griego aparece así plagado de fiestas, algunas locales, aunque no por ello necesariamente menos importantes, y otras de carácter panhelénico. La continua devoción realizada de forma comunitaria y festiva sitúa al historiador actual en un universo ritual parecido al de los modernos países mediterráneos en los que las fiestas religiosas, pese a no enmascarar las tensiones internas, sino más bien afianzarlas, suponen un momento de asueto en la dura vida del trabajador y un tiempo para el descanso, la alegría y la comunión alrededor de una mesa bien servida. La importancia de las fiestas era tal que constituían uno de los pilares centrales de la piedad griega[120].

Las divinidades imperiales al ser admitidas y adoptadas en los panteones cívicos también poseyeron sus propias celebraciones. Es más, el poder de los gobernantes y sus evergesías hacia las ciudades, así como la justificación social que concedía a los oligarcas la proximidad a la fuente suprema de autoridad, motivaron que en un breve período de tiempo las fiestas imperiales se contaran entre las más importantes y que incluso las principales celebraciones cívicas pasaran a relacionarse con la casa del emperador.

Los festejos tanto imperiales como dedicados a otras divinidades, se dividen en dos categorías: por un lado, las fiestas reservadas a los efebos y, por otro, las cívicas que podían tener pretensiones ecuménicas o locales. Ambos tipos de celebraciones contaban habitualmente con competiciones agonísticas que eran un elemento consustancial a los festejos[121].

Cada modelo de fiesta permite profundizar en un aspecto diferente del culto imperial, pues mientras las efébicas eran cruciales para inculcar en los jóvenes el apoyo al régimen establecido, las cívicas eran el escaparate ideológico de la ciudad, en los que se ponía de manifiesto el poder de la *polis* y su cercanía afectiva con los emperadores[122].

Los festejos dedicados a los Césares, como ha mostrado Price, no eran simples muestras de adulación carentes de fundamento religioso. Su equiparación tanto formal como afectiva con otros *agones* cívicos indica que se trataba de fiestas adicionales que se incorporaban a los ancestrales rituales ciudadanos. La visión tradicional que defendía la falta de sentimiento en la adoración a los emperadores debe ser rebatida. El éxito del culto imperial sólo podía garantizarse a través de su mimetización con los demás festejos religiosos. El poder de coerción y cohesión social de los rituales es más efectivo cuando se acepta pasivamente como un hecho en sí, indiscutible, eterno e inmutable. Era durante el desarrollo de los rituales de culto imperial cuando se hacía manifiesto el poder de los gobernantes[123].

3.2.1.- *Panateneas Sebastas*.

Los emperadores se incluyeron en fiestas ancestrales, en el caso concreto de Atenas, en las *Panateneas*, perpetuando así la tradición emprendida en Época Helenística. Estas fiestas fueron las principales de la capital del Ática y tenían una periodicidad anual con una celebración especial cada cuatro años conocida como las Grandes *Panateneas*. Las *Panateneas* no eran, sin embargo, las únicas ceremonias dedicadas a la divinidad tutelar de Atenas, pues eran muchas las ocasiones en las que se llevaban a cabo rituales relacionados con ella.

La fiesta se realizaba en el mes de *Hecatombeon* y duraba al menos dos o tres días. La celebración comenzaba con una carrera de antorchas en la que se encendía el altar de la diosa. La noche del primer día de festejos, tras la consagración del altar, los jóvenes y las vírgenes velaban en la Acrópolis. Al despuntar el alba se iniciaba una procesión solemne que discurría desde el *Pompeion* en la puerta *Dypilon* a través del Cerámico para encaminarse luego al ágora y ascender a la Acrópolis siguiendo el camino procesional que ingresaba en la ciudad alta por el Este. El cortejo se detenía en el templo de Atenea *Polias*, el *Erecteion*, donde se sacrificaban vacas en el altar encendido la noche antes por el ganador en la carrera de antorchas.

Las Grandes *Panateneas* ampliaban las pleitesías anuales con la celebración de *agones* en honor de la diosa. Las competiciones consistían en pruebas atléticas, ecuestres, militares, náuticas y certámenes musicales. Los vencedores eran gratificados con la prestigiosa Ánfora *Panatenea* que contenía aceite de la máxima calidad. Junto a estas pruebas, las Grandes *Panateneas* aumentaban hasta el centenar el número de animales ofrecidos a Atenea e incluían la ofrenda votiva de un *peplo* a la divinidad[124].

La primacía de la celebración la convertía en un blanco perfecto para alojar los honores dedicados a los emperadores. Esta relación ya había comenzado en Época Helenística pues entre los honores decretados para Demetrio Poliorcetes y su padre Antígono uno de los más llamativos fue su incorporación en el *peplo* que se entregaba a Atenea *Polias* cada cuatro años[125].

La relación de Augusto con las *Panateneas*, sin embargo, requiere un detenido análisis de los testimonios, ya que no existe ninguna mención incontestable que indique la asociación de las fiestas con el primer emperador. Las pruebas irrefutables de la asociación de los festejos con el culto imperial comienzan a aparecer sólo a partir de Claudio, aunque esto no signifique que las fiestas no se llevaran a cabo en nombre del emperador con anterioridad a este momento, pues la falta de testimonios puede deberse a una desafortunada pérdida de inscripciones. Los epígrafes del reinado de Claudio en los que se menciona la celebración de *Panateneas* con

---

[119] Para las fiestas griegas y especialmente las atenienses: DEUBNER, 1932, que constituye la monografía básica y más completa; PARKE, 1977; SIMON, 1983, y PRICE, 1999, págs. 25-46. Ver también para el aspecto concreto de la peregrinación: DILLON, 1997. La competitividad entre ciudades en: GASCÓ, 1988b y GASCÓ, 1990 con un estudio general del fenómeno.

[120] Sobre el calendario de Atenas ver: PRITCHETT y NEUGEBAUER, 1947; MERITT, 1961; MIKALSON, 1975; FOLLET, 1976, págs. 351-366, y CALAME, 1990, págs. 358-396 con una explicación de la relación entre mito y calendario. La importancia de las fiestas en la religión griega en: PRICE, 1999, págs. 30-46, con bibliografía.

[121] Estudios sobre las fiestas imperiales en: PRICE, 1984, cap. 5; MITCHELL, 1990, y ROGERS, 1991a. Las fiestas griegas en Época Helenísitica e Imperial en: ROBERT, 1984. Con mayor amplitud ver: MORETTI, 1953. Para las fiestas y concursos en Atenas en época romana ver: FOLLET, 1976, págs. 317-350. Los *agones* griegos bajo el Imperio Romano se tratan de forma breve en: SPAWFORTH, 1989.

[122] Para las fiestas efébicas ver *infra* apartado 3.3.2.

[123] PRICE, 1984, cap. 5, esp. págs. 101-102.

[124] Para una discusión interesante y en detalle de las fiestas *Panateneas* ver la colección de artículos recogidos en: NEILS, 1992 y 1996 con trabajos sobre temas concretos y abundante bibliografía. Ver también: ROBERTSON, 1992, págs. 90-119, aunque su interés es principalmente la fiesta antes de Roma.

[125] Para el período en el que Atenas estuvo sometida al gobierno de Antígono y de su hijo Demetrio ver: SHEAR, 1978 y HABICHT, 1997, cáp. 3. Para los honores decretados en honor a dichos reyes ver: Plut. *Demetr.* 8.4-9.1; D. S. 20.46.1-4; con comentarios en CERFAUX y TONDRIAU, 1957, págs. 173-187; HABICHT, 1970, págs. 44-58; WOODHEAD, 1981b; PARKER, 1996, págs. 258-264 y MIKALSON, 1998, págs. 75-104.

elementos de culto imperial no indican que se trate de la primera vez que éstas se llevaran a cabo, como ocurrió por ejemplo en el caso de los *Agones* of the *Sebastoi*[126].

Así, la aceptación o rechazo de la celebración de *Panateneas Sebastas* en el reinado de Augusto queda al albedrío de los historiadores según se tome como argumento concluyente la carencia de testimonios positivos que la prueben. Los investigadores que se han decantado por una u otra posibilidad lo han hecho apoyándose en testimonios e hipótesis complementarios. A continuación se estudian dichos argumentos con el objetivo de demostrar el escaso fundamento de todos ellos –debilidad argumental que impide, finalmente, decidir en base a pruebas sólidas.

Uno de los argumentos contra la celebración de los juegos bajo Augusto consiste en negar la posibilidad de que los emperadores ocuparan un puesto junto a Atenea en las fiestas principales de la *polis* debido al clima de reivindicaciones políticas y revueltas que caracteriza el período. Esta hipótesis, defendida por Spawforth, se basa, por un lado, en la señalada inexistencia de testimonios y, por otro, en la supuesta lentitud y resistencia de los atenienses a la implantación del culto imperial en su territorio. La opinión de Spawforth, sobre todo el segundo de los aspectos que fundamentan su afirmación, lleva demasiado lejos su propia hipótesis sobre la resistencia de los atenienses contra el culto imperial que, si bien pudo existir, no fue tan grande. La negación de la asociación entre Augusto y Atenea *Polias* en las fiestas más importantes de la ciudad no puede limitarse a los conflictos sociales que azotaron Atenas en época de Augusto, puesto que, como demuestran los sacerdocios de culto imperial y la abundante actividad edilicia relacionada con la adoración de los Augustos, las pleitesías al primero de los Césares fueron claras y del más alto rango. Por lo tanto, a pesar de que en general acepto y sigo las opiniones de Spawforth, en este caso sus conclusiones me parecen matizables. Así, el argumento del silencio no puede ser tomado como definitivo y achacarse a las revueltas atenienses, pues las luchas intestinas no impidieron, como se expuso en el apartado anterior, que Augusto y sus familiares contaran con rituales y sacerdotes encargados de realizarlos. Además, como se indicó en el capítulo 2, las supuestas revueltas atenienses no deben interpretarse como una lucha de toda la *polis* contra Augusto, sino más bien de facciones enfrentadas dentro de la propia ciudad, situación que si bien corrobora la existencia de detractores al régimen, también informa de la presencia de partidarios acérrimos del mismo[127].

El segundo argumento, éste a favor de la celebración, es un epígrafe de Cos editado por Robert que puede informar de la existencia de festejos imperiales entre las competiciones convocadas con motivo de la celebración de las *Panateneas*:

[νικ]άσαντα ἐ[γκ]ωμίοις [ἐν] ταῖς ἐπισημοτάταις τᾶς Ἀσίας πόλεσι ἔς τε τὸν κτίσταν τᾶς πόλιος Σεβαστὸν Καίσαρα καὶ τοὺς εὐεργέτας Τεβέριον Καίσαρα καὶ Γερμανικὸν Καίσαρα καὶ τὸν ὅλον οἶκον αὐτῶν καὶ [ἐς τὸς ἄλ]λος τὸς ἐν ἑ[κάσταις ταῖς πόλεσ]ι θεός· [...] καὶ Παναθήναια [...] Ἴσθμια[128]

La interpretación del epígrafe es difícil, pues los encomios consagrados a los emperadores y a otros dioses no tuvieron que estar incluidos en los juegos que se mencionan más abajo. La separación entre las competiciones y los *agones* se realiza mediante un punto y aparte (·) en la inscripción y un número indeterminado de líneas perdidas. Esta separación, que Robert señala; pero no puede aclarar, puesto que la edición se toma directamente de los anteriores editores de la inscripción, supone además un problema para la interpretación del epígrafe, pues bien pudiera deberse a la mención de otras competiciones, no conservadas, celebradas en las *Panateneas* y las *Istmias*. Así mismo, como ha defendido Spawforth, los encomios que se celebraron en las *Panateneas* pudieron estar consagrados sólo a los dioses cívicos, y no a los emperadores[129].

Pese a la dificultad de interpretación, la información del epígrafe no debe ser desestimada sin más, puesto que probablemente indique en efecto la inclusión de un encomio a los emperadores en las *Panateneas*. La laude no tuvo que ser, por otra parte, en honor sólo a los emperadores, sino que pudo ser realizada para ensalzar a gobernantes y dioses tradicionales; no se puede olvidar, además, que los emperadores, al menos Augusto, ya formaban parte del panteón cívico, como demuestra el decreto-ley sagrada en el que se aprobaba la celebración de su cumpleaños. Otro elemento de la inscripción que resulta interesante es el nombre del *agon* que sigue a las fiestas atenienses: *Istmias*. La relación de estas fiestas con el culto imperial comenzó pronto y, lo que resulta más interesante aún, la nueva formulación de los juegos pretéritos, las *Istmias* y *Cesareas*, contó con unos encomios en honor a los emperadores. Las *Cesareas Ístmicas* o Grandes *Cesareas* como las denomina Kent, creadas poco después de Accio, seguramente en el año 30 a. C., incluyeron entre sus celebraciones un encomio a Augusto y, más tarde, otro a Tiberio, al que posteriormente (año 23 d. C.) se sumó una competición de poemas en honor a Livia. Durante el reinado del primero de los césares, por lo tanto, las competiciones de las Cesareas se asemejaban mucho a los *agones* en los que resultó victorioso el atleta de la inscripción hallada en Cos. No debe descartarse, por ello, que las competiciones que acompañan a las *Istmias* en la inscripción, las celebérrimas *Panateneas*, se reformaran para incluir nuevos elementos de adoración imperial[130].

Un tercer argumento que puede emplearse en el debate sobre la posible adscripción de las *Panateneas* al culto imperial en época de Augusto, puede encontrarse en la posible vinculación de estos festejos con Antonio. Se trata de un argumento de poco peso debido a la dificultad de interpretación que también presentan el epígrafe en el que se apoya la relación de las fiestas y Antonio. La inscripción en cuestión es IG II^2 1043 en la que se honra a los efebos por su participación entusiasta en la vida cívica. Entre las actividades en las que habían intervenido se encontraba una celebración recogida en estos términos (líneas 22-23): ἐν τοῖς Ἀντωνήοις τοῖς Παναθηναικοῖς Ἀντω]νίου Θεοῦ Νέου Διονύσο[υ--]. El epígrafe deja claro que Antonio era considerado Nuevo Dionisio en Atenas, lo que no es tan evidente es en qué fiesta colaboraron los efebos.

Podría tratarse de las *Panateas* que en el año en el que se honró a los jóvenes se habrían ampliado para incluir festejos en honor al general romano. Sin embargo, en opinión de Raubitschek, la reconstrucción de los eventos puede realizarse

---

[126] Ver *infra* apartado 4. 3. 1.
[127] El artículo que se menciona es: SPAWFORTH, 1997.
[128] La inscripción en: ROBERT, 1938, pág. 23. El subrayado equivale a los puntos subíndice que indican letras poco claras.

[129] SPAWFORTH, 1997, pág. 190 y nota 50.
[130] Sobre el decreto para celebrar el cumpleaños de Augusto ver *infra* apartado 3. 2. 2. Sobre las celebraciones imperiales celebradas en Istmia: KENT, 1966, págs. 28-31 y TRUMMER, 1980, pág. 134 con grandes lagunas. Una recopilación de las listas de vencedores de los juegos ístmicos en: BIERS y GEAGAN, 1970, nota 31, que citan también un epígrafe no aparecido en la colección de Corinto: BRONEER, 1959, pág. 324, nº 4. Para la diferenciación entre las distintas fiestas celebradas en el Istmo: Corinth 8.2, 81 y KENT, 1966, págs. 28-30. Los encomios eran una de las partes fundamentales de las fiestas imperiales ístmicas. Sobre ellos consultar: FREI, 1900, págs. 34-41; ROBERT, 1938, págs. 21-30.

utilizando también *Παναθηναίοις*, planteándose dos explicaciones alternativas, ya que el nombre del evento puede hacer referencia a la actuación de Antonio como agonóteta de las celebraciones o a festejos adicionales convocados en su honor que se titularon *Panateneas Antonias*[131].

Si pudiera demostrarse que el general romano fue honrado en las *Panateneas*, el inmediato precedente de Antonio podría tomarse como sostén para defender la asociación de Augusto con dichas fiestas, máxime si los oligarcas más destacados en la Atenas del momento, como Antípatro de Flía, Pamenes de Maratón o Eukles de Maratón, entre otros, estuvieron activamente implicados en el desarrollo del culto imperial. No obstante, es difícil concluir sólo con IG II² 1043 si efectivamente Antonio disfrutó de honras en las fiestas mayores de Atenas. Es probable que los atenienses incluyeran al triunviro en dichas celebraciones, pues por la misma época Antonio recibió tratamiento divino en Atenas; pero tampoco se cuenta con argumentos de peso que corroboren esta afirmación. Por lo tanto, esta posible vía de aproximación, que podría haber iluminado la cuestión con respecto a Augusto, también queda eliminada[132].

La única conclusión posible, tras un análisis de todos los testimonios y opiniones tanto a favor como en contra, es que ninguno aporta argumentos definitivos con respecto a la adscripción de las *Panateneas* al culto imperial desde Augusto y, por lo tanto, la cuestión no puede resolverse satisfactoriamente por el momento. Lo mismo cabe decir para Tiberio y Calígula.

3.2.2.- La celebración del cumpleaños de Augusto.

El señor del Mediterráneo, además de incorporarse a fiestas pretéritas, fue honrado con su propia celebración ciudadana. Una vez más los testimonios para época de Augusto son dudosos y de difícil interpretación.

El más importante lo constituye el decreto en el que se aprobaba la celebración del cumpleaños del emperador:

[ἔδοξεν τῆι βουλῆι] Αἰαντὶς ἐ[πρυτάνευε..........⁶......... ἐ]
[γραμμάτευε, ...]ιος ἐπεστάτ[ει, ...⁹........... ἦρχε]
[Ἀντίπατρος ᵛᵛ] Ἀντιπάτρουᵛᵛ Φλ[υεὺς ᵛᵛ εἶπε ᵛᵛ]
[ὁπόσα μὲν πρ]ότερον ἐψηφίσατο ὁ δ[ῆμος Αὐτοκράτ]
5 *[ορι Καίσα]ρι Σεβαστῶι πράττεσθα[ι ....¹¹...............]*
[..........⁹..........]ων ταῖς ἔναις τιμαῖς Γ[...........¹²...............]
[..........⁹..........]εταιᵛ τὴν μὲν δωδεκάτ[ην Βοηδρομιῶν]
[ος Καίσαρος] γενέθλιον ἑορτάξει[ν θυσίαις καθά]
[περ τῶι Ἀπό]λλωνι τὴν ἑβδόμην ἱερ[ὰν νομίζομεν]
10 *[...........⁹...............]ων εἰσὶ δημοτελεῖς Γ[...........¹²...............]*
[..........⁸..........]ᵛ παρόντων μὲν [...........¹⁸...............]
[..........⁶..........καθ]ιεροῦντε[ς ....²¹...............]
[..........⁹..........]τοντας [...........................²⁴...................][133]

Decidió la Asamblea. La tribu Ayántida ocupaba la pritanía, [...] era secretario, [...] era el presidente, [...] era arconte. Antípatro hijo de Antípatro de Flía propuso: que se realice todo aquello que antes votó el pueblo en honor al Emperador César Augusto [...] con honores antiguos [...] por otro lado [propuso] que celebremos el doce del mes de *boedromion* [septiembre/octubre] el nacimiento de César con sacrificios como los que acostumbramos a realizar para Apolo el séptimo día del mes, su día sagrado [...]

Se conserva sólo la parte superior del documento. El texto que sigue al encabezamiento se encuentra, lamentablemente, en estado muy fragmentario, circunstancia que obliga a extremar la cautela al hacer reconstrucciones del significado del resto de la inscripción. La propia naturaleza incompleta del epígrafe ha provocado también reacciones e interpretaciones diversas. A continuación se exponen las conclusiones más significativas realizadas sobre el decreto.

Graindor fue el primer autor en destacar la importancia de la inscripción y realizar interesantes sugerencias sobre su interpretación. La primera es la identificación del personaje que hizo la propuesta con Antípatro de Flía. La reconstrucción del nombre del ateniense que elevó la propuesta ha sido aceptada habitualmente e informa sobre la conexión de uno de los oligarcas más poderosos de su época con el culto imperial. Antípatro fue estratego de los hoplitas en siete ocasiones entre los años 40-15 a. C., prueba irrefutable de su enorme riqueza y del predicamento del que gozó al comienzo del principado en la capital del Ática. Así mismo, fue coronado en varias ocasiones por los pritaneos y su labor como general mereció los elogios de los mercaderes. La relación entre un aristócrata de esta importancia y la aprobación de honras divinas a Augusto refuerza la conexión entre oligarquía y culto imperial. Es más, se ha sugerido que, debido al oscuro pasado del personaje, su llegada al poder puede estar en relación con su lealtad al nuevo señor del mundo[134].

Lo temprano de la datación se debe a que Graindor interpreta este honor como un intento de reconciliación de los atenienses con Augusto y, por lo tanto, la mejor fecha es la más cercana posible a la batalla de Accio. La expresión de la línea 6 *ταῖς ἔναις τιμαῖς* indicaría la existencia de honores que se confirieron el año anterior al decreto. Estos honores, según la interpretación del mismo autor, fueron la erección del templo de Augusto y Roma en la Acrópolis y la institución del culto conjunto, datables ambos como muy pronto en el año 27 a. C. puesto que Octavio ya había recibido el título de Augusto. De esta forma, el año siguiente a la edificación del monóptero de la Acrópolis fue, según Graindor, en el que se publicó el decreto[135].

---

[131] Para la inscripción y las distintas opiniones sobre su interpretación ver, principalmente: RAUBITSCHEK, 1946, pág. 148, con bibliografía en nota 9. Ver también para los honores decretados para Antonio en Atenas, sobre todo su relación con Dionisio: RAUBITSCHEK, 1946, con bibliografía sobre la asociación de otros gobernantes al dios en nota 11; CERFAUX, y TONDRIAU, 1957, págs. 300-301 y 304-306 y TAYLOR, 1931, págs. 121-122.

[132] Ver *supra* apartado 3.1.2.

[133] Edición en: SEG 17, 34; STAMIRES, 1957, *Hesperia* 26, págs. 260-265, nº 98; IG II² 1071; también en WOODHEAD, 1997, nº 336.

[134] La reconstrucción del nombre del personaje que formuló la propuesta en: GRAINDOR, 1927a, págs. 25-27. Para la reconstrucción de la familia ver: DINSMOOR, 1961, pág. 189-194, aunque con las dudas sobre el arcontado de Antípatro *neoteros* expresadas al tratar el templo de Livia en Ramnunte. Para la carrera de Antípatro de Flía ver: SARIKAKIS, 1976, pág. 41y GEAGAN, 1979b, especialmente pág. 62. Sus siete estrategias en: a) IG II² 1059, líneas 11-14 MERITT y TRAILL, 1974, pág. 224, nº 284; b) tercera, MERITT y TRAILL, 1974, págs. 227-228, nº 290; IG II² 2467 y GEAGAN, 1979b con tratamiento específico para la tercera estrategia; c) quinta, MERITT y TRAILL, 1974, págs. 230-231, nº 293, y d) séptima, en MERITT, *Hesperia* 17, 1948, pág. 41, nº 29, con correcciones en: ROBERT y ROBERT, *REG* 62, 1949, pág. 107, nº 45 y STAMIRES, 1957, *Hesperia* 26, pág. 250, nota 60 y DINSMOOR, 1961, pág. 189. La condición privilegiada de Antípatro como consecuencia de su lealtad a Augusto en: GEAGAN, 1997, pág. 22. La singularidad que implicaba la ocupación de un cargo público durante tanto tiempo en el interesante trabajo: TRACY, 1991.

[135] Para la datación del epígrafe ver: GRAINDOR, 1927a, pág. 26. Un decreto de Mitilene (IGRom IV 39=IG XII 2, 58) establece honores divinos para Augusto y se reserva la posibilidad de otorgarle aún más pleitesías. Puede verse en este procedimiento un paralelo a lo ocurrido en Atenas donde los honores conferidos por el decreto (SEG 17, 34; STAMIRES, 1957, *Hesperia* 26, págs. 260-265, nº 98; IG II² 1071) superan los acordados antes (*ταῖς ἔναις τιμαῖς*, línea 6).

El autor, por lo tanto, llega a la conclusión de que se trataba de un decreto para celebrar el cumpleaños del emperador en el duodécimo día del mes de *boedromion* (septiembre/octubre) que coincidía aproximadamente, según los cálculos del autor, con el 23 de septiembre día del nacimiento de Augusto en el calendario romano. La fecha encerraba además un simbolismo importante pues coincidía con la celebración del retorno de Trasíbulo, restaurador de la democracia y la libertad atenienses. Por otra parte, Graindor sugiere que el séptimo día del mes de *boedromion* que aparece en la inscripción hace referencia a la fiesta de Apolo *Boedromio*, dios de los combates que habría apoyado a Augusto a derrotar a Antonio. Por último, el autor establece una hipótesis interesante al situar la llegada del emperador después de Accio en este mismo día[136].

El reeditor del epígrafe, Stamires, siguió en gran parte las bases sentadas por Graindor. No obstante, ya conocía que el texto es *estoiquedon* lo que le permitió presentar una nueva lectura del epígrafe y, junto a ella, una interpretación alternativa a la anterior. La primera gran divergencia la constituye el cambio en la datación que Stamires sitúa en el año 21 a. C. La redatación se llevó a cabo para hacer coincidir el decreto con la segunda visita de Augusto a Atenas. Esta fecha, además, coincide con el momento de máximo poder del ateniense que hizo la propuesta, Antípatro de Flía. Ninguno de los testimonios, sin embargo, es concluyente y la datación no puede fijarse con mayor seguridad[137].

La estructuración de los rituales también es diferente en la versión de Stamires, pues el autor defiende una periodicidad mensual para las celebraciones del cumpleaños de Augusto, como se hacía para Apolo, con una fiesta principal el día y mes del nacimiento del emperador que coincidía con la fiesta en honor a Trasíbulo. La propuesta de Stamires se relaciona con prácticas habituales del mundo griego y no con la celebración anual típica de los romanos. En el mismo mes, sólo cinco días antes, se celebraba el nacimiento de Apolo *Boedromio* durante los festejos denominados *Boedromia*[138].

Junto a la interpretación de la periodicidad de las celebraciones, el autor extrajo también conclusiones interesantes de la parte inferior del epígrafe, que es la peor conservada. Así, en la línea 22 el autor reconstruyó ἀγῶνα ἰσοπύθιον y defendió que el decreto instauraba también competiciones agonísticas en honor de Augusto[139].

La interesante interpretación de Stamires sobre los honores concedidos a Augusto se apoyaba en otros documentos del mundo griego, sobre todo en dos decretos comparables al comentado: uno de la propia Atenas que recoge honores para Julia Domna y otro de Mitilene para celebrar el cumpleaños de Augusto. En Mitilene el natalicio del primer emperador se celebraba mensualmente, como demuestra la línea 20 del decreto: [κατ]ὰ μῆνα ἐν τῇ γενεθλίῳ αὐτοῦ ἡμέρᾳ. Por otra parte, el decreto ateniense en el que se recogen las pleitesías acordadas para Julia Domna también fue incluido por Stamires como prueba documental de sus afirmaciones; pero, sin embargo, todo parece indicar, siguiendo a Oliver, el editor del decreto, que la celebración del cumpleaños de Julia Domna fue anual y no mensual. No obstante, este fallo en el discurso de Stamires no merma la veracidad e interés de su interpretación sobre el epígrafe concerniente a Augusto. Otro ejemplo de la conformación ritual defendida por Stamires se daba en Pérgamo, donde el cumpleaños de Augusto se repetía mensualmente[140].

Esta reconstrucción de los prístinos rituales imperiales en Atenas fue apoyada por Benjamin y Raubitschek en su estudio sobre los altares consagrados a Augusto en el mundo griego. El abundante número de aras dedicadas al primer emperador era explicado en parte por el decreto y los honores que acordaba para Augusto. Los testimonios de Atenas se corroboraban con la información proveniente de Mitilene, ciudad en la que también se daba la combinación de un amplio número de altares y un decreto en el que se aprobaba la celebración del cumpleaños del primer emperador. Profundizando en la explicación de los rituales de culto imperial en Atenas, los autores aceptaban, siguiendo la propuesta de Stamires, la existencia de sacrificios y juegos en honor del emperador; aunque no se decantaban en cuanto a la periodicidad de las celebraciones del natalicio. En cuanto a los juegos, Benjamin y Raubitschek indicaron que podría tratarse de competiciones pentetéricas basándose en la reconstrucción de la línea 25 que llevó a cabo Stamires y, una vez más, en el decreto citado de Mitilene que también incluye juegos de este tipo entre los honores conferidos a Augusto[141].

Posteriormente, Geagan ha ofrecido una explicación alternativa para los altares atenienses. En su opinión, existe una relación entre las visitas imperiales a Atenas y el amplio número de aras encontradas en la capital del Ática. De esta forma, defiende que los altares fueron erigidos con motivo de la llegada triunfal de los emperadores a la ciudad. La entrada ritual de los gobernantes del Mediterráneo en Atenas se realizaría a través del camino de las *Panateneas* cruzando el Ágora Clásica, donde, por otra parte, se han encontrado la mayor parte de los altares. En palabras del propio autor: "De la misma forma que un general romano triunfante asumía la guisa de Júpiter cuando marchaba en procesión desde la puerta de la ciudad al templo Capitolino; así pudo ser como el emperador

---

[136] La discusión completa sobre el decreto en: GRAINDOR, 1927a, págs. 25-30.

[137] Primer análisis del epígrafe como *estoiquedon* en: AUSTIN, 1938, 113-114. La datación en STAMIRES, *Hesperia* 26, 1957, págs. 263-264; el propio autor reconoce la imposibilidad de fechar con mayor seguridad el decreto, pág. 263. Sobre la financiación del Ágora y la supuesta entrega de fondos realizada por Augusto durante su estancia en el año 20-19 a. C. en Atenas: GRAINDOR, 1927a, pág. 32 y HOFF, 1989b, págs. 5-6. Para el reparto de grano en el año 20 a. C. ver: GRAINDOR, 1927, pág. 118. Sin embargo, Hoff sitúa las distribuciones justo después de Accio: HOFF, 1992. Sobre Antípatro de Flía y el momento de su máximo poder ver: GEAGAN, 1979b.

[138] Para la hipótesis completa de Stamires ver: STAMIRES, *Hesperia* 26, 1957, nº 98. El estilo arcaizante del decreto ya fue señalado en: GRAINDOR, 1927a, pág. 26. Posteriormente en: AUSTIN, 1938, la inscripción en concreto en págs. 113-114. Para una explicación sobre la forma arcaizante en la que está tallado el epígrafe ver: ALESHIRE, 1999, págs. 156-158 y nº 1 en apéndice. Sobre la celebración del cumpleaños ver la amplia cita bibliográfica en: STAMIRES, *Hesperia* 26, 1957, pág. 262, nota 125. Consultar también: OCD, pág. 244 y Dar.Sag. s. v. *Natalis Dies*.

[139] STAMIRES, *Hesperia* 26, 1957, pág. 265. El autor menciona otros ejemplos de *agones* imperiales modelados como los juegos isopíticos: IGRom IV 1261; IGRom IV 1265; IGRom IV 1251. Para Stamires los juegos inaugurados podían ser los *Agones* de los Augustos; ver capítulo siguiente apartado 4.3.1.

[140] La inscripción de Mitilene: IGRom IV 39=IG XII 2, 58, (a) línea 21. El decreto en honor a Julia Domna es: IG II² 1076; con edición mejorada en: OLIVER, 1940. La frase en cuestión es: θύειν δ[ὲ πάντας το]ὺς κατ[ἔ]τος [ἕκαστον ἀρ]χοντας Ἀγαθῆ[ι Τύχηι ἐν ἧι ἱερωτάτηι ἡμέραι Ἰουλία] Σεβαστὴ ἐγ[εννήθη]. Ver el comentario sobre ella en: STAMIRES, *Hesperia* 26, 1957, pág. 265, nota 146. Contra: OLIVER, 1940. El ejemplo de Pérgamo en: IGRom IV 353=Inschr. Pergamon II, 374, b; ct. BEARD, NORTH y PRICE, 1998, vol. II, págs. 255-256.

[141] Los altares dedicados a Augusto en Atenas en: BENJAMIN, y RAUBITSCHEK, 1959, con sus comentarios sobre el decreto en págs. 74-75. Atenas es la ciudad con mayor número de altares a los emperadores. Consultar el tratamiento completo en GEAGAN, 1984, sobre todo págs. 73 y 74 nota 21 con la incorporación de nuevos testimonios. Ver también: TRUMMER, 1980, págs. 59-64. Ver, por último, en la presente obra el Apéndice 2.1. Sobre los altares usados en el culto a los reyes consultar: ROBERT, 1966. Ver también, para altares consagrados a la familia imperial: VEYNE, 1962, págs. 71-75. La reconstrucción de la línea 25 en: STAMIRES, *Hesperia* 26, 1957, pág. 265 que, no obstante admite la posibilidad de que las letras conservadas ΤΕΡΙΣ en vez de [πεντε]τερις pudiera reconstruirse [Σω]τῆρι σ[. Juegos pentetéricos en Mitilene: IGRom IV 39=IG XII 2, 58 (a), línea 7.

entraba en Atenas. A lo largo del camino a la Acrópolis (el camino de las *Panateneas*) frente a la muchedumbre varios grupos de personas o individuos endulzaban el aire con el olor del incienso o de otras pequeñas ofrendas adecuadas" (ver ilustración 1)[142].

Aunque la hipótesis de Geagan es seductora, sin embargo es difícil de defender, puesto que, como indica el Apéndice 5, no se puede demostrar la existencia de una relación directa entre las visitas imperiales y el número de altares consagrados a cada emperador. El rechazo de la opinión de Geagan se apoya también en un estudio reciente sobre la relación entre la erección de estatuas en ciudades provinciales y la visita de los emperadores[143].

Por lo tanto, la explicación que parece más adecuada sigue siendo la planteada por Benjamin y Raubitschek. Los altares atenienses consagrados al primer emperador son consecuencia del decreto para celebrar el cumpleaños de Augusto. No obstante, como los propios autores indican también pudieron utilizarse en otros eventos y la visita imperial sería una ocasión inmejorable[144].

Veyne aportó una reflexión alternativa sobre los altares atenienses consagrados a Adriano que puede ser útil para explicar también los dedicados a Augusto. Para el autor, algunos de los altares adrianeos demuestran la existencia de un culto público a los emperadores. Sin embargo, otras aras de pequeño tamaño y abundante número que no incluyen mención alguna a las autoridades cívicas, indican, según Veyne, que se trata de altares privados. Su uniformidad, no obstante, demuestra la existencia de una decisión colectiva. Los altares responden, por lo tanto, a un decreto de la ciudad por el que se constituían rituales de adoración imperial que implicaban la realización de sacrificios públicos y también privados. No sólo en Atenas rastrea el autor este tipo de conformación cultual. Otros ejemplos provienen de Mitilene, Esparta y Asia Menor, principalmente de Pérgamo. La división de los rituales entre privados y públicos no aporta información nueva al debate, es más, en cierta medida incluye un elemento de análisis que dificulta la interpretación. Los cultos aprobados por la *polis* eran públicos en tanto y cuanto eran colectivos y sancionados por un órgano cívico; ningún indicio permite inferir que se trate de cultos privados, es más, aunque es una discusión en la que no se entrará, la propia división entre privado y público aplicada a la religión griega del Principado constituye una discusión difícil, con numerosos inconvenientes teóricos y que, finalmente, aporta poca información para la comprensión de los cultos sometidos a análisis[145].

Siguiendo la propuesta de Veyne en lo que se refiere a la organización de los rituales y no a su encuadre en el ámbito público o privado, se puede argumentar que el mismo tipo de culto se llevó a cabo con Augusto en Atenas. El decreto que aprobaba la celebración de su cumpleaños incluiría la realización de sacrificios y ofrendas a la nueva divinidad posiblemente llevados a cabo por el sacerdote del emperador y también por los ciudadanos. Los altares estudiados por Benjamin y Raubitschek serían la plasmación de este culto puesto que comparten las características de número, tamaño y formulismo que definían a los adrianeos.

Existen interesantes casos que certifican la existencia de este tipo de prácticas. Uno de los ejemplos más significativos es el decreto de Magnesia del Meandro en el que se instauraban nuevos rituales para la diosa Ártemis *Leucofriene*[146]. En este documento los órganos rectores de la ciudad indican:

> Que sean celebrados por cada uno de los habitantes sacrificios delante de sus puertas, según la capacidad económica de la casa, en los altares que hayan construido a tal efecto..."[147]

El decreto finaliza con la exhortación siguiente:

> Que sean favorecidos por la divinidad los propietarios de casas y tiendas que construyan según sus posibilidades altares en sus puertas y los hayan cubierto de estuco y hayan grabado la inscripción [en los altares]: De Ártemis *Leukofriene Nikeforia* [Ἀρτέμιδος Λευκοφρυηνῆς Νικηφόρου][148].

Robert, en un artículo sobre el culto a los monarcas helenísticos analiza la cuestión de los altares privados. Con su habitual profusión de ejemplos concluye: "Dos lugares son los habituales para situar estos altares privados: delante de la puerta y en las terrazas". Los casos en los que basa su afirmación provienen de ciudades y territorios diversos, como Delos, el Fayum, Seleucia, Magnesia y Priene.

Un fragmento del Libro de los Macabeos también corrobora la existencia de estos altares y su prescripción por parte de la autoridad real:

> [El rey] mandó poner sobre el altar un ara sacrílega, y fueron poniendo aras por todas las poblaciones judías del contorno; quemaban incienso ante las puertas de las casas y en las plazas[149].

De la misma forma, en Seleucia existían altares delante de las casas que fueron utilizados por los ciudadanos cuando el rey Ptolomeo Evérgetes entró triunfalmente en la ciudad[150]. Por

---

[142] GEAGAN, 1984, la cita en págs. 77-78. Los ejemplos de honores decretados antes de la visita de un rey o emperador son abundantes. Ver, por ejemplo: a) entrada de Ptolomeo Evergeta en Seleucida, HOLLEAUX, 1938-1968, vol. III, págs. 281-310; b) retorno de Átalo III a Pérgamo, OGI 332, y c) llegada de Vespasiano a Roma, J. *B.J.* VII.73. Todos citados en: ROBERT, 1966, págs. 184-187, que sigue siendo el artículo básico. También el regreso de Nerón a Roma fue festejado con ofrendas a lo largo de su recorrido triunfal: Suet. *Nero* 25. En HOLLEAUX, 1938-1968, vol. III, pág. 309, pueden consultarse más ejemplos. En Época Imperial, las series de pequeños altares dedicados a Adriano en Pérgamo fueron relacionadas por el editor con la visita imperial a la ciudad: Inschr. Pergamon VIII, 2, 366 y ss. La llegada de Adriano suponía la erección de altares en ciudades griegas: ROBERT, 1937, pág. 20, nota 1. Más ejemplos citados en: VEYNE, 1961, pág. 234 y nota 2. Para los altares de Adriano en Atenas: Apéndice 2.6.
[143] HOJTE, 2000, esp. 232: "The epigraphic evidence from the statue bases of Trajan, Hadrian and Antoninus Pius show that imperial visits generally did not motivate cities or individuals in the provinces to immediately erect statues of the emperor and basing a chronological sequence of portrait types on portraits found at places visited by an emperor is consequently unjustified. These portraits could statistically have been erected at any time during the reign. Neither can travelling alone explain why there are more surviving portraits of one emperor than another".
[144] "Combining all this information, one may assume that at Athens (as well as at Mytilene and perhaps in other places) Augustus was honored on his birthday or on the monthly recurrence of his birthday by sacrifices which must have been performed on altars dedicated to him. This explains satisfactorily (*though perhaps not completely*) the existence of the various Augustus altars, especially those found in Athens", BENJAMIN, y RAUBITSCHEK, 1959, pág. 75 (las cursivas son mías).

[145] "Ces autels ne sont pas publics, ils sont trop petits, trop nombreux pour cela et ils ne sont pas signés par la ville ni par aucun corps constitué; ce sont des autels privés", VEYNE, 1962, págs. 73-74. Para los altares de Adriano en Esparta, Mitilene y Pérgamo ver: VEYNE, 1962, págs. 72-75.
[146] Sobre este decreto ver: SOKOLOWSKI, 1955, nº 33; SIG³ 695 y los comentarios de ROBERT, 1966, págs. 186-187.
[147] SOKOLOWSKI, 1955, nº 33, líneas A, 3-10.
[148] SOKOLOWSKI, 1955, nº 33, líneas B, 86-90.
[149] Mac. 1, 1, 54-56.
[150] El texto está recogido en el Papiro de Gourob: HOLLEAUX, 1938-1968, vol. III, págs. 281-310. La invitación de los ciudadanos en: HOLLEAUX,

otra parte, no siempre se trataba de celebraciones por casas pues las aras privadas también podían situarse en el camino por el que discurría la procesión de la divinidad a la que estaban consagradas. En estos casos podían ser altares portátiles o efímeros utilizados sólo en ocasiones puntuales[151].

Por lo tanto, los altares atenienses consagrados a Augusto pueden explicarse como un caso más de aras privadas erigidas con motivo de la instauración de un nuevo culto. Los pequeños altares pudieron emplazarse delante de las casas o en el camino por el que discurría una hipotética procesión en honor a Augusto. No obstante, el hallazgo de los altares en la zona aledaña al Ágora Romana y la plaza clásica puede sugerir también que las aras hubieran sido emplazadas en esta zona para la realización de sacrificios privados en el ágora después de que se hubieran concluido los públicos. Una conformación similar a la que se defiende para Atenas aparece en Gitio, donde los éforos eran encargados de realizar sacrificios en el Καισάρηον y luego debían vigilar que los demás ciudadanos llevaran a cabo ofrendas en el ágora[152].

Por ello, se puede concluir que el abundante número de altares es consecuencia de la existencia de rituales imperiales que incluían la realización de sacrificios por los sacerdotes o magistrados señalados a tal efecto, quizás en el Ágora Romana, y la celebración, posterior, de comidas y ofrendas comunales. El decreto constituye la plasmación de una ley sagrada en la que se fijaban las fórmulas rituales y los honores debidos a la nueva divinidad que se sumaba a las ya existentes en el panteón ateniense[153].

Siguiendo un procedimiento habitual en la formación de nuevos cultos, los rituales se modelaron a través de los de otro dios, el Apolo Pitio. También Mitilene basó su nuevo festejo al emperador en las pleitesías ancestrales a otro dios, en este caso a Zeus. Es significativo que los emperadores se relacionaran con el dios patrono de Atenas, el padre de la ciudad[154].

Cabe decir, por último, que dos de las tres advocaciones apolíneas con las que se relacionan los emperadores en Atenas (Apolo Pitio y Apolo *Patroos*) pueden entenderse básicamente como una y la misma[155]. Así, en palabras de Demóstenes, el Apolo *Patroos* de los atenienses es Apolo Pitio:

> Ante vosotros, Atenienses, convoco a todos los dioses y diosas que dominan el Ática, y convoco a Apolo Pitio, el padre de nuestra *polis*[156].

Aún más claramente afirmaba Harpocración:

> Apolo *Patroos* es el Apolo Pitio. Este es un título del dios que tiene otros muchos. Los Atenienses rinden culto público a Apolo como divinidad patriarcal, debido a *Ion*. Según Aristóteles, como consecuencia de que *Ion* se estableció en el Ática los atenienses se llamaron Jonios y Apolo fue denominado *Patroos* entre ellos[157].

La relación con lo apolíneo de los emperadores se mantuvo a lo largo de la dinastía julio-claudia. Esta vinculación se deshizo en el período de Trajano y Adriano cuando el emperador se vinculó con Zeus[158].

3.3.- La implicación de la efebía en el culto imperial: las fiestas efébicas.

El objetivo del presente apartado es estudiar, dentro del marco de la implantación del culto imperial en Atenas, la implicación de los efebos en la adoración a los emperadores. El análisis se plantea partiendo de la creencia en que todos los sistemas educativos buscan la perpetuación de los valores y relaciones sociales que los crean. Por ello, mediante la ponderación de la participación de los efebos en el culto imperial se pueden extraer conclusiones acerca de la acogida que recibió la adoración a los emperadores en la capital del Ática, al menos entre su cúspide social. Para poder estudiar esta participación se ha recurrido al análisis de las fiestas efébicas al ser la documentación más frecuentemente conservada y al permitir un acercamiento fiable a las labores que jalonaban la vida del efebo.

Este análisis permitirá concluir sobre cuestiones referentes a la propia efebía, su forma de organización en Época Imperial y las actividades a las que se dedicaban sus miembros. La elección de Atenas vuelve a ser afortunada, puesto que se han conservado numerosos e importantes documentos sobre la efebía. En buena medida el estudio sólo podría llevarse a cabo en Atenas y en otras contadas ciudades que como ella produjeron orgullosamente documentos sobre su gobierno y vida cotidiana que el tiempo ha conservado.

1938-1968, vol. III, pág. 286, col. III, líneas 2-5. La reconstrucción del lugar en el que se encontraban los altares es dudosa por el estado fragmentario de la inscripción. VEYNE, 1962, pág. 75 y nota 1 coincide con ROBERT, 1966, págs. 190-191. Se trata de altares delante de las casas. Para otras posibilidades consultar igualmente: ROBERT, 1966, págs. 190-191.

[151] ROBERT, 1966, págs. 194-195 que ofrece dos ejemplos: a) un texto de Justino, 24, 3 que recoge los preparativos realizados por Arsinoe Filadelfa antes de la llegada de su marido, Ptolomeo Kerauno a la ciudad de Casandreia: *diem festum urbi in adventum eius indicit; domus, templa ceteraque omnia exornari iubet, aras ubique hostiasque disponi*. b) un texto de Curtio Rufo, (Curt. V.1.20), en el que explica el autor las honras organizadas por el Bagofanes cuando Alejandro llegó a la ciudad: *totum iter floribus coronisque constraverat, argenteis altaribus utroque latere dispositis, quae non ture modo, sed omnibus odoribus cumulaverat*.

[152] El texto de Gitio en: SEG 11, 923 líneas 28-30; ROSE, 1997, págs. 142-144, SEYRIG, 1929 para las prescripciones descritas. Ver también: OLIVER, 1989, nº 15.

[153] Sobre las leyes sagradas y la conformación de los rituales de los gobernantes ver: ROBERT, 1966, en especial págs. 192-199. La recopilación de textos en: SOKOLOWSKI, 1955; 1962 y 1969.

[154] En una de las leyes sagradas comentada por Robert se establece también la equiparación entre la persona honrada, Arsinoe Filadelfa, y Afrodita, de la misma forma que en el texto del decreto se une a Augusto con Apolo: ROBERT, 1966, págs. 199-202. El caso de Mitilene en: IGRom IV 39=IG XII 2, 58. Otro ejemplo en: ROBERT, 1937, págs. 11-20, donde Apolonia Eusebia se asocia igualmente a Afrodita. Tomar modelos precedentes para nuevos cultos fue un procedimiento habitual también en el mundo romano; así el templo de Diana en el Aventino sirvió como patrón en todo el Imperio. Al respecto consultar: BEARD, NORTH, PRICE, 1998, vol. II, págs. 239-240. Los cultos a los gobernantes estaban modelados en los cultos divinos: PRICE, 1984, págs. 32-40. Los decretos que regulan fiestas para divinidades son iguales a los emitidos para fiestas imperiales. Ver además de la ya citada recopilación de Sokolowski, por ejemplo, las normas de una fiesta ateniense de Época Helenísitica: WALBANK, 1982.

[155] Apolo Pitio es Apolo *Patroos* en Atenas: DEUBNER, 1932, pág. 198 y WYCHERLEY, 1957, pág. 50. Los textos y documentos utilizados a continuación para ilustrar esta vinculación son tomados de la obra de Wycherley. Sobre el culto de Apolo *Patroos* en Atenas ver: HEDRICK, 1988. El culto de Apolo *Pitio* en Atenas: COLIN, 1905. Para la relación entre ambos dioses ver también: HEDRICK, 1988, págs. 200-206. Contra esta opinión: DAUX, 1941, pág. 51. También existe relación entre el Apolo Délico y Apolo *Patroos*: HEDRICK, 1988, pág. 200 y MAVROJANNIS, 1995, pág. 92, nota 57 con bibliografía y cita de textos clásicos.

[156] D. *Ep.* XVIII, 141; cit. WYCHERLEY, 1957, nº 108. Ver también: Plut. *Demetr.* 40.8 y Aristid. *Or.* 13. 112; cf. HEDRICK, 1988, nota 113 y 115 respectivamente.

[157] Harp. s. v. *Apolo Patroos*; cit. WYCHERLEY, 1957, nº 110. Ver también: Pl. *Euthd.* 302 c-d; cit. WYCHERLEY, 1957, nº 112. Esta relación también se establece en un epígrafe del siglo I a. C. en el que Apolo Pitio se define como *Patroos* de los atenienses: SOKOLOWSKI, 1969, nº 14=PEEK, 1941, *AM* 66, págs. 181-195; cit. WYCHERLEY, 1957, nº 115. Ver también: IG II^2 4995.

[158] Trajano es Zeus Eleuterio: RAUBITSCHEK, 1945, págs. 128-131. Adriano Zeus *Olimpios*: BENJAMIN, 1963.

3.3.1.- Efebía y culto imperial.

Los sistemas educativos siempre buscan la perpetuación de los valores y relaciones sociales que los sustentan. Los efebos eran los futuros líderes de la ciudad y tanto su educación como su organización varió en función de la constitución ateniense del momento. Su misión original era aprender a respetar y justificar ideológicamente las tradiciones y relaciones sociales de su comunidad, defendiéndolas por medio de las armas. Por ello, puede concluirse que el objetivo principal de la efebía era modelar a los futuros atenienses para que perpetuaran el sistema político y social en el que se criaban. Los gobiernos crean sus sistemas doctrinarios para protegerse, para cimentar el *status quo* y perdurar eternamente[159].

En buena lógica la formación de los jóvenes era vigilada con celo por parte de los órganos rectores de Atenas. Las disciplinas en las que se instruían incluían la guerra, la geografía del Ática, la filosofía, el gobierno y la religión tradicional cívica. No obstante, el carácter marcadamente militar de la efebía fue perdiendo importancia paulatinamente, de forma que, ya en época romana, su verdadera significación es que en ella se educaba a los futuros rectores de la ciudad[160].

El control de la educación recibida por los efebos era estricto. El *demos* fijaba aquello que debían conocer los jóvenes y el *cosmeta* se encargaba de vigilar su correcta formación[161]:

διετέλεσαν δὲ καὶ εἰ[ς] τὰ γυμνάσια δι ὅ[λο]υ το[ῦ ἐνιαυτοῦ] / παραγινόμενοι καὶ τῶι κοσμητῆι πιθαρχοῦντες, μέγιστον [δὲ νομίσαν]τες καὶ ἀναγκαιότατον εἶνα[ι] τὴν εὐταξίαν πε[ριποι]ῆσαι τῶν / ὑπὸ τοῦ δήμου προστεταγμένων μαθ[η]μάτων ἀνένκλητο[ι δι]ετέλεσαν γεγονότες καὶ πειθαρχοῦντε[ς] το[ῖς παραγγε]λλομένοις /ὑπό τε τοῦ κοσμητοῦ καὶ τῶν διδασ[κάλ]ων

[Los efebos] a lo largo de todo el año se reunieron en el gimnasio y obedecieron al *cosmeta* y, comprendiendo la importancia y necesidad de mantener el buen orden en las lecciones asignadas por el *demos*, siempre se comportaron correctamente y obedecieron las normas del *cosmeta* y de sus profesores[162].

Los cambios en la sociedad ateniense a lo largo del período helenístico y romano provocaron importantes mutaciones en la efebía. Los nuevos gobiernos necesitaban educar en cuestiones diferentes y de distinta forma. Así, ya en el siglo III a. C. la efebía había dejado de ser obligatoria y se había reducido a un año de servicio, de forma que las familias más pobres dejaron de enrolar a sus vástagos. La participación en la efebía, no obstante, siguió siendo un requisito indispensable para adquirir la plena ciudadanía y, por lo tanto, para poder participar en el gobierno de la ciudad. Así, en la Asamblea popular parece que tenían una importancia superior al resto de los ciudadanos, aunque el carácter de esta preeminencia no se conozca con certeza. También parece, por otra parte, que la posibilidad de formar parte de la Boulé quedaba fuera del alcance de los atenienses que no hubieran sido efebos. Los jóvenes de las familias menos pudientes dejaban de esta forma de ejercer los derechos que habitualmente habían disfrutado. La efebía, que había sido el vehículo para la defensa de la democracia o al menos de un gobierno de representación amplia, se había convertido en un órgano reducido copado únicamente por los hijos de los aristócratas y los extranjeros que llegaban a Atenas atraídos por sus escuelas y su glorioso pasado[163].

En época romana, la oligarquización del gobierno ateniense tuvo su correlato directo en las modificaciones que se introdujeron en la efebía. Por una parte, el ingreso siguió limitándose a los hijos de familias aristocráticas y de ricos extranjeros. Por otra, el mundo excluyente y jerárquico en el que los jóvenes ejercerían su poder como estamento privilegiado les fue presentado a través de la propia conformación de la efebía. Los efebos eran los futuros rectores de una ciudad caracterizada por su subyugación a Roma y por el gobierno de unos pocos. El sistema educativo demuestra esta doble circunstancia[164].

De esta forma, la organización de la efebía era espejo de la que después vivirían como adultos. La estructuración de la *polis* era su modelo. Graindor describió magistralmente este aspecto de la efebía durante el Principado:

La efebía era una ciudad en miniatura que contaba con su arconte, su estratego y otros magistrados cuyo título correspondía a los más importantes de la república ateniense. La imitación de las instituciones políticas de Atenas no acababa aquí: los efebos tenían también su asamblea. Sin duda era esta la que, inspirándose en el uso oficial, acordaba coronas

---

[159] Sobre la efebía ateniense en general, ver: DUMONT, 1876; GRAINDOR, 1915; GRAINDOR, 1922b, y PÉLÉKIDIS, 1962. La literatura sobre la efebía es amplísima, ver últimamente para la educación de los jóvenes, en concreto en Esparta: KENNELL, 1995, que recoge la bibliografía más relevante y constituye una aproximación general de calidad. Recientemente también la página http://www.history.ccsu.edu/elias/elias.htm que recoge un listado actualizado –realizado por E. Kapetanopoulos- de los listados efébicos durante el Imperio; ver SEG 46, 4.
[160] Sobre la formación de los efebos ver: PÉLÉKIDIS, 1962, págs. 257-274, y MIKALSON, 1998, págs. 246 y ss. El mantenimiento del poder fue siempre una de las funciones básicas de la efebía; ver: PRÉAUX, 1984, vol. I, pág. 229 para ejemplos del período helenístico. La efebía retuvo parte de su carácter militar, según la opinión de KENNELL, 1995, passim, que me parece acertada.
[161] Sobre el *cosmeta* ver: DUMONT, 1876, págs. 166-175; GRAINDOR, 1915, y PÉLÉKIDIS, 1962, págs. 104-106. Los castigos para los transgresores eran frecuentes: ROBERT y ROBERT, 1989, pág. 19 con varios ejemplos. El *cosmeta* era un personaje de rango y prestigio: DUMONT, 1876, págs. 170-173 y GRAINDOR, 1915, págs. 247-248.
[162] El texto citado en: IG II² 1006, líneas 16-19. Ver: MIKALSON, 1998, págs. 243-246 y nota 2 para otros textos similares.

[163] Para las mutaciones en el período helenístico: PÉLÉKIDIS, 1962, págs. 155-209. Consultar también PLÁCIDO, 1995, pág. 243 que relaciona los cambios en la efebía con la vuelta al "formalismo representativo" después de Sila y las fiestas a él dedicadas. El origen de la efebía ha sido discutido en: PÉLÉKIDIS, 1962, págs. 7-17, donde se presta especial atención al significado político de la efebía y si ésta suponía un ataque al espíritu democrático. La exaltación del origen noble de las familias se observa en los textos efébicos en: DUMONT, 1876, págs. 161-163. Según REINMUTH, 1948, págs. 218-219 la efebía no era ya requisito para acceder a la ciudadanía. Sobre la pérdida de poder político de aquellos ciudadanos que no podían acceder a la efebía, en concreto la imposibilidad de formar parte de la Boulé, en: GEAGAN, 1967, pág. 76 y DAVIES, 1977, pág. 119. Este proceso fue también destacado en el comentario al *Panatenaico* de Aristides por: OLIVER, 1968, en esp. págs. 23-24. Una visión general escueta pero útil en: SARTRE, 1994, págs. 235-240. La aparición de extranjeros en la efebía durante la Época Helenística en: TRACY, 1988, pág. 252 que mejora los resultados de REINMUTH, 1929. Ver también: MIKALSON, 1998, págs. 254-255 y nota 33.
[164] Los cambios en la efebía en Época Imperial en: DUMONT, 1876, págs. 153-164; GRAINDOR, 1915, esp. pág. 247; PÉLÉKIDIS, 1962, págs. 165-170, y GEAGAN, 1967, pág. 76. "Les changements que la domination romaine amena dans la constitution d'Athènes ne furent complétement accomplis qu'après l'établissement de l'empire, bien qu'ils aient commencé beaucoup plus tôt. Le pouvoir des magistrats nommés à vie ou tout au moins pour plusieurs années; la création temporaire d'administrateurs souverains; la prééminence d'autorité et d'honneur dans toutes les parties du gouvernement donnée au stratège des hoplites; la substitution presque générale de l'élection au tirage au sort; la grande importance politique d'un corps qui avait été jusque-là un tribunal suprême de justice et un conseil religieux: tels sont les principaux caractères de cette révolution", DUMONT, 1876, pág. 153.

a los cosmetas. La efebía era una preparación a la vida política: los jóvenes atenienses de la aristocracia se familiarizaban así con los cargos que muchos de ellos estaban destinados a ocupar en la ciudad[165].

Junto al papel educativo en la formación cívica de los jóvenes, la efebía cumplía una misión crucial en la religión de la *polis*. Los efebos participaban activamente en los rituales de la ciudad como atestigua un conjunto de decretos honoríficos que constituyen la mejor relación de las actividades cultuales del estado ateniense. De hecho, analizando este grupo de inscripciones queda patente que las apariciones públicas de los efebos como colectivo se circunscribían habitualmente al ámbito religioso. De tal forma que al final del siglo II a. C. casi todos los festejos incluían a los efebos[166].

Los futuros ciudadanos se convertían así en protagonistas de los rituales atenienses. Aquellos jóvenes que no participaban en la efebía quedaban relegados a un segundo plano, de forma que la misma segmentarización y oligarquización de la religión que se ha estudiado en el caso de los sacerdocios puede rastrearse a su vez en la efebía. Sólo los hijos de nobles y ricos extranjeros podían protagonizar los rituales cívicos[167].

Durante el principado la función religiosa de la efebía se mantuvo y comenzó a incluir entre sus acciones habituales prácticas de culto imperial. La sumisión a Roma y la debida pleitesía a sus gobernantes se incluían de esta forma en el "curriculum educativo" de los jóvenes. Entre las acciones efébicas que se incluyen dentro del culto imperial puede distinguirse entre las competiciones agonísticas en honor del emperador y la participación en procesiones como portadores de las sagradas imágenes imperiales[168].

3.3.2.- Las fiestas efébicas de culto imperial.

Las primeras fiestas efébicas asociadas a la adoración de gobernantes romanos fueron dedicadas a Augusto. Por lo tanto, la relación entre culto imperial y efebía comenzó pronto. Peppas-Delmousou ha aportado el testimonio de esta prístina asociación mediante la unión de dos inscripciones:

[Σεβαστὸ]ν Καίσ[αρα Νέον Α]πόλλωνα
Ποσ[ειδώνι]ος Δημη[τρίου] Φλυεὺς
ἀγωνοθέτης ἐν ἐφήβ[οι]ς αὐτοῦ
γενόμενος

Posidonio, hijo de Demetrio, de Flía, [erigió una estatua de] Augusto César Nuevo Apolo, habiendo sido agonóteta de sus juegos entre los efebos[169].

Si la reconstrucción de Peppas-Delmousou es correcta, este epígrafe atestigua el primer contacto entre los efebos atenienses y el culto imperial, una relación que perduró a lo largo de todo el principado[170]. El editor datola la inscripción en los años posteriores a la segunda visita de Augusto a Atenas (aprox. 21 a. C.). El participio pasado que cierra el texto, γενόμενος, indica que los juegos se celebraron con anterioridad a la erección de la estatua. De esta forma, las competiciones efébicas en honor al primero de los emperadores comenzaron a llevarse a cabo al principio del reinado de Augusto. No puede determinarse, sin embargo, la periodicidad de estos *agones* que también pudieron haber sido esporádicos, fruto de una evergesía extraordinaria por parte de Posidonio. No obstante, es significativo que los efebos honraran a Augusto como el Nuevo Apolo en el período en el que la ciudad decretaba la celebración de su cumpleaños modelado en el de *Febo*. No hay que descartar, por lo tanto, que las competiciones que se comentan fueran también fruto de dicho decreto[171].

La actividad de los jóvenes aristócratas en la adoración de los emperadores demuestra la relación entre el poder y la educación, puesto que los habitantes con acceso a formación aprendían cuál era su lugar en el mundo, tanto con respecto al poder de Roma encarnado por el príncipe, como en su ciudad. La aceptación por parte de la oligarquía del culto imperial se plasmó, de esta manera, en la educación que recibían sus hijos. Por otra parte, como se ha indicado, la inclusión de la adoración a los emperadores en la educación de la nobleza de Atenas sólo se comprende al estudiar los cambios que había sufrido la efebía durante la Época Helenísitica.

La relación de los efebos con el culto imperial se enfatizó con la celebración de *agones* llamados *Germaniqueas*. Estas fiestas son, con las creadas en época de Adriano, las celebraciones que más profusamente aparecen en el registro epigráfico. Se trata además de la única competición efébica en honor de un miembro de la familia imperial que se perpetuó desde el siglo I al III d. C[172].

Existen distintas explicaciones acerca del surgimiento de estos *agones* y la persona a la que estaban dedicados. Así, Dumont opinaba que las *Germaniqueas* no se referían a un personaje imperial determinado, sino a todos aquellos que toman el nombre de *Germanicus*. Por otra parte, Graindor interpretó las fiestas como una muestra del aprecio del pueblo ateniense por Germánico y las dató en el reinado de Tiberio, cuando el malogrado heredero de la púrpura imperial realizó una visita a Atenas (año 18 d. C.) La inclinación filohelena de Germánico que se comportó en la ciudad con gran respeto por sus tradiciones le valió, de esta forma, la consagración de unas celebraciones efébicas[173].

---

[165] GRAINDOR, 1915, págs. 253-254. Para los magistrados efébicos y la efebía como espejo de la ciudad ver también: DUMONT, 1876, vol. I, págs. 306-311; GRAINDOR, 1922b, p. 175 y OLIVER, 1977, págs. 89-90. La estructuración descrita por Graindor es datada en el año 61 d. C. con evolución posterior por el mismo autor, ver: GRAINDOR, 1931, págs. 89-90. Sin embargo, la situación debía haber empezado antes como se desprende del comentario epigráfico en: PEPPAS-DELMOUSOU, 1979, pág. 129 y nota 15.
[166] Los epígrafes a los que se hace referencia en: MIKALSON, 1998, págs. 243-246 y nota 2. El cometido religioso de los efebos en: PÉLÉKIDIS, 1962, págs. 211-256. La opinión sobre la importancia de los efebos en la religión también en: PARKER, 1996, pág. 254.
[167] Para la oligarquización sacerdotal ver el apartado anterior. Para la composición de la efebía en época romana: BASLEZ, 1989.
[168] Para la relación entre la efebía y los emperadores consultar: OLIVER, 1977.
[169] SEG 29, 167; PEPPAS-DELMOUSOU, *AJPh* 100, 1979 que une los epígrafes IG II² 3262 e IG II², 4725.

[170] Me resulta extraña la posición que ocupa αὐτοῦ en el texto.
[171] PEPPAS-DELMOUSOU, 1979, págs. 131-132. El decreto por el que se acuerda celebrar el cumpleaños de Augusto ha sido comentado en el apartado anterior.
[172] Para las fiestas consultar: GRAINDOR, 1922b, págs. 176-179 y FOLLET, 1976, pág. 322. La perpetuación de las Germaniqueas en: FOLLET, 1976, pág. 321. Germánico recibió *agones* en su honor también en otras ciudades griegas; Afrodisias: REYNOLDS, 1996, págs. 48-49 y Gitio SEG 11, 923, líneas 10-11. Pese a que estas fiestas fueron anteriores a la muerte de Germánico, las honras que se concedieron al general romano tras su muerte en circunstancias poco claras pueden resultar ilustrativas del predicamento del que gozó el personaje. Para estas honras póstumas, así como para una aproximación al personaje consultar: CABALLOS, ECK y FERNÁNDEZ, 1996. Un detalle que resulta interesante y que demuestra la fama de Germánico es que apareciera entre los personajes honrados en el calendario de Dura Europos, el *Feriale Duranum*.
[173] DUMONT, 1876, vol. I, pág. 298. GRAINDOR, 1922b, págs. 176-179 y GRAINDOR, 1931, págs. 12 y 92. La hipótesis de Graindor apoyada en: FOLLET, 1976, pág. 322. Para otras explicaciones: NEUBAUER, 1869, pág. 68 y GRAINDOR, 1931, pág. 92, nota 4. Para la visita de Germánico a Atenas, ver: Tac. *Ann.* 2.53 y Tac. *Ann.* 2.55.1-2. Germánico también fue

El único problema que plantea dicha hipótesis, aceptada habitualmente, es que la primera mención a los festejos aparece en época de Claudio, lo que permite pensar que bien pudiera tratarse de fiestas efébicas decretadas para dicho emperador que recibió el nombre de Tiberio Claudio César Augusto Germánico. No obstante, esta circunstancia se debe, según Graindor, a que sólo hay dos listados del período imperial anteriores al reinado de Claudio, IG II² 1963 del año 13/2 a. C. e IG II² 1967 datada en el año 36/7, pero desafortunadamente incompleta[174].

Los juegos en honor a Germánico constaban de varias pruebas que, de acuerdo con los ideales de la efebía, se dividían entre ejercicios físicos e intelectuales:

καὶ τὴν μὲν ψυχὴν τοῖς καλλίστοις συν-
τρέφων μαθήμασιν, τὸ δὲ σῶμα τοῖς ἀπὸ
τῶν γυμνασιῶν ἐθισμοῖς ἐναθλήσας

Alimentando su alma con los estudios más elevados y habiendo entrenando su cuerpo con el ejercicio físico continuo[175]

Así, en IG II² 1969, líneas 24-25, datable en época de Claudio, se recoge la victoria de un efebo en las *Germaniqueas* en una prueba de pugilato. En época de Trajano, en IG II² 2024, aparecen dos nuevas competiciones incluidas dentro de los *agones* en honor a Germánico: un encomio y una carrera de antorchas. Es probable que estas tres competiciones existieran desde la fundación de las fiestas[176].

Las fiestas efébicas en honor de los emperadores no fueron la única forma de participación activa de los futuros ciudadanos atenienses en el culto imperial, pues entre los efebos se elegían los σεβαστοφόροι que eran los encargados de llevar las sagradas imágenes imperiales en las procesiones[177].

El traslado procesional de estatuas y cuadros imperiales no constituye, sin embargo, una característica exclusiva del culto imperial ateniense. Así, el cargo de σεβαστοφόροι aparece en la regulación de las *Demostenias* de Enoanda, en las que diez personas eran contratadas por el agonóteta para que portaran las imágenes imperiales, la estatua de Apolo *Patroos* y un altar de plata. También en Gitio existían cuadros con retratos de varios miembros de la familia imperial, Augusto, Livia y Tiberio, que recibían sacrificios y eran transportados al teatro para presidir las competiciones *timelicas* celebradas en su honor[178].

Por lo tanto, se trata de un cargo frecuente en el Oriente griego. El interés del puesto efébico ateniense radica en la implicación de los jóvenes en los rituales imperiales de la ciudad. Una participación que se conoce en el caso de Atenas, Tanagra y Éfeso, aunque, por supuesto, pudieron existir en otras *poleis* sin que se hayan conservado testimonios. Tanagra, según Robert, diseñó el puesto de los σεβαστοφόροι basándose en el ateniense. En Éfeso, las estatuas imperiales formaban parte del cortejo procesional que organizaba la ciudad para honrar a Ártemis, su divinidad principal[179]. Los jóvenes debían participar en el ritual:

Que se permita a los χρυσοφοροῦντες [llevar] desde la primera habitación del templo de Ártemis a la Asamblea y a los juegos las estatuas [ἀπεικονίσματα y εἰκόνες] que dedicó Gayo Vibio Salutaris, que también los νεοποιοί se sumen a esta tarea y que también los efebos ayuden a transportar las estatuas desde la Puerta de Magnesia y que escolten el cortejo hasta la Puerta Coresia[180].

La fecha en la que apareció el cargo en Atenas no puede ser fijada con seguridad. En opinión de Neubauer el puesto se creó para apoyar la celebración de los *Agones* de los Augustos. El autor databa éstos en época de Claudio y, por lo tanto, defendió que el cargo efébico se creó durante dicho reinado. Es más, al conocer la inscripción en la que el influyente prócer ateniense Tiberio Claudio Novio se presentaba como primer agonóteta de los *Agones* de los Augustos, defendió que probablemente se debió a Novio la aparición de los σεβαστοφόροι. La propuesta de Neubauer es sumamente atrayente, puesto que, como se verá en el capítulo siguiente, Novio fue el oligarca ateniense más implicado en las transformaciones que sufrió el culto imperial en época de Claudio y Nerón[181].

No obstante, esta propuesta puede ser discutida ya que, como se ha expuesto, la relación del culto imperial con la efebía en Atenas empezó pronto. La datación podría rebajarse; la existencia de fiestas para celebrar el cumpleaños de Augusto, junto con *agones* en honor a Germánico, constituyen sustentos para esta opinión. Un paralelo se dio en Gitio cuyas fiestas comenzaron a realizarse cuando menos tras su aprobación por Tiberio, habitualmente fijada en el año 18 d. C. A pesar de este argumento, la candidatura de Novio no debe desestimarse, pese a que no existan testimonios irrefutables al respecto.

En cualquier caso, lo que sí puede concluirse con seguridad es que las procesiones de estatuas imperiales se convirtieron en un elemento habitual de los rituales atenienses. Los efebos serían los encargados de transportarlas, sellando de esta manera su vinculación con el culto imperial. Un epígrafe de época antonina demuestra la importancia que los atenienses dieron al deambular de los emperadores por la ciudad. El documento recoge la contestación de Marco Aurelio y Cómodo a una petición ateniense. Los emperadores se muestran conformes con que se erijan estatuas suyas y se lleven en procesión durante las fiestas de la *polis*. Se trata, por lo tanto, de una

---

honrado con estatuas en Atenas: IG II² 3255; IG II² 3258; IG II² 3259 e IG II² 3260.
[174] Las Germaniqueas en honor a Claudio en: NEUBAUER, 1869, pág. 68. Seguido por: Kirchner en su comentario a IG II², 1969.
[175] Decreto en honor a Polemaios, líneas 3-6; ver ROBERT y ROBERT, 1989, pág. 11. Sobre la relación entre cuerpo y mente consultar: ROBERT y ROBERT, 1989, págs. 19-20 con abundantes ejemplos epigráficos y literarios.
[176] Sobre las carreras de antorchas: Dar.Sag. s. v. *Lampadédromia*.
[177] Sobre los σεβαστοφόροι: NEUBAUER, 1869, págs. 49-51; ROBERT, 1939, págs. 124-125 y ROBERT, 1969-1990, vol. II, págs. 838-839. También en: PRICE, 1984, pág. 189. Sobre las estatuas imperiales: SCOTT, 1931. Las crítica a este autor en: ROBERT, 1969-1990, vol. II, , págs. 832-840, esp. pág. 834, nota 8.
[178] La bibliografía sobre las *Demostenias* es amplia; consultar sobre todo: WÖRRLE, 1988 que publica la inscripción y realiza un amplio comentario; MITCHELL, 1990, que revisa la obra de Wörrle; ROGERS, 1991b; FERGUSON-SMITH, 1994, con propuestas de nuevas lecturas; GEBHARD, 1996, págs. 123-125, y GUINEA DÍAZ, 1997b, esp. págs. 463-464. Gitio: ROSE, 1997, págs. 142-144 y SEYRIG, 1929; SEG 11, 922.

[179] Otros cargos cuyo objetivo era portar estatuas y objetos sagrados en: ROBERT, 1969-1990, vol. II, pág. 839, nota 6. Tanagra: ROBERT, 1969-1990, vol. II, págs. 1275-1281 y ROBERT, 1969-1990, vol. II, pág. 839. En Alejandría hubo un procurador de las estatuas imperiales: BERNAND y BERNAND, 1998.
[180] I. Ephesos I, 27, líneas 419-425; cf. OLIVER, 1941a, nº 24, págs. 116-117 y PRICE, 1984, pág. 189. No sólo son imágenes imperiales sino que también incluyen a Ártemis, Lisímaco y otros héroes, las tribus, varios cuerpos cívicos, el Senado y el Pueblo romano; ROBERT, 1969-1990, vol. II, pág. 839. Para estas fiestas consultar la monografía de: ROGERS, 1991a. Ver también: PORTEFAIX, 1993.
[181] NEUBAUER, 1869, págs. 49-51.

conformación ritual similar a la que se llevaba a cabo en Éfeso y que ha sido expuesta antes:

> Haréis más estatuas de las que comúnmente se llaman bustos [προτομαί] y las realizaréis de un tamaño proporcionado, cuatro iguales [Marco Aurelio, Cómodo y sus esposas], para que sea fácil, durante los días festivos en los que os reunáis, transportarlas donde queráis en cualquier ocasión como a las asambleas populares[182].

Todas estas acciones que los efebos atenienses llevaban a cabo para honrar a los emperadores debían contar con una financiación. El gimnasiarca se hacía cargo de gran parte de los gastos. Sin embargo, el culto imperial contaba con ingresos adicionales consistentes en un fondo económico denominado sebastofórico. Este capital era en ocasiones utilizado para otros menesteres; pero, como su nombre indica, su función principal consistía en proveer los medios necesarios para la realización de pleitesías de culto imperial por parte de la efebía. Posiblemente la partida asignada era administrada por el sumo sacerdote. La existencia de un tipo de cobertura económica semejante corrobora nuevamente la importancia que otorgaban los órganos rectores de Atenas a la adoración imperial, puesto que el objetivo principal del fondo y sin duda su razón de ser era asegurar que las pleitesías acordadas para los emperadores se llevaran a cabo según el calendario previsto. Nada debía impedir que los rituales de las divinidades cívicas se desatendieran y menos aún los relacionados con las deidades imperiales. Por ello, en aquellas ocasiones en las que la plaza de gimnasiarca quedaba vacante, el fondo sebastofórico era utilizado. La *polis* aseguraba así el cumplimiento de la adoración a los emperadores[183].

3.4.- Los lugares de culto imperial en Atenas bajo Augusto y los primeros Julio-Claudios[184].

Una vez analizadas las personas implicadas directamente en la implantación y dinamización del culto imperial en Atenas, así como las fiestas relacionadas con los gobernantes del Mediterráneo, se someten a estudio los testimonios arqueológicos y epigráficos que recogen información sobre los lugares de culto a los emperadores. Las conclusiones aportadas en los anteriores apartados ayudan a iluminar la documentación, puesto que ya se han señalado tanto el número aproximado de individuos honrados como los festejos pensados para ellos.

Las más destacadas ciudades mediterráneas sufrieron importantes cambios en su fisonomía como consecuencia de la implantación del Principado; mutaciones cuyo principal, aunque no único, protagonista fue el emperador que gracias a las innovaciones contaba con un instrumento adicional para el gobierno de sus súbditos y conciudadanos. Su presencia se convirtió en absoluta -opresiva-, de forma que los habitantes de las urbes antiguas siempre tuvieran presente el gobierno al que se encontraban sometidos. Al servicio, por lo tanto, de los ideales imperiales, las ciudades del Principado se llenan de estatuas de sus gobernantes y de edificios auspiciados por ellos o construidos para su adoración, siguiendo una tendencia que ya había comenzado en Época Republicana; pero que cobra mayor fuerza a partir de este momento. Los núcleos urbanos, ya sean representativos o de habitación, se redefinieron en una metamorfosis arquitectónica y paisajística al servicio de la estructura social y económica que soportaba el sistema político del momento. En dicha remodelación, que ha sido definida acertadamente como imperialización, sólo algunos de los edificios fueron destinados al culto imperial propiamente dicho, aunque en todos quedaba patente la naturaleza sublime de los gobernantes[185].

En el presente apartado se estudian sólo los testimonios de culto imperial. Para facilitar la profundización en el análisis de los espacios rituales asociados a la adoración de los gobernantes se ha establecido una división por zonas geográficas: la Acrópolis, la ciudad baja y la *chora*.

Esta compartimentación también permitirá tratar otras cuestiones interesantes relativas a los lugares de culto. Así, en el apartado dedicado a la Acrópolis, se prestará especial atención a las motivaciones que provocaron la elección de los lugares de culto a los emperadores. De esta forma se ilustrará cómo los espacios elegidos emitían mensajes simbólicos que la oligarquía ateniense y el emperador supieron manejar para su propio beneficio.

El apartado consagrado a la ciudad baja se divide a su vez en dos partes: el Ágora Clásica y el nuevo foro romano. El análisis del Ágora Clásica plantea primero los cambios fundamentales que sufrió este espacio con el Principado, para pasar después a un estudio de los lugares de culto imperial que se han detectado en ella. Atenas se caracteriza por la colmatación del ágora con monumentos traídos, todo parece indicar, de su *chora*. La plaza clásica pierde su carácter político a cambio del énfasis en su faceta religiosa. Gran parte de esta nueva funcionalidad se debe a la aparición de la adoración a los emperadores. Junto a los templos de nueva factura, los gobernantes se incluyen en espacios anteriores, aprovechándose del valor sentimental y del mensaje religioso que caracterizaba a dichas estructuras pretéritas.

El estudio de la plaza romana, por otra parte, se utiliza para plantear una cuestión amplia como es el estudio de los *sebasteia*, sus funciones y características arquitectónicas. El objetivo de la exposición es doble, pues además de plantear cómo eran y qué funciones tenían los templos de culto imperial, también se analizará si el Ágora Romana fue uno de estos singulares monumentos consagrados a la adoración de los emperadores.

Por último, el análisis de la *chora* ateniense se realiza partiendo de la idea de que la religión políada sólo puede explicarse atendiendo a todos los espacios en los que los habitantes de una determinada comunidad se relacionaron con la divinidad. Así, de la misma forma que para la Época Clásica y Arcaica la religión ateniense no puede entenderse sin los santuarios extraurbanos, tampoco sería completo el análisis del culto imperial, como parte integrante de la religión ateniense, sin estudiar las manifestaciones culturales que pueblan el Ática[186].

---

[182] OLIVER, 1941a, nº 24, con modificaciones en OLIVER, 1970, nº 4, líneas 33-35.

[183] El fondo sebastofórico ha sido tratado en: GRAINDOR, 1922b, pág. 170, nota 3 y págs. 206-219. También en: OLIVER, 1977, págs. 91-94.

[184] En el Apéndice 1 se presenta un resumen de los contenidos de esta sección.

[185] Sobre los cambios que supuso el Imperio en las ciudades y la propaganda a través del arte y la arquitectura ver: ZANKER, 1988. Para el concepto de imperialización aplicado a Atenas ver: WALKER, 1997. Ver también una interesante reflexión en: ALCOCK, 1997c. El emperador es siempre considerado *hijo de dios* o *del divino* y *Augusto*, ambos títulos lo diferenciaban del común de los mortales, aunque no supusieran por si solos divinización o culto. La discusión sobre cuándo una estatua del emperador significaba necesariamente culto ha sido objeto de debate, ver GARRIGUET, 2001; autor a quien agradezco profundamente la ayuda prestada para la realización del presente trabajo, así como la posibilidad de consultar la obra citada antes de su publicación. Sus consejos y explicaciones han servido para iluminar aspectos del presente estudio que de otra forma no hubiera podido resolver.

[186] Un trabajo que me ha parecido especialmente interesante para el estudio de la vinculación ciudad-territorio en una *polis* del Oriente romano es: GUINEA DÍAZ, 1997a, cap. 2 (esp. págs. 71-75). En el caso de Atenas no puede dejar

Los espacios consagrados a los emperadores ocupan una posición central en la ciudad. En el apartado dedicado a la *chora*, se pretende mostrar que la sintonía de la oligarquía ateniense con el culto imperial fue tan fuerte que incluso las áreas no centrales y los santuarios extraurbanos se poblaron de dioses imperiales. La misma reflexión permite concluir que los emperadores pasaron a formar parte del panteón cívico ateniense y estuvieron presentes en todos los santuarios extraurbanos importantes que eran controlados por la capital del Ática. De esta forma, la presencia de la adoración imperial en la *chora* de Atenas confirma que el culto imperial se había convertido desde su aparición en una más de las manifestaciones religiosas de la *polis*[187].

3.4.1.- Lugares de culto imperial en la Acrópolis.

La Acrópolis acogía muchas de las divinidades más queridas por los atenienses y en ella concluía la procesión de las *Panateneas*. La divinidad tutelar de Atenas, Atenea *Polias*, tenía su morada en el *Erecteion*. A su lado, el justamente famoso Partenón constituía el exvoto colosal para la diosa en su advocación guerrera (*Promachos*) que había permitido la victoria sobre el Persa. Junto a ella, una pléyade de divinidades compartía la ciudad alta convirtiéndola en un recinto plagado de dioses y un referente ideológico fundamental en la religión ateniense. La Acrópolis puede, por ello, ser considerada el más importante enclave religioso de la ciudad. La mayor parte de las fiestas desarrollaban alguna parte de su complejo ritual en la ciudad alta o sus estribaciones. Así ocurría, por ejemplo, con las *Esquiras*, las *Epidauras*, las *Asclepieias*, las *bouphonias*, las *Aphrodisias*, las *Arrehephorias* y tantas otras[188].

Entre las deidades que acompañaban a Atenea destaca, por ser la única masculina que recibía culto significativo en la cima de la Acrópolis, su padre Zeus *Polieus*. Junto a la familia celeste habitaban Ártemis, Gea *Kourotrophos* (la tierra-criadora de los jóvenes), Deméter *Cloe* (la divinidad de lo verde) y la diosa Atenea de la victoria, Atenea *Nike*. En Época Imperial a todas estas divinidades se le suman los emperadores romanos[189].

Varios son los lugares de culto imperial que se encuentran situados en la Acrópolis: la posible estatua de Livia asociada con *Higiea* en los propileos, el *Asclepieion*, y el templo redondo consagrado a Augusto y Roma (ver ilustración 2).

La estatua de *Higiea* (IG II² 3240) en la entrada a la ciudad alta se ha relacionado con Livia. Las dudas que plantea la asociación de dicha imagen con la emperatriz fueron señaladas en el apartado 3. 1. 3 y, en mi opinión, impiden la adscripción del espacio consagrado a esta divinidad –una abstracción potenciada por la propaganda imperial- dentro de la adoración a los emperadores[190].

También relacionada con los cultos salutíferos, aunque sin conexión aparente con la anterior estatua comentada, se encuentra la dedicación de un edificio del conjunto del *Asclepieion* a Asclepio, *Higiea* y Augusto (véanse láms. 3a, 3b y 4)[191]:

[Ἀσκληπιῷ κ]αὶ Ὑγείᾳ καὶ Σεβασ[τ]ῶι
Καίσαρι[[-----]]/[[-----]] ἐπὶ ἄρχοντος καὶ
ἱερέως Δρούσου ὑπάτου Πολυχάρμου τοῦ
Πολυ^Ν κρίτου Ἀθηνιέως [ιερεως διὰ]
βίου <Ζ>ήνωνος τοῦ Λευκίου Ῥαμνου-
σίου ᵛ

A Asclepio, *Higiea* y Augusto César [rasura] siendo arconte y sacerdote de Druso Cónsul Policarmo hijo de Policrito de Asenio y sacerdote vitalicio [de Asclepio] Zenón hijo de Leucio de Ramnunte[192].

El nombre del emperador Augusto César se ha atribuido a Augusto por ser una de las denominaciones más comunes con las que el emperador apareció en Atenas. Identificado el primero de los Césares como el emperador que compartió el honor con *Higiea* y Asclepio, es necesario preguntarse si la dedicación implica la práctica de adoración al gobernante[193].

Un segundo epígrafe dedicado a Asclepio, *Higiea* y Augusto encontrado en el santuario puede ser la respuesta. Se trata de una dedicación de texto casi idéntico; los nombres de las divinidades también en dativo, aunque sin rasura del emperador. El soporte epigráfico es una lápida de mármol pentélico que pudo tratarse de una ofrenda votiva o de la inscripción de un altar. El sacerdote de Asclepio en ambos epígrafes es el mismo Zenón de Ramnunte lo que permite establecer una fecha aproximada entre los años 9 a. C. y 14 d. C., período en el que el prócer ocupó el cargo. Este testimonio sugiere que efectivamente la dedicación del edificio fue acompañada de la instauración de un culto conjunto a las tres divinidades que se realizaría dentro del *Asclepieion* utilizando el altar para los rituales acordados[194].

La identificación del edificio que se consagró a Augusto y las otras dos divinidades es cuestión de debate. Se han propuesto dos soluciones: a) que se tratara del propileo de entrada al templo, o b) que fuera una nueva estoa situada en el monumento. La visita y estudio del *Asclepieion* no permiten tampoco esclarecer el debate; se hace necesario un estudio en mayor profundidad en el que se muevan los colosales fragmentos de piedra que pueblan el yacimiento y que podrían sugerir nuevas respuestas o sustento para las antiguas. Este problema que se plantea con respecto al edificio consagrado a Augusto es análogo al problema que suscita el siguiente epígrafe que se presenta[195].

---

de citarse, aunque corresponda a otro período, el fenomenal libro de OSBORNE, 1985.
[187] ALCOCK, 1993a, pág. 181-184. Para la situación espacial de los lugares de culto imperial consultar: PRICE, 1984, *passim*; ZANKER, 1988, *passim*, y ALCOCK, 1993a, pág. 198. En general sobre la arqueología de Atenas, consúltense: TRAVLOS, 1971 y, recientemente, la breve y útil guía de CAMP, 2001, esp. págs. 183-222.
[188] Los estudios sobre la Acrópolis son numerosísimos; como introducción, aunque aportando abundante bibliografía, puede utilizarse la reciente obra: HURWIT, 1999. Ver también para el Partenón: KORRES, 1994. Las fiestas citadas están explicadas en: PARKER, 1996, *passim*.
[189] Una explicación sucinta pero clara de la implicación de la Acrópolis en la religión ateniense en: HURWIT, 1999, págs. 35-63. Para el período Julio-Claudio y épocas posteriores: GEAGAN, 1996.
[190] Sobre Salus Augusta, asimilable a esta *Higiea* Sebasta: D. C. 44. 35. 2; TAYLOR, 1931, págs. 199-200.

[191] Sobre el *Asclepieion* ateniense: ALESHIRE, 1989 (también 1991); BALDASSARRI, 1998, págs. 64-74, con amplio tratamiento bibliográfico en pág. 64, nota 1. Sobre el culto a Asclepio consultar: EDELSTEIN y EDELSTEIN, 1945, vol. I., que incluye una valiosa recopilación con traducción de los testimonios más destacadas, epigráficos y literarios, del culto a Asclepio, y también vol. II en el que se presentan las conclusiones del estudio.
[192] IG II² 3120, localización en LEVENSOHN y LEVENSOHN, 1947, nº 99. Comentario de la inscripción en: BALDASSARRI, 1998, págs. 68-72. En su descripción del santuario Pausanias no menciona la aparición del emperador: Paus. 1.21.4-5.
[193] Los nombres de Augusto en Atenas: BENJAMIN, y RAUBITSCHEK, 1959; TRUMMER, 1980, págs. 59-60, y BALDASSARRI, 1998, pág. 69, nota 23
[194] Posible altar a Asclepio, *Higiea* y Augusto: IG II² 3176. Medidas: 0.16x2.30x0.68.
[195] La identificación del edificio con un propileo: TRAVLOS, 1971, pág. 128 y BALDASSARRI, 1998, págs. 67-73 y 2001, pág. 420, n. 65. Con una estoa en: WALKER, 1979 y ALESHIRE, 1989, pág. 7. El estudio en curso que realiza la Dr. Milena Melfi aportará sin duda respuesta a este interrogante, y a

Se trata de una inscripción en la que se menciona a Tiberio en relación con las dos divinidades sanadoras. Es, con todo, una relación diferente, pues en el epígrafe se pedía a las divinidades tradicionales que velaran por el emperador para que pudiera seguir ejerciendo su poder sobre los hombres (véase lám. 5a):

*[Ασκληπ]ιῶι καὶ Ὑγείαι ὑπὲρ τῆς Τιβε-
ρίου Καίσαρος Θεοῦ Σεβα[στοῦ υἱοῦ σωτηρίας* vel *ὑγείας]*

A Asclepio e *Higiea* por la salud de Tiberio César hijo del Dios Augusto[196].

La inscripción, que examinada sólo por el texto podría entenderse como una placa votiva, sin embargo es mucho más interesante. Se trata de un elemento arquitectónico de forma rectangular y amplias dimensiones (0.47x2.20x0.40). Varias de sus caras están adornadas con molduras. La inscripción sería más larga, como indica con certeza el hecho de que el final del epígrafe está incompleto y que la piedra no está trabajada en el extremo en el que continuaba el texto (véanse láms. 5b y 5c). En el yacimiento hay varios elementos arquitectónicos de características similares. Durante varios días llevé a cabo un análisis de los mismos, sin encontrar restos de texto. Sin embargo, la disposición de las piedras imposibilita un análisis más profundo y si se movieran podría encontrarse con fortuna la piedra (o piedras) compañera de la de Tiberio. La monumentalidad del elemento arquitectónico sugiere que en el *Asclepieion* se construyó (o rededicó) otro edificio -distinto al consagrado a Augusto- en el que se llevarían a cabo los rituales en favor de la salud del emperador. La llamada estoa jónica es un candidato muy adecuado, aunque al respecto no se pueda concluir con mayor certeza.

De esta forma, la relación de los emperadores y sus familiares con el santuario siguió existiendo, si bien, al menos en el caso de Tiberio, con otro caracter -aunque nada impide pensar que pudieron llevarse a cabo los dos rituales sin mayor dificultad, sacrificios por la salud del emperador y para él directamente.

La misma relación de Tiberio, como receptor de las bondades divinas, también está presente en otra significativa inscripción en la que Agripina agradecía a los dioses sanadores su curación[197].

Gracias a la dedicación del santuario a Augusto y la posterior participación en el culto de la familia imperial, los gobernantes volvían a insertarse en la vida sacra de la *polis*, fagocitando el potencial ideológico de los antiguos santuarios. El éxito del culto imperial se hace patente en la inclusión de los gobernantes en muchos y muy queridos lugares religiosos. En Atenas puede establecerse una analogía con la vinculación de los emperadores a cultos de curación en Tasos. En esta ciudad, el pequeño altar consagrado a Teógenes fue confrontado por un ara de culto imperial. El objetivo, en opinión de P. Gros, era beneficiar a las nuevas deidades imperiales del prestigio del culto ancestral[198].

Junto a esta relación de los emperadores con los cultos sanadores atenienses, la adoración a los gobernantes se instaló también en el edificio redondo consagrado a Augusto y Roma. Este monumento merece un análisis detenido al tratarse del único edificio de este período que puede adscribirse con seguridad al culto imperial en Atenas[199].

Con respecto al edificio son varias las cuestiones que interesan para el presente estudio. Por un lado, la localización del mismo, pues gracias a ella podrá establecerse si su situación respondía a una voluntad propagandística definida y, de ser así, qué mensaje era el que se pretendía transmitir. Por otra parte, la funcionalidad de la estructura merece ser analizada, ya que la interpretación habitual defiende que se trata de un templo; pero recientemente se ha propuesto la hipótesis de que podría tratarse de un baldaquino para un altar[200].

Tratando primero la localización del monóptero se han dado dos respuestas distintas. La primera y más ampliamente aceptada sitúa el edificio frente a la fachada oriental del Partenón. Esta propuesta se basa, por una parte, en que fue en los aledaños de dicha fachada del Partenón en la que el viajero Ciriaco de Ancona vio la inscripción fundacional del edificio. A este dato, se une la aparición a unos veinte metros de la fachada del Partenón de una plataforma cuadrangular cuyas dimensiones son las adecuadas para servir de soporte al monóptero. La plataforma se encuentra, además, en relación axial con el Partenón, sistema constructivo típico del período romano[201].

La segunda hipótesis, propuesta por Binder y seguida por Hänlein-Schäfer, sitúa el edificio al Este del *Erecteion*. Esta opinión se apoya en varios argumentos -ninguno de ellos decisivos, como se expondrá a continuación. En primer lugar, Binder apuntaba que la relación estilística existente entre ambos monumentos -el edificio redondo copia toscamente la elaborada decoración y el estilo arquitectónico del templo de

---

muchos otros, que suscita el *Asclepieion* ateniense. Nuestra conversación sobre el *Asclepieion* me ayudó a replantear mejor esta sección.

[196] IG II² 3181. Sobre la problemática de los rituales por el emperador y al emperador ver *supra* apartado 3.1.1.

[197] Dedicación de Agripina en: IG II² 4532. Popularidad de los cultos de curación atenienses en Época Imperial: ALESHIRE, 1989, págs. 17-18. La continuidad del culto a Asclepio e *Higiea* en Época Imperial en: ALESHIRE, 1989, págs. 16-19.

[198] Ejemplo de Tasos: GROS, 1991, pág. 133.

[199] La inscripción que recoge la consagración es: IG II² 3173. Para una descripción formal del edificio consultar: TRAVLOS, 1971, págs. 494-497 con bibliografía. Este autor aporta medidas distintas a las de: BINDER, 1969, pág. 190-191 y *passim*; BALDASSARRI, 1995, págs. 70-71, y HOFF, 1996, pág. 188. El diámetro máximo del edificio era 8.60 metros y las columnas medían 6.17 metros de alto (BALDASSARRI, 1995, pág. 70). Tenía nueve columnas de estilo jónico similar al del *Erecteion*, aunque de peor calidad: SNIDJER, 1924. El material edilicio es el mármol pentélico: BALDASSARRI, 1995, pág. 70. Otros autores han tratado el templo dedicado a Augusto y Roma, aunque las conclusiones, en líneas generales, son las mismas desde el hallazgo de la plataforma en las campañas de excavación de 1885-1890 (KAVVADIAS y KAWERAU, 1906; las fotografías y dibujos de estas excavaciones en: BUNDGAARD, 1974). Otros trabajos en los que se discute sobre el templo en: GRAINDOR, 1927a, págs. 30-31 y 180-184; JUDEICH, 1931, pág. 256; STEVENS, 1946, págs. 1 y 21; TRUMMER, 1980, págs. 54-59; HÄNLEIN-SCHÄFER, 1985, págs. 156-159 y HURWIT, 1999, págs. 279-281. La descripción de la Acrópolis de Pausanias no incluye el edificio: Paus. 1.22.4-28.3; una posible explicación en STEVENS, 1946, pág. 21. Estudios sobre la obra de Pausanias en: HABICHT, 1985; ELSNER, 1992; ARAFAT, 1996, y *Entretiens Hard*, 41. Ver también sobre la fiabilidad del autor al mencionar monumentos y qué elige recordar: ALCOCK, 1996. Una edición ilustrada de gran utilidad en: PAPACHATZIS, 1974-1981. En forma de catálogo recopilatorio de la información del *periegeta* ordenada por categorías ver: PRITCHETT, 1999.

[200] La mayor parte de los trabajos antes citados sitúan al templo en la fachada oriental del Partenón. En contra de esta localización se posicionan: BINDER, 1969, págs. 45-47 y HÄNLEIN-SCHÄFER, 1985, págs. 157-159. De la misma forma, como se explica más abajo, el edificio ha sido habitualmente considerado un templo. La interesante propuesta que lo interpreta como un baldaquino para un altar en SPAWFORTH, 1997, pág. 184 y nota 11.

[201] Para Ciriaco de Ancona ver: BODNAR, 1960, en la página 37 describe el viaje del año 1436 a Atenas, cuando copió por primera vez la inscripción; en la página 164 desarrolla en concreto la información acerca del epígrafe, informando de una segunda copia del mismo en el año 1447 en el margen del manuscrito de Estrabón del viajero. La plataforma cuadrangular medía 11-12 metros de largo y fue encontrada durante los años 1885-1890 (KAVVADIAS y KAWERAU, 1906, pág. 102 y TRAVLOS, 1971, pág. 494). Es opinión común que la relación entre el Partenón y el Templo de Roma y Augusto es típica de la arquitectura romana, ver, por ejemplo, HOFF, 1996, pág. 185 y nota 5.

Atenea *Polias*- sugería que el monóptero se concibió para acompañar al pretérito *Erecteion*. La aparición de numerosos fragmentos del edificio redondo en el área oriental al templo de Atenea *Polias* apoyaba a su vez la nueva propuesta de emplazamiento. Por último, Binder también traía a colación una serie monetal del siglo III d. C. en la que aparece el monóptero al lado del templo de la divinidad tutelar de Atenas. Por otra parte, atacó la hipótesis según la cual el monóptero se situó sobre la plataforma cuadrada que franqueaba la fachada principal del Partenón, pues, en su opinión, la estructura era el fundamento en el que se apoyaría la basa de una estatua colosal[202].

Los argumentos empleados por Binder son extremadamente débiles, como han demostrado las últimas aportaciones sobre este tema realizadas por Baldassarri y Hoff. Ambos autores han rebatido las deducciones de Binder, apoyando la propuesta que sitúa el edificio frente a la fachada principal del Partenón. Así, por un lado, Hoff ha realizado un nuevo estudio sobre la plataforma situada frente a la fachada principal del Partenón en el que concluye que la desviación de dicha estructura con respecto al eje longitudinal del Partenón es de sólo 10 centímetros. Por otro lado, también se ha explicado que la utilización de monedas para reconstruir la realidad plantea importantes problemas, de forma que la situación del monóptero en la moneda no tuvo que deberse a la voluntad del tallador por ofrecer una visión realista de la organización espacial del edificio en la Acrópolis. Tampoco el argumento de la localización espacial de los restos del monóptero – especialmente numerosos cerca del *Erecteion*- es definitivo cuando se estudia la movilidad de los restos antiguos en Atenas y en la Acrópolis, en concreto. La localización de los hallazgos sería crucial de haberse encontrado en contexto arqueológico y no en superficie, entre otros materiales de diversa procedencia. Por último, la probada relación estilística entre ambos monumentos no implica en absoluto proximidad espacial. Dicha semejanza se debió seguramente al predicamento del que gozó el Erecteion durante el Principado y no sólo en Atenas, sino en todo el Imperio. Con todo, tampoco es desdeñable el hecho de que por estas mismas fechas el propio templo de Atenea *Polias* estuviera siendo reparado y la ciudad contara, por lo tanto, con escultores familiarizados con la decoración y estilo del edificio; conocimientos que pudieron ponerse en práctica para la realización del monóptero[203].

Las fundadas críticas a la hipótesis de Binder dejan una sola posibilidad que consiste en aceptar como el emplazamiento más probable la explanada situada frente a la fachada principal del Partenón. Esta localización supone la construcción de un templo en uno de los lugares más emblemáticos de toda Atenas. Todos los fieles que quisieran visitar el monumento deberían pasar por delante del mismo y su posición, por lo tanto, no podía ser más significativa (ver ilustración 3)[204].

La situación del edificio lo relacionaba con el pasado clásico de la ciudad y en concreto con el proceso de monumentalización de la *polis* llevado a cabo en época de Pericles. Así, el edificio tendía un puente entre la antigüedad y el presente que permitía justificar los cambios introducidos por el régimen imperial a través de su asociación ideológica con el pasado. El estilo arquitectónico apoya esta idea, puesto que el monóptero se realizó tomando como modelo el *Erecteion*[205].

El rescate de la tradición estuvo presente también en el epígrafe fundacional del edificio que se llevó a cabo con gusto arcaizante mediante el empleo de tipos de letras propios del siglo IV a. C. El monóptero, gracias a todos estos procedimientos, disfrazaba su mensaje imperial bajo un manto tejido con la tradición más puramente griega. El hecho de que tantas molestias fueran necesarias para construir el primer centro de culto imperial en Atenas indica, sin duda, la necesidad de justificar una acción problemática y que probablemente dividiría a la sociedad ateniense. El énfasis de las acciones desarrolladas se situaba, por lo tanto, en marcar la idea de que el gobierno de los emperadores romanos suponía una continuidad con los momentos más felices de la *polis* griega[206].

Esta vehemencia por indicar continuidad, incluso renacimiento, frente a la verdadera ruptura, debe estar en relación con el mensaje mesiánico que la maquinaria propagandística de Augusto puso en circulación y que tanto éxito tuvo en el Oriente griego. La *edad de oro* que suponía el gobierno del primero de los Césares significaba una utopía en la tierra, forzando los límites del término. Las bonanzas del régimen sólo podían y debían ser comparadas con los momentos más emblemáticos e importantes de la historia de la civilización. La recuperación del pasado clásico encarnado por Pericles era uno de estos momentos[207].

No obstante, como se ha indicado antes, la instrumentalización del período áureo de la historia de Atenas no sólo beneficiaba a Augusto, sino que principalmente servía a los intereses de la oligarquía dominante que podía de esta manera establecer vínculos entre su gobierno y las glorias

---

[202] La hipótesis sobre la situación del monóptero al oriente del *Erecteion* en: BINDER, 1969, págs. 45-47 y HÄNLEIN-SCHÄFER, 1985, págs. 157-159. La conexión estilística entre ambos monumentos en: SNIDJER, 1924. La acuñación en: BMC *Attica*, nº 801-805 y SVORONOS, 1926, págs. 19-43. Las monedas son comentadas en PRICE y TRELL, 1977, págs. 77-78.

[203] Los trabajos son los dos interesantes artículos de: BALDASSARRI, 1995 y HOFF, 1996, págs. 185-194. La opinión de Hoff sobre la axialidad del Partenón con respecto al edificio en: HOFF, 1996, pág. 185, nota 5. La utilización de las monedas como medio para situar el monóptero es combatida durante ambos autores (BALDASSARRI, 1995, págs. 72-73 y HOFF, 1996, págs. 186-188), es la autora italiana la que se expresa en términos más contundentes, realizando, por otra parte, interesantes comentarios: "Mi lascia perplessa il tipo di testimonianza da lui presentato [Binder] per la localizzazione del monopteros: un'immagine monetale che presenta in realtà una doppia prospettiva, in parte frontale, in parte a volo d'uccello, dei monumenti, tra i quali fra l'altro compare l'Eretteo, ma non il Partenone ed è quindi insufficiente alla determinazione del rapporto tra il monopteros e ciascuno dei due edifici". El Dr. T. Volk me ayudó a comprender la dificultad de utilizar la información monetal para realizar una reconstrucción directa de la realidad. Entre los artículos que resultan más interesantes sobre este aspecto se encuentra el realizado por: DREW-BEAR, 1974. Ver también: PRICE, 1976 y, sobre todo, la aproximación crítica de: BURNETT, 1999. Las copias de elementos decorativos o arquitectónicos del *Erecteion* en: KLEINER, 1986, págs. 8-9.

[204] Sin embargo Pausanias en su recorrido por la Acrópolis no menciona el edificio (Paus. 1.22.4-28.3). La omisión puede deberse a que "perhaps the imperial cult was all too familiar" (ARAFAT, 1996, pág. 123), aunque esta propuesta no me parece del todo convincente. Ver para una visión más acertada: ALCOCK, 1996. La situación del edificio con respecto al Partenón se aprecia en la planta de la Acrópolis, ver, por ejemplo: HURWIT, 1999, fig. 3. Una reproducción ideal del monóptero y su posición frente al Partenón en: STEVENS, 1946, fig. 3.

[205] La relación entre ambos monumentos en: SNIDJER, 1924 y, ver también, BALDASSARRI, 1995, pág. 71. Una explicación sintética del mensaje ideológico que transmitía el edificio en: ARAFAT, 1996, págs. 124-125. Arafat incide también en la forma redonda del edificio que lo situaba en relación directa con el templo de Vesta en Roma. La identificación del monóptero con un lugar de culto a Vesta en Atenas fue defendida por GRAINDOR, 1927a, pág. 154 seguido de GEAGAN, 1979a, pág. 382. Contra esta opinión: GIULIANO, 1965, pág. 14 y BALDASSARRI, 1995, pág. 80.

[206] Sobre la inscripción y su arcaísmo ver: ALESHIRE, 1999, pág. 158 y nº 6 en apéndice. La difícil situación social en Atenas durante el gobierno de Augusto, que no impidió, sin embargo, la realización de prácticas de culto imperial, ha sido tratada *supra* en el capítulo 2. El arcaísmo en Atenas durante el período de Augusto también parece que se dio en la escultura, así en: PALAGIA, 1997.

[207] La idea mesiánica del poder de Augusto en la Égloga IV de Virgilio y en la Eneida, canto VI. También es un tema recurrente en: GAGÉ, 1981, *passim*. Fue así mismo uno de los temas tratados por el prof. Versnel en los ciclos de conferencias que realizó en Huelva (Universidad de Huelva, 26-3-01), Sevilla (Universidad Pablo de Olavide, 27-3-01) y Madrid (Universidad Carlos III, 28-3-01). Ver también su artículo en holandés: VERSNEL, 1988.

nacionales pasadas. Es más, la iniciativa debió surgir de los atenienses y no de Augusto, como demuestra el epígrafe fundacional. Probablemente la misión reservada al emperador sería la de ratificar la medida. Es innecesario, por lo tanto, buscar una imposición exterior a la ciudad, pues los intereses del emperador y los oligarcas atenienses eran coincidentes[208].

Por otra parte, junto a este intento por marcar la continuidad del presente imperial con el pasado clásico, el monóptero estaba emplazado en un lugar que lo relacionaba directamente con el mensaje antibárbaro que hundía sus raíces en la derrota del ejército persa y que había sido hábilmente utilizado después tanto por Atenas como por los reyes helenísticos. Si bien toda la Acrópolis estaba impregnada con esta simbología, el sector oriental del Partenón era especialmente fecundo en ella. De esta forma, el edificio redondo simbolizaba la defensa de la civilización greco-romana por parte de los emperadores, que tomaban así el testigo a los atenienses en dicho cometido. La explotación de este tema es recurrente a lo largo de todo el Imperio y tiene precedentes claros con Antonio[209].

La segunda cuestión que interesa con respecto al edificio es su tipo y funcionalidad. Habitualmente se ha considerado un templo monóptero; aunque últimamente Spawforth ha presentado una nueva hipótesis según la cual podría tratarse también de un elaborado baldaquino que alojaría un altar. La inscripción fundacional no especifica qué tipo de edificio se construyó, de forma que ambas posibilidades son, en principio, válidas. Sin embargo, como ha indicado Baldassarri, las medidas del edificio coinciden con las canónicas establecidas para los monópteros por Vitrubio en el *De architectura*[210].

Para el presente estudio, sin embargo, la importancia del monumento es la misma independientemente de su condición, puesto que en cualquier caso se trata de un lugar de culto imperial, situado en un emplazamiento cargado de significado simbólico para los atenienses y aquellos que visitaran la Acrópolis. Sí resulta más interesante la pervivencia del edificio hasta época de los Severos atestiguada a través de las acuñaciones de principio del siglo III d. C.[211].

La aparición sincrónica de las acuñaciones atenienses en las que aparece el monóptero y la mención de un altar de los *Sebastoi* en la Acrópolis recogida en el decreto para celebrar el cumpleaños de Julia Domna (IG II^2 1076 revisado en OLIVER, 1940, líneas 39-40), podría significar que las dos estructuras son una y la misma. Se trata de una hipótesis que aboga por la continuidad cultual del espacio consagrado a Augusto que, con el paso del tiempo, pasó a servir para los rituales relacionados con todos los *Sebastoi*. De la misma forma, también es posible que el altar que se menciona en el decreto para celebrar el cumpleaños de Augusto (SEG 17, 34, línea 16; STAMIRES, 1957, *Hesperia* 26, págs. 260-265, nº 98; IG II^2 1071) sea el asociado al monóptero, si se considera éste un templo, o el propio monumento, si la estructura fuera un baldaquino. Así, no resulta del todo descabellado defender que los tres edificios -el monóptero entendido como un altar, el ara para celebrar el cumpleaños de Augusto y el altar de los augustos de época de los Severos- fueran el mismo, estructura de la que sólo se ha conservado la inscripción fundacional de época del primero de los Césares. Siguiendo esta hipótesis, puede sugerirse también que en Atenas habría existido un altar monumental para el culto imperial que surgió para permitir la celebración del nacimiento de Augusto y pasó más adelante a convertirse en un espacio cultual consagrado a todos los augustos del Imperio; un altar de las características del encontrado en Narbona (ILS 112; CIL XII 4333). No obstante, el estado actual de la investigación impide establecer reconstrucciones fiables y la hipótesis está en el campo de la especulación, pese al posible interés de las lucubraciones[212].

3.4.2.- El emperador en la ciudad baja.

-El Ágora Clásica.

En su estudio sobre los cambios urbanísticos sufridos por Atenas durante el reinado de Augusto la investigadora S. Walker estableció seis características que definen los centros urbanos griegos en los primeros años del principado: a) énfasis en el carácter religioso del Ágora, frente a la actividad política; b) aumento de los testimonios epigráficos relacionados con evergesías a la ciudad; c) conservación de monumentos relativos a los orígenes legendarios de la *polis* o a su Historia primitiva; d) construcción de grandes edificios con patios porticados que se sitúan a cierta distancia del ágora tradicional; e) edificación en estos grandes edificios de entradas monumentales que son en ocasiones decoradas con estatuas de los emperadores y miembros de sus familias, y f) desarrollo del ágora clásica y los nuevos edificios sin aparente relación y sin vías pavimentadas que unan las dos áreas de la ciudad. La autora basa sus conclusiones en la comparación de Atenas con otras dos *poleis*, Éfeso y Cirene, que también son conocidas profusamente gracias a las excavaciones arqueológicas y a su abundante documentación epigráfica[213].

A través del análisis de Walker puede concluirse que las ágoras tradicionales se redefinieron enfatizando su cualidad como lugar religioso sobre todo gracias al aumento de las áreas dedicadas al culto imperial. Las plazas, que solían ser espacios diáfanos, se llenan con templos, altares, conjuntos estatuarios y toda una serie de edificios consagrados a la adoración de los emperadores. De la misma forma, junto a los gobernantes del Mediterráneo, las ágoras se pueblan de inscripciones y monumentos en los que se honraba a miembros de la aristocracia local y evérgetas extranjeros[214].

Las antiguas plazas se convirtieron a su vez en espacios destinados a la propaganda cívica a través del mantenimiento de monumentos relacionados con los orígenes legendarios de la

---

[208] Así en: ARAFAT, 1996, págs. 123-124.

[209] El tema de la lucha antibárbara y su continuidad en época romana en el interesante artículo: SPAWFORTH, 1994a. Ver también: CARROLL, 1982, págs. 67-69 y HURWIT, 1999, págs. 264-276. El tema se estudia también en: LORAUX, 1981, en esp. págs. 157-173. La acción de Antonio en la Acrópolis se recoge en: Plut. *Ant.* 24.1.

[210] La atractiva hipótesis en SPAWFORTH, 1997, pág. 184 y nota 11. Las medidas canónicas de un monóptero en: Vitr. IV, 8, 1. El interior del monóptero no incluía paredes que crearan una *cella*, siguiendo la descripción de Vitrubio, sino que el área formada por las nueve columnas jónicas delimitaría el espacio sagrado. Un altar dedicado a Roma y Augusto recogido por Pitakis y en la actualidad perdido pudo ser el del templo redondo, ver: PITTAKIS, 1835, pág. 489; incluido por Kirchner como IG II^2, 3179. La relación del altar con el edificio redondo de la Acrópolis y, en concreto, la posibilidad de que se trate del altar del templo es atribuida por BALDASSARRI, 1995, pág. 74, nota 28 a FAYER, 1976, pág. 147, aunque ya había sido apuntada por el siempre útil GRAINDOR, 1927a, págs. 150-151.

[211] Las series monetales en: BMC *Attica*, nº 801-805 y SVORONOS, 1926, págs. 19-43.

[212] Nuevos fragmentos del decreto de Julia Domna en: STROUD, 1971, págs. 200-204. Consultar también el comentario sobre la inscripción en: BEARD, NORTH y PRICE, 1998, vol. II, págs. 257-258. Graindor apunta, basándose en los comentarios del primer editor del decreto de Julia Domna, que el altar del templo de Roma y Augusto en la Acrópolis era el mismo altar que en dicho decreto se llamaba de los *Sebastoi*: GRAINDOR, 1927a, págs. 150-151. Para el decreto en honor de Augusto consultar *supra* apartado 3. 2. 2. La posible relación entre el altar para celebrar el cumpleaños de Augusto y el altar de los Augustos es incierta, como indica: SPAWFORTH, 1997, nota 20. El mismo autor defiende que el altar para celebrar el nacimiento del primero de los Césares debió estar en la ciudad baja, sin embargo, nada permite establecer dicha conclusión (SPAWFORTH, 1997, pág. 186), puesto que el decreto no indica la localización exacta del altar.

[213] WALKER, 1997, pág. 68.

[214] Para los cambios en las ciudades al comienzo del Principado consultar también: SHEAR, 1981; ZANKER, 1988, y GROS, 1991.

ciudad y su historia primitiva. La antigua plaza, privada de su carácter político y convertida en espacio religioso, ve además restringida su preeminencia por el surgimiento de nuevas ágoras en forma de patios porticados. Estas estructuras se situaban cerca del ágora tradicional, estableciéndose como espacios aislados sin calles que los vincularan a áreas urbanas preexistentes. Los nuevos espacios tenían entradas monumentales adornadas con estatuas de la familia imperial.

La sacralización del ágora y su conversión en un área para la propaganda del pasado cívico son procesos que ocurrieron simultáneamente a la implantación del culto imperial. De forma que, a través de la mutación de la plaza pública, Roma conseguía relacionarse con el pasado clásico de la *polis*. La mayor parte de las construcciones nuevas que se erigieron en el ágora han sido relacionadas con los emperadores. No obstante, las divinidades imperiales en Atenas se incluyeron en muchas ocasiones en santuarios tradicionales. A continuación se estudian los distintos espacios de culto imperial que se han localizado en el ágora, comenzando por los de nueva construcción para después analizar la inclusión de los emperadores en espacios religiosos preexistentes[215].

Las construcciones más notables que se edificaron en la plaza pública ateniense al comienzo del principado son el Odeón de Agripa y el templo de Ares. Junto a estos monumentos que colmataban el área central del ágora, se erigieron tres nuevos templos (noroeste, suroeste, y sudeste), una estoa (noreste) y un altar (posiblemente de Zeus *Agoraios*). Se trata, por lo tanto, de una activa intervención arquitectónica que modeló el ágora y cambió completamente su disposición y funcionalidad (ver ilustración 4)[216].

De todos estos edificios sólo el templo de Ares y el templo sudoeste han sido relacionados con el culto imperial. Ambos monumentos junto con el templo sudeste fueron transplantados desde el Ática hasta el ágora y son conocidos con el nombre de templos itinerantes. Su asignación al culto imperial se asienta en bases poco sólidas[217].

El templo suroeste fue construido con materiales provenientes de dos santuarios del Ática: el de Atenea en Sunio y el de Deméter en Thorico. Este templo se ha relacionado con el culto imperial al haberse encontrado en sus proximidades, aunque no *in situ*, la base de una estatua de Julia *Sebasta* Ártemis *Boulaia* (véanse láms. 6a y 6b). La situación del edificio también ha sido utilizada para revindicar una vinculación con el culto imperial, ya que en la esquina Sudoeste del ágora se encontraban la *Tholos*, lugar de reunión de los pritanos, y el *Bouleuterion*, donde se celebraban las asambleas de la Boulé. En la *Tholos* probablemente se rendía culto a Ártemis *Boulaia* cuyo altar se debió situar en sus proximidades y, por lo tanto, frente al nuevo templo (ver ilustración 5). La asignación, pese a su atractivo, es muy débil y abierta a todo tipo de especulaciones. De hecho, también se ha propuesto que el templo alojó un culto a Atenea ya que un torso de la diosa fue encontrado en las inmediaciones del *temenos*[218].

El otro edificio que se ha relacionado con el culto imperial es el Templo de Ares. Se trata de un monumento de orden dórico de grandes dimensiones que ocupó la parte Norte del Ágora Clásica. Se cree que el santuario estuvo en origen situado en el *demos* de Acarnas y que pertenece al programa edilicio emprendido en la Atenas del siglo V a. C. para festejar la victoria sobre los persas. De ser así, constituye junto con el templo de Posidón en Sunio, el de *Hefaistos* en Atenas y el de Némesis en Ramnunte un ejemplo de los santuarios de gran calidad arquitectónica que fueron erigidos en el período posterior a las Guerras Médicas (460-420 a. C.) El trasplante del templo se ha relacionado cronológicamente con la construcción del Odeón de Agripa, puesto que se encuentra situado axialmente con respecto a él. El conjunto arquitectónico se completaba con un altar[219].

La atribución del templo a Ares se basa en la descripción que realiza Pausanias del sector del ágora en el que se encontraron los restos del monumento. La aparición de una divinidad tan poco frecuente en Atenas sugieren una acción romana por implantar en la capital del Ática el culto al dios de la guerra. En la inclusión de la deidad se ha querido ver también la aparición en dicho santuario de rituales de culto imperial. Los testimonios utilizados para sustentar dicha afirmación son, por una parte, dos bases de estatuas en las que Druso César y Gayo César son denominados Nuevos Ares y, por otra parte, la inscripción IG II^2 2953 en la que se realiza una ofrenda conjunta a Ares y Augusto. La relación de los jóvenes con el dios de la guerra es singular, puesto que nunca volvió a establecerse esta asimilación entre Ares y un miembro de la *Domus Augusta*; circunstancia que puede atribuirse a la inexistencia de una tradición que indicara la forma adecuada para dirigirse a los nuevos señores del mundo. En la búsqueda de estos honores correctos algunas de las fórmulas creadas, como es el caso de esta asimilación, se abandonaron en el ulterior desarrollo del culto. La supresión de las creaciones se debió a la formulación de otras medidas de mayor éxito y también, en parte, a la desconexión de los rituales atenienses con las directrices que emanaban de Roma[220].

Una de las interpretaciones más aceptada relaciona el trasplante del templo con las campañas bélicas en Oriente emprendidas por Gayo César; su mandato militar fue también el motivo de su asimilación con Ares. Para algunos investigadores el templo fue posterior a las campañas (2 d. C.), mientras que Romer y Bowersock defienden que la construcción debe ponerse en relación con la inauguración del templo de *Mars Ultor* en Roma en el 2 a. C. y la visita de Gayo a Atenas en el mismo año[221].

---

[215] WALKER, 1997, pág. 74.
[216] La actividad edilicia en época de Augusto en la ciudad baja en: BALDASSARRI, 1998, págs. 75-215. Fuera de la plaza, el *Olimpieion* también tuvo una fase edilicia de época augústea: BALDASSARRI, 1998, págs. 75-97, aunque su relación con el culto imperial no puede fundamentarse en bases sólidas. En el presente estudio, la noticia de Suetonio (Suet. *Aug.* 60) que refiere la intención de varios reyes de consagrar el templo al genio de Augusto no se considera de suficiente peso como para justificar la inclusión del edificio dentro de los que hospedaron rituales de culto imperial en época Julio-Claudia. Habrá que esperar hasta Adriano para encontrar esta relación y entonces, además, de una forma clara y manifiesta.
[217] La acuñación del término de templos itinerantes en: THOMPSON, 1962. Ver también: THOMPSON y WYCHERLEY, 1972, págs. 160-168. Existe abundante bibliografía sobre los templos y su interpretación: SHEAR, 1981, esp. pág. 364; ALCOCK, 1993a, págs. 191-196; ALCOCK, 1993b, págs. 158-160, y OSANNA, 1995. Un apunte crítico a la visión habitual sobre los templos itinerantes en: DI VITA, en BALDASSARRI, 1998, pág. IX.

[218] La asignación del templo al culto imperial en: THOMPSON, 1952, pág. 91 y THOMPSON y WYCHERLEY, 1972, pág. 166. Sobre el templo consultar: DINSMOOR, 1982 y BALDASSARRI, 1998, págs. 202-208. Sobre el altar de culto a Ártemis *Boulaia*: WYCHERLEY, 1957, pág. 55, y BALDASSARRI, 1998, pág. 201 y nota 20. El templo consagrado a Atenea en: DINSMOOR, 1982, pág. 437 y OSANNA, 1995, *passim*. Contra la hipótesis de Dinsmoor ver las críticas de Baldassarri que defiende que el torso de la diosa pertenece al Templo de Ares donde la divinidad apareció bajo la advocación de Atenea *Areia*: BALDASSARRI, 1998, págs. 208.
[219] Para una descripción del templo con discusión ver: DINSMOOR, 1940; DINSMOOR, 1943; McALLISTER, 1959, y THOMPSON y WYCHERLEY, 1972, págs. 162-165. Recientemente: BALDASSARRI, 1998, págs. 153-172. El templo fue dotado con el techo de otro templo, el de Posidón: DINSMOOR, 1974. La política edilicia de Atenas en el período posterior a las Guerras Médicas: KNELL, 1973.
[220] Paus. 1.8. 4. Gayo César Nuevo Ares: LEVENSOHN y LEVENSOHN, 1947, *Hesperia* 16, págs. 68-69; IG II^2 3250; BODNAR, 1960, págs. 164 y 165. Druso César Nuevo Ares: IG II^2 3257.
[221] El templo es posterior a la campaña: GRAINDOR, 1927a, pág. 51; DINSMOOR, 1940, págs. 49-50; WYCHERLEY, 1957, pág. 55, y

No obstante, Spawforth ha realizado un estudio de los testimonios, criticando las conclusiones de Bowersock. Para el autor, las dedicaciones se deben a los altos cargos militares que ocuparon los dos jóvenes generales romanos y no tienen por qué implicar el trasplante de un templo al ágora. Además, el investigador indica que el trasplante del santuario se ha relacionado habitualmente con la actividad edilicia de Agripa datable entre los años 23-13 a. C, sobre todo por la relación axial entre los dos edificios que sugiere que el proyecto fue concebido como un todo. La supuesta visita de Gayo César se realizó durante el viaje del heredero del trono a Oriente en el año 2 a. C. Las fechas, por lo tanto, son incompatibles[222].

Por otra parte, Spawforth reestudia el epígrafe IG II² 2953 para demostrar que el templo sólo estuvo consagrado a Ares. El autor inglés se enfrenta así a la anterior explicación realizada por Dinsmoor que, partiendo del mismo epígrafe, había defendido una dedicación a ambas divinidades. La inscripción en cuestión recoge una ofrenda de agradecimiento (*charisterion*) a Ares y Augusto (*Sebastos*) realizada por la comunidad de los Acarneos. El epígrafe se data a través de la mención en genitivo del sacerdote de Ares y de dos sacristanes (*zacoros*), lo que implica que el sacerdocio no incluía a Augusto. En palabras del autor: "El trasplante del templo fue un proyecto inspirado por el gobierno central para honrar al dios de la guerra romano"[223].

Ciertamente, los restos arqueológicos encontrados en el ágora son de difícil interpretación. Las críticas de Spawforth son fundadas y suponen una fuerte oposición a las hipótesis anteriores de Bowersock y Dinsmoor. No obstante, el autor inglés realiza apreciaciones menos acertadas como la de tomar como argumento de peso la descripción que Pausanias realiza del edifico. El *periegeta*, en efecto, no señaló la presencia en el templo de estatuas de miembros de la casa imperial. Según Spawforth este es un dato que hay que tener en cuenta puesto que Pausanias se interesaba por estas cuestiones. La afirmación sobre el interés del autor clásico por el culto imperial debe, no obstante, matizarse, siguiendo la opinión recogida en dos de las últimas monografías sobre su obra, las de Habicht y Arafat. Ambos autores coinciden en que Pausanias no estuvo especialmente interesado en el culto imperial y que no mencionó numerosos monumentos relacionados con la adoración de los emperadores. De hecho, por señalar un ejemplo de Atenas, el monóptero consagrado a Augusto y Roma no aparece en la descripción que realizó Pausanias de la Acrópolis, a pesar de que el edificio, como se ha mostrado *supra* en el apartado 3. 4. 1., se encontraba sin duda en funcionamiento[224].

Por otra parte, a pesar de que, como se indicó antes, las críticas de Spawforth son acertadas, hay dos testimonios irrefutables de asociación de miembros de la familia imperial con Ares. De esta forma, evitando el debate sobre el momento de la fundación del templo y su divinidad tutelar, no resulta aventurado concluir que las estatuas que fueron erigidas en honor a los jóvenes generales romanos por su puesto al frente del ejército, fueran depositadas en el *temenos* consagrado a la divinidad con la que se asimilaron. De no existir un santuario de la deidad guerrera, podría dudarse sobre el emplazamiento de las estatuas; sin embargo, la existencia segura de un templo de Ares en la ciudad hace que sea más que razonable defender la colocación en él de las imágenes de ambos generales.

Otra cuestión distinta consiste en dirimir si la concesión de estatuas supuso a la vez la instauración de un culto divino. Sobre este aspecto no se puede ser firme, como se indicó en el apartado 3.1.3, pero nada impide afirmar que efectivamente se establecieron rituales para los jóvenes generales romanos. Por lo tanto, independientemente de cuáles fueran las divinidades tutelares del santuario, el templo de Ares debe mantenerse como un espacio religioso en el que se llevaron a cabo pleitesías divinas en honor a los malogrados príncipes del comienzo de la dinastía julio-claudia.

Junto a estos monumentos de nueva factura, los emperadores también fueron alojados en capillas y santuarios pretéritos. No obstante, tampoco son más claros los datos arqueológicos en este aspecto. A continuación se estudian los dos espacios que pudieron albergar culto imperial: la estoa de Zeus *Eleuterio* y la *Tholos*.

En la *Tholos* se adoraba a Ártemis *Boulaia*. Al existir una base de estatua de Livia bajo la advocación de Julia *Sebasta* Ártemis *Boulaia* (véanse láms. 6a y 6b), Oliver apuntó la posibilidad de que la emperatriz recibiera culto en el mismo lugar donde se llevaban a cabo los rituales consagrados a la divinidad en la que se había encarnado. La hipótesis de Oliver se contrapone a la identificación del templo sudoeste con el santuario dedicado a Livia. Es más probable, no obstante, que efectivamente la esposa de Augusto fuera adorada en la *Tholos*, aunque no se puede descartar ninguna de las dos posibilidades[225].

Igual de oscura es la identificación de los trabajos realizados en la estoa de Zeus Eleuterio que consistieron en la incorporación de dos habitaciones más en la parte posterior del edificio y la remodelación del altar situado frente al pórtico (ver ilustración 6). No sólo la datación del edificio presenta serios problemas, sino también la asignación de las divinidades que ocuparon las *cellae*. Thompson, en su trabajo sobre la ampliación del monumento, estableció la posible vinculación del edificio al culto imperial y dató la obra en época de Tiberio. Según el autor, los rituales celebrados en el edificio pudieron ser consagrados a Livia y Tiberio. Aún así en la habitación Sur se halló una basa que, en opinión de Thompson, pudo acoger al menos tres estatuas. La basa se encuentra en estado muy fragmentario, pero el texto parece indicar claramente la existencia de una estatua de un miembro de la familia imperial en la estoa (*[ὁ] Δῆμ[ος] [...]/[...]ου υἱόν [...]*). Recientemente, se ha propuesto que dicha basa deba datarse en época de Adriano[226].

Por otra parte, Torelli defiende una datación poco después de Accio, con un culto conjunto de Augusto y Roma. Su propuesta es sugestiva, pues supone la equiparación de los rituales atenienses con las prácticas típicas del culto imperial en este período al menos en Asia Menor -con un culto conjunto a Augusto y Roma. No obstante, esta hipótesis es incompatible con la información que aporta la basa que acabamos de comentar, ya que, sólo en la *cella* Sur, permite pensar en la

---

THOMPSON y WYCHERLEY, 1972, pág. 163. La relación entre el traslado del templo y la visita de Gayo César en: ROMER, 1978, págs. 201-202, nota 35 y BOWERSOCK, 1984, págs. 172-173. La propuesta ha sido aceptada por los investigadores que han revisado el asunto: ALCOCK, 1993a, pág. 195; ARAFAT, 1996, pág. 121, y BALDASSARRI, 1998, págs. 170-172. Sobre la campaña de Gayo César: SYME, 1995, págs. 317-334.
[222] La crítica a la propuesta de Bowersock en: SPAWFORTH, 1997, págs. 186-188. El trasplante del templo dentro de la política edilicia de Agripa en: GEAGAN, 1979a, pág. 380 y THOMPSON, 1987, págs. 6-9.
[223] El templo consagrado a las dos divinidades en: DINSMOOR, 1940, pág. 50. La cita en: SPAWFORTH, 1997, pág. 188.
[224] HABICHT, 1985, págs. 134-137 y ARAFAT, 1996, pág. 123.

[225] OLIVER, 1965a. Sobre los cultos de la *Tholos* consultar: THOMPSON, 1940, págs. 137-141. Sobre el culto a Ártemis *Boulaia*: WYCHERLEY, 1957, págs. 55-57.
[226] Para la ampliación de la estoa de Zeus Eleuterio consultar: THOMPSON, 1966 y BALDASSARRI, 1998, págs. 142-152. Resulta también interesante consultar la memoria de excavación en la que ya se apuntan los problemas que se mencionan: THOMPSON, 1937. La datación en época de Tiberio en: THOMPSON, 1966. La base de estatua comentada en: THOMPSON, 1966, págs. 174-175 y 181. La posible redatación de la base en: SPAWFORTH, 1997, nota 21, la autoría de la aseveración se debe a O. Palagia.

existencia de un culto a más de tres personas. Además, como se indicó en el apartado dedicado al sacerdocio del emperador, es poco probable que existiera otro culto a Roma en Atenas, ya que la diosa se adoraba también en el templo redondo de la Acrópolis y en el santuario del Pueblo y las Cárites. Con todo, la propuesta de Torelli no puede ser desestimada y debe sopesarse con atención cuando se lleven a cabo ulteriores investigaciones sobre esta edificación[227].

La información que aporta la estoa de Zeus Eleuterio, por lo tanto, tampoco es de fácil interpretación. Una vía de solución que se propone en el presente trabajo para ésta y otras dificultades que presenta el culto imperial ateniense, a la espera de nuevos testimonios, consiste en insertar los datos existentes en el contexto ateniense y analizarlos, en la medida de lo posible, en función a los desarrollos propios de Atenas. Con respecto a la estoa de Zeus Eleuterio, agotadas otras formas de análisis, el sistema que se propone obliga a reconsiderar que ningún emperador romano fue asimilado a Zeus Eleuterio en la capital del Ática hasta Domiciano y Trajano. Es posible que Nerón, en el corto período entre la liberación de Grecia y su muerte fuera asociado a esta divinidad en Atenas. Ningún testimonio confirma esta idea y nada parece indicar que los emperadores julio-claudios abandonaran su vinculación apolínea. Por ello, la revisión de los datos arqueológicos es un paso imprescindible. A la espera de dicho análisis se plantean dos posibilidades. Por un lado, es posible, en base a las dudas que han surgido recientemente, que los cambios en la estoa se llevaran a cabo en con posterioridad. En este caso la conclusión más probable es que se hubieran realizado durante el reinado de Domiciano o Trajano; ambos emperadores relacionados en Atenas con Zeus Eleuterio[228].

Por otro lado, si se mantiene la fecha Julio-Claudia siguiendo el trabajo de Thompson en la estoa, puede realizarse una puntualización con respecto a los habitantes de la misma en base también al desarrollo particular del culto imperial ateniense. Así, otra forma de insertar los datos arqueológicos es atendiendo a las personalidades de la familia de Augusto que fueron adoradas en la ciudad. No es correcto reconstruir el culto imperial ateniense como si estuviera sometido a la normativa emanada desde Roma, mucho menos si se tiene en cuenta que dichos preceptos en la mayor parte de los casos sólo afectaban a los ciudadanos romanos. Así, a la hora de asignar divinidades a las *cellae* del anexo de la estoa de Zeus Eleuterio únicamente se recurre a los emperadores Tiberio y Augusto, a la emperatriz Livia o a la diosa Roma. No se tiene en cuenta otros posibles candidatos, raros y divergentes si se analizan en función de los parámetros romanos, pero cuyo culto está demostrado en Atenas. Así, Druso Cónsul contaba con un sacerdote propio y Antonia Minor con una sacerdotisa. También es probable que Germánico fuera adorado, pese a no haber menciones de un sacerdote encargado de su culto, como parece indicar que se le consagraran unas fiestas efébicas. En fin, cualquiera de los personajes cuyo culto se ha analizado en el apartado 3.1.3., estaría cualificado para convivir con Zeus Eleuterio en su estoa; en concreto, y a modo de hipótesis, resulta especialmente sugerente la posibilidad de que fuera Druso Cónsul el miembro de la *Domus Augusta* elegido y esto por la importancia demostrada de su culto que perduró hasta época de Adriano y fue oficiado nada menos que por el arconte epónimo.

El análisis de todas estas estructuras, nuevas y antiguas, que llenaron el ágora y propiciaron un cambio sustancial tanto en la morfología como en la funcionalidad de la plaza es en gran parte descorazonador. Faltan testimonios concluyentes que permitan fijar con certeza la datación de las obras, así como la vinculación de éstas al culto imperial; la presencia de los emperadores es habitual tanto en las nuevas obras como en los edificios preexistentes; con todo, muchos de esos monumentos no implicaban la realización de rituales imperiales, ni la divinidad del emperador. No obstante, puede afirmarse que la antigua zona de reunión y debate político se rediseña utilizando patrones arquitectónicos romanos. Este dato incuestionable debe sumarse a la profunda vinculación de la aristocracia con la adoración de los emperadores para sustentar la idea de que muchas de las estructuras se dedicaron efectivamente al culto imperial. Los testimonios son demasiado escasos y oscuros como para realizar propuestas más firmes.

-*El Ágora Romana.*

El edificio conocido con el nombre de Ágora Romana se sitúa a unos 75 metros al Este del Ágora Clásica. La inscripción fundacional del complejo informa que la obra se realizó con fondos donados por Julio César y Augusto. El dinero se consiguió gracias a una embajada del estratego de los hoplitas Eukles de Maratón que había sucedido a su padre, Herodes, como *epimeleta* de la obra. El edificio se dedicó a Atenea *Arqueguetides*[229].

Hoff ha realizado un estudio detallado del monumento y las circunstancias que rodearon su fundación, concluyendo que la obra tuvo dos fases. La mayor parte de la construcción tuvo lugar durante el reinado de Augusto y se concluyó entorno al año 10 a. C. La explanada en la que se erigió el ágora ya había sido utilizada previamentecomo mercado[230].

El monumento consiste en un patio cerrado por sus cuatro lados por un pórtico de orden jónico (véase lám. 7a). La planta del edificio es casi cuadrada (112 metros de Norte a Sur; 96 metros de Este a Oeste). El conjunto contaba con dos entradas monumentales situadas en las caras oriental y occidental del edificio y una tercera entrada más modesta en la fachada Sur. El acceso oriental se ha conservado y es el que porta la inscripción de Atenea *Arqueguetides* (véase lám. 7b). El propileo occidental se ha perdido casi por completo. Las puertas no estaban alineadas, sino que cada una se relacionaba con otros edificios exteriores. Así, la oriental estaba en frente de una estoa helenística mientras que la occidental se construyó directamente en el camino que unía la nueva plaza con el Ágora Clásica (ver ilustración 7).

El gran edificio se ha definido habitualmente como una estructura destinada al comercio. Su morfología cuadrada y cerrada, que hacía fácil la defensa y protección del edificio, lo convierte en un lugar muy apropiado para el almacenamiento y venta de mercancias valiosas. Junto a esta función comercial del Ágora Romana, se ha apuntado también que la plaza pudo servir como foco de culto imperial; que se tratara del *Sebasteion* de Atenas[231].

---

[227] La nueva datación del autor italiano en: TORELLI, 1995, pags. 21-22 y BALDASSARRI, 1995, pág. 74.
[228] La relación entre Zeus Eleuterio y Augusto en Atenas fue defendida por: THOMPSON, 1966, pág. 184, aunque ninguno de los dos testimonios que aporta pertenecen a un contexto ateniense. Domiciano Zeus Eleuterio: GRAINDOR, 1931, pág. 115. Trajano Zeus Eleuterio: RAUBITSCHEK, 1945. Para la vinculación emperadores julio-claudios con Apolo ver *supra* apartado 3.2.2.

[229] La inscripción fundacional es: IG II[2] 3175. Sobre el edificio: GRAINDOR, 1927a, págs. 184-197; ROBINSON, 1943, págs. 299-303; TRAVLOS, 1971, págs. 28-36; HOFF, 1989b, y BALDASSARRI, 1998, págs. 99-113.
[230] HOFF, 1989b.
[231] Posible lugar de culto imperial en: BENJAMIN y RAUBITSCHEK, 1959, pág. 85 y SHEAR, 1981, pág. 360. También: BALDASSARRI, 1998, pág. 103. El ágora es centro del culto imperial también en: TORELLI, 1995, pág. 19.

Antes de estudiar esta posibilidad, debe plantearse qué es exactamente lo que se está buscando. En este sentido, hay que enfatizar que el concepto *sebasteion* no hace referencia a ningún tipo concreto de monumento. Entre los edificios que recibieron dicha denominación en la antigüedad hubo tanto templos propiamente dichos, como pórticos, habitaciones adosadas en edificios, capillas pequeñas... Por lo tanto, siguiendo a Hoff, un *sebasteion* puede definirse como cualquier estructura que servía para alojar el culto imperial. Esta definición soluciona la complicación de catalogar morfológicamente los *Sebasteia*[232].

No obstante, la definición deja sin resolver el motivo por el cual uno de los lugares de culto imperial de una determinada ciudad recibía el nombre de *sebasteion* frente a los demás espacios consagrados a la adoración de los emperadores. La propuesta realizada por Hoff consistiría en la creación de un neologismo que serviría para englobar todas las estructuras edilicias en las que se llevaran a cabo rituales de culto imperial. Sin embargo, las ciudades que tenían *sebasteion* sólo tenían uno, como por ejemplo Gitio, Alejandría, Mitilene, Afrodisias... pese a contar con otras estructuras de culto imperial. Por ello, la aparición del término griego para calificar uno de los espacios cultuales y diferenciarlos de los demás existentes en la ciudad debía tener otras connotaciones. El *sebasteion* no era un lugar cualquiera en el que se rindiera culto al emperador, más bien se trataba de un espacio de características arquitectónicas no definidas que servía de foco principal del culto imperial en una determinada ciudad. Su importancia en la vida religiosa cívica propiciaba su presencia en los lugares centrales de la *polis*. Al constituir el principal espacio de relación entre los emperadores y las ciudades, solían situarse en ellos las cartas imperiales[233].

Por lo tanto, la existencia de un *sebasteion* implica la organización del culto imperial en torno a él. Se trata de una adoración a los emperadores que contaba con una sede principal, aunque pudiera haber también otros lugares. Esta es la conformación típica del culto imperial en Asia Menor. El número de *sebasteia* en dicha región es amplísimo[234].

En Acaya, no obstante, todo parece indicar que la conformación del culto imperial es diferente. Así, sólo se han encontrado dos menciones seguras de *sebasteion*, en Mesenia y Gitio[235].

En el caso concreto de Atenas, el término no aparece en el registro epigráfico. La ausencia pudiera deberse a la pérdida de inscripciones en las que apareciera el término, como en el epígrafe IG II² 3562 que recoge la dedicación de varias estatuas por parte del primer sumo sacerdote de los *Sebastoi* ateniense en un lugar que no se ha conservado debido al estado fragmentario de la pieza. El receptáculo pudo ser un *sebasteion*, pero también un *temenos* o *naos* precedente. Cualquiera de los tres términos se adecua gramaticalmente a las necesidades del epígrafe[236].

Más definitivos que la posible pérdida documental son otros argumentos que abogan por la inexistencia de un *sebasteion* en Atenas. Así, las fuentes no lo mencionan en ocasiones en las que se debería haber hecho si hubiera habido uno en la capital del Ática. Un ejemplo es el decreto para celebrar el cumpleaños de Julia Domna. En ningún momento se menciona la existencia de un *sebasteion* y cuando al final del documento se indica dónde debían hacerse públicos los epígrafes, el lugar designado es el altar de los *Sebastoi*. El texto ateniense contrasta con dos textos de Mesenia en los que los decretos debían situarse en el *sebasteion*[237].

De la misma forma, corrobora la inexistencia de un único lugar central en el culto imperial ateniense el hecho de que en los textos en los que se prescriben cómo debían llevarse a cabo los rituales de culto imperial, no se mencione el *sebasteion*. Así ocurrió con el ya mencionado decreto de Julia Domna, con el fragmentario decreto en honor de Augusto y con los textos de época de Marco Aurelio en los que se mencionaban procesiones de estatuas de culto imperial. Al contrario que en la capital del Ática, en Gitio el cortejo se detenía en el *Sebasteion*. Cuando Marco Aurelio informa a los atenienses de que aceptaba los honores que le habían decretado, no menciona ningún *sebasteion* entre los lugares típicos donde portar las estatuas imperiales[238].

Por ello, puede concluirse que Atenas en el período sometido a estudio carecía de un lugar central en el que llevar a cabo los rituales de culto imperial. La adoración a los emperadores parece más bien realizarse en muchos espacios distintos, tanto de nueva factura como antiguos monumentos de divinidades tradicionales. Por lo tanto, a expensas siempre de la aparición de nuevos documentos, puede concluirse que el Ágora Romana no fue un *sebasteion*. Esta conformación no es exclusiva de la capital del Ática, pues hubo organizaciones análogas en ciudades como Priene, Cirene y Olimpia[239].

Otra cuestión es dilucidar si fue uno de esos múltiples espacios en los que los atenienses se reunían para adorar a los gobernantes romanos. En este aspecto, como ocurría en el caso de los monumentos de la plaza clásica, no existen testimonios definitivos. No obstante, algunos datos apuntan a que en el Ágora Romana se realizaban rituales de culto imperial.

El primero de ellos es la estatuaria encontrada en el monumento. Se ha hallado una cabeza de Augusto un poco más grande del tamaño natural que parece pertenecer al modelo de *Prima Porta*. Junto a la estatua del emperador, el complejo contaba con una estatua, seguramente ecuestre, de Lucio César que coronaba el propileo occidental. En esa misma entrada se ha encontrado la base de una estatua consagrada a Julia Augusta *Pronoia*[240].

El segundo testimonio que apunta hacia la utilización del ágora como lugar de culto imperial es el hallazgo de altares consagrados a Augusto en la proximidades del edificio. Este dato no es concluyente, pero tampoco puede ser olvidado. Por otra parte, la demostración de la continuidad del culto imperial

---

[232] En el texto se usa indistintamente *Sebasteion*, *Augusteion* o *Kaesareion* por entenderse sinónimos. HOFF, 1994, 114-115. Sobre los *Sebasteion* ver: Dar.Sag. s. v. *Sebasteion*, *Augusteion*; SJÖQVIST, 1954; TUCHELT, 1981; PRICE, 1984, págs. 134-136, y HÄNLEIN-SCHÄFER, 1985, págs. 10-11.

[233] Los *Sebasteia* se sitúan en lugares centrales de la *polis*: PRICE, 1984, págs. 136-137; HOFF, 1994, pág. 114-115 y WALKER, 1997. La correspondencia entre el emperador y la ciudad se publicaba habitualmente en los *Sebasteia*: HOFF, 1994, pág. 115.

[234] Sobre el culto imperial en Asia Menor consultar: PRICE, 1984. En el catálogo de Price hay al menos doce menciones de *Sebasteia*: HOFF, 1994, nota 114.

[235] Los dos *Sebasteia* en: HOFF, 1994, pág. 114.

[236] El texto completo se incluye *infra* en el apartado 4.2.2. Ver también: SPAWFORTH, 1997, pág. 189 y nota 42.

[237] El decreto de Julia Domna en: IG II² 1076= OLIVER, 1940, líneas 39-40 para el altar de los *Sebastoi*. Los textos de Mesenia son citados en: HOFF, 1994, pág. 114, nota 112. Ejemplos de inscripciones halladas en el Ágora Romana en: VERDÉLIS, 1947-1948.

[238] Para el decreto celebrando el cumpleaños de Augusto consultar *supra* apartado 3.2.2. El texto de Gitio: ROSE, 1997, págs. 142-144 y SEYRIG, 1929; SEG 11, 923. El documento emitido por Marco Aurelio en: OLIVER, 1941a, nº 24=OLIVER, 1970, nº 4. Texto citado *supra* en apartado 3.3.2.

[239] Para otras ciudades de organización similar consultar: WALKER, 1997, pág. 74.

[240] Estatua de Augusto: STAUROPOULOS, 1930-1931, pág. 7, fig. 8. Estatua de Lucio César: IG II², 3251. Es posible que se erigiera una estatua gemela a la de Lucio dedicada a Gayo en el propileo oriental: BALDASSARRI, 1998, pág. 106. Estatua de Livia: IG II² 3238.

en el mercado romano y sus aledaños es una capilla dedicada a Trajano en la estoa que unía el Ágora Clásica con la romana[241].

Una comparación con los monumentos análogos al ateniense en los que Julio César se vio implicado es también significativa. Así, en Antioquía y Alejandría, César inauguró dos edificios de características arquitectónicas parecidas a las del Ágora Romana de la capital del Ática. Cada uno de estos edificios tuvo funciones similares, pero ambos fueron denominados *sebasteion-caisareion*. Aunque en el ateniense faltó la denominación, es lícito pensar que los tres complejos de construcción contemporánea y estructuración similar fueron destinados al culto imperial[242].

Por otra parte, aunque el edificio estaba dedicado a Atenea *Arquegetides*, se ha defendido que esta advocación de la diosa podría hacer referencia a Venus *Genetrix*; pero para Baldassarri significa simplemente fundadora y protectora de la ciudad, constituyendo una advocación similar en función y carácter a Atenea *Polias*. Si la relación Atenea *Arquegetides* y Venus *Genetrix* fuera correcta, se trataría de un monumento consagrado a la divinidad protectora de los julio-claudios. En el mismo período en el que Julio César dio dinero a los atenienses para construir el monumento emprendió la construcción del Foro Julio, cuyo templo principal estaba dedicado a la misma diosa. No es extraño que con esta advocación también se destinara algún espacio en el edificio para la adoración de los emperadores. Por otra parte, un epígrafe que habitualmente se considera interpolado por Pittakes -IG II^2 3237- pudiera ser un altar consagrado a Augusto en calidad de fundador (*arquegetes*) y salvador. El título de salvador lo recibe también el emperador en el templo de la Acrópolis y la denominación poco común de Augusto tampoco supone un obstáculo insalvable. El altar, por lo tanto, puede considerarse un ara en la que los atenienses sacrificarían en agradecimiento a Augusto por haber financiado la construcción del nuevo ágora[243].

Hoff apunta que el lugar concreto consagrado al culto imperial podía ser el complejo de tres habitaciones situado en el pórtico interno de la cara Sur del edificio. Una de las tres estancias estaba presidida por una base de estatua. En el mismo complejo se ha encontrado otra base de estatua más, así como posibles emplazamientos para estelas. Para el autor, la aparición conjunta de dedicaciones y estatuas indican la presencia de un culto[244].

Los testimonios, como se ha expuesto, son escasos y difíciles de interpretar. No obstante, la unión de todos los datos permite sugerir la existencia de prácticas rituales de culto imperial dentro del Ágora Romana.

3.4.3.- La presencia del culto imperial en santuarios extraurbanos y la *chora* ateniense.

El estudio del culto al emperador en cualquier ciudad del Imperio debe tener en cuenta la conformación de la urbe incidiendo sobre todo en la relación entre núcleo habitado, en caso de existir, y territorio controlado por los órganos de gobierno cívicos. Esta relación entre núcleo y periferia varía en función del tipo de población que se someta a estudio, puesto que en el mundo romano existieron diferentes categorías de ciudades que iban desde los centros de habitación importantes con amplia independencia de acción hasta los núcleos representativos y económicos escasamente poblados; pero cruciales para la jerarquización política, el control territorial y la exacción fiscal.

Son modelos distintos de urbes en los que el emperador aparecía de forma diversa, siempre en función de los medios fácticos de propaganda y poder que pudieran ser desplegados. La existencia, por otra parte, de varios tipos de poblaciones en el mundo romano no implica necesariamente que el culto imperial tuviera una lógica distinta en cada lugar; pero sí es necesario tener en cuenta los territorios controlados por las ciudades y la forma en la que se ejercía ese poder para realizar un análisis amplio y correcto de la implantación del culto imperial en cada población.

En el presente trabajo el modelo de ciudad que se analiza es la *polis* griega compuesta de *chora* y *asty* y gobernada por ciudadanos con derechos cívicos. La *polis* durante el período romano mantuvo en buena medida su estructura urbana y territorial. La pervivencia se debió a la tradición centenaria del patrón poblacional y, sobre todo, a la sintonía del poder romano con una estructura que permitía el control fiscal y administrativo de sus súbditos con un esfuerzo mínimo de infraestructura humana y material. Roma, necesitada de instrumentos útiles para gobernar, se benefició del tradicional sistema poliado griego; aunque introduciendo cambios importantes, como reclama Friesen, motivados por su incorporación al marco supraciudadano imperial[245].

La implantación del culto imperial en una *polis* griega no puede, por lo tanto, limitar su estudio al núcleo poblacional, puesto que en las comunidades griegas la *chora* mantuvo una gran parte de su importancia durante todo el Principado. Por otra parte, si se considera al culto imperial como una manifestación religiosa más en el conjunto de los rituales de una determinada población, resulta necesario estudiar la aparición de estos nuevos dioses en los santuarios extra-urbanos[246].

La existencia de muestras de culto a los emperadores en los espacios religiosos extra-urbanos indica además la profunda implantación de estos rituales. Si se ha defendido la centralidad de los lugares de culto a los emperadores, su aparición en el campo controlado por una ciudad indica, sin duda, el éxito de las prácticas y su integración en el conjunto de rituales realizados por la *polis*[247].

Atenas permite, en este sentido, un análisis muy interesante, pues se conoce con bastante exactitud el territorio sobre el que ejercía un control estable –territorio crucial para la religión de la ciudad, como demuestra la presencia en él de importantes

---

[241] La aparición de los altares en: BENJAMIN y RAUBITSCHEK, 1959, págs. 84-85. Para el lugar de aparición de los altares imperiales en época Julio-Claudia, que se concentran entre el Ágora Clásica y la Romana, consultar los Apéndices 2.1-4. La capilla de Trajano en: SHEAR, 1981, pág. 371, nota 63; (fruto de las excavaciones de los años 1971-1974, SHEAR, 1973a, págs. 144-146; SHEAR, 1973b, págs. 385-398, y SHEAR, 1975, págs. 332-345).

[242] Para los edificios de Antioquía y Alejandría consultar: SHEAR, 1981, pág. 359, con bibliografía.

[243] Para el epíteto *Arquegetides* consultar: RE, II, 1, s. v. *Archegetis*. La posible relación entre Atenea *Arquegetides* y Venus *Genetrix* en: D.C. 43.22.2;ct. HOFF, 1994, pág. 108. Contra: BALDASSARRI, 1998, pág. 106, nota 25. Augusto *archegetis* en IG II^2 3237, aunque, como se ha indicado, la inscripción ha sido puesta en duda. El epígrafe se encontró en la Iglesia de San Salvador en el área del Ágora Romana. Ver el interesante análisis del epígrafe en: HOFF, 1994, pág. 108. La información de la inscripción es aceptada en: TORELLI, 1995, pág. 19. El Foro de César en relación al Foro de Augusto en: SHEAR, 1981, pág. 359.

[244] HOFF, 1994, pág. 112.

[245] Para los cambios en las *poleis* durante el Principado: FRIESEN, 1993, pág. 143 y WALKER, 1997. Ver también: GUINEA DÍAZ, 1997a, cap. 4.

[246] El análisis de los santuarios extra-urbanos en: DE POLIGNAC, 1984, págs. 31-35, 42-49 y 85-92 y DOMÍNGUEZ MONEDERO, 1995, págs 72-74. También: JOST, 1992. El análisis de la geografía de los cultos extra-urbanos ha tenido algunos detractores, aunque ha abierto nuevas e interesantes líneas de investigación: ALCOCK, 1993a, pág. 173 con bibliografía en la nota 4. Para el Ática en concreto: PLÁCIDO, 2001.

[247] Centralidad del culto imperial en las ciudades en: PRICE, 1984, págs. 136-137; HOFF, 1994, pág. 114-115 y WALKER, 1997.

santuarios. No obstante, la mayor parte de los artículos relativos al culto imperial en Atenas se limitan al núcleo poblacional principal, llegándose a conclusiones interesantes, aunque no plenamente satisfactorias, ya que se olvida que la capital del Ática fue mucho más que las casas situadas en el interior de sus muros. La religión ateniense no puede entenderse sin santuarios como el délico y el eleusino, de manera que será necesario prestar atención a las manifestaciones de culto imperial que en ellos aparecen y que están aportando ya jugosas informaciones. Se consigue así una explicación más amplia y coherente de la religión imperial en Atenas y de los oligarcas que estuvieron implicados en su desarrollo, pues estos lugares de culto forman un todo simbólico en la religión cívica ateniense y también en la vida política y económica de la ciudad. No estudiar alguno de ellos impediría esbozar correctamente el panorama religioso de la *polis* griega en época romana[248].

En este aspecto, Atenas no es un caso distinto del de otras ciudades del mundo antiguo como Elide o Argos, muchos de cuyos lugares más importantes en el ámbito religioso se encontraban situados fuera del núcleo poblacional, actuando muchas veces de fronteras con otros territorios de ciudades distintas. Por ello, en el presente trabajo, como ya se ha señalado con anterioridad, se utilizan los datos de los santuarios extra-urbanos para explicar los rituales de Atenas en su conjunto. Con esta relación se demostrará la profunda sintonía de la ciudad con los emperadores. Por otra parte, se defenderá la idea de que el culto imperial se convirtió en uno de los pilares básicos de la religión ateniense y, por ello, estuvo presente en todos aquellos espacios en los que los habitantes del Ática se relacionaban con sus divinidades.

Tres son los centros religiosos en la *chora* ateniense en los que el culto imperial aparece desde época temprana: Ramnunte, Delos y Eleusis (ver ilustración 8).

El Templo de Ramnunte es uno de los santuarios que construyó la ciudad de Atenas tras la victoria en las Guerras Médicas y que después fue dedicado a Livia. El monumento se consagró a la diosa Némesis, pues había sido ella quien castigó a los persas por su *hybris*. Desde el momento de su consagración, el santuario contó con una gran popularidad. Tanto es así, que Némesis fue conocida como la diosa de Ramnunte, la Ramnusia[249].

Uno de los aspectos más interesantes del templo, posteriormente consagrado a Livia, es que fue uno de los pocos santuarios del programa edilicio posterior a las Guerras Médicas que no se desmembró para usarlo en el núcleo poblacional. El motivo de este respeto puede deberse a la importancia tanto del *demos* de Ramnunte como de su divinidad principal, Némesis, en Época Imperial. Por otra parte, es significativo que la pervivencia de un culto de esta relevancia se asocie al culto imperial[250].

La diosa Némesis se asoció a la victoria contra los persas y, por ello, este templo dedicado a Livia puede conectarse con la instrumentalización de dicho tema por parte del poder imperial. Se trata de un procedimiento análogo al empleado en el templo redondo de la Acrópolis[251].

Junto a la dedicación del templo de la divinidad vengadora, también se ha defendido la presencia de los emperadores en el santuario extra-urbano de Delos. La propuesta ha sido realizada por Mavrojannis en su estudio sobre la relación de la isla sagrada y Augusto. Los testimonios en los que se apoya el investigador son siete epígrafes aparecidos en la isla que recogen la dedicación de estatuas de varios miembros de la familia imperial. Los personajes honrados de esta forma fueron Augusto, Agripa, Julia y, posiblemente su hijo Gayo. Todas las inscripciones se han hallado junto al templo de Apolo Delio, lo que indica, en opinión de Mavrojannis, que las estatuas fueron situadas dentro del santuario[252].

Augusto aparece en cuatro de las inscripciones. En tres ocasiones, su estatua se consagró a Apolo, Ártemis y Latona. La cuarta base sólo menciona su nombre y su pontificado máximo. Agripa, Julia y el hijo de ambos, Gayo, recibieron una dedicación cada uno. La estatua de Julia y probablemente también la de Gayo fueron dedicadas a las tres divinidades. Agripa, sin embargo, recibió el honor por ser salvador y benefactor de la ciudad[253].

Un dato interesante de las estatuas dedicadas a la familia de Agripa es que todas fueron consagradas mientras Pamenes, hijo de Zenón de Maratón era el sacerdote vitalicio de Apolo Delio. Se trata del mismo Pamenes que aparece en la inscripción del templo redondo de la Acrópolis desempeñando el cargo de sacerdote de Augusto y Roma[254].

La conjunción de estos datos lleva al autor a concluir que el templo de Apolo en Delos fue transformado en lugar de culto imperial. De hecho, Mavrojannis defiende que el propio Augusto fue venerado, seguramente a partir del 12 a. C., dentro del templo en calidad de *sunnaos* de la divinidad pretérita[255].

El último de los santuarios extra-urbanos que se analiza es Eleusis. La importancia que los romanos confirieron a Eleusis ya desde Época Tardo-Republicana fue muy grande. Los ejemplos de influyentes próceres romanos que se iniciaron en los misterios y realizaron evergesías en el recinto sacro son abundantes. Augusto fue continuador de este respeto reverencial por el santuario, como demuestran sus iniciaciones en los ritos mistéricos de Deméter y Coré[256].

La actividad como privado del emperador fue respaldada por los atenienses con la concesión de pleitesías divinas en el santuario. Clinton ha estudiado los testimonios que prueban la existencia de rituales sagrados en honor a los gobernantes en Eleusis. Muchos de los datos aportados por el autor ya han sido empleados en la discusión del presente capítulo. El análisis de los testimonios eleusinos supone para Clinton, en una conclusión similar a la que antes se expuso de Mavrojannis, que: "Eleusis fue uno de los más importantes espacios consagrados al culto imperial en Atenas y los clanes eleusinos que supervisaban los Misterios fueron en gran

---

[248] Estudios sobre el culto imperial en Atenas que se centran en el núcleo poblacional son: HOFF, 1994, págs. 110-114; TORELLI, 1995; HOFF, 1996, y SPAWFORTH, 1997. Esta situación también se da en épocas anteriores: "Dans une région comme l'Attique [...], l'épanouissement de la civilisation urbaine a longtemps fait négliger le reste du territoire", JOST, 1992, págs. 205-206.

[249] Sobre los templos construidos en esta época: KNELL, 1973. El templo de Ramnunte fue el más importante de los que se levantaron en el Ática para conmemorar la victoria sobre el Persa: PLACIDO, 1997, pág. 267. Sobre Ramnunte: PETRAKOS, 1983. El templo de Némesis en: MILES, 1989. La leyenda de la fundación del culto en: Paus. 1.33.2-8. Némesis la Ramnusia en: Cat. 64.395, 66.71 y 68.77; Ov. *Met.* III, 406 y XIV, 694; Ap. *Met.* XI., y Call. *Dian.* 232. Para el culto a Némesis en el Imperio romano: HORNUM, 1993 y FORTEA LÓPEZ, 1994.

[250] Para la fecha de la dedicación consultar *supra* sección 3.1.3.

[251] Ramnunte ya había sido sede de culto a los gobernantes, en concreto a Antígono Gonatas: SEG 46, 159.

[252] MAVROJANNIS, 1995, págs. 85-88.

[253] Estatuas de Augusto: Inscr. Délos 1588; Inscr. Délos 1589 (todavía no es Augusto, datables, por ello, entre el 31-27 a. C.); Inscr. Délos 1590, e; Inscr. Délos 1591 (Pontifice Máximo, posterior al 12 a. C.). Estatua de Agripa: Inscr. Délos 1593. Estatua de Julia: Inscr. Délos 1592. Posible estatua de Gayo: Inscr. Délos 1594.

[254] La inscripción del templo redondo: IG II² 3173. Para el templo ver *supra* apartado 3.4.1. Para Pamenes ver *supra* apartado 3.1.2.

[255] MAVROJANNIS, 1995, pág. 94.

[256] Sobre los misterios de Eleusis consultar: MYLONAS, 1961; BURKERT, 1985, págs. 285-290; CLINTON, 1992 y 1993, y PRICE, 1999, págs. 102-107. Sobre los sacerdotes y el personal del santuario: CLINTON, 1974. Para el desarrollo de éstos en época romana: CLINTON, 1989b y 1997.

medida responsables del establecimiento del culto imperial en Atenas"[257].

El abundante material recogido por Clinton incluye dos dedicaciones de estatuas en un monumento colosal de unos cinco metros de lado. También de este santuario provienen varias menciones de sacerdotes imperiales, como los comentados de Calicrátides, Papio de Maratón, Praxágoras y Policarmo[258].

Clinton identifica como la sede del culto imperial en Eleusis un edificio columnado situado a las afueras del santuario. La adscripción se realiza por el hallazgo de una estatua de Tiberio y una estatua sin cabeza posiblemente atribuible a Livia en los alrededores del monumento. No obstante, es sumamente difícil establecer la veracidad de las conclusiones de Clinton. El motivo no sólo se debe a la imprecisión de los testimonios, sino también a la innecesaria adscripción de un único complejo para la adoración imperial. En el santuario hubo, como se explica en el apartado 4, una capilla para Agripina, así como un gran monumento para Augusto y Livia. Posteriormente también los Antoninos tuvieron sus propios espacios cultuales. Tampoco debe descartarse la posibilidad de que el emperador se incluyera en el templo principal del santuario, sin desplazar, por supuesto, a sus divinidades tutelares; pero beneficiándose, como hizo en Delos, del predicamento y respeto que le confería su proximidad a las ancestrales divinidades salvíficas[259].

El estudio de Clinton enfatiza la importancia de Eleusis, mientras que Mavrojannis defiende que Delos fue fundamental para la conformación de los rituales de culto imperial. Estudiadas en conjunto, las dos tesis, como se indicó en el apartado 3.1.2, muestran la vinculación de la aristocracia de la capital del Ática en la implantación del culto imperial, así como el aprovechamiento de la religión cívica y el orden social que la sustentaba por parte de los emperadores. También corroboran el profundo proceso de oligarquización de la sociedad ateniense. Cada vez menos personas controlaban un mayor número de sacerdocios cívicos. Por último, el análisis de la extensión del culto imperial en la *chora* ateniense permite defender la vitalidad de la adoración a los emperadores y aportar una visión más amplia de las pleitesías que la *polis* confirió a los gobernantes del Mediterráneo.

3.5.- El culto a Augusto y los primeros emperadores Julio-Claudios en Atenas: recapitulación.

La adoración al emperador romano comenzó en Atenas poco después de Accio. Augusto recibió culto en la capital del Ática en vida desde comienzos de su principado. Junto a él otros personajes de su familia fueron alabados con honores divinos. A pesar de que estos rituales se denominan "culto imperial" -y son, por ello, estudiados por investigadores del mundo romano- y se diferencian de la adoración a los monarcas helenísticos, en realidad, al menos durante el mandato de los tres primeros emperadores de la Dinastía Julio-Claudia, estas prácticas religiosas mantuvieron básicamente las características propias de la adoración a los monarcas helenísticos; aunque incluyendo interesantes cambios, que preconizan el surgimiento de una realidad novedosa, hija de la tradición helenística precedente en contacto con los usos romanos.

En el presente capítulo se ha destacado que la labor de la oligarquía local fue determinante en el desarrollo y consolidación de estos rituales. Y esto por diversos motivos, entre los que se ha destacado la notable influencia que ejercían los próceres sobre sus conciudadanos. Esta influencia no es tanto una imposición como el empleo de un modelo de comportamiento, sobre todo mediante las evergesías públicas, que define los límites de lo correcto y deseable, y que seduce a las capas menos favorecidas para imitar o al menos apoyar los actos de sus superiores. De la misma forma que los oligarcas mediante su labor apoyaban el culto de dioses tradicionales, así también gracias a su esmero en la adoración del emperador motivaban una respuesta positiva por parte de la mayor parte del cuerpo cívico. El ejemplo que daban los próceres a sus vecinos mediante su comportamiento, fundamentalmente el evergético, fue resumido por Plutarco con las siguientes palabras:

> Las evergesías deben ser hechas sin esperar recompensa, así sorprenden y subyugan más a los que las reciben; pero además háganse en un momento oportuno con un pretexto agradable y bueno, vinculado a la veneración de un dios para promover la piedad. Pues *al pueblo le sobreviene la idea y creencia de que el dios es grande y venerable, cuando ve rivalizar con desinteresado esfuerzo en honor del dios a los que ellos respetan y consideran grandes*[260].

Efectivamente, la pasión de los hombres más influyentes de una ciudad por un dios incitaba al resto de los habitantes a seguir sus pasos; y este procedimiento también ocurrió sin duda con respecto a los emperadores. Con todo, no sólo el ejemplo sirvió para la aceptación de los cultos. Las oligarquías también determinaron mediante leyes sagradas qué dioses debían ser adorados y cómo serían las pleitesías que recibirían. Aquellos que no participaban en los rituales cívicos eran castigados. La coerción y el ejemplo iban de la mano[261].

Gracias, por lo tanto, a la clase dirigente local, apoyada sin duda por el poder romano, el culto a los emperadores se convirtió rápidamente en uno de los pilares fundamentales de la vida cívica y sobre todo de la religión ateniense; lo que en sí constituye ya una diferencia con respecto al modelo helenístico que, no obstante, se mantiene en la conformación de los cultos. El entusiasmo y las mutaciones a las que se hace referencia se plasmaron en el surgimiento de nuevos sacerdocios, fiestas, santuarios y en el cambio en la educación de los jóvenes aristócratas atenienses.

La actividad de la aristocracia dió lugar a un *corpus* heterogéneo de personajes adorados y de rituales practicados. De esta forma, Atenas creó numerosos sacerdocios que incluían al propio emperador y a la mayor parte de sus familiares directos –Augusto, Tiberio, Livia, Julia, Druso Cónsul, Germánico, Antonia Minor, posiblemente Julia Livila la hija de Germánico– así como honras de carácter incierto que vinculaban a otros miembros de la casa imperial con divinidades tradicionales - Gayo César, hijo de Julia y Agripa y Druso César, hijo de Tiberio asociados con Ares, entre otros. La actividad de todos estos sacerdotes se ha entendido

---

[257] La cita en: CLINTON, 1999, pág. 94. Para el culto imperial en Eleusis consultar: CLINTON, 1997 y CLINTON, 1999, págs. 94-99.

[258] Para las estatuas y los sacerdotes ver *supra* apartado 3.1.3. El monumento de 5 metros de lado en Eleusis en: SEG 24, 212.

[259] La adscripción del edificio columnado al culto imperial en: CLINTON, 1997, pág. 162. La capilla para Agripina: CLINTON, 1997, pág. 170. El culto imperial en época de los Antoninos en: CLINTON, 1989a; CLINTON, 1997 y CLINTON, 1999, págs. 97-98.

[260] Plu., *Moralia* 822B (Plut. *Consejos Políticos*, 822 B, trad. y com. GASCO, 1991).

[261] Los ejemplos de castigos para aquellos que no cumplieran las honras con los dioses son frecuentes. Consultar, como ejemplo, el decreto de Gitio: SEG 11, 923, líneas 30-34. También: I. Ephesos I, 27, líneas 312-330.

habitualmente como distinta a la llevada a cabo por los oficiantes de otras divinidades. Sin embargo, una de las conclusiones que se ha obtenido en el presente capítulo es que los sacerdotes imperiales llevaban a cabo ceremonias y pleitesías divinas en honor de los personajes que se encargaban. Puede admitirse que existirían distintas tareas para los distintos sacerdotes, que estarían en relación con los tipos de rituales que tuvieran que desarrollar y otras normas preceptivas que se hubieran previsto en la ley sagrada que instauró el culto; no obstante, estas pequeñas divergencias no suponen la existencia, al menos en las fuentes conocidas, de una diferencia esencial entre los sacerdotes tradicionales y los de las nuevas deidades imperiales.

El mismo carácter heterogéneo y difícil de los sacerdocios está presente en los rituales de adoración a los emperadores; circunstancia que no ayuda a iluminar las parcas fuentes epigráficas conservadas. A través del análisis de las inscripciones atenienses y su contraste con informaciones complementarias procedentes de otras ciudades, se ha concluido que los habitantes del Ática introdujeron innovaciones en sus fiestas religiosas y sus rituales cívicos para incorporar a las nuevas divinidades llegadas de Occidente. La celebración del cumpleaños del emperador, fiesta equiparada con la consagrada a Apolo, es una muestra de ello. A pesar de que el documento que inmortaliza la decisión de los atenienses se conserva en estado fragmentario, gracias a él puede defenderse la existencia de fiestas mensuales en honor a Augusto que, probablemente, fueran ampliadas en el mes de *Boedromion* para incluir competiciones agonísticas modeladas en las Píticas. Atenas, guiada por sus oligarcas, tomaba así partido activo a favor de Augusto y lo adoraba como a un dios. Los altares consagrados al primero de los Césares son recuerdo innegable de los sacrificios realizados durante las fiestas de culto imperial. La dedicación de nuevos altares a los siguientes emperadores, además de la inclusión del nombre de los nuevos gobernantes en las aras precedentes indica que los rituales se siguieron realizando y, posiblemente, con la misma periodicidad. También es probable que junto a estos festejos Augusto fuera honrado en las fiestas *Panateneas*; sin embargo, esta propuesta no se sustenta en testimonios decisivos y debe mantenerse por el momento como una hipótesis sin demostrar.

A lo largo del presente capítulo se ha propuesto una interpretación que explicara cuáles fueron los motivos de la variedad de sacerdocios y fiestas atenienses en este primer momento del culto imperial. Uno de ellos fue la falta de un modelo previo con el que definir con exactitud las prácticas rituales que eran preceptivas con respecto a los emperadores – inexistencia cuyo origen pudo estar en la escasa ingerencia coercitiva del poder romano en la esfera religiosa mientras no se produjeran actitudes abiertamente antisociales y contestatarias. A la libertad ofrecida por Roma -provocada por la incompetencia o incapacidad del poder en este primer momento- se suma la independencia de los atenienses en materia religiosa; las divinidades romanas no eran las atenienses, ya que los atenienses, al menos durante el período sometido a estudio, tenían capacidad para decidir su Panteón religioso y gestionar su religión poliada[262].

Este aparente caos religioso también fue provocado por la novedad que suponía el gobierno instaurado en Roma, más parecido a las monarquías helenísticas que a la antigua República, pero cuya longevidad era todavía cuestionable. La forma correcta de actuar, por ello, tardó tiempo en establecerse y mientras tanto se hicieron numerosas pruebas, con éxito variable, algunas de las cuales rozan lo incomprensible como el interesante caso del sacerdocio de Druso Cónsul que perduró desde Augusto a Adriano. Esto prueba que los atenienses desconocían qué era lo que estos nuevos gobernantes apetecían y estaban dispuestos a tolerar y admitir. Por ello, pese a que existían cauces para conocer la opinión y los deseos de los nuevos caudillos, como las embajadas a Roma, la opinión del gobernador y las ocasionales visitas de algunos Augustos a la ciudad, la incertidumbre debió marcar los primeros pasos del culto imperial en Atenas. La propia naturaleza incierta de los procesos que se estaban desarrollando en Roma, sobre todo durante el reinado de Augusto, propiciaba el énfasis en las personas y no en las instituciones o abstracciones dinásticas, como ocurrirá más adelante a partir sobre todo de Nerón[263].

Se ha apuntado también un último motivo para la creación intuitiva de los rituales y sacerdocios imperiales. Se trata de la tradición religiosa ateniense y de la implicación personal de los sacerdotes que pensaron y apoyaron una determinada conformación del culto. Este motivo es especialmente significativo en el análisis de los modelos divinos que se utilizan para crear las nuevas pleitesías acordadas para los emperadores. Así, los dioses que se asociaron con los emperadores son frecuentemente también los mismos que adoraban por tradición familiar o personal, los sacerdotes imperiales. Es el caso, por citar un ejemplo expuesto antes, de Apolo que en Atenas fue asociado a los emperadores. Por supuesto, se trata de una elección vista con buenos ojos o al menos tolerada por Roma, ya que el dios entraba dentro de los potenciados por la Dinastía Julio-Claudia; pero no deja de ser significativo que la deidad asociada a los emperadores sea la otra divinidad de la que se ocupaban los sacerdotes de culto imperial. En mi opinión, esta circunstancia sugiere que cuando querían o tenían que aprobarse nuevas honras para los emperadores, aquellos personajes que iban a pagar y desempeñar el cargo se preocupaban de que los dioses en los que se basarían las pleitesías fueran aquellos que estaban bajo su poder. El mismo procedimiento ocurriría probablemente cuando se asociaba a un miembro de la familia imperial con una deidad precedente.

Con todo, como se comentó antes, la elección de los dioses también se veía afectada por los límites de lo correcto fijados en Roma y las emanaciones directas del poder central que, si bien fueron menos abundantes en Atenas para este primer momento, también tuvieron un peso importante en la consolidación y conformación del culto imperial ateniense.

Causas similares a las antes mencionadas se han apuntado para los cambios producidos en la efebía ateniense. En efecto, en ella también se conjugaron los intereses locales con los imperiales, en detrimento de las capas menos favorecidas de la población. Así, el poder político al que estaban sometidos los habitantes del Ática se había transformado de una república a un sistema singular cercano a la monarquía; este cambio enfatizó el proceso de oligarquización de la sociedad ateniense que se venía produciendo desde Época Helenísitica -proceso que consistía básicamente en la concentración de la riqueza, los puestos religiosos y la preeminencia política en unas pocas manos. De esta forma, las mutaciones sociales atenienses eran apoyadas tanto política como ideológicamente por la nueva conformación del poder en Roma. Y, a la inversa, la figura dominante del emperador -su estatuto- se basaba y justificaba gracias a la jerarquización social de los súbditos.

La educación pública de los jóvenes atenienses que iban a vivir en una sociedad fuertemente estratificada cambió de

---

[262] El Areópago fue el órgano rector de la religión ateniense en este período: SARTRE, 1994, pág. 236.

[263] El desconocimiento por parte de los provinciales se manifiesta en las numerosas embajadas y cartas en las que se pedían instrucciones y se solicitaba la aprobación de honores concedidos; ver, por ejemplo: SEG 11, 922-923 e IG VII 2711 e IG VII 2712; comentado al respecto en MILLAR, 1992, pág. 388.

forma significativa durante el Principado. El aspecto más importante, directo sucesor de las transformaciones de Época Helenísitica, es la reducción del número de efebos. Sólo los ricos se educaban y sólo ellos podían tener acceso a la plena ciudadanía y, por lo tanto, a la representación política y al desempeño de puestos religiosos. La religión ateniense caía así en manos de la oligarquía, como también sucedía con el poder de decisión política.

Los efebos, que se educaban en el gobierno y las tradiciones cívicas, empezaron a atender a los dioses imperiales, puesto que éstos habían sido acogidos en el Panteón ateniense. El peso de los rituales consagrados a estas deidades entre las tareas de los jóvenes aristócratas debió de ser cada vez mayor, como demuestran las continuas menciones de fiestas efébicas en honor de miembros de la familia imperial y la aparición de los *sebastoforoi*. A su vez, la frecuencia con la que los efebos, los futuros rectores de la ciudad, se encargaban del culto imperial supone un sustento para la interpretación presentada en este capítulo, que defiende que la adoración a los emperadores se desarrolló en Atenas rápidamente con vitalidad y entusiasmo.

Todos los cambios que se estaban produciendo en Atenas, así como nuevamente la implicación de la aristocracia y las autoridades romanas, se plasmaron también en el aspecto físico de la ciudad. El cambio más importante que se ha destacado es la aparición opresiva del emperador y su familia en la ciudad en los lugares más emblemáticos y significativos que permitían hacer llegar su mensaje y demostrar gráficamente su preeminencia a toda la población del Ática.

En el presente capítulo se ha incidido también sobre un aspecto que es habitualmente soslayado por los investigadores del culto imperial. Se trata de la aparición de la adoración a los emperadores en todos los territorios controlados por una entidad política. Este procedimiento surge de la idea de que el culto imperial es una manifestación religiosa y que, por lo tanto, debe ser estudiada dentro de la religión cívica allí donde ésta actuaba. El énfasis de la investigación en los núcleos poblacionales y sobre todo en las ágoras o acrópolis -motivado, sin duda, por imponderables modernos- ha impedido en muchos casos ampliar el enfoque de los estudios para intentar comprender la vinculación de otros santuarios extra-urbanos en las prácticas de culto imperial. Atenas, por la abundancia de estudios sobre su territorio, permitía un acercamiento novedoso que ha aportado interesantes conclusiones.

Así, se ha podido ratificar el apoyo que recibió el culto imperial por parte de las oligarquías -quizás también del común- desde muy pronto; ya que no sólo Atenas, sino también los centros religiosos controlados por ella se llenaron de divinidades y rituales de culto imperial. También se ha podido confirmar que la adoración a los emperadores se había convertido en un ritual cívico de importancia tal que era susceptible de aparecer en los santuarios extra-urbanos más importantes de Atenas, aunque éstos no estuvieran consagrados a divinidades imperiales. Los emperadores eran empleados de la misma forma que otras divinidades anteriores como Atenea, Asclepio, *Higiea*, que, pese a contar con sus propios templos particulares, eran también emplazados en otros lugares sagrados. Esto demuestra, por un lado, la aceptación de los emperadores como dioses poliados y corrobora, por otra parte, la vitalidad de la *chora* y la necesidad de estudiarla para mejorar la comprensión del culto imperial -aunque dicho análisis no siempre pueda llevarse a cabo con las fuentes escasas a las que se tiene acceso.

Por último, es necesario destacar que la tesis sobre la vitalidad del culto imperial ateniense en los primeros años del Principado que se ha propuesto en el presente capítulo -vitalidad que surge de la comunidad de intereses entre aristócratas y poder político romano, independientemente de si esta afinidad se transmitía y era aceptada por el pueblo-, se opone en parte a la última explicación sobre el culto imperial en Atenas elaborada recientemente por Spawforth, para quien todos los datos que se conservan del período indican resistencia a la implantación del culto imperial y mera realización de deberes impuestos por Roma. A lo largo de este capítulo se ha realizado una exposición que, pese a no estar encaminada únicamente a enjuiciar las conclusiones de Spawforth, se aleja de las opiniones defendidas por dicho investigador[264].

En cuanto a la posible resistencia con respecto al poder imperial, los datos son escasos y su interpretación difícil. Es cierto, como se expuso en el capítulo 2, que existieron profundas desavenencias entre un sector concreto de los atenienses -cuyo número es imposible de determinar- con el gobierno romano de Augusto, incluso oposiciones directas al mismo. Sin embargo, afirmar por estos enfrentamientos, que Atenas se resistió al culto imperial supone la reducción del problema a términos demasiado planos. En mi opinión, es necesario estudiar con precaución a los habitantes del Ática y su diferenciación social para establecer qué Atenas se enfrentó con Augusto. No es lícito decir que todos los atenienses se opusieron al nuevo régimen cuando se cuenta con importantes documentos que indican todo lo contrario. Creo que el análisis gana en profundidad si se explican los tormentosos procesos sociales que sufrió Atenas en este período como una lucha intestina, un enfrentamiento social entre facciones oligarcas y sus partidarios. Así, sería mucho más correcto exponer, como se hizo en el capítulo 2, que los atenienses estaban divididos y que al menos una parte importante de los mismos estaban dispuestos a potenciar el culto imperial, pues el triunfo de estas prácticas religiosas suponía a su vez su ascensión social y el aumento de su poder y prestigio cívico. En mi opinión, el cambio político en Roma supuso el trasvase de poder también dentro de la oligarquía ateniense. Sólo puede concluirse por ello que, al menos los próceres que apoyaron desde un principio al vencedor o que supieron cambiarse de bando en el momento oportuno, fueron entusiastas colaboradores del culto imperial. El análisis de los testimonios demuestra que las reticencias fueron vencidas por la inteligente actividad de algunos oligarcas en colaboración con las autoridades romanas. Los opositores no pudieron luchar con fuerza suficiente contra la implantación del nuevo régimen y el culto al líder que éste conllevaba. Por ello, se puede concluir que el culto imperial en Atenas siguió básicamente las líneas generales del resto del Oriente romano o incluso superó a otras ciudades –aunque, como se indicó en la introducción, este panorama puede responder a la mayor riqueza de testimonios para el estudio de Atenas. La voz de los oprimidos y los marginados que, como se indicó en la introducción no queda habitualmente recogida en las inscripciones, quizás deba estudiarse siguiendo otras vías que se alejen de los testimonios epigráficos. El verdadero problema es la imposibilidad de determinar el grado de socialización del culto a los emperadores ya que es sencillo mostrar la acogida entusiasta que le dieron los grupos dominantes; pero su popularidad -o éxito- es indemostrable, por muy altos que fueran los rituales concedidos a los amos del Mediterráneo y muy frecuente su presencia en la ciudad. Por ello, aunque comparto en líneas generales la hipótesis de Spawforth, creo que es necesario establecer una matización que afecta más a los umbrales de información en los que las fuentes nos permiten indagar que a la reconstrucción histórica que se propone[265].

---

[264] Consultar: SPAWFORTH, 1997, págs. 191-194.
[265] Como el propio Spawforth acepta: "In essentials, it is true, the outward development of the imperial cult in Athens cannot be said to differ greatly from

Con todo, puede afirmarse con Spawforth, que el entusiasmo ateniense -es decir, el que puede inferirse a través de las fuentes y que seguramente representa más la política de los dirigentes que los gustos del pueblo- está muy por detrás del de Corinto: "Lo más chocante es el hecho, ahora aclarado por el estudio de C. Habicht de los testimonios epigráficos de la Salamina romana, de que los atenienses sólo instauraran fiestas imperiales cíclicas de relevancia supralocal bajo Claudio (los *Agones* de los Augustos). Este retraso, que puede observarse en otras partes de la Acaya romana, contrasta fuertemente con la colonia romana de Corinto, donde se habían instaurado juegos pentetéricos de carácter ecuménico desde principios del reinado de Augusto"[266].

Sin embargo, este retraso no indica una reticencia de Atenas, sino más bien un mayor ritmo por parte de la colonia romana de Corinto. La necesidad de estudiar el culto imperial en función del estatuto jurídico de las comunidades se demuestra en este aspecto sumamente importante. Así se comprenderá que Corinto realiza unas pleitesías más típicamente romanas y, por ello, debe contrastarse con otras colonias de la zona como Patras. El orgullo cívico de la colonia se sustentaba en su romanidad y su afinidad con el nuevo régimen. Atenas, por el contrario, se inserta en el ritmo habitual de las comunidades libres de su entorno. Pero no sólo los ritmos son diferentes, pues los atenienses adoraron a los emperadores en vida y a miembros de la familia imperial que no recibieron culto en Roma, mientras que Corinto sólo adora a los *divi*, siguiendo más de cerca los límites religiosos correctos para los ciudadanos romanos[267].

El abundante número de divinidades imperiales que se adoraron en Atenas y que contaron con un sacerdote cívico sitúan a la capital del Ática dentro del desarrollo habitual del culto imperial en el oriente romano con una vitalidad y riqueza de formas que demuestran que la implantación de los rituales en honor de los emperadores y su familia se había desarrollado rápido y con gran vitalidad. Estos sacerdocios, numerosos y de la máxima importancia, constituyen, como se ha mostrado, una prueba contundente de la profunda sintonía de la oligarquía con los nuevos señores de la ecúmene. Si el entusiasmo aristocrático fue compartido por los ciudadanos menos pudientes y el resto de los habitantes del Ática, es una cuestión más complicada y sobre la que difícilmente puede concluirse a partir de los testimonios conservados[268].

---

the broad picture for the Roman East Generally", SPAWFORTH, 1997, pág. 192. El análisis de las fuentes orales, como ya dije *supra*, es una aproximación diferente que puede aportar interesantes conclusiones sobre el parecer de las clases menos favorecidas; la obra de J. Cascajero constituye en este aspecto una llamada a la reflexión. Consultar: CASCAJERO, 1991; 1992; 1993; 1997 y 1998a. Sobre las limitaciones de la información para las clases menos favorecidas: STE. CROIX, 1983, págs. 441-452.

[266] Cita: SPAWFORTH, 1997, pág. 192.

[267] Para una introducción útil sobre Corinto y Atenas durante el Principado: SARTRE, 1994, págs. 243-254. Puede ser también de utilidad: GEAGAN, 1979a, (sobre Atenas) y WISEMAN, 1979 (para Corinto). Sobre el abundante número de cultos a miembros de la familia imperial en Atenas ver *supra* apartado 3.1.3. El culto imperial en Corinto durante este período en: HOSKINS-WALBANK, 1996. La necesidad de estudiar el culto imperial en función del estatuto de las comunidades en: BEARD, NORTH y PRICE, 1998, págs. 348-363. Agradezco a J. Reynolds y H. Mattingly sus comentarios sobre este aspecto del culto imperial.

[268] Atenas mantuvo un ritmo similar al de la mayor parte de las ciudades libres de su entorno, ver: PRICE, 1984 y la sinopsis de SARTRE, 1994, págs. 108-113.

4.- La reforma del culto imperial ateniense: Claudio y Nerón.

> Precisamente así, a un mismo tiempo esperanzado y desesperanzado es como el pueblo ve a nuestro Emperador. No sabe qué Emperador gobierna e incluso existen dudas acerca del nombre de la dinastía en el poder. En la escuela se aprenden estas dinastías de memoria, pero la inseguridad general es tan grande que hasta el mejor alumno queda confuso. En nuestros pueblos, Emperadores muertos hace largo tiempo acceden al trono y el que sólo vive en las canciones ha promulgado hace poco una ordenanza que el sacerdote lee ante el altar.
>
> Kafka, F., *La construcción de la Muralla China*, (Hernández Arias, J. R., Cuentos completos, 2000, pág. 258).

Los reinados de Claudio y Nerón supusieron la reforma de las prácticas de culto imperial en Atenas. La transformación se encaminó al establecimiento de una adoración abstracta, enfatizando la noción de *Domus* Imperial, (οἶκον τῶν Σεβαστῶν). El acento se situó en el conjunto de los Augustos indicando la voluntad central por fijar el régimen augústeo que había surgido como un sistema personalista; la consecuencia de esta política fue la homogeneización del culto imperial en gran parte del Oriente griego. Se trataba de prácticas rituales orientadas a la perduración de un sistema de gobierno concreto para cuya comprensión me ha resultado interesante rescatar la forma en la que Kafka describió un imaginario Imperio Chino tras el que se solapaba la verdadera entidad descrita, el Imperio Austro-Húngaro en el que vivió el autor.

Claudio, el primer monarca que llegaba al trono sin estar rodeado del carisma que encumbró a sus predecesores, acometió la sistematización del conjunto de prácticas gubernativas creado por Augusto. Su labor continuó con Nerón. Fueron los Flavios, no obstante, quienes dieron verdaderamente su plasmación teórica y jurídica a la heterogénea pléyade de normativas que habían sustentado el poder hegemónico del príncipe. La *Lex de Imperio Vespasiani* significó la concreción en un documento del conjunto de prácticas que se habían hecho tradicionales pero que carecían de cobertura jurídica. El mérito de la constitución, por lo tanto, no se debía en exclusiva a los Flavios, a quienes les fue necesario emitirlo por su lejanía con el carismático fundador del principado; ya con anterioridad, los emperadores Julio-Claudios y en concreto Claudio y Nerón habían llevado a cabo importantes esfuerzos por afianzar su poder a través de leyes[269].

Nerón fue en gran medida continuador de la labor gubernativa de su padre adoptivo Claudio, aunque prestó una atención especial al mundo griego. Bajo su reinado comenzó el renacimiento del Oriente, que dormía aletargado tras las duras guerras civiles y el férreo control al que lo sometió Augusto. Bajo la férula de Nerón el mundo helénico adquirió una importancia renovada y el emperador se empeñó en dinamizar las fuerzas de Oriente no tanto para oponerlo a Occidente, como para beneficiarse de un renacimiento cultural y económico que sólo podía favorecer al gobernante de todo el Mediterráneo. El comienzo de la segunda sofística bajo el gobierno de Nerón –aunque se circunscriba al Asia Menor- es un síntoma inequívoco del resurgir de la zona oriental del Imperio que ya no dejará de ser la fundamental posesión de los emperadores romanos[270].

Nerón se convirtió, así, en el protagonista de la dinamización del mundo griego. Su labor gubernativa partió de un respeto y conocimiento de la tradición helénica que, sin embargo, se puso al servicio de los intereses imperiales. El renacimiento del pasado siempre se lleva a cabo para acometer empresas del presente y Nerón resucitó aquel pasado griego que más se adecuaba a sus planes políticos. Sólo de esta manera se explica la elección de su viaje por Grecia y la primacía de una *polis*, Corinto, frente a las más tradicional Atenas. Nerón triunfó en la Acaya romana para imitar los triunfos de Augusto y aparecer como un nuevo fundador del Imperio. En su proyecto, la Grecia resucitada era una región distinta, una nueva Italia que se convertía por su obra y gracia en el segundo pilar del mundo romano[271].

La innovadora obra del último de los Julio-Claudios, junto con la labor normativista de Claudio, tuvo su correlato en el culto imperial. De su mano, la adoración de los emperadores tomó una fisonomía similar en el Oriente griego a través sobre todo del énfasis antes ya mencionado en la *Domus Augusta*. El régimen se concibe abiertamente como una sucesión de *Sebastos*, una monarquía, al menos en el mundo helénico. Al análisis de los dos términos acuñados para fundamentar esta idea se dedica el primer apartado del presente capítulo[272].

El segundo apartado se dedica a las novedades acaecidas en el ámbito sacerdotal. La reducción del número de entidades divinizadas, fruto en parte del surgimiento del concepto de los *Sebastoi*, provocó una reducción alícuota de oficiantes, a la vez

---

[269] El reinado de Claudio en: MOMIGLIANO, 1932 y LEVICK, 1990. Consultar también: MANNI, 1975, págs. 132-137. La *Lex de Imperio Vespasiani*: CIL VI 930=31207; 1232=31538. Sobre la ley consultar: BRUNT, 1977.

[270] El problema ideológico que suponía el mundo griego para el orden instituido por Augusto en: CORTÉS COPETE, 1997a. Para el reinado de Nerón consultar: CORTÉS COPETE, 1999a, págs. 383-387. Para una visión más extensa: LEVI, 1949; CIZEK, 1972 y 1982, y GRIFFIN, 1984. También: MANNI, 1975, págs. 138-143. El renacimiento helénico se basó en el apoyo a la ciudad: WALKER y CAMERON, 1989, que acuñan el término y SARTRE, 1994, págs. 233-254. Nerón se ha considerado un emperador filoheleno; sobre el filohelenismo de los gobernantes consultar FERRRARY, 1988 que aunque se centra en otro período fundamentalmente, aporta reflexiones interesantes para épocas posteriores. El comienzo de la segunda sofística fue situado por Filóstrato en el reinado de Nerón: Philo. *Vit. Sophist.* 511-3; cit. en CORTÉS COPETE, 1999a, pág. 384. Quizás en Acaya el resurgir apuntado por Filóstrato deba retrasarse al reinado de Domiciano o incluso hasta Adriano; no obstante, sin duda, como ilustra la liberación de Grecia por Nerón, los tiempos estaban cambiando. Sobre la segunda sofística consultar: BOWERSOCK, 1969.

[271] El periplo de Nerón por Acaya ha sido profusamente estudiado. Para la cronología: BRADLEY, 1978. Para una valoración e interpretación del viaje consultar: KENNELL, 1988. La visita a Acaya interpretada como una imitación de los triunfos de Augusto en: CORTÉS COPETE, 1997b, págs. 384-385. La liberación de Grecia ha recibido también la atención de numerosos investigadores. El texto en: HOLLEAUX, 1888 y OLIVER, 1971. Hay traducción y comentario en español: CORTÉS COPETE, 1999a, págs. 381-387. El objetivo político perseguido por Nerón en: CIZEK, 1972, págs. 217-220 y CORTÉS COPETE, 1999b, págs. 248-249.

[272] La obra política de Claudio: MOMIGLIANO, 1932, cap. III. Para la obra política de Nerón: 105-126.

que aparecía un sistema definido de sacerdocio a los emperadores que ligaba la dignidad de *archiereus* al sacerdote encargado del culto al emperador y los *Sebastoi*.

La transformación fundamental es el surgimiento del Αρχιέρευς τοῦ οἴκου τῶν Σεβαστῶν, sincrónica con la adquisición de la ciudadanía romana por parte de los próceres involucrados en el culto imperial. De esta forma, el análisis de la conformación de los sacerdocios dedicados a los emperadores y sus familiares se imbrica, como se hizo para el período tratado con antelación, con el análisis de los personajes implicados en la adoración imperial. Las conclusiones extraídas del análisis de la estrecha vinculación culto imperial-oligarcas se contrastan con testimonios provenientes de otras zonas del Oriente romano.

Las reformas de este período, por otra parte, afectaron también a las fiestas consagradas a los emperadores que adquirieron su forma definitiva hasta los cambios de época adrianea. En el apartado tercero del capítulo se analizan las mutaciones en el ámbito ritual. Se indicará cómo durante el reinado de Claudio y Nerón aparecieron los *Agones* de los Augustos, que se insertaron dentro del conjunto de rituales atenienses. Junto a estos festejos, las fiestas más importantes de la ciudad, las *Panateneas*, tomaron también con seguridad durante este período un carácter imperial cuya significación última es incierta, pero que ponía a esta celebración bajo la órbita del poder romano.

Al hilo de estas fiestas tradicionales griegas probablemente aparecieron en este momento en la capital del Ática juegos gladiatorios en los que el culto imperial tenía gran protagonismo. El cuarto apartado del presente capítulo se dedica al estudio de estos espectáculos. Se analizará, primero, la conexión del culto imperial con los combates de gladiadores. Una vez expuesto este aspecto de la adoración a los emperadores se estudian los testimonios atenienses con el fin de establecer la acogida que tuvieron los sangrientos espectáculos públicos en el Ática. Por último, a través también del análisis de la documentación proveniente de Atenas, se intentará establecer una datación aproximada para la prístina aparición de los combates en la ciudad.

La quinta sección en la que se ha dividido el capítulo dedicado a las reformas de época de Claudio y Nerón se centra en los lugares en los que se llevaron a cabo las pleitesías acordadas para los emperadores. Las transformaciones en los sacerdocios y las fiestas supusieron necesariamente la incorporación y transformación de nuevas estructuras cultuales. Constituyen objetos fundamentales del estudio el Partenón y el teatro de Dionisio, ya que ambos monumentos se vieron afectados por el desarrollo del culto imperial en la capital del Ática. No obstante, otras estructuras también son analizadas para iluminar mejor el conjunto de los lugares de carácter religioso que surgieron durante este período.

4.1.- El énfasis dinástico en el culto imperial.

Este apartado del capítulo dedicado a las transformaciones del culto imperial durante los reinados de Claudio y Nerón se centra en el estudio de dos conceptos fundamentales para comprender las reformas acometidas en este período: *Domus Augusta* y dioses Augustos.

En primer lugar se presenta una definición de los términos que obliga a plantear qué divinidades se incluían en los nuevos conceptos. En este sentido, se presta atención a la posible divergencia entre los significados de *Domus Augusta* y dioses Augustos en su definición romana y su aplicación en el mundo griego. Después se estudian las razones que promovieron el surgimiento de un culto a los Σεβαστοί.

4.1.1.- *Domus Augusta* y dioses Augustos.

La afirmación del culto imperial para perpetuar el poder en una sola familia fue un procedimiento desarrollado por los gobernantes romanos desde época de Augusto. La adscripción al poder de familiares de los clanes principales de Roma, así como el encumbramiento de jóvenes de la casa imperial sobre el resto de los muchachos de la aristocracia fueron procedimientos habituales. La propaganda imperial se encargó de difundir estas creaciones políticas a los súbditos del Imperio[273].

Este sistema de sucesión permaneció invariable con la posibilidad de ascender al trono por consanguinidad directa o por adopción a la familia imperial. Aunque durante el principado las fórmulas para llegar al poder siguieron siendo las mismas, la continuidad del régimen, independientemente de quién ejerciera el poder, llevó emparejada la creación de nuevas formas de expresión para referirse al gobierno imperial romano. Los dos novedosos enunciados son la *Domus Augusta* y los dioses Augustos.

El concepto de *Domus Augusta*, por una parte, hacía referencia al conjunto de familiares del emperador reinante, tanto vivos como muertos, así como a otros miembros de su casa que estaban sometidos a él. Esta noción hunde sus raíces en el más rancio pasado romano donde la *Domus* era el pilar fundamental en la organización social y económica. La definición que aportan Garnsey y Saller es útil para comprender su significado: "Aunque a menudo era definida como *familia*, *domus* abarcaba un grupo más amplio del que generalmente se asocia con la familia hoy en día, ya que quedaban incluidos en dicha palabra el esposo, la esposa, los hijos, los esclavos y otras personas que vivieran en la casa"[274].

Esta estructura tradicional romana pervivió durante toda la Época Imperial y se acompañó del epíteto *Augusta* para indicar la pertenencia al Emperador y su superioridad frente a las demás casas romanas. Es necesario destacar la utilización de *domus* en vez de *familia*. El motivo es que *domus* incluía a todos los parientes de un determinado individuo, mientras que la *familia* se limitaba a los emparentados de varón en varón, dejándose al margen a los descendientes de hijas o los familiares consanguíneos de las madres. El empleo del término *Domus Augusta* coincide, además, con el uso habitual de *domus* para referirse a los parientes de los aristócratas romanos durante el Imperio, frente al énfasis en la *familia* propio del período republicano. Con todo, la familia imperial no se limita a una dinastía, sino que incluye a todos aquellos emperadores y sus familiares que habían ocupado el puesto con anterioridad. Por ello, más que un concepto concreto se trata, como ya se ha indicado, de una categoría abstracta que intentaba definir el poder ejercido por los emperadores particulares a través del énfasis en la tradición que los precedía -y constituía su refrendo y legitimación-[275].

---

[273] Sobre el problema de la continuidad del régimen: BOWERSOCK, 1984 y PANI, 1991.

[274] La bibliografía sobre la familia romana es amplia. Consultar: HANSON, 1999, que realiza una síntesis y aporta bibliografía. La definición de familia en: GARNSEY y SALLER, 1991, pág. 153. Para la definición romana de *familia* ver: *Digesto*, 50.16.195. Sobre la familia imperial, centrado en el estudio de los libertos y los esclavos: WEAVER, 1972. Un tratamiento sintético en: GARNSEY y SALLER, 1991, págs.151-176, las definiciones de *domus* y *familia* en págs. 152-154. También: SALLER, 1984 y FAYER, 1994, sobre todo págs. 68-76. Una aproximación sumamente interesante y novedosa que aporta información alternativa y complementaria en: CASCAJERO, 1998b. El importante papel de la mujer en el culto imperial debe, por lo tanto, destacarse, pues eran una parte fundamental del nuevo concepto al que se rendía culto; ver: MIRÓN PÉREZ, 1996, págs. 41-133, especialmente las págs. 107-112; CID LÓPEZ, 1997 y 1998.

[275] La diferencia entre *familia* y *domus* en cuanto a la descendencia en: SALLER, 1984, págs. 348-349 y GARNSEY y SALLER, 1991, pág. 154.

El segundo término que se analiza es el de los dioses *Augustos* o *Theoi Sebastoi*. Habitualmente se piensa que se usaban para designar a los miembros vivos de la familia imperial y a los fallecidos que habían sido divinizados en Roma. Esta afirmación se basa en el análisis de la titulatura de los sacerdotes de culto imperial en época de Claudio y Nerón prestando especial atención al caso de C. Julio Espartiático. Este influyente personaje fue el ἀρχιερεύς τῶν Σεβαστῶν καὶ γένους Σεβαστῶν ἐκ τοῦ κοινοῦ τῆς Ἀχαίας διὰ βίου y, por lo tanto, el primer sumo sacerdote vitalicio de los dioses Augustos y de la familia imperial de la Liga Aquea con sede en Corinto. La versión latina de su titulatura es menos extensa: *archiereus domus Aug. [in] perpetuum primus Achaeon*, aunque coincide con otra aparición del personaje, esta vez en Esparta, en la que su cargo se recoge como: ἀρχιερεύς Θεῶν Σεβαστῶν[276].

La definición de *Theoi Sebastoi* como el conjunto formado por el emperador vivo y los *Divi* romanos suscita el interrogante de si los *Sebastoi* que habían recibido culto cívico en vida se incluían en el culto conjunto a los dioses Augustos. En Roma la diferencia estaba nítidamente establecida y "aunque todos los *divi* eran Augustos, no todos los Augustos eran *divi*", como indica Fishwick. No obstante, en los cultos cívicos griegos la mayor parte de los *Sebastoi*-Augustos recibieron culto en vida. Cabe por ello preguntarse si las personas incluidas en este culto conjunto variaban de un lugar a otro[277].

Así, creo que la definición de dioses Augustos utilizada habitualmente es quizás demasiado estricta, al menos en el caso de las *poleis* griegas, donde es posible pensar que el culto a los *Sebastoi* incluiría a todos los Augustos a los que se había honrado con culto en vida. Se trata, por lo tanto, de un concepto más concreto que el de la *Domus Augusta*, aunque más amplio de lo que habitualmente se apunta. Por ejemplo, en Atenas, todos los *Sebastoi* recibieron culto y, por lo tanto, deben incluirse en el culto conjunto a los *Sebastoi*. Así ocurrió con los *Sebastoi* Tiberio, Livia, Claudio, Nerón, Antonia y también muy probablemente con Calígula. Sin embargo, como es bien sabido, sólo Claudio y Livia alcanzaron la categoría de *divi*[278].

En cualquier caso, el carácter general de los términos *Domus Augusta* y *Sebastoi* impide saber con seguridad si las divergencias culturales ocurridas fuera de Roma, como las observables en Atenas, se incluyeron en estos cultos colectivos. El propio carácter globalizador del término libraba a los fieles de plantearse estas cuestiones que tanto apasionan a los modernos investigadores. Con todo la importancia es que se trataba de un vocablo de semántica amplia que no pretendía ser excluyente para poder acoplarse a las muchas realidades distintas que convivían en el Imperio. Además debieron ser pocos los habitantes de una ciudad cualquiera que supieran con exactitud qué personas eran adoradas. Al principio puede que fuera posible conocer a los *Sebastoi* romanos; pero más adelante la suma de emperadores y familiares a los que se rendía culto fue tan amplia que, sin duda, muy pocos tendrían conciencia clara de los personajes concretos a los que se adoraba bajo el nombre de *Sebastoi*. Se trataba de un concepto voluntariamente amplio y abstracto mediante el cual se rendía culto no tanto a personas concretas como a la idea del poder dinástico que residía en Roma. En época de los Severos, por ejemplo, en Atenas existía un altar de los *Sebastoi* en el que se daría culto a todos los romanos que habían adquirido tal categoría a lo largo del tiempo, de forma que se adoraba a una pléyade de personajes tanto vivos como muertos cuyo origen podía remontarse más de doscientos años[279].

Lo que se puede afirmar con rotundidad es que se trata del culto de la familia imperial y en todos los casos, pese a las divergencias de enunciación, está haciendo referencia a un colectivo de personas similar tanto en Occidente como en Oriente. No es necesario buscar, por lo tanto, diferentes objetos de culto para cada una de las distintas apariciones de la titulatura sacerdotal.

Por ello, frente a la identificación de las personas adoradas, la verdadera importancia de la acuñación de los nuevos términos es que constituyen expresiones para definir y sustentar el poder de los emperadores. Se trataba de fórmulas creadas para apoyar a la familia imperial cuya voluntad dominaba el mundo, a la vez que implicaban la duración atemporal de su gobierno. La necesidad de basar el poder del emperador y su familia en los antecesores divinizados estuvo presente desde Augusto, con la creación de *Divus Julius*, y también en Tiberio con su apoyo en la figura divina de su padre adoptivo y de su madre. Son, sin embargo, Claudio y Nerón los emperadores cuya inquietud en este aspecto fue más fuerte, puesto que, aunque ambos conceptos existían con anterioridad a sus reinados, fue bajo su égida cuando se difundieron por todo el Mediterráneo. De esta forma, a través de ambos conceptos se rendía pleitesía a la casa del emperador, situándola por encima de las del resto de los senadores romanos. Además, la adoración de esta entidad abstracta que englobaba a personajes vivos y sus antepasados, afianzaba no tanto la continuidad del poder de Roma como la perpetuación dinástica de la familia del *princeps*. Era, por lo tanto, un procedimiento novedoso de marcado carácter monárquico que permitió, sobre todo a Claudio y Nerón definir su gobierno como una continuidad y ligarse fuertemente a los prestigiosos emperadores que los habían precedido. Con todo, es también interesante destacar que el énfasis dinástico es abierto, sin centrarse en el poder concreto de una familia, sino en todas aquellas que recibieran el epíteto de Augustas. Retomando la idea que se recoge en la cita con la que se abrió el presente capítulo, se trataría de un procedimiento por el que se adoraba

---

[276] Los sacerdotes de los augustos en: FISHWICK, 1987-1992, págs. 269-281 y 423-435. Una definición de los personajes que se englobaban bajo el título de *Augustos*: OLIVER, 1950, pág. 96: "The Augusti, namely the living emperor and the consecrated *divi* of the Roman religious calendar". Sobre la *Domus Augusta*: ALFÖLDI, 1970, págs. 203-204. Consultar también: SPAWFORTH, 1997, págs. 188-189. Los sacerdocios estudiados presentan formulaciones distintas: *flamen Augustalis*, *flamen divorum Aug.*, *flamen Divorum Augustorum*, entre otros. Los ejemplos son tomados de las provincias hispanas: ver: FISHWICK, 1987-1992, págs. 269-281. El epígrafe de C. Julio Espartiático fue encontrado en Atenas: IG II² 3538. El texto completo: Γά Ἰούλιον Σπαρτια-/τικόν Ἀρχιερέα Θε-/[ῶν] Σεβαστῶν κ[αὶ] / [Γέ]νους Σε[β]αστῶν // ἐκ τοῦ κοινοῦ τῆ[ς] / Ἀχαίας διὰ βίου πρῶ-/τον τῶν ἀπ' αἰῶνος / ὁ ἱερεύς Ποσειδῶνο[ς]/ Ἐρεχθέος Γαιηόχου // Τι Κλαύδιος Θεογένη[ς] / Παιανιεύς τὸν ἑαυτοῦ φίλον. Traducción: El sacerdote de Poseidón Erecteo Geojo, Tiberio Claudio Teógenes de Paene, [erigió una estatua de] Gayo Julio Espartiático, sumo sacerdote vitalicio de los dioses augústeos y del linaje de los augustos de la Liga Aquea, el primero de su época, por su amor a él. La versión latina del cargo en: Corinth 8.2, 68. La inscripción de Esparta: IG V, 1, 463. Una explicación del significado de este sumo sacerdocio en: SPAWFORTH, 1994b y 1995. Consultar también: KANTIRÉA, 2001, pág. 58.
[277] La cita en: FISHWICK, 1987-1992, pág. 275.
[278] Para la discusión de los testimonios consultar los apartados 3.1 y 4.2. Una lista, aún útil, de los *divi* romanos en: DESJARDINS, 1879. Contrastar con: BEURLIER, 1891, págs. 325-331, con las puntualizaciones del autor a las anteriores recopilaciones de *divi* en pág. 331.

[279] Ambos conceptos, *Domus Augusta* y Augustos, recuerdan a otros cultos colectivos posteriores en los que el énfasis se sitúa en todos los miembros que gozan de determinada categoría según los estándares de una comunidad. Un ejemplo de propio del ámbito religioso cristiano es la fiesta consagrada a *Todos los Santos*. El altar de los *Sebastoi* en Atenas: IG II² 1076 revisado en OLIVER, 1940.

al poder en sí y su perduración en el tiempo, y no a la persona concreta que lo detentaba[280].

En definitiva, las nuevas fórmulas acuñadas en Roma explicaban la difícil construcción política que era el principado y, al explicarla estaban a la vez definiendo cómo quería el poder romano ser concebido por sus súbditos. Los conceptos moldeaban la percepción de la realidad y, de esta forma, la realidad en sí misma.

No obstante, ésta no es la única función que cumplían las creaciones, pues también servían para encuadrar al gobernante dentro de las estructuras sociales que caracterizaban al Imperio sobre el que gobernaba. Así, "el emperador, como todo ciudadano en el mundo romano, no era nadie como individuo, sino que necesitaba el apoyo, la justificación de su familia, de toda una dinastía"[281].

Por otra parte, la implantación de ambas nociones es sincrónica, comenzando durante los reinados de Claudio y Nerón, dos emperadores conocidos por sus esfuerzos encaminados a dotar de coherencia teórica y rudimentos administrativos al sistema imperial surgido con Augusto. Así, en Acaya, en el período estudiado se tiene constancia de un sumo sacerdote de Nerón y los *Sebastoi* en Acrefias, un sacerdote de los *Sebastoi* en Delfos, un sumo sacerdote de la *Domus Augusta* en Atenas y un sumo sacerdote de los *Sebastoi* y del *genos* de los *Sebastoi* de la liga Aquea. En Asia los ejemplos son aún más numerosos. Éfeso instauró un culto a los *Sebastoi* entre la mitad del siglo I d. C. y la década de los ochenta de esa misma centuria. Es coetáneo el sacerdocio de C. Estertino Jenofonte en Cos y las fiestas imperiales celebradas en Pérgamo. Dos ciudades más, Sidima e Hierápolis, contaron con un templo dedicado a los dioses Imperiales datable en este período. En Afrodisias las menciones a los dioses Augustos son posteriores, de finales del siglo I d. C.[282]

Al analizar los testimonios en bloque resulta difícil comulgar con la explicación que aporta Price sobre la aparición de los dioses Augustos. Para el autor se trata de cultos surgidos de la preocupación de los provinciales por la transmisión estable del poder imperial: "Se pensaba que la estabilidad del gobierno imperial residía en la transmisión del poder dentro de la familia imperial y, por ello, se otorgó considerable importancia al conjunto de la casa imperial". La misma opinión en Friesen cuando se explica el surgimiento del mismo culto en Éfeso: "Este análisis del culto a los *Sebastoi* [...] ha descubierto pocos argumentos que apoyen la conclusión de que el culto fue iniciado por el emperador [Domiciano] o incluso influido por él"[283].

La aparición paralela de los nuevos cultos en la mayor parte de Oriente, así como en buena parte de Occidente, obliga a pensar en un esfuerzo central por unificar las prácticas de adoración imperial, sobre todo en cuanto a los sacerdocios y sus titulaturas. Con todo, una vez más, se trata de un proceso paulatino en el que el poder central no pudo o no quiso imponer de forma tajante sus proyectos. Fueron necesarios unos veinte años para que se produjeran los cambios que no fueron acompañados de actos de violencia física, al menos conservadas en las fuentes. Por supuesto, ésta no es la única forma de propiciar un cambio y otro tipo de violencias e imposiciones son más difíciles de rastrear.

El problema entre la explicación de Price y Friesen y la excesiva centralización de las innovaciones cultuales radica en la forzada división que habitualmente se realiza entre lo espontáneo y lo impuesto. Sobre este problema ya se ha incidido en el primer capítulo del presente trabajo. La aparición de los dioses Augustos constituye también un buen ejemplo de la incapacidad de esta dicotomía para explicar cambios en las prácticas de culto imperial. El motivo es que no puede afirmarse que todos los emperadores dictaran violentamente desde Roma la forma en la que querían ser adorados; pero tampoco puede explicarse el surgimiento de las mismas divinidades en sólo una veintena de años por la gestación libre y espontánea de los súbditos de la mayor parte de las ciudades del Imperio. Sin duda, la realidad es más compleja y existen muchas formas de coerción y muchos protagonistas en el triunfo de cualquier tipo de culto, como para limitar la explicación del surgimiento de los nuevos sacerdocios y cultos a la voluntad imperial o la fidelidad espontánea de los provinciales[284].

En este sentido, otra de las circunstancias que combaten la dicotomía entre imposición y espontaneidad, como se indicó en el primer capítulo, es la actuación de las aristocracias locales. De hecho, cuando la reorganización del culto imperial se llevó a cabo fue de la mano de los prohombres de cada lugar y quizás la diferencia cronológica en los cambios se deba a la descoordinación de la actividad de los oligarcas locales, que actuarían en función de impulsos imperiales pero dentro de la lógica interna de sus ciudades. No obstante los cambios se produjeron en todo el Imperio y fueron los mismos sacerdocios los que surgieron de la reforma, lo cual impide una explicación únicamente localista[285].

---

[280] El concepto *Domus Divina*, equivalente para Fishwick con el de *Domus Augusta*, apareció poco después de la caída de Sejano. A partir de este momento las referencias se fueron haciendo cada vez más numerosas hasta llegar al reinado de Claudio y Nerón y su utilización de ambos términos en todo el Imperio. Ver FISHWICK, 1987-1992, págs. 423-425. En el Oriente, sobre todo en Asia, este concepto aparece a principios del reinado de Tiberio, ver, por ejemplo: a) inscripción honorífica hallada en la ciudad de Ereso en la isla de Lesbos datada al principio del reinado de Tiberio pero que recoge acontecimientos del gobierno de Augusto: IG XII Supp. 124 con comentario en: ROBERT, 1969-1990, vol. II, pág. 801 nota 1 y ROBERT, 1979, *BE*, nº 320. Sobre este epígrafe ver también: PRICE, 1984, pág. 3 y cat. nº 5. b) Decreto de la ciudad de Tlo en Asia Menor en honor de Livia por ser protagonista de la sucesión al trono imperial: TAM 2. 549. c) Decreto del *Koinon* de Asia de época de Tiberio: I. Ephesos VII 2, 3801=IGRom IV 1608c. d) Decreto de Apolonia en el que Tiberio se menciona como hijo de los Dioses *Sebastos*: PRICE, 1984, cat. nº 124. En HOFF, 1994, pág. 109 este epígrafe se señala como la primera mención datable en la que aparecen los dioses Augustos. e) Proveniente de Pagis, la inscripción IG VII 195 (=IG II² 3264), también recoge a Tiberio hijo de los Dioses *Sebastos*. Con todo, la primera mención en un documento oficial de la Domus *Augusta* es la *Tabula Siarensis*; sobre este particular: CORBIER, 1994. Sobre la formación de la ideología de la nueva monarquía consultar: MILLAR, 1993b, esp. págs. 16-17. En Corinto la primera aparición de la *Gens Augusta* se produjo en época de Claudio: HOSKINS-WALBANK, 1996, pág. 203, nota 11.

[281] Cita: MIRÓN PÉREZ, 1996, pág. 112.

[282] Sumo sacerdote de Nerón y los *Sebastoi* en Acrefias: IG VII 2713; CORTÉS COPETE, 1999a, págs. 381-387. Sacerdote de los *Sebastoi* en Delfos: SIG³ 808. Sumo sacerdote de la *Domus Augusta* en Atenas: IG II² 1990. Sumo sacerdote de los *Sebastoi* y del *genos* de los *Sebastoi* de la liga Aquea: SIG³ 790. En general para Acaya ver recientemente: KANTIRÉA, 2001. Éfeso: FRIESEN, 1990, págs. 218-220. C. Estertino Jenofonte: SIG³ 804; Claudio liberó a la ciudad de tributación: Tac. *Ann.* 12.22. Pérgamo: HABICHT, 1969, nº 36; cit. SPAWFORTH, 1997, nota 56. Sidima e Hierápolis: PRICE, 1984, nºˢ 78 y 85 respectivamente. Afrodisias: REYNOLDS, 1996, pág. 48.

[283] PRICE, 1984, pág. 162. FRIESEN, 1990, pág. 218 y FRIESEN, 1993, pág. 166.

[284] Price en su obra sobre el culto imperial (PRICE, 1984, *passim*) intenta superar la visión tradicional (TAYLOR, 1931 y CERFAUX y TONDRIAU, 1957 entre otros) centrada sobre todo en el emperador y sus políticas desde Roma otorgando gran importancia a las poblaciones orientales en el desarrollo de la adoración imperial. Su énfasis en la espontaneidad, sin embargo, es demasiado acusado; aunque su teoría del sistema de intercambio es atractiva.

[285] Sobre el poder de la oligarquía en el culto imperial: RIVES, 1995, en especial pág. 63: "From this perspective it would be wrong to see control of imperial cult as lying exclusively either with the emperor or the elite. From Rome came the models for the cult, the images that helped to create the emperor´s power. But these were effective only if locally employed and so required the participation of the council. The *ordo* did participate and in the process helped to define their own status. Thus the *ordo* and the emperor

4.2.- Los cambios en los sacerdocios de culto imperial.

Los cambios en el culto imperial que acabo de describir se estudian a continuación aplicados al caso concreto de Atenas. La abundancia de fuentes para su estudio permite un acercamiento fructífero al problema en el que se pueden discernir tanto protagonistas como ritmos de cambio.

En Atenas, las profundas mutaciones en el culto imperial tienen un protagonista claro: Tiberio Claudio Novio de Eón. Su implicación en los cambios es tan señalada que su carrera política se emplea como hilo conductor para la exposición y discusión de las reformas sacerdotales ocurridas durante los reinados de Claudio y Nerón. Siguiendo el devenir de la existencia de tan señalado prohombre, se expondrán los aspectos más destacables de los cambios tanto desde el punto de vista religioso como desde sus implicaciones sociales.

Así, primero se estudiará la forma en la que el culto imperial se conformó durante el reinado de Claudio, cuando Novio fue sumo sacerdote de Antonia *Minor* y el panorama sacerdotal, aunque evolucionado, mantuvo las características principales que lo definieron en los reinados anteriores. Junto al cargo de Novio se analizan los personajes que sirvieron en otros sacerdocios de culto imperial. Las reformas en este primer momento afectaron a otros campos de la religión cívica, sobre todo, como se verá en el siguiente apartado, a los rituales y fiestas creados para honrar a los emperadores.

Después, se analiza el reinado de Nerón, cuando se produjeron los cambios en el ámbito sacerdotal, y Novio consiguió el prestigioso cargo de sumo sacerdote del emperador y su *Domus*. Comenzaba así una mutación de interesantes consecuencias y cuyos resultados se mantendrían hasta época de Adriano. Entre las conclusiones que se desprenden del análisis de este período se destacará la reducción del número de cultos cívicos a personajes de la familia imperial fruto de la acuñación de nuevos términos y que se considera en el presente estudio una consecuencia directa de la mayor uniformidad promovida por Roma. También se señalará la simultaneidad entre la concentración de distintas divinidades en un solo culto conjunto y la conversión del sacerdote de este nuevo culto en el ἀρχιερεύς. Se estaba produciendo una reforma a gran escala del culto imperial que lo situaba definitivamente entre las manifestaciones religiosas de mayor trascendencia cívica.

El estudio de los sacerdotes demuestra también cómo el nuevo impulso de la adoración a los emperadores coincidió en el tiempo con la aparición por primera vez de atenienses con ciudadanía romana. La comunión de intereses entre algunos prohombres de Atenas y el régimen imperial demuestra que la implantación de nuevos rituales fue acompañada no sólo de la imposición imperial, sino del propio beneficio de los señores más influyentes de la capital del Ática.

Por lo tanto, a través del estudio de la carrera política y religiosa de Tiberio Claudio Novio, aquellas reformas que se estudiaron en el primer apartado de este capítulo con carácter general podrán contrastarse con la documentación concreta de la capital del Ática.

4.2.1.- Ἀρχιερεύς Ἀντωνίας Σεβαστῆς: inexistencia de una regulación de los sacerdocios de culto imperial[286].

La carrera política de Tiberio Claudio Novio comenzó al final del gobierno de Calígula. Sin embargo, su actividad pública se desarrolló principalmente en los reinados de Claudio y Nerón, cuando consiguió las más importantes magistraturas y sacerdocios. Su posición preeminente en el ámbito cívico se corrobora con su rápida adquisición de la ciudadanía romana (43 d. C.)[287]

A pesar de la importancia del personaje en la ciudad, su familia no se encontraba entre las más influyentes. No obstante, los Novios atenienses se han puesto en relación con sus homónimos corintios, situando al prócer estudiado dentro de una familia con conexiones provinciales y gran poder económico. Un magnate, en definitiva, que, si bien no podía presumir de la antigüedad y nobleza de su familia, contaba con los recursos necesarios para obtener las magistraturas principales tanto en su población de origen, Atenas, como en Acaya, provincia en la que desarrolló buena parte de su actividad política[288].

Esta preeminencia se manifiesta desde la primera mención del personaje en el último año del reinado de Calígula. A partir de este momento su influencia y ascendiente en la ciudad fue siempre en aumento. Así, entre los años 41-47 d. C. fue estratego de los hoplitas tres veces, heraldo del Areópago, cargo que sólo podía obtenerse tras ser arconte, y agonóteta de juegos dedicados a los emperadores y, probablemente también en este período, de las *Panateneas Sebastas*. En este primer período se sitúa también su actuación como gimnasiarca, magistratura por la que obtuvo una corona cívica. Junto a estos honores, Novio desde muy pronto alcanzó la dignidad de sacerdote vitalicio de Apolo Delio. La suma de testimonios sobre su primera actividad política atestiguan la ambición del personaje, así como su implicación en la vida municipal[289].

Por otra parte, existen testimonios que permiten concluir que el poder de Novio se sustentó en la amistad personal con influyentes próceres romanos. Así, la inscripción IG II² 4174, perteneciente al año de la primera estrategia de Novio, recoge la dedicación de una estatua a P. Memmio Régulo por parte de

---

worked together on the basis of a consensus, each contributing to a system from which they both benefited". Esta idea ya había sido apuntada en: BOWERSOCK, 1965, pág. 121: "Initiative from Rome was not required, only modification and adjustment". Pero sobre todo consultar: HOPKINS, 1978, págs. 197-242. A esta relación debe añadirse que la presión del emperador y la aristocracia romana no era la misma sobre todas las poblaciones, es decir, los límites de lo correcto variaban en función de la persona o colectivo social que llevara a cabo el culto; sobre esta idea ver: BEARD, NORTH, y PRICE, 1998, vol. I, especialmente págs. 361-363.

---

[286] Ver Apéndice 3.2.
[287] Para la vida de Tiberio Claudio Novio, consultar: GRAINDOR, 1931, págs. 11-14, 30, 59-60, 77-78, 80-82 141-143 y 145-146; OLIVER, 1950, pág. 81-83, 85-86 y 94-96; KAPETANOPOULOS, 1970, págs. 563-564; SARIKAKIS, 1976, págs. 74-76; GEAGAN, 1979c; CARROLL, 1982, págs. 43-58; GEAGAN, 1997, págs. 25-28 y SPAWFORTH, 1997, págs. 188-191. Un cuadro sinóptico de la carrera del personaje en: FOLLET, 1976, pág. 161. Kapetanopoulos en su página web ofrece un estudio de todos los documentos en los que se menciona al prócer ateniense: http://www.history.ccsu.edu/elias/elias.htm.
[288] El origen itálico de Novio, defendido por: OLIVER, 1950, pág. 95; seguido por WOLOCH, 1971; SARIKAKIS, 1976, págs. 74-75; GEAGAN, 1979c, pág. 280, y recientemente por AMELING, 1983, vol. II, págs. 55-56. La propuesta de Oliver refutada en: KAPETANOPOULOS, 1963, vol. I, págs. 333-334 y 1964, pág. 51. Consultar también: KAPETANOPOULOS, 1992-1998, apéndice A, que rebate a KAPLAN, 1990. Ver ahora también: SPAWFORTH, 1997, pág. 189. El *stemma* de la familia de Novio en: KAPETANOPOULOS, 1970, págs. 563-564. La posible relación entre los Novios atenienses y los corintios en: SPAWFORTH, 1997, págs. 189 y 193 y nota 73 y GEAGAN, 1997, pág. 25 y nota 54. Sobre la rama corintia de la familia, consultar: SPAWFORTH, 1996, pág. 180, n° 19.
[289] Los documentos pertenecientes al año de la primera estrategia de Tiberio Claudio Novio son: IG II² 3270, donde es también agonóteta de los *Agones de los Augustos*, e IG II² 4174. Para este primer año y los problemas de datación que suscita ver: GEAGAN, 1979c, págs. 281-282. Heraldo del Areópago, sacerdote de Apolo Délico y agonóteta (con casi absoluta seguridad de los Agones de los Augustos) en: IG II², 3271. El cargo de gimnasiarca en: IG II², 1945. Para la epimeletía y su importancia en la Atenas de época romana ver: OLIVER, 1973, págs. 390-403; GEAGAN, 1979c; CARROLL, 1982, págs. 45-53, y GEAGAN, 1997, págs. 24-28 con correcciones a sus anteriores conclusiones. Novio epimeleta de la ciudad en: IG II² 1990 e SEG 32, 251; CARROLL, 1982, pág. 16; IG II² 3277.

Tiberio Claudio Novio. El personaje honrado es el influyente y poderoso legado imperial en Mesia que también gobernó Acaya cuando entre los años 35 a 45 d. C. la Grecia Continental se incluyó con Macedonia y Mesia en una sola entidad gubernativa. P. Memmio Régulo fue además patrón de la familia de la esposa de Novio, Demostenia, procedente de Esparta. La relación con el gobernador romano pudo ser el apoyo que Novio necesitó para conseguir su primera estrategia[290].

En este punto de su carrera Novio se encontraba ya entre los oligarcas atenienses que habían desempeñado en mayor número de ocasiones el cargo de estratego de los hoplitas, el más importante de la ciudad en época romana. No obstante, su verdadero poder en el ámbito cívico y provincial estaba todavía por llegar[291].

El siguiente paso lo dio el oligarca entre los años 47-52 cuando, mientras desempeñaba su cuarta estrategia, se situó en uno de los lugares de mayor prestigio en la religión ateniense en virtud de su posición como sumo sacerdote de Antonia *Minor*[292]. La inscripción que aporta la información es una base de estatua que erigieron las autoridades cívicas para honrar a Novio:

[ἡ ἐ]ξ Ἀρείου πάγου βουλὴ κα[ὶ ἡ] βουλὴ τῶν ἑξακο-σίων/ καὶ ὁ δῆμος Τιβέριον Κλαύδιον Νούιον Φιλείνου υἱόν,// τὸν ἐπὶ τοὺς ὁπλείτας στρα/τηγὸν τὸ · δ · καὶ ἱερέα Δηλίου/ Ἀπόλλωνος διὰ βίου καὶ ἀγωνοθέ/την τῶν μεγάλων Παναθηναίων/ Σεβαστῶν καὶ Καισαρήων Σε-// βαστῶν καὶ ἀρχιερέα Ἀντωνίας/ Σεβαστῆς, φιλοκαίσαρα καὶ/ φιλόπατριν, ἀρετῆς ἕνεκεν./ ἐπὶ ἱερείας Ἰουνίας Με-γίστης/τῆς Ζήν[ων]ος Σο[υνι]έως.// Ἐπάγαθος Ἀριστοδή-μου/[Θριά]σ[ιο]ς ἐπ[οί]ει

> El Areópago, la Asamblea de los Seiscientos y el Pueblo [erigieron una estatua de] Tiberio Claudio Novio hijo de Fileno, estratego de los hoplitas por cuarta vez y sacerdote vitalicio de Apolo Delio y agonóteta de las Grandes *Panateneas* Augustas y de los [*Agones*] Cesareos Augustos y sumo sacerdote de Antonia Augusta, amigo del César y amante de su patria, por su virtud. Siendo Sacerdotisa [de Atenea Polias] Junia Megista hija de Zenón de Sunión. Epagathos, hijo de Aristodemos, de Triasio la hizo [la estatua][293]

Según la información que se desprende del epígrafe, el sacerdocio del emperador quedaba relegado ante el oficiante de Antonia *Minor*, la madre de Claudio. Esta innovación ateniense corrobora que el culto imperial en Atenas funcionaba según parámetros en gran medida propios. No todos los rituales y formas de culto eran definidos en Roma; existía, como se ha indicado previamente, un cómodo campo de actuación que las ciudades disponían según necesidades propias, siempre y cuando se mantuvieran dentro de los márgenes de lo correcto, que sí eran definidos desde la capital del Imperio.

Así, en Atenas durante el reinado de Claudio, el sumo sacerdote se dedicó a los rituales relativos a Antonia *Minor*, mientras que el emperador recibió un sacerdote, Dionisodoro, hijo de Sófocles, de Sunio, que probablemente fue el oficiante consagrado a Calígula y cambió de objeto de culto para acoplarse a los nuevos tiempos. La única inscripción en la que se menciona el sacerdocio de Dionisodoro merece ser destacada (véase lám. 8):

Τιβέριον Κλαύδιον Καίσαρ[α Σεβαστὸν]/ Γερμανικὸν Αὐτοκράτορ[α, Ἀπόλλωνα]/ Πατρῷον ὁ ἱερεὺς αὐτοῦ [καὶ τοῦ γένους]/ διὰ βίου καὶ στρατηγὸς ἐπὶ [τὰ ὅπλα]// τὸ τρίτον Διονυσόδωρος Σο[φοκλέους]/ Σουνιεὺς τὸν ἑαυτοῦ τε κα[ὶ τοῦ σύμ]-/ παντος οἴκου σωτῆρα καὶ εὐε[ργέτην]./ Εὐβουλίδης Πιραιεὺς Ἐποίει

> El sacerdote vitalicio de Claudio y de su familia y estratego de los hoplitas por tercera vez, Dionisodoro hijo de Sófocles de Sunio [erigió una estatua de] Tiberio Claudio César Augusto Germánico *Imperator* Apolo *Patroos* por ser salvador y benefactor suyo y de toda su casa. Eubolides de Pireo hizo [la estatua][294]

Las tres tenencias de la estrategia demuestran que Dionisodoro era un hombre de amplios recursos y con gran predicamento en su ciudad. Por otra parte, la estatua equipara a Claudio, si la reconstrucción es correcta, con Apolo *Patroos*. No obstante, como indica el epígrafe, Dionisodoro fue sólo: "*ἱερεὺς αὐτοῦ* [Claudio] *καὶ τοῦ γένους διὰ βίου*". Su situación en la *polis*, por lo tanto, no le valió para conseguir el sumo sacerdocio que le fue arrebatado por Tiberio Claudio Novio[295].

La reconstrucción más plausible de esta interesante sucesión en el cargo de sumo sacerdote es que Policarmo, hijo de Eukles, de Maratón siguiera desempeñando su cargo de sumo sacerdote de Tiberio durante los primeros años del reinado de Claudio. El puesto estaría, por lo tanto, ocupado cuando Claudio ascendió al trono, de forma que Dionisodoro sólo podía ser sacerdote y esperar pacientemente a que Policarmo falleciera. La muerte de Policarmo debió suscitar polémicas en torno a quién debía ser su sucesor en tan señalado puesto. En principio podría haber sido Dionisodoro que ya ocupaba el sacerdocio imperial, sin embargo, fue finalmente Novio quien consiguió la dignidad[296].

Es posible también, por otra parte, que simplemente el sumo sacerdocio dejara de existir durante un período de tiempo indeterminado que englobaría el final del reinado de Tiberio y los primeros años del gobierno de Claudio. En este sentido

---

[290] La relación de Régulo y Novio en: GEAGAN, 1997, págs. 22-26. Sobre Régulo ver: PIR², V, nº 468; GROAG, 1939, págs. 26-30; STEIN, 1940, págs. 21-23, y OLIVER, 1966, en especial pág. 150 y nota 2. Su relación con Atenas en: OLIVER, 1966. Régulo fue importante en la dinamización del culto imperial en Acaya, ver: SPAWFORTH, 1994b, pág. 223. Sobre la esposa de Novio, que aparece en Inscr. Délos 1629, ver: GEAGAN, 1979c, pág. 280 y SPAWFORTH, 1994a, págs. 236-237, que es el primer autor en discernir que Demostenia fue espartana y su familia protegida por P. Memmio Régulo.
[291] Una reflexión sucinta sobre la permanencia de la misma persona en un mismo cargo cívico en: TRACY, 1991. Se trata, además, de un fenómeno propio de comienzos del Principado (Augusto a Domiciano aproximadamente), después, en el siglo II, se abandonó: OLIVER, 1973, págs. 401-402.
[292] Sobre el Sumo Sacerdocio como el puesto más principal en las *polis* griegas, ver en el capítulo anterior el apartado dedicado al Sacerdote del emperador.
[293] SEG 21, 742 que amplía IG II² 3535. El subrayado equivale a los puntos subíndice que indican letras poco claras.

[294] IG II² 3274+SEG 22, 153 y OLIVER, 1965a. Cf. también con RAUBITSCHEK, 1948 y OLIVER, 1950, págs. 86. Sobre la estatua ver: GRAINDOR, 1931, págs. 181-182. Sobre Apolo *Patroos* ver los útiles comentarios en: WYCHERLEY, 1957, págs. 50-53.
[295] Para Dionisodoro ver: SARIKAKIS, 1976, pág. 51; ALESHIRE, 1991, págs. 227 y 231, nº 5 y GEAGAN, 1997, pág. 25.
[296] La sucesión directa de Policarmo a Novio en: CLINTON, 1997, págs. 170. Esta hipótesis implica que no podía nombrarse más de un sumo sacerdote a la vez, lo cual parece acertado y es, de hecho, la reconstrucción que se sigue en el presente análisis. No obstante, la imposibilidad de que dos sumos sacerdotes convivieran en el tiempo no puede demostrarse definitivamente, al menos en el caso de Atenas.

Hoff defiende que la desaparición del cargo se debió al prurito conservador de Claudio. No obstante, como en tantas otras ocasiones, las posibles reticencias del emperador ante el culto imperial no siempre fueron atendidas por los súbditos y, por lo tanto, no constituyen habitualmente sustento para una buena explicación del culto local[297].

Por ello, es más plausible que el título permaneciera en manos de Policarmo hasta su muerte y después pasará al poder de otro individuo, en concreto, Tiberio Claudio Novio. En cualquier caso, bien fuera la sucesión directa, bien se diera un período vacante, la adquisición del sacerdocio, como se ha apuntado antes, fue posible gracias a la preeminencia social de Novio. Su riqueza e influencia, que lo situaban por encima de cualquier otro ciudadano ateniense de su tiempo hacían de Novio un candidato más poderoso que Dionisodoro para alcanzar tan preciado premio. No puede olvidarse, en este sentido, que las magistraturas y sacerdocios se otorgaban frecuentemente a cambio de evergesías, previas o futuribles, de los candidatos. En este sistema, el más rico e influyente solía, por lo tanto, conseguir sus objetivos[298].

Esta disputa dentro del seno de la oligarquía ateniense explica el surgimiento del sumo sacerdocio de Antonia *Minor*, puesto que al estar ocupado el sacerdocio del emperador por Dionisodoro, Novio estaba obligado a pensar un nuevo cargo que le permitiera obtener la dignidad de ἀρχιερεύς. Su habilidad política se aprecia en la elección del personaje honrado. La creación de un culto nuevo para sustentar su posición en la ciudad obligaba al oligarca a pensar en un miembro de la familia imperial que fuera a la vez atrayente para los atenienses y correcto para las autoridades romanas con las que, además, Novio tenía estrechas relaciones.

Antonia *Minor* era una candidata muy apropiada pues era la esposa de Druso, que contaba con un culto cívico en Atenas a cargo del arconte epónimo. Era también la madre del querido Germánico, general filoheleno honrado en Atenas con *agones*. Por último, era la madre del actual emperador y tras su divinización en Roma su culto se había extendido gracias al celo de Claudio por relacionarse con Augusto a través sobre todo de las dos grandes matronas romanas de su dinastía: Livia y Antonia[299].

Junto a los dos sacerdocios analizados, existían otros oficiantes encargados de la adoración de miembros de la familia de los emperadores y que acompañaban a Novio en la realización de los rituales de culto imperial. Así, un asiento del teatro de Dionisio testimonia que los atenienses contaban con una sacerdotisa de Antonia *Minor* bajo el nombre de Diosa Antonia. El epígrafe se ha datado en época de Tiberio y probablemente la sacerdotisa mantuviera su puesto al menos durante el reinado de Claudio cuando se consagró al mismo culto el sumo sacerdocio de Novio[300].

También Mesalina y Agripina *Minor*, las dos esposas de Claudio, fueron honradas con cultos personales de los que se han encontrado testimonios en Eleusis. La aparición de oficiantes consagrados a las emperatrices en Eleusis no implica, como se explicó en el apartado 3.4.3, que sólo fueran adoradas allí o que la actuación de dichos sacerdotes se limitara a ese santuario, sino que señala más bien la existencia de oficiantes aprobados por los órganos de gobierno cívicos que llevarían a cabo su labor donde fuera necesaria y preceptiva.

El sacerdote de la primera emperatriz fue C. Silio Policrito cuya carrera estuvo íntimamente ligada a los progresos amatorios y políticos de C. Silio, cónsul el año 48. C., y amante de Mesalina. Gracias a él, el prócer ateniense Policrito recibió la ciudadanía romana, siendo uno de los primeros habitantes de Atenas que alcanzó esta dignidad. Es significativo que fuera a la propia Mesalina a quien, agradecido, sirvió Policrito como sacerdote[301].

La identificación del oficiante de Agripina es más controvertida y se basa en la reconstrucción que realiza Clinton de un texto encontrado en Eleusis inscrito en un fragmento marmóreo de grandes dimensiones (más de un metro de largo), posiblemente el entablamento de una edificación consagrada a la nueva deidad. La lectura de la inscripción, según el análisis de Clinton, es:

| ^{vv} ὁ [ἱ]ερεὺς [α]ὐ[τ]ῆς Τ[ιβ Κλαύδιος]
| ^{vv} Εὐκλῆς Σωστράτ[ου --]
[Ι] |ουλίαι [[... $^{ca.\ 11}$ ...]] Σε[βαστῆι][302]

La hipótesis interpretativa de Clinton consiste en identificar el nombre incompleto del epígrafe con Julia Agripina Sebasta (Agripina *Minor*) esposa de Claudio y madre de Nerón, que recibió la dignidad de Augusta en el año 50 d. C; pero que más adelante cayó en desgracia y fue ejecutada por su hijo, quien ordenó también su *damnatio memoriae*. Dado el tamaño colosal del edificio en el que apareció la pieza es posible que aparezcan nuevos fragmentos que aporten más información sobre este sacerdocio[303].

No obstante, en el estado actual de la cuestión, la reconstrucción de Clinton es válida, pese a plantear problemas

---

[297] Sobre este aspecto ya se incidió en el capítulo anterior en el apartado dedicado a los sacerdotes de culto imperial. En el caso concreto de Claudio en Atenas, como se expone a continuación, las posibles reticencias del emperador no fueron atendidas por el gobierno cívico que le consagró un sacerdote (IG II^2 3274+SEG 22, 153). Junto a éste, sus dos mujeres también recibieron culto en vida (IG II^2 3266b y CLINTON, 1997, pág. 170) y también su madre (IG II^2 5095 e IG II^2 3535+SEG 21, 742). No parece, por lo tanto, como se ha señalado, que las posibles reticencias del emperador fueran atendidas.

[298] La supresión del sumo sacerdocio en época de Claudio en: HOFF, 1994, pág. 113. Las tensiones dentro del colectivo oligárquico ateniense se observaron también en el período de las guerras entre Augusto y Antonio (ver *supra* capítulo 2).

[299] Sobre Antonia Minor ver: KOKKINOS, 1992 y WOOD, 2000, págs. 142-176 que versa principalmente sobre su representación iconográfica. La importancia de esta emperatriz se ejemplifica en un epígrafe proveniente de Ilión (IGRom IV 206): "A Antonia, la nieta del Divino Augusto, que fue esposa de Druso Claudio, el hermano del Emperador Tiberio Augusto, hijo de Augusto, y la madre de Germánico César, de Tiberio Claudio Germánico y de Livia [Livila] [...]": citado en KOKKINOS, 1992, págs. 43-45. La popularidad de Antonio y sus sucesores en Atenas ha sido expuesta en el capítulo anterior, ver en concreto los apartados dedicados al culto a Druso, Livila y a las fiestas efébicas *Germaniqueas*. Los honores decretados por Claudio para Antonia *Minor* y Livia en: KOKKINOS, 1992, pág. 31 y Suet. *Claud.* 11.2 y D. C. 60.5.1. La relación con Augusto a través de la vinculación con mujeres de la familia imperial también fue utilizada con Agripina *Minor* y Livila que regresaron del exilio al que las había sometido Calígula; ver: MEISE, 1969, págs. 139-140 y nota 58; cit. EHRHARDT, , pág. 61, nota 66. Para el importante papel de las mujeres Julio-Claudias en el culto imperial: CID LÓPEZ, 1997. MIRÓN PÉREZ, 1996, para una visión global de todo el Principado.

[300] La inscripción del asiento reservado a la sacerdotisa de Antonia *Minor*: IG II^2 5095. Una conformación similar del culto a Antonia se dio en Afrodisias, donde la emperatriz también recibió culto; ver: KOKKINOS, 1992, pág. 57. Para el culto imperial en Afrodisias ver: REYNOLDS, 1980, 1981, 1986 y 1996.

[301] La información sobre su culto en: IG II^2 3266b. Ver también: CLINTON, 1997, pág. 170 y SPAWFORTH, 1997, pág. 198 y nota 39. Sobre el personaje ver: KAPETANOPOULOS, 1963, vol. I, págs. 328-329, nº 528. Sobre C. Silio: PIR^2, III, nº 505. La relación adúltera entre C. Silio y Mesalina, así como su conspiración contra Claudio en: Tac. *Ann.* 11.26-38. Sobre Mesalina: BALSDON, 1962-reimpr. 1975, págs. 97-107; EHRHARDT, 1978; BAUMAN, 1992, págs. 167-179 y WOOD, 2000, págs. 252-255.

[302] Se reproduce la edición de Clinton (CLINTON, 1997, pág. 170), con las siguientes convenciones: a) | marca el comienzo del bloque; b) el subrayado equivale a los puntos subíndice que indican letras poco claras, y c) el doble corchete indica la rasura interpretada como la posible *damnatio memoriae*.

[303] Para Agripina *Minor*, su vida y actuación política consultar: BALSDON, 1962-reimpr. 1975, págs. 107-122; MELMOUX, 1983; BAUMAN, 1992, págs. 179-205; ECK, 1993; BARRET, 1996 y WOOD, 2000, págs. 255-270.

importantes que apunta el propio autor. La primera de estas dificultades la suscita la edición del epígrafe, en extremo difícil, aunque resuelta con éxito por Clinton. La lectura sigue siendo lacunosa y el tamaño del fragmento marmóreo encontrado sugiere una longitud mayor de la inscripción que podría variar en todo o en parte la reconstrucción inicial. El segundo inconveniente es la falta de unanimidad entre los investigadores con respecto al castigo recibido por Agripina; circunstancia que se agrava, además, por la casi absoluta inexistencia de testimonios fuera de Roma que prueben la puesta en práctica de la *damnatio memoriae*. De hecho, el ejemplo de Atenas, junto con otro de Epidauro, constituyen los dos únicos casos en los que se tomaron medidas contra la emperatriz. La adscripción de este epígrafe a Agripina, por lo tanto, no está exenta de dificultades. Por último, el nombre del oficiante también es desconocido hasta el momento. La identificación de una *tau* mayúscula al final de la primera línea permite a Clinton reconstruir Tiberio Claudio Eukles, hijo de Sóstrato. El demótico se ha perdido; pero el significativo nombre de Eukles, muy frecuente en la familia de Herodes Ático, permite al autor relacionar a este sacerdote con el famoso filósofo ateniense y hacerlo, por lo tanto, miembro del clan de los Cérices eleusinos[304].

Admitiendo, pese a las dificultades inherentes a un texto tan fragmentario, la existencia de un oficiante ateniense consagrado a Agripina *Minor*, el número de sacerdotes de culto imperial en época de Claudio es similar al de los reinados anteriores. No obstante, la primera etapa de la vida de Tiberio Claudio Novio permite extraer conclusiones interesantes sobre la evolución de las prácticas de culto imperial.

Por una parte, el hecho de que Novio obtuviese el sumo sacerdocio demuestra que la dignidad de ἀρχιερεύς no estaba todavía ligada indisolublemente con el emperador y su *genos*, puesto que Novio no precisó el sacerdocio desempeñado por Dionisodoro sino que propició el surgimiento de un nuevo culto que le permitiera adquirir dicha condición. Durante el reinado de Claudio, por lo tanto, los sacerdocios de culto imperial en Atenas carecían todavía de una regulación fija que determinaba qué culto debía contar con el oficiante de mayor categoría. El campo para la especulación y la creación por parte de los provinciales era mayor en este primer momento del culto, como atestigua el caso ateniense[305].

Por otra parte, la inexistencia de una política fija para los sacerdocios de culto imperial favorecía el aumento del número de personajes de la familia imperial que eran adorados. La conclusión, por lo tanto, es que todavía no había comenzado la reducción del número de cultos, a pesar de que, si la reconstrucción propuesta para el título sacerdotal de Dionisodoro es correcta, la idea de la familia imperial ya estaba presente.

La flexibilidad en la creación de nuevos sacerdocios y dignidades no debe, sin embargo, hacer pensar en una absoluta libertad de los provinciales con respecto al culto imperial. La heterogeneidad cultual que se observa en los rituales relativos a los emperadores apoyan la libertad en la elección y conformación de los cultos, aunque, por otra parte, las líneas maestras del culto imperial son las mismas y las divergencias y trasgresiones que fueran contra el poder romano eran castigadas con severidad. El problema, en este aspecto, es doble, puesto que implica, por una parte, la existencia, no siempre constatada, de una política definida para todo el Imperio y, por otra parte, el problema de la transmisión de la voluntad de los gobernantes a los súbditos.

4.2.2.- Ἀρχιερεύς τοῦ οἴκου τῶν Σεβαστῶν: la regularización de los sacerdocios imperiales.

El propio Novio fue el protagonista principal de los cambios sacerdotales que se produjeron en época de Nerón de los que fue, por otra parte, el mayor beneficiario. Durante este reinado Novio se hizo definitivamente con el poder político de la ciudad gracias a su control sobre las dos magistraturas de mayor capacidad ejecutiva: la estrategia y la epimeletía de la ciudad. En los años de gobierno neroniano, Novio fue cuatro veces estratego de los hoplitas y se convirtió en epimeleta vitalicio de la ciudad. A estos cargos unió sus funciones como sumo sacerdote de Nerón y sacerdote del Apolo Délico. Su influencia trascendió los límites de la *polis*, convirtiéndose en un personaje relevante en la provincial como demuestra su tenencia del sumo sacerdocio de Nerón y Zeus *Eleuterio* en Platea[306].

Un epígrafe resume su singular posición:

στρατηγοῦντος ἐπὶ τοὺς ὁπλείτας τὸ ὄγδοον καὶ ἀρχιερέως Νέρωνος Κλαυδίου Καίσαρος Γερμανικοῦ / καὶ Διὸς Ἐλευθερίου ἐκ τῶν <ἐκ τῶν> Ἑλλήνων ¨καὶ ἐπι[μ]ελητοῦ τῆς πόλεως διὰ βίου¨ καὶ ἱερέως Δηλίου Ἀπόλ/ λωνος¨ καὶ ἐπιμελητοῦ τῆς ἱερᾶς Δήλου ¨¨ κα[ὶ ἀρχι]ερέως τοῦ οἴκου τῶν Σεβαστῶν¨ καὶ Ἀρίστου / τῶν Ἑλλήνων ¨ καὶ νομοθέτου¨ Τιβερ[ίου] Κλαυδίου ¨ Νοουίου¨ ἐξ Οἴου

> Siendo estratego de los hoplitas por octava vez y sumo sacerdote de Nerón Claudio César Germánico y Zeus Eleuterio de los Helenos [koina de los griegos reunidos en Platea] y epimeleta vitalicio de la ciudad y sacerdote de Apolo Delio y epimeleta de la sagrada isla de Delos y sumo sacerdote de la casa de los Augustos y el mejor entre los griegos [campeón de la carrera celebrada en Platea] y nomoteta, Tiberio Claudio Novio de Eón[307].

El epígrafe se data en el año ático 61/62 d. C., cuando Novio ocupaba ya el cargo de sumo sacerdote de los *Sebastoi*. Se ha discutido, no obstante, si el oligarca desempeñó un sacerdocio cívico y si fue el primer ateniense en hacerse con tan alta dignidad. Las dos interrogantes surgen del trabajo de Oliver para quien el puesto de Novio no era ateniense, sino que se trataba de un culto organizado por los romanos residentes en Atenas. Para Oliver, el candidato más apropiado para llevar a cabo la reforma sacerdotal sometida a estudio en el presente capítulo, una vez descartado Novio, fue Tiberio Claudio

---

[304] La discusión de este epígrafe en: CLINTON, 1997, págs. 170 y sin cambios también en: CLINTON, 1999, pág. 96. Sobre la *damnatio memoriae* de Agripina *Minor* ver: Sen. *Octav.* 611; Tac. *Ann.* 14.13, y D. C. 61.16.2. El ejemplo de Epidauro en: PEEK, 1972, nº 76; cit. CLINTON, 1997, n. 64 y BARRET, 1996, nº 35. BARRET, 1996, págs. 192-193 y nota 30, se posiciona en contra del castigo postmortem: "It does not seem likely that the senate declared a formal *damnatio memoriae*" (pág. 193). La opinión contraria en: ECK, 1993, nota 196; cit. CLINTON, 1997, nota 64. Sobre la *damnatio memoriae* ver: VITTINGHOFF, 1936 y más recientemente FLOWER, 2000. La familia de Herodes Ático en: AMELING, 1983.

[305] Esta idea es propuesta por SPAWFORTH, 1997, págs. 185-186: "The best explanation of this pattern is that the high-priestly title in the early first century had yet to become inevitably attached to a particular priesthood", (pág. 185).

[306] Sobre el cargo de Estratego de los Hoplitas: GEAGAN, 1967, págs. 18-31; SARIKAKIS, 1976, y GEAGAN, 1997, págs. 21-24. Sobre la epimeletía: GEAGAN, 1979c, págs. 279; OLIVER, 1973, págs. 390-403; OLIVER, 1976, y GEAGAN, 1997, págs. 24-28.

[307] IG II² 1990, líneas 3-6. Sobre Novio y sus títulos panhelénicos de Platea: NAFISSI, 1995, págs. 124-132. También sobre el *koinon* mencionado en la inscripción consultar: *REA* 1929, págs. 13-20. Resulta significativo que Nerón fuera asimilado a Zeus Eleuterio, las dos divinidades de las que se encarga Novio: IG VII 2713; OLIVER, 1989, nº 296 (ed. parcial primeras 26 líneas).

Hiparco, padre de Herodes Ático y sumo sacerdote durante los reinados de Trajano y Adriano[308].

Con todo, la hipótesis de Oliver ha sido rebatida por Spawforth. Su refutación se articula en torno a dos puntos débiles de la anterior explicación. Por una parte, el autor inglés demuestra la inexistencia de una comunidad romana en Atenas. Ciertamente no hay ninguna mención a ella en el registro epigráfico. Por otra parte, Spawforth ha indicado que el oligarca ateniense, contra la opinión de Oliver, no era itálico, pues su gentilicio, Novio, había sido su nombre griego original. Cuando recibió la ciudadanía el gentilicio se convirtió en *cognomen*[309].

Falta un testimonio que indique explícitamente que Novio fue el primero de los sumos sacerdotes dedicados al culto conjunto de los *Sebastoi*. Este testimonio podría encontrarse en el epígrafe IG II² 3562[310]:

[ἀνα]θέντα τὰ ἐν αὐτῷ ἀγάλματα
τῶν Σεβασ-/[τ]ῶν ἐκ τῶν ἰδίων καὶ
ἀρχιερέα πρῶτον γενόμε-/[νο]ν τῶν
Σεβαστῶν ἀνέθηκαν

Dedicó allí [en un templo o capilla] estatuas de los augustos pagadas por él y fue primer sumo sacerdote de los Augustos.

Atendiendo a la trayectoria política del personaje y a su implicación en la dinamización del culto imperial, es más que probable que Novio fuera efectivamente el primer oligarca en ocupar el sacerdocio. La evergesía que recoge la inscripción constituiría el típico desembolso que implicaba la concesión de magistraturas y sacerdocios. Éstas se han circunscrito únicamente a la donación de estatuas, aunque también puede sugerirse que el propio lugar en el que se situaron las imágenes fue donado por el prócer. Su nombre puede, por lo tanto, reconstruirse en el encabezamiento de IG II² 3562. En cualquier caso, el aspecto más importante que se trata en el presente apartado no es si Novio fue efectivamente el primero de estos sacerdotes, sino las mutaciones que la reforma introdujo en el culto imperial ateniense.

En este sentido puede concluirse que a partir del sumo sacerdocio de Novio la dignidad se asoció definitivamente con el emperador y su familia, como muestra la continuación de la titulatura durante el resto del principado. Así, los *archiereis* posteriores que se conocen son indistintamente sumos sacerdotes del emperador reinante o sumos sacerdotes de los dioses Augustos. En Atenas, además, todo parece indicar que el cargo fue vitalicio, de forma que se pueden estudiar con bastante fiabilidad todas las personas que ocuparon el cargo durante los dos primeros siglos de nuestra era (ver Apéndice 3.3). El análisis de la información que proporciona el apéndice permite concluir que el nuevo sacerdocio incluía tanto al emperador como al conjunto de los *Sebastoi*. La utilización de uno u otro apelativo se explica por el contexto epigráfico, pues el oficiante destaca en algunas ocasiones su sacerdocio del emperador, en estatuas dedicadas a él, por ejemplo, mientras que en otras circunstancias se enfatiza el cargo colectivo, como cuando es el propio oficiante quien recibe honras de sus conciudadanos[311].

Como se indicó en el primer apartado del presente capítulo, acompañó a esta novedad sacerdotal una reducción en el número de divinidades imperiales adoradas, que pasaron a limitarse al emperador y su esposa. El resto de los personajes con culto en Atenas, que habían ido sumándose en un *corpus* heterogéneo, se adscribieron, como se explicó con anterioridad, al culto conjunto de los *Sebastoi*. Proceso que también se estaba produciendo en otras *poleis* como Afrodisias: "Cuando los nombres de los distintos emperadores dejaron de ser mencionados y se integraron como Θεοί Σεβαστοί"[312].

Sólo Druso Cónsul mantuvo su sacerdote propio. Una pervivencia que vuelve a mostrar la necesidad de contemplar los localismos. El culto imperial, por lo tanto, pese a su homogeneización evidente, siguió también manteniendo buena parte de su idiosincrasia, lo que, en definitiva, apunta a la adopción por parte de la ciudad de las prácticas de adoración imperial. Dicha adopción provocó que cada ciudad, con su historia y su propio bagaje cultural, personalizara en gran medida la conformación de los cultos otorgados a los emperadores. De esta forma, aunque en el presente capítulo se estudia la unificación y homogeneización de los cultos al emperador y su familia, tampoco se defiende la implantación de unas prácticas únicas y excluyentes para todo el Imperio. Se pretende ilustrar las pautas principales sin por ello desestimar las divergencias que dotan de personalidad a cada culto cívico. Un análisis de otro tipo sería una reducción y encorsetamiento innecesario de una realidad compleja y multiforme como fue el culto imperial[313].

La reforma del sacerdocio de culto imperial coincide con la aparición de oficiantes con ciudadanía romana. Los oligarcas recibían la más preciada recompensa a su labor. El hecho de que las transformaciones cultuales coincidan con los primeros pasos de la inserción de la clase dirigente atenienses en la romanidad es significativo. Más aún si se tiene en cuenta que es también en este momento cuando Grecia experimenta una importante recuperación económica y cultural, como indica el nacimiento de la segunda sofística. Los tres fenómenos están estrechamente relacionados[314].

La ciudadanía romana se convirtió, desde ese momento, en una muestra más de las diferencias sociales dentro de la *polis* y pasó a constituir, a su vez, un requisito casi indispensable para ocupar las más altas magistraturas. El estudio prosopográfico de Woloch, sobre todo los datos recogidos en el segundo catálogo de su obra, así lo demuestran[315].

De esta forma, durante los reinados de Claudio y Nerón no solamente, como se ha indicado, Tiberio Claudio Novio adquirió la ciudadanía sino que también C. Silio Policrito, el sacerdote de Mesalina fue premiado con ella. En este bloque de atenienses que alcanzan la romanidad y que estuvieron relacionados con el culto imperial debe incluirse igualmente la familia de Policarmo, sumo sacerdote de Tiberio y antecesor de Herodes Ático[316].

---

[308] OLIVER, 1950, pág. 95-97.
[309] SPAWFORTH, 1997, págs. 188-189.
[310] La asignación en: SPAWFORTH, 1997, págs. 189-190 y CLINTON, 1997, pág. 171. La inscripción fue hallada en Salamina. Se ha defendido que provenía de Atenas: OLIVER, 1950, pág. 97, nota 4. Sin embargo, últimamente se ha apuntado la posibilidad de que proviniera de Eleusis: CLINTON, 1997, pág. 172.
[311] El culto del emperador se incluye en el de los *Sebastoi*: SPAWFORTH, 1997, pág. 188. Sobre la continuación de la titulatura de los sacerdotes de culto imperial: OLIVER, 1950, págs. 81-84. Consultar también: SPAWFORTH, 1997, pág. 190.
[312] REYNOLDS, 1996, pág. 48.
[313] Para el sacerdocio de Druso ver *supra* apartado 3.1.3.
[314] Comienzo de la segunda sofística en esta época: Philo. *Vit. Sophist.* 511-3. Aunque, sobre la segunda sofística, consultar nota a pie *supra* en apartado 4.
[315] WOLOCH, 1973, págs. 304-315
[316] Tiberio Claudio Novio: GEAGAN, 1979c, pág. 282. C. Silio Policrito: KAPETANOPOULOS, 1963, vol. I, págs. 328-329, nº 528. Policarmo de Maratón: AMELING, 1983, págs. 13-14. Sobre la ciudadanía romana en Atenas: KAPETANOPOULOS, 1963 y WOLOCH, 1971.

4.3.- Las reformas en las fiestas de culto imperial.

En el último tercio del s. I a. C. Atenas había decretado que el cumpleaños de Augusto debía celebrarse con especial boato. El modelo ritual que se siguió fue el de Apolo *Pitio*. La erección de altares para Tiberio y Claudio parecen indicar que los siguientes augustos fueron incluidos en el mismo ritual. Estas pleitesías fueron acompañadas por dos fiestas efébicas en honor de Augusto y Germánico[317].

Durante el período en el que se estaban llevando a cabo las importantes reformas en el sacerdocio que se han analizado en el apartado anterior, la *polis* ateniense experimentó también un trascendental cambio en la configuración de sus festejos cívicos. Las novedades fueron la aparición de dos nuevas celebraciones de culto imperial: las *Panateneas Sebastas*, probablemente anteriores; pero firmemente documentadas por primera vez en este período, y los *Agones* de los Augustos, que comienzan a celebrarse en el reinado de Claudio.

De esta forma, el ritual imperial de Atenas al final de la dinastía Julio-Claudia incluiría una gran cantidad de festejos dedicados a los gobernantes. La conclusión que se desprende de la conjunción de tantos festejos en Atenas es que la ciudad sintonizaba con el gobierno romano, al que adoraba por su poder junto a las divinidades ancestrales de su panteón. El orden actual se unía a la tradición para justificar las relaciones socio-económicas que estaban en la base del Imperio[318].

En los dos subapartados siguientes se estudian las nuevas fiestas aparecidas en este período. El proceso de innovación cultural también estuvo liderado por Tiberio Claudio Novio. Su labor en el ámbito de los rituales fue tan acertada, en términos de perduración histórica, que el universo cultual que ayudó a instalar se mantuvo inalterado hasta época de Adriano, cuando Atenas modificó nuevamente sus festejos y sacerdocios.

Con respecto a los *Agones* de los Augustos varias son las cuestiones que se analizan. Por un lado, se intenta dilucidar el momento de su aparición. Este tema ha sido objeto de un serio debate historiográfico, pues en el registro epigráfico no existen noticias de los *agones* hasta el reinado de Claudio. Pese a ello, la mayor parte de los investigadores creen que los atenienses debieron acordar con anterioridad fiestas en honor a los emperadores. La hipótesis que se presenta en el presente trabajo es que estas fiestas fueran creaciones nuevas que se sumaban a la celebración del cumpleaños de Augusto. Se trataba, por ello, de pleitesías adicionales y no de las primeras honras de este tipo llevadas a cabo en Atenas.

Por otro lado, como ya se ha indicado, se analiza el papel de Tiberio Claudio Novio en el surgimiento de las fiestas. La posibilidad que se da en Atenas para estudiar las personas implicadas en la difusión y potenciación de los nuevos rituales no debe ser desaprovechada, pues aporta interesantes reflexiones sobre el papel de las oligarquías locales, apoyadas y dirigidas desde Roma o por agentes romanos, en la consolidación del culto imperial. Una vez más se confirma que los instrumentos del poder pueden ser más sutiles que la mera imposición forzada.

El análisis de la implicación de la aristocracia ateniense se acompaña de una discusión sobre la conformación de las fiestas. Así, se aportan nuevas reflexiones sobre la periodicidad de los *agones*. Por último, siguiendo dentro del análisis de la conformación de los festejos, se realizará una descripción de la forma en la que pudieron realizarse las celebraciones. Esta reconstrucción, que pretende explicar qué sucedía en Atenas durante los días de fiesta, se lleva a cabo a través del estudio de testimonios epigráficos de la propia capital del Ática, así como de la comparación con documentos hallados en otras *poleis* griegas.

El segundo de los festejos analizados en este apartado son las *Panateneas Sebastas*, que ya han sido tratadas en el capítulo anterior donde se centró la atención sobre todo en dilucidar si las celebraciones comenzaron a realizarse en época de Augusto. En este capítulo sólo se destaca la aparición de testimonios claros que prueban la conexión de los festejos más importantes de Atenas con el culto imperial.

4.3.1.- Los *Agones* de los Augustos.

La aparición en la epigrafía de referencias a los *Agones* de los Augustos demuestra nuevamente la existencia de fiestas atenienses dedicadas a los emperadores en calidad de dioses.

La primera cuestión que se analiza sobre estos festejos es el momento en que se celebraron por primera vez. Existe un debate historiográfico sobre el particular, articulado en torno a dos epígrafes: IG II^2 1069 e IG II^2 3270. La primera de las inscripciones es un decreto en el que se acuerdan honores para un importante personaje, Julio Nicanor, que había sido agonóteta de los *Agones* de los Augustos. El documento en cuestión se databa habitualmente en época del primero de los césares. Esta cronología chocaba con la información del segundo documento, IG II^2 3270, en el que Tiberio Claudio Novio aparecía como primer agonóteta de los *Agones* de los Augustos. De esta forma, si Nicanor en época de Augusto fue agonóteta de los juegos, Novio durante el reinado de Claudio no podría haber sido el primero en desempeñar dicho cargo. El enfrentamiento entre los datos aportados por las dos inscripciones dio lugar a varias hipótesis explicativas que intentaban superar el conflicto entre los testimonios.

Así, Graindor, que aceptaba la datación de IG II^2 1069 en época de Augusto, defendía la existencia de juegos consagrados a los emperadores desde el comienzo del Principado. La condición de Novio de ἀγωνοθέτου πρώτου τῶν Σεβαστῶν Ἀγώνων indicaba, según Graindor, que el oligarca fue el primer agonóteta de los juegos imperiales que se celebraron durante el reinado de Claudio[319].

Retomando la hipótesis de Graindor, Geagan, en su obra sobre la constitución ateniense tras Sila, afirma que los *Agones* de los Augustos se llevaron a cabo por primera vez en época de Augusto y apoya su afirmación en la tradicional datación de IG II^2 1069. Novio, por lo tanto, fue el primer agonóteta en el reinado de Claudio de unos festejos que se celebraban desde Augusto[320].

Para Jones, que también databa IG II^2 1069 en el reinado de Augusto, Tiberio Claudio Novio fue el primer agonóteta de juegos periódicos consagrados a los emperadores, mientras que Julio Nicanor llevó a cabo unos festejos realizados una sola vez y que no continuaron. Su afirmación se basaba, por una parte, en la existencia de este tipo de fiestas esporádicas en otras zonas del mundo griego, en concreto en Pérgamo. Por otra parte, se sustentaba en que los juegos no eran calificados por un artículo, como ocurría con los festejos organizados por Novio, de forma que se podía establecer una diferencia entre ambos, siendo los dirigidos por Novio los verdaderos juegos

---

[317] Ver capítulo anterior apartado 3.3.2.
[318] La celebración del cumpleaños de Augusto: SEG 17, 34; STAMIRES, 1957, *Hesperia* 26, págs. 260-265, nº 98; IG II^2 1071. La celebración del cumpleaños de Julia Domna: IG II^2 1076; OLIVER, 1940. Las celebraciones efébicas en honor de Germánico se siguieron celebrando hasta el siglo III d. C., ver: GRAINDOR, P., 1922b, págs. 176-179 y FOLLET, 1976, pág. 322.

[319] GRAINDOR, 1931, pág. 11, nota 7.
[320] GEAGAN, 1967, pág. 134.

regulares y los oficiados por Nicanor simples festejos celebrados una sola vez[321].

Los tres autores creían, por lo tanto, que Atenas debía haber creado juegos en honor de los emperadores antes de Claudio. Todos, como se ha indicado, sustentaban su opinión en la datación de IG II^2 1069 en el reinado de Augusto. No obstante, la cronología de este epígrafe ha sido rebatida por dos investigadores.

El primero, Kapetanopoulos, ha contestado la datación de IG II^2 1069 a través de una nueva lectura de una inscripción (IG II^2 1723) en la que aparece Julio Nicanor como estratego de los hoplitas, acompañado, según Kapetanopoulos, por Teógenes de Paene que era el Heraldo del Areópago. Esta magistratura fue desempeñada por Teógenes en el año 61/62 d. C. lo que impide que Julio Nicanor realizara su carrera política al comienzo del Principado[322].

El segundo autor que ha atacado la datación tradicional de IG II^2, 1069 ha sido Habicht que ha realizado un estudio sobre la misma en el que concluye que el epígrafe debe ser datado en el reinado de Claudio y no bajo Augusto[323].

De esta forma, al invalidar la cronología clásica de IG II^2 1069 en época de Augusto, todos los testimonios sobre los *Agones* de los Augustos se fechan a partir del reinado de Claudio. En cualquier caso, la inexistencia de testimonios anteriores a dicho reinado no supone un problema insoslayable para aceptar la celebración de *agones* dedicados a los emperadores desde Augusto; máxime cuando éstos se realizaban desde comienzos del Principado en ciudades próximas como Gitio, Mesenia o Corinto. El azar y no la historia puede ser el protagonista de esta circunstancia. No obstante, la conjunción, por un lado, de ese vacío en las fuentes, junto con la aparición de Novio como primer agonóteta de estos juegos en IG II^2 3270, indican, de acuerdo con la opinión de Spawforth, que los *Agones* de los Augustos surgieron en época de Claudio. Se trataba, por lo tanto, de nuevas pleitesías acordadas por el pueblo ateniense para honrar a los emperadores[324].

Esta redatación de las celebraciones lleva a plantearse cuál era la relación existente entre las fiestas decretadas para honrar el cumpleaños de Augusto y los *Agones* de los Augustos. Una posible solución, siguiendo a Graindor, es que ambas fiestas fueran la misma. IG II^2 3270, como se ha indicado, informaría de la primera agonótesia de estos festejos en el reinado de Claudio. La explicación de Graindor es interesante y no puede refutarse debido a la escasez de la documentación[325].

No obstante, la hipótesis que se plantea en este trabajo es que la celebración del cumpleaños de Augusto con la posible incorporación de festejos adicionales en honor de los nuevos emperadores, fue reformada en época de Claudio. La remodelación de las fiestas de Augusto debió llevar emparejada la inclusión de más jornadas y nuevas divinidades imperiales, así como, posiblemente, la incorporación de competiciones adicionales. Otro objetivo de la reforma de las fiestas imperiales fue, como se ha señalado en el caso de los sacerdocios, la creación de rituales relacionados con la colectividad de *Sebastoi*. Un culto conjunto en el que tuvieran cabida todos ellos, afianzándose la noción dinástica del poder romano[326].

Con la hipótesis que se plantea se intenta superar el conflicto entre la información de IG II^2 3270 y la existencia segura de la celebración del nacimiento de Augusto, corroborada por el decreto estudiado en el capítulo anterior (SEG 17, 34; STAMIRES, 1957, *Hesperia* 26, págs. 260-265, n° 98; IG II^2 1071). De esta forma, los atenienses, con la llegada al trono de Claudio, reformaron la fiesta de Augusto para incluir el culto conjunto de la familia imperial y ampliar las pleitesías acordadas anteriormente. Novio podía así presentarse como el primer agonóteta de los *Agones* de los Augustos, pues se trataba de fiestas nuevas, adicionales, que superaban y, seguramente, englobaban las celebraciones imperiales previas. Un paralelo a la propuesta que se realiza en el presente trabajo son las *Cesareas* de Gitio que también se han interpretado como una ampliación de época de Tiberio de festejos celebrados desde el reinado de Augusto[327].

Dos elementos parecen indicar esa continuidad. Por una parte, la existencia de altares de formato similar al de Augusto para otros emperadores, incluso tallados en la misma ara dedicada al primero de los príncipes. Esta reutilización indica la continuidad del culto en los mismos lugares sirviéndose de los mismos elementos cultuales. No es aventurado, por ello, pensar que los rituales que dieron lugar a los altares de Augusto fueran los mismos que posteriormente propiciaran la aparición de nuevas aras dedicadas a otros emperadores o la reutilización de las anteriores. Las honras para el primero de los Césares se habían extendido con el paso del tiempo a sus sucesores[328].

Por otra parte, es interesante, aunque tal vez algo aventurado, defender la permanencia del carácter apolíneo de los *Agones* de los Augustos. Los testimonios que apuntan esta idea son dos. El primero es el nombre de la única competición que se ha conservado de estos juegos: la cítara, frecuentemente asociada con el culto a Apolo (SIG^3 802) y cuya aparición en un festejo isopítico (SEG 17, 34, línea 22; STAMIRES, 1957, *Hesperia* 26, págs. 260-265, n° 98; IG II^2 1071) es frecuente. El segundo dato es que los oficiantes encargados del culto al gobernante fueron también habitualmente sacerdotes de cultos a Apolo, divinidad unida en Atenas con los emperadores. Así, el sacerdote de Roma y Augusto en la Acrópolis, Pamenes de Maratón, fue también oficiante del Apolo Delio. Policarmo y Dionisodoro fueron sacerdotes de Apolo *Patroos* y de Tiberio y Claudio. Este último emperador se asimiló, a su vez, con dicha advocación de *Febo*. Nerón también fue asimilado con

---

[321] Sobre Julio Nicanor: RAUBITSCHEK, 1954 y JONES, 1978a, págs. 22-2228. La explicación de los *Agones* de los Augustos aparecidos en IG II^2, 1069 en: JONES, 1978a, págs. 227 y 228.
[322] La relectura de IG II^2 1723 en: KAPETANOPOULOS, 1976, pág. 376. Seguido por: SHEAR, 1981, págs. 366-367. Ver, sin embargo, objeciones en: JONES, 1978a, págs. 227-228.
[323] Consultar: HABICHT, 1996.
[324] *Agones* de los Augustos en: IG II^2 1069, IG II^2 1077, IG II^2 3270, IG II^2 3535+SEG 21, 742, IG II^2 4174 y SIG^3 802. Grandes *Agones* de los Augustos: IG II^2 3531; IG II^2 3571 y SEG 47, 226=CLINTON, 1997, págs. 171-172=Inv. n° E 143, aunque sobre este fragmento inédito ver *infra*. La inscripción IG II^2 3270: Τιβέριον Κλαύδιον / Καίσαρα Σεβαστὸν Γερ[μανι]κὸν Αὐτοκράτορα / ἡ βουλὴ ἡ ἐξ Ἀρείου πάγου καὶ ἡ βουλὴ τῶν ἑξακοσίων καὶ ὁ δῆμος / στρατηγοῦντος ἐπὶ τοὺς ὁπλείτας τοῦ καὶ ἀγωνοθέτου πρώτου // τῶν Σεβαστῶν Ἀγώνων Νοουίου τοῦ Φιλείνου ἐξ Οἴου. Traducción: La Asamblea del Areópago y la Asamblea de los Seiscientos y el *Demos* [levantaron una estatua de] Tiberio Claudio César Augusto Germánico Imperator, siendo Estratego al mando de los Hoplitas y primer agonóteta de los juegos de los Augustos Novio hijo de Fileno de Eón. Ver: GRAINDOR, 1931, pág. 11, nota 7 y SPAWFORTH, 1997, pág. 190 y nota 49.
[325] GRAINDOR, 1931, pág. 11, nota 7.

[326] Sobre la posible continuación de la celebración de los cumpleaños imperiales consultar *supra* apartado 3.3.2. Un paralelo, en Pérgamo: IGRom IV 353=Inschr. Pergamon II, 374, b; ct. BEARD, NORTH y PRICE, 1998, vol. II, págs. 255-256.
[327] La interpretación sobre las *Cesareas* de Gitio en: GEBHARD, 1996, pág. 117.
[328] Para los altares de Augusto en Atenas: BENJAMIN y RAUBITSCHEK, 1959, págs. 75-85. Testimonios adicionales en: GEAGAN, 1984, pag. 74 y nota 21. Altares reinscritos: BENJAMIN y RAUBITSCHEK, 1959, n°s 11, 12 y 13. Las fiestas de Pérgamo en: IGRom IV 353=Inschr. Pergamon II, 374, b; ct. BEARD, NORTH y PRICE, 1998, vol. II, págs. 255-256. También se reutilizaron altares en Mitilene, ciudad en la que se celebraba así mismo el cumpleaños de Augusto: BENJAMIN, 1963, pág. 78, n° 161.

Apolo y su sacerdote, Tiberio Claudio Novio fue sacerdote de Apolo Delio[329].

Una vez más es Tiberio Claudio Novio el principal protagonista de la innovación. Su actuación en la difusión del culto imperial permite, en el caso de Atenas, identificar la mano que está detrás de los cambios religiosos. Su acción política, como se indicó en el apartado anterior, se acompañó de una fuerte implicación en la aprobación de nuevos rituales y sacerdocios. Al comienzo de su vida pública Novio diseña o, cuando menos, dirige los nuevos *agones* atenienses en honor de los emperadores y los *Sebastoi*. Todavía no es ciudadano romano, pero ya cuenta con el importante apoyo de P. Memmio Régulo (IG II^2 3270 e IG II^2 4174). Al año siguiente, Novio adquiere la ciudadanía romana y continúa su carrera política siempre apegado al culto imperial como legitimación de su singular posición en la *polis* (IG II^2 3271). Su entusiasmo en estas prácticas le permitió dotarse del apoyo necesario para acceder al poder, situándose en pie de igualdad con otros sacerdocios, los eleusinos, a los que no podría haber optado, puesto que no pertenecía a los clanes que monopolizaban los cargos. La adoración al emperador se presenta así con todo su potencial de promoción social. En el caso concreto de Novio le permitió llegar a la cúspide de la sociedad ateniense por una vía alternativa a la tradicional. El nuevo sistema de gobierno implantado en el Mediterráneo dotaba a sus defensores provinciales de nuevos medios para llegar a la primacía cívica y, de esta forma proteger los intereses de Roma y los suyos propios.

La creación de los *agones*, además de permitir a Novio comenzar brillantemente su carrera política, suponía la creación de un marco ritual en el que los nuevos sacerdotes de culto imperial realizaran sus tareas. Es interesante señalar, por ello, como se ha apuntado anteriormente, que la creación de los festejos cívicos en honor del emperador y los *Sebastoi*, sea coetánea a la aparición por primera vez en Atenas de un sacerdote encargado de rendir culto al emperador reinante, así como a su familia (Dionisodoro). Las nuevas divinidades, en su conformación abstracta, requerirían nuevos sacerdotes, así como nuevas fiestas.

De esta forma, puede concluirse que la reforma se incluye dentro de la evolución propia de la adoración a los emperadores en Atenas. El énfasis prestado al culto conjunto de los *Sebastoi* no sólo en la capital del Ática, sino en gran parte del Oriente griego es el motivo principal del surgimiento de estas fiestas. Se trata de una innovación para divinidades y sacerdotes nuevos. Por lo tanto, su aparición está en consonancia con la evolución general del culto imperial[330].

Una vez estudiado el momento en el que aparecen los *agones*, así como la implicación de la aristocracia en el culto imperial y su posible resistencia al mismo, es interesante analizar la conformación y función de los festejos. El primer aspecto que se estudia es el de la periodicidad de los juegos a través de las distintas denominaciones con las que aparecen mencionados en la epigrafía ateniense. En segundo lugar se analiza la función de los festejos a través sobre todo de su comparación con otros textos del mundo oriental.

Los festejos aparecen en el registro epigráfico con tres nombres diferentes: a) *Agones* de los Augustos, con la variación posible de *Agones* de los Césares Augustos; b) *Agones* de Tiberio Claudio César Augusto, y c) Grandes *Agones* de los Augustos[331].

Novio es agonóteta de estas fiestas en su primera celebración en el año 41 d. C. Dos epígrafes testimonian su presidencia: IG II^2 3270 e IG II^2 4174. En la primera de las inscripciones las celebraciones se denominan *Agones* de los Augustos o *Agones* Augustos que, basándose en la nomenclatura que reciben en el segundo epígrafe, *Agones* de Tiberio Claudio César Augusto, han sido interpretados como juegos en honor de la familia imperial en los que se prestaba especial atención al emperador reinante (para este segundo epígrafe véanse láms. 9a y 9b). Al año siguiente, 42 d. C., Novio volvió a desempeñar el mismo puesto como demuestra la inscripción IG II^2 3271. Este epígrafe se ha asociado con la construcción de las escaleras en el camino de las *Panateneas* que conducían a los propíleos. No obstante, la agonótesia desempeñada por el prócer ateniense no es de las *Panateneas*, sino de los festejos imperiales. Si Novio se encargó de financiar esta costosísima obra, habitualmente atribuida al emperador, se trataba de una gran evergesía que superaba con creces las que se esperaban habitualmente de los agonótetas[332].

Novio volvió a ser agonóteta de las celebraciones durante su cuarta estrategia cuando también presidió las Grandes *Panateneas*. La información ha sido conservada en el epígrafe IG II^2 3535+SEG 21, 742. En esta ocasión los juegos se denominan *Agones* de los Césares Augustos y sin duda se trata de los mismos celebrados con anterioridad. El nombre de las fiestas, por lo tanto, era flexible. Las variaciones eran posibles debido a que las celebraciones de este tipo no tenían una denominación única y la forma de referirse a ellas podía cambiar por diversos motivos, como puede ser la voluntad de destacar un personaje de las fiestas o la necesidad de ahorrar espacio epigráfico[333].

Sin embargo, la tercera denominación de los juegos, Grandes *Agones* Augustos, plantea la duda de si se trata de una nueva forma de denominar los mismos festejos, o si, por el contrario, son celebraciones extraordinarias que destacan sobre las habituales fiestas. Teniendo en cuenta que no hay ningún caso en el que la misma agonótesia aparezca indistintamente

---

[329] La cítara está muy relacionada con el culto a Apolo: OCD, pág. 1004; además, el Apolo Palatino era citaredo: GAGÉ, 1981, *passim*. Los *agones* délicos incluían una competición musical desde sus inicios. Tuc. III. 104. Las Pitias se centraban en los festejos musicales, frente a otras tradiciones como la deportiva de los Juegos Olímpicos. La relación entre Apolo y los primeros emperadores en Atenas ya fue mencionada ver *supra* apartado 3.1.2. Para Pamenes: MAVROJANNIS, 1995, esp. pág. 90 y nota 39. Ver también: FOLLET, 2000. Para Policarmo y Dionisodoro, así como para la asociación de Claudio con Apolo *Patroos*: IG II^2, 3530 e IG II^2 3274+SEG 22, 153 (respectivamente). Según VERMEULE, 1968, pág. 387, nº 4 Claudio tomó los atributos del dios tanto en la estatua dedicada por Dionisodoro como en una estatua en mármol proveniente de Atenas de la que sólo se conserva la cabeza. Nerón Nuevo Apolo: a) IG II^2, 3278; b) PEEK, 1942, *MDAI(A)* 67, pág. 45, nº 60; c) SEG 32, 252; MASTROCOSTAS, 1970, *AAA* 3.3, págs. 426-427, nº 1; d) SEG 34, 182, y e) SEG 44, 165. Un epígrafe hallado en el ágora permite concluir que Nerón se relaciona con *Febo* en su advocación de *Patroos*: SEG 34, 182; cit. GEAGAN, 1984, pág. 76 y nota 35. Para este epígrafe véase lám. 1. Tiberio Claudio Novio sacerdote de Apolo Délico en: IG II^2, 1990 e ID, 1628.

[330] Para el sacerdocio ver *supra*: Dionisodoro, hijo de Sófocles, de Sunio y IG II^2 3274+SEG 22, 153. Sobre el énfasis dinástico de ambos emperadores y la difusión del concepto de *Domus Augusta*, Divina... ver *supra* apartado 4.1.1.

[331] *Agones* de los Augustos: SEG 36, 143=IG II^2 1069; IG II^2 1077; IG II^2 3270; SIG^3 802 (Ἀθήνῃσι Σεβάστεια) y de los Césares Augustos: IG II^2 3535+SEG 21, 742 y SEG 47, 226=CLINTON, 1997, págs. 171-172=INV Nº E 143 (según la reconstrucción propuesta; ver *infra*). *Agones* de Tiberio Claudio César Augusto: IG II^2 4174. Grandes *Agones* de los Augustos: IG II^2, 3531 e IG II^2, 3571.

[332] Agonótesias de Novio en: GEAGAN, 1967, págs. 134-135. Sobre el puesto de agonóteta en: GEAGAN, 1967, págs. 132-136. La construcción de la escalera colosal de entrada a la Acrópolis en época romana en: SHEAR, 1981, pág. 367, que atribuye la construcción al emperador. La reparación de la subida a la Acrópolis en el contexto de los festejos imperiales puede sugerir que parte de ellos se desarrollaran en la ciudad alta, aunque se trata sólo de una conjetura. La evergesía de Novio sólo sería comparable a la de Herodes Ático cuando construyó el Estadio *Panatenaico*: Philo. *Vit. Sophist.* II, 550.

[333] Graindor piensa que los Grandes *Agones* Cesáreos se dedican a César. Aunque la adscripción de los festejos a César es discutible, sin embargo el autor acierta al diferenciar dichos juegos de los *Agones* de los Augustos. Ver: GRAINDOR, 1931, pág. 27, nota 2.

calificada de *megalon* y también sin dicho adjetivo, la propuesta que se plantea en el presente trabajo es que los Grandes *Agones* Augustos eran ocasiones singulares en la que los habituales *Agones* de los Augustos recibían un impulso especial, con mayor número de competiciones o sacrificios más abundantes. La periodicidad, por analogía con otras fiestas atenienses como las *Panateneas*, puede conjeturarse que fuera anual, con los Grandes Juegos celebrados cada cuatro años. Sin embargo, los testimonios son lo suficientemente escasos como para impedir cualquier opinión definitiva y limitar las posibles conclusiones al campo de lo hipotético. No obstante, existen ejemplos de esta conformación de fiestas imperiales como en Quios, donde se celebraban anualmente festejos en honor de Germánico que cada cuatro años eran enfatizados con mayores celebraciones[334].

La reconstrucción de la periodicidad de los *agones* que se plantea puede ser rebatida a través de la reciente edición de un epígrafe realizada por Clinton (SEG 47, 226; véase lám. 10):

[... καὶ ἀρχιερέα ... Σε]-/βαστ[...]/καὶ ἀγω[νοθέτην τῶν Με]-/γάλων [Καισα-ρήων Σεβα]-//στῶν [καὶ Παναθηναίων]/ Σεβα[στῶν καὶ στρατη]-/γήσα[ντα ἐπὶ τὰ ὅπλα]

Se trata de una inscripción de la que se conserva sólo un pequeño fragmento que no incluye el nombre del personaje honrado. Clinton defiende que Novio fue el prócer a quien se erigió la estatua. Según su lectura, la segunda agonótesia de Novio en el reinado de Claudio aparecería en las fuentes indistintamente como de los Grandes *Agones* Augustos (SEG 47, 226) o de los *Agones* Augustos (IG II² 3535+SEG 21, 742). Así, la reciente edición de Clinton defiende que no existía diferenciación entre ambos nombres que, por lo tanto, harían referencia a los mismos festejos.

Con todo, la reconstrucción del fragmento dista de ser segura y debe ser revisada. El motivo de esta crítica es que Clinton al realizar la reconstrucción de los cargos desempeñados por el prócer anónimo se basa, según su propia indicación, en los que Novio tenía en otro documento mejor conservado IG II² 3535+SEG 21, 742. Sin embargo, sin motivo aparente cambia los cargos que aparecen en dicho epígrafe, que como se ha indicado era el fundamento de su reconstrucción, produciendo una lectura errónea. De esta forma, la edición de Clinton no reconstruye fielmente las agonótesias desempeñadas por Novio en IG II² 3535+SEG 21, 742 que eran: agonóteta de las Grandes *Panateneas* y de los (*agones*) Cesareos Augustos. Por ello, la edición que defiendo, siguiendo literalmente los cargos de IG II² 3535+SEG 21, 742 es[335]:

[... καὶ ἀρχιερέα ... Σε]-/βαστ[...]/καὶ ἀγω[νοθέτην τῶν Με]-/γάλων [Παναθη-ναίων Σεβα]-//στῶν [καὶ Καισαρήων]/ Σεβα[στῶν καὶ στρατη]-/γήσα[ντα ἐπὶ τὰ ὅπλα]

Si la reconstrucción propuesta es acertada, Novio no fue nunca agonóteta de las Grandes Fiestas Augustas. Tampoco serían, por lo tanto, dos formas indistintas de denominar los mismos *agones*, sino los mismos festejos celebrados, como se indicó antes, con especial fasto en un determinado momento.

Es difícil indicar en qué consistirían estos *Agones* de los Augustos, cuáles serían los premios concedidos a los participantes o la duración de los festejos. No se ha encontrado ninguna descripción de los mismos y, salvo un epígrafe, tampoco existen inscripciones en las que se mencionen los ganadores de los juegos. Por ello, para iluminar mejor estos aspectos es necesario recurrir a testimonios provenientes de otros puntos del mundo griego.

En concreto, una inscripción hallada en Gitio ofrece una buena imagen de unos festejos consagrados a la familia imperial. En el epígrafe, los habitantes de la pequeña ciudad del Peloponeso fijan detalladamente la manera en la que debían desarrollarse sus *Agones* de los Augustos. Así, establecen[336]:

Que coloque [el agoránomio] [...] en el primer pedestal [...] [el retrato[337]] del divino Augusto César el padre, y en el segundo a la derecha el de Julia Augusta, y en el tercero el de Tiberio César Augusto. La ciudad proveerá los cuadros. Que ponga una mesa en el medio del teatro y que se ponga un incensario en ella y que los miembros del consejo y todos los magistrados sacrifiquen antes de que empiece la representación por la salud de los gobernantes.

Que celebre: el primer día en honor del Divino César Augusto el Salvador y Libertador, hijo de dios; el segundo día en honor de Tiberio César Augusto, padre de la patria; el tercero en honor a Julia Augusta, la fortuna de nuestra raza y de nuestra ciudad; el cuarto en honor de la Nike de Germánico César; el quinto en honor de la Afrodita de Druso César; el sexto en honor de Tito Quinto Flaminino. Que se encargue del correcto comportamiento de los participantes [...]

Después de los días de los dioses y los gobernantes que el agoránomio celebre dos días más de fiestas [θυμελικῶν ἀγωνων]: una en memoria de Gayo Julio Euríclides, muchas veces benefactor de nuestra raza y nuestra ciudad, y otra en honor de Gayo Julio Laco, garante del mantenimiento del orden y de la seguridad de la provincia y de nuestra ciudad. Que celebre los

---

[334] La existencia de dos denominaciones distintas destacada en: GEAGAN, 1967, pág. 134 y nota 39. Se ha defendido que todas las distintas denominaciones de los *Agones* hacen referencia a la misma celebración: SPAWFORTH, 1997, nota 49. Las fiestas de Quios en: ROBERT, 1969-1990, vol. I, págs. 486-501. Con respecto a la periodicidad de los festejos, aunque defiendo que eran cíclicos, también es posible que los festejos mayores no se llevaran a cabo siguiendo un calendario previamente fijo, sino que pudo tratarse de ocasiones en las que un prócer estaba dispuesto a financiar unos festejos con prolijidad superior a la habitual.

[335] He podido revisar personalmente el epígrafe sin poder más que confirmar la lectura de Clinton, aunque sin apoyar su reconstrucción. La revisión ha sido posible gracias a la amabilidad del personal del museo y el yacimiento de Eleusis. También me gustaría agradecer al propio Prof. Clinton su gentileza al indicar al personal del yacimiento la localización exacta de ésta y otras inscripciones de Eleusis. Gracias a su ayuda pude ahorrarme muchas horas bajo el sol , así como tener acceso a este epígrafe. Se incluye una fotografía del epígrafe que prueba la lectura señalada.

[336] La inscripción de Gitio en: ROSE, 1997, págs. 142-144 y SEYRIG, 1929 (ambas con edición, traducción y comentario) (SEG 11, 922-3; carta de Tiberio y Decreto de Gitio). También: ROSTOVTZEFF, 1930; PRICE, 1984, págs. 210-211, y BEARD, NORTH y PRICE, 1998, vol. II., págs. 254-256. Ver también recientemente los comentarios de: GEBHARD, 1996, págs. 117-121. Existe otra mención de estas fiestas en: IG V, 1, 1167. Sobre el culto imperial en el Peloponeso consultar la reciente obra de: HOËT-van CAUWENBERGHE, 1999. Otro ejemplo de decreto descriptivo con abundante información procede de Ilión, aunque pertenece al período helenístico: ROBERT, 1966.

[337] Habitualmente se consideraban estatuas, pero Rose (ROSE, 1997, pág. 144), siguiendo a Blanck (BLANCK, 1968) corrige el uso por el de "retratos" basándose en la línea 34 en la que se mencionan unas εἰκόνες γραπταί.

agones tantos días como pueda después del de la diosa [...]

Cuando el agoránomio celebre las fiestas [θυμελικῶν ἀγώνων] que prepare también una procesión desde el Tempo de Asclepio e Higeia en la que marchen los efebos y los jóvenes y otros ciudadanos engalanados con coronas de laurel y vestidos de blanco. También las doncellas sagradas [ἱεραὶ κόραι] y las demás mujeres deberán unirse a la procesión vistiendo sus trajes sagrados. Cuando el cortejo llegue al Templo de César [Καισάρηον] que los éforos sacrifiquen un toro por la salud de los gobernantes y los dioses y por la duración eterna de su imperio. Cuando se haya sacrificado, que exhorten a las reuniones de hombres [φιδείτια] y a los otros magistrados a realizar sacrificios en el ágora. Si no realizan la procesión o no sacrifican o no consiguen, tras la realización de su sacrificio, que las reuniones de hombres y los magistrados sacrifiquen también en el ágora, que paguen a los dioses dos mil dracmas. Cualquier ciudadano de Gitio podrá ser el acusador...

El decreto del pueblo de Gitio fija la forma en la que la ciudad debía honrar a los emperadores. La estructura del decreto destaca primero los acontecimientos más importantes – los sacrificios en el teatro– y después las demás etapas del festejo, así como la dedicación de cada día a una divinidad o prócer diferente. Las fiestas consistían en varias jornadas de competiciones musicales que estaban dedicadas a un personaje o divinidad diferente. Todos los días tenían una programación similar. Antes de comenzar las competiciones, los magistrados y el consejo debían realizar sacrificios en el teatro por la salud de los gobernantes (ὑπὲρ τῆς τῶν ἡγεμόνων σωτηρίας). Tras los sacrificios el espectáculo podía comenzar con todo su boato[338].

Las competiciones musicales se acompañaban con una procesión diaria. Todos los ciudadanos estaban obligados a participar portando sus mejores galas y organizados por grupos: efebos, jóvenes, ciudadanos y mujeres. El cortejo partía del templo de Asclepio e Higeia a través de la ciudad hasta el *Kaesareion* donde los éforos sacrificaban un toro por la salud imperial y divina. Luego la comitiva continuaba su deambular hasta el ágora, donde se realizaban nuevos sacrificios. Probablemente el final del cortejo sería el teatro, en el que las imágenes de los emperadores se colocarían en pedestales y se repetirían los sacrificios. Los retratos sagrados con representación de los gobernantes debían llevarse en la procesión y trasladados por toda la ciudad para que presidieran los certámenes ofrecidos en su honor[339].

Las fiestas de Gitio incluían, por lo tanto, los elementos básicos de los festejos griegos: sacrificios, competiciones y procesiones. La originalidad de la inscripción es su colorido que permite reconstruir fielmente el desarrollo de los *agones*. Otros decretos griegos son más parcos en detalles. Así, la pequeña ciudad de Tlo en Asia Menor se limita a indicar que en honor a Livia se celebraran "procesiones, sacrificios y banquetes". De la misma forma, el *koinon* de Asia establece que el coro de la liga cante himnos en honor de los gobernantes y "realice sacrificios a la familia augusta y los dioses augustos y celebre fiestas y banquetes" (τὸν Σεβαστὸν οἶκον καὶ τοῖς Σεβαστοῖς θεοῖς θυσίας ἐπι τελοῦντες καὶ ἑορτὰς ἄγοντες καὶ ἑστιάσεις). Más precisas son las indicaciones de un magistrado romano con respecto a la forma en que debían engalanarse los mesenios para realizar los sacrificios a los emperadores (ἀπράγμονας ὄντας καὶ ἀταράχους, αὐτός τε βουθυτῶν περὶ τᾶς Γαίου σωτηρίας). Otro ejemplo de procesión imperial en Nápoles donde el cortejo, tras recorrer la ciudad, se encaminaba al templo de culto a los emperadores para realizar sacrificios a Augusto[340].

En Atenas, como se ha indicado, la parquedad de las fuentes impide recrear cómo serían estas fiestas imperiales. No obstante, los elementos básicos de los *agones* griegos debían de estar presentes. En este sentido cabe destacar que un epígrafe recoge la existencia del cargo de *zacoros* de las estatuas de los augustos (ζάκορος τῶν θείων εἰκόνων) en la capital del Ática. La inscripción es de época posterior a la que se estudia; pero nada parece indicar que la función no se llevara a cabo desde antes, más aún al existir en Atenas lugares destinados a albergar estatuas imperiales. Una de las funciones de las que se encargaría el *zacoros* era, en opinión de Robert, la limpieza de las imágenes imperiales. Algunas de estas imágenes, como se ha explicado en el apartado dedicado a la efebía, se procesionaban los días de fiestas por toda la ciudad. La existencia de varios efebos encargados de este cometido, los σεβαστοφόροι, permite inferir que los *Agones* de los Augustos, contaban con una procesión[341].

Por último, con respecto a las competiciones se ha conservado un epígrafe en el que una joven llamada Hedea se proclama vencedora en las fiestas imperiales de Atenas (Ἀθήνησι Σεβάστεια) en la categoría de παῖδας κιθαρῳδούς. Este único documento informa de la existencia de un certamen lírico durante los *Agones* de los Augustos atenienses. No se puede precisar, sin embargo, si fueron los únicos celebrados o si estuvieron de alguna forma sistematizados[342].

4.3.2.- Las *Panateneas Sebastas*.

Las *Panateneas* eran las fiestas más importantes de la capital del Ática. En el capítulo anterior se analizó la posibilidad de que estos festejos se asociaran a los emperadores desde época de Augusto. La inexistencia de documentación fiable imposibilita una afirmación concluyente, aunque, como se intentó mostrar, es bastante probable que las fiestas mayores atenienses incluyeran al emperador desde el comienzo del Principado.

---

[338] Sobre la organización de los acontecimientos consignados en la inscripción: ROSTOVTZEFF, 1930, págs. 10-11.

[339] Sobre el orden en el que se desarrollaban las fiestas ver: *OCD*, pág. 593. Los σεβαστοφόροι eran efebos encargados de portar las imágenes o estatuas de los emperadores, ver: NEUBAUER, 1869, págs. 49-51; ROBERT, 1939, págs. 124-125 y ROBERT, 1969-1990, vol. II, , pag. 838, nota 6. Otros ejemplos de regulación de procesiones en: ROBERT, 1969-1990, vol. I, págs. 486-501 (en Quios) y ROBERT, 1966, págs. 192-193. Sobre la existencia de una asociación para el traslado de imágenes imperiales en Alejandría: BERNAND y BERNAND, 1998. También en Egipto, véanse los comentarios sobre las imágenes imperiales en: WHITEHORNE, 1995, pág. 3072.

[340] Elementos básicos de los festejos griegos: PRICE, 1999, págs. 30-46. El decreto de Tlo en: TAM 2.549; ct. HOPKINS, 1978, pág. 218. El decreto del *Koinon* de Asia en: I. Ephesos VII 2, 3801=IGRom IV 1608c; ct. PRICE, 1984, pág. 105. El decreto de Mesenia en: SEG 23, 206, líns. 14-15. El ejemplo de Nápoles en: PRICE, 1984, pág. 111.

[341] La inscripción con comentario en: ROBERT, 1969-1990, vol. II, págs. 832-840. La mención a un lugar donde se erigieron imágenes imperiales en Atenas en: IG II² 3562, datable en época de Nerón. Las fiestas efébicas en honor a los emperadores *supra* apartado 3.3.2.

[342] Consultar: SIG³ 802, con el comentario de MORETTI, 1953, nº 63, págs. 165-169. Según Moretti, uno de los aspectos destacados de la es que se trata de uno de los pocos testimonios de participación femenina en competiciones agonísticas griegas. Contra esta visión: MANTAS, 1995. Sobre la mujer en el deporte griego, consultar también el interesante trabajo de: ARRIGONI, 1985. La bibliografía sobre la música griega es muy amplia; ver a modo de introducción: OCD, págs. 1003-1012 con abundante bibliografía. Sobre la cítara en concreto: OCD, pág. 1004.

En este segundo momento de la evolución del culto imperial en Atenas aparecen los primeros testimonios fiables que garantizan la existencia de elementos imperiales en los rituales que se llevaban a cabo durante las *Panateneas*.

La primera mención segura de la asociación de las fiestas mayores de Atenas al culto imperial son las inscripciones: IG II^2 3535 e Inscr. Délos 1628. Estos festejos se celebraron en una de estas tres fechas: 47/48, 51/52 o 54/55. En ambos epígrafes Novio aparece como agonóteta de las Grandes *Panateneas Sebastas*[343].

Para Spawforth, la inclusión del emperador en las fiestas mayores de la ciudad pudo deberse al agradecimiento de la *polis* por la construcción de la escalera colosal que conducía a la Acrópolis[344].

Se desconoce cuál fue el nuevo elemento introducido en las celebraciones tradicionales con motivo de su adscripción al culto imperial. Es posible, si se acepta la lectura que realiza Robert sobre un epígrafe procedente de Cos -comentado *supra* en el apartado 3.2.1-, que se tratara de un encomio[345].

El prestigioso puesto de agonóteta de las *Panateneas* sólo fue ocupado por personajes de las familias principales de Atenas. Los gastos que involucraba el cargo eran altísimos. Entre los cometidos que le estaban encargados se encontraba la donación de los animales para realizar los sacrificios preceptivos. También corría con los gastos originados por la organización de las competiciones. Según Geagan, es bastante probable que también se esperara de él la realización de obras públicas. El mejor ejemplo lo constituye Herodes Ático que construyó el Estadio Panatenaico cuando ocupaba el cargo. En escala menor podría esperarse acciones similares de los demás agonótetas[346].

4.4.- La aparición de los juegos gladiatorios.

Los juegos gladiatorios estaban estrechamente relacionados con el culto imperial y eran un elemento romano que se había insertado con éxito en los rituales de adoración a los emperadores llevados a cabo en el Oriente griego. El carácter sangriento y bestial de estos festejos, aunque pueda provocar la repulsa del moderno investigador, no debe ocultar, sino más bien destacar, su faceta religiosa. La muerte ritual en la arena era un tipo de sacrificio humano realizado en público como espectáculo multitudinario. Una de las muestras más claras de la religiosidad de los juegos gladiatorios es el empleo de la sangre de los luchadores muertos para las más variopintas actividades. Su utilización se debe a la creencia en que la sangre de los fallecidos estaba dotada de propiedades mágico-religiosas, pues, como ocurría con los animales sacrificados ante los templos, su muerte había sido parte de una ceremonia ritual. El líquido vital de los gladiadores era un remedio contra las enfermedades y no sólo entre el pueblo, sino incluso para la familia imperial, como demuestra el caso de la emperatriz Faustina que se bañó en la sangre de un gladiador del que había estado enamorada para recuperarse de una terrible enfermedad. Otros usos de la sangre, como el que hacían las novias antes de la boda al peinar sus cabellos con una lanza mojada en la sangre de un gladiador moribundo, aunque son más difíciles de explicar, corroboran el carácter ritual de la muerte en la arena[347].

La razón por la cual este tipo de sacrificios humanos se hicieron parte fundamental del culto imperial plantea serios problemas; no obstante, H. S. Versnel ha aportado interesantes reflexiones[348]. Los juegos gladiatorios pueden explicarse como sacrificios cruentos realizados por la salud del emperador. En este sentido, las luchas entre gladiadores cumplían la función de la muerte por sustitución: un individuo moría para mantener en vida a otro, en este caso, el emperador. Su fuerza vital, a través del sacrificio, era traspasada a la persona que se quería salvar. La idea de la muerte por sustitución no era privativa con respecto a los emperadores, pues estaba muy extendida entre la población del Imperio. Tampoco era una práctica exclusiva de las clases no cultivadas, como demuestra su aceptación por Elio Aristides, quien creía firmemente que dos de sus sobrinos habían muerto para alargar su existencia[349].

Los ejemplos en los que individuos ofrecían su vida por los emperadores son abundantes. Entre ellos puede destacarse el caso de un tribuno de la plebe que en época de Augusto ofreció (*devotio*) su vida al emperador y animó a otros a hacer lo mismo[350]. Otro ejemplo ocurrió bajo el reinado de Calígula cuando varios ciudadanos se comprometieron a luchar en la arena o dar su vida para que el emperador recuperara su salud:

---

[343] Para esta agonótesia de Novio: GEAGAN, 1967, pág. 135 y SPAWFORTH, 1997, pág. 190 y nota 50. La datación en: SPAWFORTH, 1997, pág. 190.

[344] La construcción de la escalera a la Acrópolis en: SHEAR, 1981, pág. 367. La posibilidad de que se deba a esta evergesía la inclusión del culto imperial en las *Panateneas*: SPAWFORTH, 1997, pág. 190 y nota 50.

[345] El epígrafe de Cos en: ROBERT, 1938, pág. 23.

[346] Los personajes que ocuparon el puesto: FOLLET, 1976, págs. 333-335. Las misiones que le estaban encargadas en: GEAGAN, 1967, págs. 132-133 (además de las mencionadas en el texto, el agonóteta se encargaba de vigilar el correcto desarrollo de las competiciones y del comportamiento de los espectadores). La descripción de las labores de Herodes Ático como agonóteta en: Philo., *Vit. Sophist.*, II, 550.

[347] La obra fundamental para el estudio de los juegos gladiatorios en el Oriente romano sigue siendo: ROBERT, 1940. Ver también el comentario de: BALLESTEROS, 1999. Los juegos gladiatorios han despertado un gran interés por parte de los historiadores. La bibliografía es extensa, consultar: GRANT, 1967; CLAVEL-LÉVÊQUE, 1984; NARDONI, 1989; WIEDEMAN, 1992; AUGUET, 1994; POTTER, 1999, págs. 303-324, y JUNKELMANN, 2000. Merece destacarse el iluminador análisis de: HOPKINS, 1983, págs. 1-30 que ha influido profundamente en la redacción del presente apartado. Una breve valoración histórica de los estudios sobre los espectáculos en Roma en: CAVALLARO, 1984, págs. 193-197. Ver también la amplia reseña de J. Alvar sobre los juegos gladiatorios en *ARYS* 2. Varios autores destacan el carácter romano de los festejos, ver: PRICE, 1984, pág. 89; GASCÓ, 1991, pág. 140; SARTRE, 1994, pág. 197 y MELLOR, 1975, pág. 173. Una descripción vívida, realizada por un testigo imaginario de excepción, en: HOPKINS, 1999, págs. 38-42. Frente a los *rumorus senum severiorum* las palabras de Hopkins están cargadas de erudición y conocimiento como demuestran sus conclusiones y corroboran sus notas. Una reflexión sobre la repulsa de los investigadores modernos ante estos festejos y cómo ha influido en la explicación de los juegos gladiatorios en Oriente en: ROBERT, 1940, págs. 240 y ss. La noticia sobre Faustina en: H. A. *Marc. Aur.*, 19. La tradición de las novias en: HOPKINS, 1999, pág. 32 y nota 45. El origen religioso de los combates en: Tert., *Spect.*, 12. También en: Servius. *Ad Aen.*, 10.519.

[348] Muchas de las reflexiones que aquí se incluyen aparecen en: VERSNEL, 1988 (no se ha consultado en esta versión, sino en el original en inglés proporcionado por el Dr. Versnel). Agradezco al Dr. Versnel su amabilidad al facilitarme este artículo así como sus comentarios sobre el culto imperial en general.

[349] En general ver: VERSNEL, 1988. La relación entre culto imperial y los juegos gladiatorios, aunque no siempre tratada de forma acertada, también en: FUTRELL, 1997, págs. 79-93. Sobre la muerte por sustitución: VERSNEL, 1981. El caso de Elio Aristides en: CORTÉS COPETE, 1995. Los juegos gladiatorios han sido explicados como un sustituto del sacrificio humano que se había prohibido en el año 97 a. C.: CLAVEL-LÉVÊQUE, 1986, págs. 2438 y 2462 y ss. Más que un sustituto quizás se trate de otra forma más elaborada pero igualmente eficaz de muerte ritual: HOPKINS, 1983, pág. 5. Ver también la interesante reflexión de: FUTRELL, 1997, págs. 205-210. Los gladiadores no siempre morían, lo cual impide el establecimiento de una relación directa entre celebración de juegos y muerte humana. No obstante, cuando el emperador bajaba a la arena y combatía contra un enemigo, la muerte -asesinato- del gladiador era la única posibilidad. No puede pensarse que un simple gladiador acabara con la vida del emperador que era, además, el receptor de la potencia religiosa de los combates, ya que éstos se realizaban por su salud. Sólo en el cine el resultado podía ser adverso al emperador. Los combates con el emperador eran habitualmente amañados, ver el caso de Cómodo en: KYLE, 1998, págs. 224-228.

[350] El suceso es relatado en: D. C. 53.20.

> Cuando cayó enfermo [Calígula], la gente pasó la noche en los alrededores del Palacio, y no faltaron quienes hicieran promesa de combatir como gladiadores por la salud del enfermo o de dar su vida, exponiendo un letrero en el que hacían constar su voto[351].

El emperador no dudó en hacer efectivo los votos de aquellos que le habían ofrecido su vida:

> A un individuo que había prometido combatir como gladiador si él sanaba le exigió el cumplimiento de su voto, contempló cómo se batía con la espada, y no le dejó en libertad sino cuando hubo ganado y después de muchas súplicas. Puso en manos de los niños a otro que había hecho voto de matarse por la misma causa, pero que dudaba en hacerlo, con el encargo de que lo pasearan por los distintos barrios con la corona de verbena y las cintas de las víctimas, mientras le reclamaban el cumplimiento de su voto, hasta precipitarlo desde el terraplén[352].

Si bien es cierto que Calígula era conocido por su crueldad, hubo también emperadores habitualmente considerados menos sanguinarios que aceptaron este tipo de muertes. El modelo de Antinoo, sacrificado para alargar la vida de Adriano, constituye un buen ejemplo. Sin embargo, no siempre se trata de decisiones individuales, pues grupos como el ejército juraban entregar su vida por el emperador (*devoti numini maiestatique Augusti*). Esta devoción de grupo puede ponerse en relación con la proclama que los senadores dirigían al emperador: "Estamos consagrados a ti" (σοι καθωσιώμεθα)[353].

Los juegos gladiatorios, por lo tanto, constituyen un ejemplo más de sacrificios realizados por la salud del emperador y para la eterna duración de su reinado. La muerte de los hombres en la arena era otro ritual que se sumaba al amplio elenco de acciones religiosas que los súbditos de Roma llevaban a cabo para mantener la estructura social y económica del Imperio a través de la perduración del representante máximo y garante de ella: el emperador. "Regocíjate, Roma: estás a salvo porque el emperador goza de buena salud"[354].

La voluntad de mantener al gobernante con vida y en la cima de su poder mediante la transmisión de las fuerzas de otros humanos, plasmada en la celebración de los juegos *pro salute principis* (ὑπὲρ τῆς Αὐτοκράτορος σωτηρίας), se repetía cíclicamente todos los años. Los sacerdotes imperiales, tanto en Occidente como en Oriente, fueron en la mayor parte de los casos los encargados de costear estos onerosos festejos que, según Robert, constituían una obligación para los sacerdotes provinciales y una posibilidad para los municipales[355].

La función vitalizadora de los juegos gladiatorios no es, sin embargo la única de las razones por las que estos festejos se asociaron al culto imperial y se difundieron. Existe también un motivo local que no debe ser soslayado, puesto que la autorización para celebrar juegos gladiatorios dotaba a los oficiantes de culto imperial de una poderosa herramienta evergética provista de dos filos. Por un lado, afirmaba el poder del emperador y, por otro, consolidaba también el del oligarca que financiaba los juegos. Esta doble funcionalidad de la evergesía permitía reafirmar el orden social que sustentaba el Imperio. Los festejos eran una ocasión en la que la población se ordenaba como fijaban los preceptos económicos y sociales que vertebraban la sociedad del Principado. A través de la estructuración consciente de las personas se reforzaban las diferencias sociales y los estatutos jurídicos de los habitantes del Imperio.

Por ello, no puedo comulgar con la idea expuesta por Fishwick según la cual los festejos integraban a la población en orden armónico en torno al emperador, pues analiza la sociedad como un organismo pasivo y siguiendo los objetivos de las clases privilegiadas. Las construcciones sociales tienen protagonistas y detractores, defensores y oprimidos. Los juegos gladiatorios significaban la victoria de un modelo frente a otro: lo normativo castigaba a los divergentes, como ha mostrado Versnel para el caso de los cristianos. La armonía con el sistema estaba en íntima relación con el beneficio social y económico que cada individuo obtenía de la celebración de los espectáculos. Por ello, es más interesante ver los juegos como la materialización del Imperio, como también indica a renglón seguido Fishwick: "Aquí era donde el Imperio se materializaba, sentados con el *princeps* en función de la posición social". El estatuto social, que implica diferencias jurídicas y económicas sumamente importantes, no surge de la relación armónica de las partes, sino de la imposición, más o menos forzosa y manifiesta, de los intereses de unos individuos sobre otros[356].

---

[351] Suet. *Calig.* 14.2. Ver también la versión recogida en: D. C. 59.8.3 en la que el autor indica que aquellos que ofrecieron su vida por el emperador buscaban recompensas por su adulación. Si fue así, cosa harto probable, los zalameros desde luego no alcanzaron su objetivo.
[352] Suet. *Calig.* 27.2.
[353] La muerte de Antinoo como ofrenda a la vida del emperador Adriano en: H. A. *Hadrian.*, 14. Ver también: D. C. 69.11. Otros emperadores prohibieron los juegos gladiatorios por su salud: D. C. 60.5.6. Para el juramento colectivo del ejército y del Senado se sigue la exposición de VERSNEL, 1988 (en su versión inglesa). El voto del ejército en: GUNDEL, 1953, quién opina que el juramento solo empezó a realizarse a partir del 210 d. C.; contra esta opinión VERSNEL, 1988. La relación entre este voto y el del Senado en: CHARLESWORTH, 1937. El juramento del Senado en: D. C. 53.20.4. Los sacrificios por la salud del emperador son habituales en el culto imperial, de hecho, para Price constituyen la categoría más habitual: PRICE, 1984, págs. 209-215 ("the emphasis is in general on sacrifices on behalf of the emperor", pág. 210). Ver, en contra de las conclusiones de Price, la interesante monografía de: FRIESEN, 1993, págs. 146-151. También sobre los sacrificios realizados por la salud del emperador consultar: MIRÓN PÉREZ, 1996, págs. 79-83. Un ejemplo de sacrificio cruento en nombre del emperador en el que puede rastrearse la misma idea que subyace en el sacrificio humano ocurre en los cultos frigios. El taurobolio apareció por primera vez en el reinado de Antonino Pío dedicado *pro salute imperatoris*. La muerte ritual del toro, como la de los hombres en la arena, mediante el traspaso de su energía vital al emperador apoyaba el orden establecido, a la vez que propiciaba el cuidado de los dioses hacia el gobernante del mundo. El fiel que costeaba un taurobolio por recomendación del *archigalo* recibía una exención fiscal lo que demuestra la implicación de los emperadores por la difusión de este tipo de rituales (*de excusatione*, 148: *item is qui in Portu pro salute imperatoris sacrum facit ex vaticinatione archigalli excusatur*). Para estas cuestiones ver: ALVAR EZQUERRA, 2001b.

[354] La cita sobre la salud del emperador en: Fedro, 5.7.27; cf. HOPKINS, 1983, pág. 15, nota 23. Una situación análoga cuando se reciben noticias erróneas sobre la recuperación de Germánico: "Salva Roma, salva patria, salvus est Germanicus", Suet. *Calig.* 4.1. La preocupación por la salvación del gobernante es un tema recurrente en otras sociedades; consultar, por ejemplo: EVANS-PRITCHARD, 1ª ed. 1962; 1990, págs. 68-91, esp. págs. 78-80.
[355] Sobre el precio de los juegos gladiatorios: FISHWICK, 1987-1992, pág. 580; HOPKINS, 1983, págs. 7-12; POTTER, 1999, págs. 317-321 y HOPKINS, 1999, pág. 38 y nota 60. El precio, por supuesto, estaba en función de la calidad de los gladiadores: OLIVER y PALMER, 1955. Estos festejos se hacían en honor a los emperadores: HOPKINS, 1999, pág. 39, nota 61. Ver también: ROBERT, 1940, pág. 78, nº 11; CIL II 1305; CIL IV 1180, 1184 y 1196-1198 (inciertos); CIL VIII 7969 y 8324; CIL X 4760 y CIL XIV 2080; cf. VERSNEL, 1988. Las fiestas de Gitio comentadas *supra* han sido explicadas como un festejo completo realizado por la salud de los emperadores: PRICE, 1984, págs. 210-211. La opinión de Robert sobre la obligatoriedad de celebrar juegos gladiatorios en: ROBERT, 1940, pág. 273.
[356] FISHWICK, 1987-1992, pág. 575: "Games helped to integrate society, to bring about a rapprochement of the social classes by uniting them in harmony around the person of the emperor". La opinión de Fishwick recupera los

La liberalidad (φιλοτιμία) de los próceres de las ciudades se demostraba a través de la organización de este tipo de eventos, caros y no muy frecuentes. Siempre existía el peligro de que la competición entre nobles por superarse unos a otros o la presión de la población por juegos cada vez más elaborados supusiera la bancarrota para el prócer. Aún así, los más beneficiados eran sin duda los propios oligarcas que afianzaban su posición en la sociedad y definían también la del resto de sus compatriotas. Buena prueba de ello es que los emperadores, comprendiendo las posibilidades políticas de los festejos, se preocuparon de impedir un uso excesivo por parte de los aristócratas, a la vez que se apoderaban de su poder mediático. La situación preeminente del oligarca que organizaba los juegos se sustentaba en el poder del emperador, de la misma forma que era el celo de los próceres por mantener su poder en el ámbito cívico lo que permitía al emperador manifestarse en la distancia a sus súbditos. Aquellos hombres morían en su honor[357].

La estrecha vinculación que se observa entre los intereses imperiales y los de las aristocracias cívicas tuvo, por lo tanto, otro medio de expresión (y, por lo tanto, de análisis) a través de los juegos gladiatorios. El grado de difusión de estos festejos sirve, así, para determinar la vitalidad de las prácticas de adoración a los gobernantes. Por ello, una vez estudiado el tipo de relación existente entre los juegos gladiatorios y el culto imperial es necesario analizar el momento de aparición de las luchas en la capital del Ática y el grado de aceptación de las mismas por parte de la población ateniense.

En este sentido, hasta el esclarecedor trabajo de Robert, se pensaba que el espiritual y filosófico pueblo griego estuvo poco interesado por las violencias circenses que conmovían a los bárbaros romanos y los incivilizados súbditos occidentales del Imperio. Sin embargo, en la actualidad, gracias al análisis del sabio francés y a incontestables testimonios materiales, esta postura, que mitificaba el espíritu griego, ha sido abandonada. Tanto en Asia como en general en todo el Oriente romano, el fervor de las poblaciones provinciales por los juegos gladiatorios era inmenso, a juzgar por las fuentes y testimonios materiales conservados. La diferencia en el número de testimonios y en la frecuencia de los festejos se debe a criterios económicos, pues los juegos gladiatorios son fenómenos urbanos y caros. Era necesaria la combinación de ambos elementos para que se dieran en abundancia. Por ello, fueron más frecuentes en el Asia Menor, urbanizada y próspera, que en la Grecia continental, urbanizada, pero menos pudiente[358].

Aunque, existen menciones de cacerías y otros espectáculos con animales, ya celebrados en la primera mitad del siglo I d. C., las noticias más jugosas son las literarias. Varios autores clásicos aportan información interesante que permite estudiar el éxito de la implantación de los juegos gladiatorios, así como el momento en el que ocurrió dicha implantación. En concreto se destacan dos textos, uno de Dion de Prusa y otro de Filóstrato[359].

El primero de los fragmentos analizados se incluye en el discurso que, en las postrimerías del siglo I d. C., dedicó Dion de Prusa al pueblo de Rodas. El motivo de la obra es conminar a los rodios al abandono de la práctica de rededicar estatuas antiguas a nuevos benefactores. Utilizando este tema, Dion realizó una loa del pueblo de Rodas comparándolo con otras *poleis* que no alcanzaban su grandeza y cuyas costumbres habían degenerado. Entre las ciudades que sufren las críticas del *retor* fue Atenas, por su antigua capitalidad al frente de los griegos, la más vilipendiada. Muchos aspectos de su vida cívica son criticados en este discurso en el que Dion pregunta: "¿No veis a los atenienses qué mal lo están pasando, qué mala fama tienen, cómo se han convertido para todos en ejemplo de indignidad y desvergüenza al insolentarse con su propia patria?"[360].

Según Dion de Prusa, una de las más claras muestras de la depravación de los atenienses era su amor por los juegos gladiatorios:

> En la actualidad, no hay cosa de las que allí [en Atenas] están sucediendo de la que cualquiera no se sentiría avergonzado. Y así, sin ir más lejos, en lo que se refiere a las luchas de gladiadores, han emulado tan exactamente a los corintios e, incluso, sobrepasado tanto en locura no sólo a ellos sino a todos los demás, que, mientras éstos, los corintios, organizan tales espectáculos en la depresión formada por un torrente, en un lugar capaz de recibir a mucha gente y, además, sucio donde nadie se atrevería jamás ni siquiera a enterrar a un hombre libre, ellos, los atenienses, contemplan este hermoso espectáculo en el teatro que está debajo de la misma acrópolis, donde ponen a Dionisio sobre la orquesta. De modo que muchas veces cae algún

---

postulados del funcionalismo organicista antropológico; sobre éstos ver: MORRIS, 1995, págs. 136-155. Ver el análisis sobre las peleas de gallos en Bali y la crítica que se realiza de la explicación funcionalista de la estratificación social de la población en dichos espectáculos: 1ª ed. 1975; 2000, esp. págs. 363-368. Ver también la visión contraria a Fishwick en: AUGUET, 1994, págs. 188-190. Sólo me resta indicar que Fishwick disfruta con su reconstrucción ideal de la sociedad armónica romana. Si fuera así, si los juegos fueran suficientes para "armonizar" la sociedad, con montar unos grandes espectáculos bastaría para restablecer la paz entre los órdenes; no obstante, la historia de los emperadores muestra que con juegos no bastaba, lo que supone finalmente una dura prueba para la explicación de Fishwick. El castigo a los cristianos por situarse al margen de la sociedad encabezada por el emperador en: VERSNEL, 1988. La segunda cita en: FISHWICK, 1987-1992, pág. 575. Sobre los límites de la segregación estatutaria de los asientos en espectáculos públicos consultar: HOPKINS, 1983, págs. 17-18 y nota 25.

[357] Los romanos entendían los juegos gladiatorios como *munus*, es decir, una obligación en principio para con los difuntos y que después pasó a ser un deber con el estado. Para los griegos se trataba de una φιλοτιμία, una evergesía, término que englobaba también a las competiciones agonísticas (ver BALLESTEROS, 1999, pág. 390). La utilización de un mismo término para una realidad romana, los juegos gladiatorios, y elementos culturales de tradición griega es significativa, y entraña la adopción de la fiesta extranjera dentro del conjunto ritual helénico. Sobre el peligro que suponía para los nobles los enormes costes de los juegos ver: HOPKINS, 1983, págs. 7-9 y 12-14 y WIEDEMANN, 1992, págs. 136-138. La regulación imperial en: WIEDEMANN, 1992, págs. 130-136. Un análisis menos profundo en: AUGUET, 1994, págs. 28-33. El valor evergético de las prácticas en el comentario de: BALLESTEROS, 1999, págs. 389-392. La relación entre los magistrados y el fervor popular, que validaban sus esfuerzos económicos y le daban sentido, en: Ap., *Met.*, X 18-35; cit. PRICE, 1984, págs. 116-117. Ver también la vívida representación que ofrece el siempre provocador HOPKINS, 1999, págs. 38-39: "All eyes switched from victim to plump, balding mayor, visibly sweating in his seat of honour in the front row. He had paid for the entire show, a small fortune, 150.000 sesterces, people said. But the expense went with the job. Now it was *his* day of glory, his to decide who survived, who died"; pág. 38 (cursivas del autor).

[358] La refutación de la visión de los griegos como opuestos a los juegos en: ROBERT, 1940, págs. 240-248. También, aunque siguiendo siempre a Robert: MELLOR, 1975, págs. 173-175 y BALLESTEROS, 1999, pág. 392. La explicación de la diferencia en la frecuencia de aparición de testimonios sobre juegos gladiatorios en: ROBERT, 1940, pág. 247, seguida por BALLESTEROS, 1999, pág. 392.

[359] ROBERT, 1940, nº 58 y págs. 318-319 recoge unos espectáculos con toros costeados por Roimetalcas, rey de Tracia, cuando era arconte epónimo de la ciudad. Cacerías celebradas por Adriano en: H. A. *Hadrian*, 19, 3. Sobre las cacerías: AUGUET, 1994, págs. 81-106.

[360] Se emplea la traducción y comentario en español de CERRO CALDERÓN, 1989, el *Discurso Al Pueblo de Rodas*, (BCG) en págs. 281-355. La cita: D. Chr. 31, 119. Sobre la actitud de Dion de Prusa contraria a Atenas consultar: GRAINDOR, 1931, págs. 55-56. También Apolonio de Tiana censuró el comportamiento de los atenienses: Philostr., *VA*, 4.19-22. Ver a su vez: Luciano, *Demon.*, 57. Un análisis de la obra de Dion en el que se presta especial atención a la relación entre Grecia y Roma en: JONES, 1978b.

gladiador degollado, dicen, entre los mismos asientos donde tienen que sentarse el hierofante y los demás sacerdotes. Y al filósofo que les habló sobre el tema y los reprendió, no le hicieron caso ni le aplaudieron; al contrario, aunque no era inferior en linaje a ningún romano, sino que gozaba de una fama como nadie la había conseguido desde hacía muchísimo tiempo, y era reconocido como el único, después de los antiguos, que más había vivido de acuerdo con la razón, se indignaron tanto con él, que tuvo que abandonar la ciudad y prefirió irse a vivir a otro sitio de Grecia[361].

El fragmento presenta a los atenienses como amantes de los espectáculos gladiatorios. Su afición por los juegos es tal que puede incluso ser comparada con la de los corintios, que eran colonia romana y entusiastas de estos juegos. Es más, probablemente, como informa Luciano, los combates se celebraron en Atenas con especial boato y orgullo con el objetivo de superar a los vecinos corintios. Los atenienses pretendían así demostrar que en todo aventajaban a los demás griegos. La lucha entre las *poleis* también facilitó, por lo tanto, la incorporación de festejos extranjeros en Atenas[362].

El texto también revela que era en el sagrado teatro de Dionisio donde se llevaban a cabo los combates (véase lám. 11a). La arquitectura del monumento, pensada para otro tipo de actividades, no estaba preparada para acoger estos juegos, de forma que en ocasiones los gladiadores morían en las primeras filas de la *cavea*, las reservadas a los sacerdotes principales de la ciudad (véase lám. 11b)[363].

Por lo tanto, frente al clasicismo que podría esperarse de Atenas, sus habitantes habían acogido con entusiasmo los combates. Las invectivas de Dion o los consejos del filósofo anónimo que el mismo autor recoge en el fragmento antes citado, no sirvieron para apartar a los atenienses de una afición tan repudiada por los sabios que buscaban la pureza en las tradiciones griegas[364].

El texto no indica, sin embargo, cuándo llegaron los juegos a Atenas, pues se limita a denunciar la práctica y su extensión. De esta forma, se desconoce el momento exacto en el que los combates gladiatorios se instalan en la capital del Ática, aunque el texto de Dion establece un *terminus ante quem* firme. La datación de la obra es, por ello, importante. En este sentido, siguiendo la hipótesis de Lemarchand que defiende la existencia de al menos dos discursos distintos fusionados ya en la antigüedad en uno solo, probablemente incluso por el propio Dion, la datación del fragmento puede asignarse al reinado de los primeros emperadores Flavios, Vespasiano y Tito. La fecha del texto se sitúa, por lo tanto, entre los años 69-81 d. C.[365]

La inexistencia de comentarios en el fragmento de Dion en los que se aluda a la novedad de las prácticas permite pensar que las luchas armadas en el teatro de Dionisio habían empezado a realizarse antes de que se redactara el discurso, y no contemporáneamente a éste. La presencia de los juegos gladiatorios en Atenas puede, por lo tanto, situarse antes de la dinastía Flavia.

Un segundo fragmento literario afianza esta afirmación, a la vez que corrobora el entusiasmo de los atenienses con respecto a los juegos. Se trata de un extracto de Filóstrato donde narra la visita a la capital del Ática del filósofo y taumaturgo Apolonio de Tiana. Al igual que Dion de Prusa, el sabio se sorprende de la degeneración de los atenienses que habían corrompido algunas de sus fiestas, como las *Antesterias*, hasta convertirlas en meras pantomimas afeminadas. Un símbolo de la depravación en la que se habían sumido los habitantes del Ática era su gusto por los gladiadores. La indignación de Apolonio se debía sobre todo a que los combates se celebraran en el teatro consagrado a Dionisio, lugar de culto y donde se reunía la Asamblea:

> Corrigió también en Atenas lo siguiente: los atenienses, reunidos en el teatro al pie de la Acrópolis, presenciaban matanzas de hombres. A eso había allí más afición que ahora en Corinto, así que se traían, adquiridos por grandes sumas, adúlteros, prostitutos, horadamuros, cortabolsas, secuestradores y gente de esa calaña, los armaban y los mandaban luchar uno contra otro. Apolonio asumió este asunto y, al invitarlo los atenienses a la Asamblea, dijo que no penetraría en un lugar impuro y lleno de sangre cuajada.
>
> Lo decía en una carta. Decía también que se extrañaba "de cómo la diosa no ha abandonado ya la Acrópolis, tras haber vertido vosotros tal cantidad de sangre en ella. Pues me dais la impresión de que andando el tiempo, cuando celebréis la procesión de las *Panateneas*, vais a sacrificarle a la diosa, no ya bueyes, sino hecatombes de hombres"[366].

A pesar de tratarse de una fuente más tardía que la anterior y presentar serias dificultades para su datación y comentario, el fragmento citado corrobora la información de Dion de Prusa y, por lo tanto, constituye un argumento a favor de la afición de los atenienses a los juegos gladiatorios. Es más, admitiendo la reconstrucción que realiza Filóstrato de la vida de Apolonio de Tiana, el filósofo visitó Atenas durante el reinado de Nerón, alrededor del año 61 a. C. Por lo tanto, el episodio narrado constituye también un apoyo para defender la existencia de luchas de gladiadores durante el gobierno del último de los Julio-Claudios[367].

---

[361] D. Chr. 31, 121-122; CERRO CALDERÓN, 1989 en BCG.
[362] Sobre los juegos gladiatorios en Corinto ver: Ap., *Met.*, X, 18-19 y el comentario de ROBERT, 1940, págs. 244-245. Sobre la posible funcionalidad de los combates gladiatorios como muestra de romanidad en las colonias, ver: WIEDEMANN, 1992, págs.43-44. La rivalidad entre ciudades griegas en: GASCÓ, 1990. La rivalidad referida al culto imperial en: PRICE, 1984, págs. 126-132. La rivalidad de los atenienses y los corintios en torno a los juegos gladiatorios en: Luciano, *Demon.*, 57.
[363] Los teatros se convirtieron en lugares habituales para celebrar fiestas gladiatorias. Ver, por ejemplo, el caso de Nicea en: GUINEA DÍAZ, 1997a, pág. 228. Sobre el uso del teatro para los combates y las transformaciones que el nuevo espectáculo originó en el edificio clásico, ver, sobre todo: GOLVIN, 1988, vol. I, págs. 237-249. Ver también: GOLVIN y LANDES, 1990, págs. 204-206; MORETTI, 1992, págs. 179-181, y DODGE, 1999, págs. 233-234.
[364] El filósofo anónimo es, para Graindor, Apolonio de Tiana que realizó duras críticas sobre los juegos gladiatorios en Atenas: GRAINDOR, 1931, págs. 134-135. Sin embargo, es Musonio Rufo según: ARNIM, 1898, pág. 216.
[365] La hipótesis sobre la construcción del discurso a través de la unión de varias obras en: LEMARCHAND, 1926. La datación que se ofrece es voluntariamente amplia, pues no se pretende establecer una fecha concreta, sino un *terminus post quem* amplio. Graindor ofrece una datación más precisa, entre los años 79 y 82 d. C.: GRAINDOR, 1931, pág. 55 y nota 7.
[366] Philostr., *VA*, 4.22; traducción BERNABÉ PAJARES, 1992, BCG 18.
[367] "Las protestas de los intelectuales, tanto paganos como cristianos, se limitan a confirmar el gusto profundo del público por los espectáculos gladiatorios", SARTRE, 1994, págs. 197-198. Además de los antes señalados (D. Chr. 31, 119; Philostr., *VA*, 4.19-22 y Luciano, *Demon.*, 57) existen otros ejemplos de crítica de autores griegos a los juegos, ver: Artem. 4-58; Arr., *Epict.*, 2, 23-24; y Luciano, *Anach.*, 37. También Plutarco opina negativamente acerca de los juegos gladiatorios, sobre todo en sus *Consejos Políticos*: ROBERT, 1940, págs. 244-246 y 248-249 y GASCÓ, 1991, págs. 140-141 con abundante bibliografía. El rechazo de los juegos gladiatorios no implicaba una censura del culto imperial por parte de los intelectuales griegos; para un estudio de las actitudes de éstos frente al culto, consultar: BOWERSOCK, 1973. En definitiva, los juegos eran combatidos por su amoralidad y no por ser de origen romano: PRICE, 1984, pág. 89. Los autores cristianos critican también esta

En conclusión, la revisión de los testimonios literarios permite fechar la aparición de los festejos durante la primera dinastía imperial. Los atenienses adoptaron nuevas costumbres que los alejaban de sus orígenes y los situaban bajo la influencia de los romanos. El entusiasmo de la población demostraba la aceptación de las prácticas de culto imperial que estaban asociadas con las celebraciones.

La datación exacta, sin embargo, es difícil de precisar por la escasez de datos. La hipótesis que se defiende en el presente trabajo es que los combates gladiatorios, combinados con los demás espectáculos típicos del anfiteatro, se hicieron populares y empezaron a llevarse a cabo con regularidad en Atenas a la vez que se introducían las demás reformas en el culto imperial durante el reinado de Claudio y Nerón. Es cierto, no obstante, que ya bajo Calígula, el rey tracio Roimetalcas había patrocinado espectáculos con toros (año 36/37 d. C.), aunque de forma aislada y sin la participación de luchadores. Sin embargo, el rey tracio fue coronado por su evergesía, lo que indica que el pueblo ateniense estaba familiarizado, o cuando menos, presto a la introducción de espectáculos violentos. Las cazas de toros estaban, como explica Robert, íntimamente ligadas a los juegos gladiatorios y, por ello, éstos pudieron realizarse incluso antes del período que se defiende[368].

Sin embargo, no resulta aventurado sugerir que fue una vez más el influyente y rico Tiberio Claudio Novio el prócer ateniense que por primera vez celebró juegos gladiatorios en Atenas o que al menos fuera durante los muchos años en los que ocupó el cargo de sumo sacerdote cuando se produjo la gran difusión de los mismos. Varios indicios apoyan esta afirmación[369].

Así, por una parte, como se indicó en el apartado dedicado a los sacerdocios de culto imperial en época de Claudio y Nerón, Novio tuvo buenas relaciones con el influyente P. Memmio Régulo, gobernador de Acaya durante los años 35-45 d. C. Teniendo en cuenta que al menos hasta Nerón los gobernadores tenían la potestad de permitir la celebración de juegos gladiatorios y que Régulo estuvo implicado activamente en la potenciación del culto imperial provincial, parece plausible que Novio consiguiera a través de su benefactor romano el privilegio de organizar en su ciudad estas fiestas tan prestigiosas. A su privilegiada conexión con el poder provincial se añadía la riqueza de Novio que lo convertían en un candidato óptimo para afrontar los gastos de este tipo de festejos. Sin embargo, el silencio de las fuentes impide incidir en la posibilidad de que los combates estuvieran presentes en los recién creados *Agones* de los Augustos, de los que, como se explicó en el capítulo anterior, Novio fue primer agonóteta[370].

Otro testimonio importante que indica la actividad de Novio en la introducción o difusión de los juegos gladiatorios es la inscripción que conmemora la dedicación de la *scaena frons* del teatro de Dionisio a Nerón. La edición del epígrafe ha sido muy debatida; pero, siguiendo la lectura propuesta por Bulle con matizaciones aportadas por Spawforth, el dedicante más posible de la inscripción y, por lo tanto, de los trabajos arquitectónicos fue Tiberio Claudio Novio (véanse láms. 11d, 11e y 11f)[371].

Según Robert, esta intervención arquitectónica debió llevarse a cabo para facilitar la celebración en el teatro de juegos gladiatorios. El autor francés no indica si se trataba de la primera vez que se celebraban o sólo una reforma realizada para mejorar las condiciones del teatro. En cualquier caso, si la afirmación del investigador es correcta y debe, por lo tanto, ponerse en relación la dedicación a Nerón con los juegos gladiatorios, existirían testimonios de peso para relacionar a Novio, reformador del teatro, con la celebración de luchas en Atenas. No obstante, como se ha expuesto, no puede afirmarse que se trate de la primera vez en la que se celebraran estos festejos en Atenas[372].

Con todo, la construcción de la *scaena frons* no indica necesariamente la realización de juegos gladiatorios en el Ática. La reforma arquitectónica que sí implica la adecuación del espacio escénico a los nuevos espectáculos es la erección de una barrera de mármol delante de la grada (véase lám. 11c). Ambas intervenciones se consideran contemporáneas afianzando aún más la hipótesis según la cual Novio fue el personaje principal en la introducción de los juegos gladiatorios en la capital del Ática[373].

Por último, Novio fue sumo sacerdote en Atenas durante buena parte del reinado de Claudio y todo el de Nerón. Este

---

práctica, ver: Taciano, *Discursos a los griegos*, 23; Athen., *Leg.* 35; Teoph. de Alex., *Los tres libros a Autólico*, 3, 15 y *Const. Apost.*, 8, 31, 9. Una reflexión interesante sobre la actitud de los cristianos en: GASCÓ, 1985, especialmente pág. 55. Sobre la crítica de los intelectuales ver: AUGUET, 1994, págs. 190-199. Sobre la Vida de Apolonio de Tiana ver: BERNABÉ PAJARES, 1992, págs. 7-54. Sobre Filóstrato consultar en general: ANDERSON, 1986 y, recientemente, la breve obra de BILLAULT, 2000.

[368] La reforma del teatro de Dionisio para acoger espectáculos gladiatorios es fechada también en época de Nerón, basándose fundamentalmente en testimonios arqueológicos, por: WELCH, 1999, pág. 128. La mención a Roimetalcas: IG II², 3156, inscripción en la que aparecen dos palmas y una corona sobre el nombre del rey. La fiesta sólo implicó el espectáculo con toros: ROBERT, 1940, pág. 319. El estrecho vínculo existente entre este tipo de espectáculos y los juegos gladiatorios en: ROBERT, 1940, págs. 309-310. La posibilidad de que el propio Augusto asistiera y costeara juegos gladiatorios en las *Panateneas* del 12 a. C. se sugiere en: HOFF, 1989a, pág. 275, nota 45 y HOFF, 1989b, pág. 5 que se apoya en D. C. 54.28.3. Esta hipótesis ha sido duramente atacada en: BOWERSOCK, 1991, pág. 358 y HABICHT, 1991.

[369] La idea ha sido apuntada por: SPAWFORTH, 1997, pág. 191. La misma opinión en: WELCH, 1999, págs. 127-133. La posibilidad de que los recientemente creados *Agones* de los Augustos incluyeran juegos gladiatorios ha sido comentada *supra* en apartado 4.3.1.

[370] Régulo y Novio en: GEAGAN, 1997, págs. 22-26. Régulo y el culto imperial en: SPAWFORTH, 1994b, pág. 223. El poder de los gobernadores para celebrar juegos gladiatorios en: WIEDEMANN, 1992, págs. 43, 68 y 134. Nerón cancela dicha prerrogativa: Tac. *Ann.* 13.31.

[371] El epígrafe en: IG II² 3182. Ver, posteriormente, las diferentes ediciones de: BULLE, 1936, pág. 61; GERKAN, 1941, 177; PICKARD-CAMBRIDGE, 1946, págs. 247-249 y OLIVER, 1950, pág. 82. Por último ver el análisis de: SPAWFORTH, 1997, nota 50. El estado fragmentario de la inscripción impide mayor acuerdo: no obstante, la reconstrucción del dedicante como: Τι.ʸ Κλ[αύδιος Νούιος Φιλίνου ἐξ Οἴου ἐπιμελητής τῆς πόλεως διὰ βί]ου [[διὰ βίου]], puede ser también: Τι.ʸ Κλ[αύδιος Νούιος ἐξ Οἴου ἀρχιερέως Νέρωνος Κλαυδίου Καίσαρος Γερμανικ]ου [[διὰ βίου]]. La segunda reconstrucción fue desestimada por Oliver (OLIVER, 1950, pág. 83) al hacer referencia al cargo de Novio en Platea. Sin embargo, no tiene por qué entenderse de esta forma, puesto que el sumo sacerdote se encargaba, como se ha indicado *supra* apartado 4.1, tanto del emperador vigente como del conjunto de los *divi* romanos. Al tratarse de una dedicación a Nerón, Novio destacó su sumo sacerdocio de este emperador concreto y no de los *Sebastoi* en general. El mismo procedimiento se observa en el uso del título de sumo sacerdote que realizó durante los reinados de Trajano y Adriano el prócer ateniense Ti. Claudio Ático, que empleaba indistintamente sumo sacerdote de Trajano o sumo sacerdote de los *Sebastoi*, en función de la faceta de su cargo quisiera destacar en cada circunstancia concreta (SPAWFORTH, 1997, pág. 190). Cualquiera que sea el cargo o sacerdocio en virtud del cual se realiza la dedicación, Novio es un candidato firme para ser el evérgeta que costeó la obra. Sobre el teatro en época de Novio consultar: POLACCO, 1990, págs. 179-182.

[372] La afirmación del autor francés en: ROBERT, 1940, pág. 247. La misma opinión en: WELCH, 1999, pág. 128. También es posible que la dedicación de la *scaena frons* nada tenga que ver con juegos gladiatorios y deba interpretarse únicamente como la consagración del monumento a Dionisio y Nerón.

[373] Contemporáneas en: WELCH, 1999, págs. 127-128. La barrera marmórea en: PICKARD-CAMBRIDGE, 1946, pág. 258, que data su construcción en el s. II d. C. La estructura del teatro, no obstante, siguió siendo inadecuada: GOLVIN, 1988, vol. I, pág. 237, nota 23. Para las transformaciones en los teatros con el fin de acomodar juegos gladiatorios consultar: GOLVIN y LANDES, 1990, págs. 204-206; MORETTI, 1992, págs. 179-181, y DODGE, 1999, págs. 233-234.

sacerdocio comportaba, como se ha indicado, entre sus misiones básicas y más demandadas la celebración de espectáculos circenses por la salud del emperador. En Atenas, antes que Novio, sólo hubo un sumo sacerdote, Policarmo, que pudo haber sido el encargado de financiar los primeros juegos gladiatorios. Sin embargo, Novio tenía mejores conexiones con el gobernador y era un personaje más rico. Otro de los cargos de Novio, su sumo sacerdocio del *koinon* griego con sede en Platea, probablemente lo habrían forzado a realizar juegos gladiatorios, ya que en dicha ciudad las luchas gozaban de gran popularidad[374].

Todos estos argumentos permiten presentar a Novio como el mejor candidato para la introducción y difusión de los combates en Atenas. Con todo, el dato verdaderamente importante no es tanto el personaje puntual que costeara y organizara los festejos, como el hecho de que la reforma de los rituales imperiales en la capital del Ática supuso la llegada de costumbres foráneas para rendir homenaje y culto al gobernante extranjero.

Una vez más, la conformación de las pleitesías imperiales que surgen en este momento pervivieron hasta la reforma adrianea y constituyeron la base de la vida cívica ateniense durante el principado[375].

4.5.- Continuidad e innovación en los lugares de culto imperial[376].

En el capítulo anterior, apartado 3.4, se estudiaron los lugares que los atenienses dedicaron al culto imperial al comienzo del Principado. Junto al análisis concreto de cada uno de estos espacios, se planteó qué caracterizaba un *sebasteion* para dilucidar si Atenas contó con uno de estos templos. También se presentó un estudio de la implantación de la adoración a los emperadores en la *chora* de Atenas con el objetivo de mostrar la activa introducción de los rituales imperiales en todo el territorio controlado por la capital del Ática.

El presente apartado retoma el análisis de las estructuras de culto imperial en Atenas articulándolo también por zonas geográficas: *asty* y *chora*. Al haberse llevado a cabo ya una relación de los primeros lugares dedicados a la adoración imperial, en este apartado la atención se centra principalmente en los nuevos espacios rituales.

Con respecto a la Acrópolis, se plantea el estudio de dos espacios de posible adscripción al culto imperial: el Partenón y el teatro de Dionisio. En ambos casos se analiza la posible existencia de culto a Nerón. El mismo análisis se plantea con respecto a la ciudad baja, donde edificios de nueva factura y monumentos precedentes se han relacionado con el culto imperial.

El apartado dedicado a la *chora* es más breve puesto que se limita a marcar las continuidades de rituales que se presentaron en el apartado 3.4.3. La importancia del apartado es que demuestra la permanencia de los lugares de culto que habían comenzado en el período anterior.

4.5.1.- El emperador en la Acrópolis.

La Acrópolis fue el lugar preferido por los atenienses para honrar a los emperadores Julio-Claudios. En el apartado anterior dedicado a los lugares de culto imperial al comienzo de la dinastía, se presentaron los monumentos asociados a la adoración imperial. La continuidad de estos espacios en los rituales atenienses parece garantizada, al menos en el caso del edificio redondo situado frente a la fachada principal del Partenón. La presencia del monumento en monedas del siglo III d. C. así como, posiblemente, en el decreto para honrar a Julia Domna avalan esta afirmación. Por ello, en el presente apartado resulta más interesante analizar los nuevos lugares de adoración a los emperadores que surgieron en la Acrópolis. No obstante, como se indicará, ninguno de los dos lugares que se estudian presenta pruebas suficientes para defender la aparición de estructuras adicionales para el culto imperial en la Acrópolis[377].

El primero de los monumentos estudiados es el Partenón[378]. En el año 61/62 d. C. los atenienses coronaron la fachada principal del templo con una inscripción monumental de bronce:

Línea 1:

Ἡ [ἐξ Ἀ[ρείου / Πάγου βου]λὴ καὶ ἡ βου]λὴ τῶ[ν] Χ/ καὶ ὁ δῆμος / ὁ Ἀθηναί/ων Αὐτοκρά/τορ[α] Μέγι/στον Νέ/ρωνα Καίσα/ρα Κλαύδι/ον Σεβαστὸν

Línea 2:

Γ[ερμ]ανικὸν / θεοῦ υἱόν / στρατη/γοῦντος / ἐπὶ τοὺς / ὁπλίτας / τὸ ὄγδοον / τοῦ [κ]αὶ ἐ/πιμελη/τοῦ καὶ νομοθέ/του

Línea 3:

Τ[ι Κλ]αυδίου / Νουίου / τοῦ Φιλί/νου ἐπὶ ἱ/ερείας / Παυλ/λείνης / τῆς Καπί/τωνος / Θυγα/τρός

La Asamblea del Areópago, la Asamblea de los Seiscientos y el pueblo de los atenienses honraron al Emperador Máximo Nerón César Claudio Augusto Germánico hijo de dios. Siendo estratego de los hoplitas por octava vez, así como epimeleta y nomoteta Tiberio Claudio Novio hijo de Filino y siendo sacerdotisa [de Atenea] Paulina hija de Capitono[379]

La inscripción presenta serios problemas de lectura debido a la dificultad de reconstruir el texto utilizando únicamente las perforaciones que las letras han dejado en el mármol. En el año 1982, K. Carroll realizó un estudio exhaustivo del epígrafe en el que mejoró la edición presentada en IG II² 3277 y estableció una nueva conclusión sobre la funcionalidad de la inscripción[380].

---

[374] Sobre la relación entre los sacerdotes de culto imperial y los juegos gladiatorios ver: ROBERT, 1940, pág. 273 y *supra* en este mismo apartado. El éxito de los juegos gladiatorios, al menos en escala local, en Platea: Ap., *Met.*, IV, 13. Para el cargo de Novio en Platea y las celebraciones agonísticas allí celebradas: NAFISSI, 1995, 124-132.

[375] Adriano realizó cacerías legendarias en Atenas: H. A. *Hadrian*, 19, 3. Sus estatuas decoraron el teatro de Dionisio: PICKARD-CAMBRIDGE, 1946, pág. 263; IG II² 3286+CIL III 550; SIA 6, 3; IG II² 3287, aunque debió haber una estatua por tribu como se deduce del texto de los epígrafes conservados.

[376] En el Apéndice 1 se presenta un resumen de los contenidos de esta sección.

[377] La Acrópolis como lugar elegido para honrar a los emperadores en: GEAGAN, 1996. La aparición del edificio en monedas del siglo III d. C.: BMC *Attica*, nº 801-805 y SVORONOS, 1926, págs. 19-43. El decreto de Julia Domna: OLIVER, 1940, págs. 528-529, líneas 39-40 y BEARD, NORTH y PRICE, 1998, vol. II, págs. 257-258.

[378] La bibliografía sobre el Partenón es abrumadora. Para una aproximación general con excelentes fotografías: TRAVLOS, 1971, págs. 444-457. Resulta sumamente entretenida la lectura de BEARD, 2002 (págs. 107-108 para la inscripción de Nerón).

[379] SEG 32, 251; CARROLL, 1982, pág. 16; IG II² 3277. En la presente edición el subrayado equivale a los puntos subíndice que indican letras poco claras. *Megiston* como *maximus* en: VERSNEL, 1990, pág. 239.

[380] CARROLL, 1982.

El trabajo de Carroll es, no obstante, sólo el último y quizás más completo de una larga serie de estudios sobre el singular epígrafe. En efecto, la dificultad de lectura del texto y la singularidad de la localización del epígrafe han suscitado interpretaciones distintas. Una de ellas, propuesta por Oliver y Geagan, defiende que el Partenón fue consagrado a Nerón y que el emperador recibió de esta forma culto en el templo. Su hipótesis, sin embargo, ha sido discutida. A continuación se exponen las diferentes interpretaciones realizadas sobre la inscripción con el objetivo de verificar si en efecto Nerón fue encumbrado con tan singular honor[381].

Desde el desciframiento de la inscripción a finales del siglo pasado la opinión más extendida sobre el epígrafe es que se trataba de la dedicación de una estatua a Nerón. La hipótesis se basaba en la composición del texto con la aparición del nombre del emperador en acusativo. La redacción, en efecto, es idéntica a la de cualquier base de estatua. Sobre esta hipótesis, Graindor en su análisis del epígrafe defendió que la imagen del emperador no se sitúo en los aledaños del templo, sino en su interior y por ello la inscripción se colocó fuera. Su afirmación se sustentaba en la existencia de estatuas de Adriano y Julia Domna dentro del Partenón. La interpretación es interesante; pero ha sido contestada hábilmente por Carroll, pues resulta extraño que la inscripción de una estatua se sitúe en el arquitrabe de un templo y no en la base de la imagen[382].

La segunda interpretación fue la realizada por Oliver y seguida por Geagan. Para ambos investigadores el epígrafe recoge la dedicación del Partenón a Nerón. La situación de la inscripción en el arquitrabe principal del templo sólo podía indicar la dedicación del edificio al emperador. El mismo procedimiento se había llevado a cabo en Ramnunte, cuando Livia se incluyó en el *temenos* de Némesis y la inscripción fundacional del culto se grabó en el arquitrabe de la fachada principal del monumento. Se trataba, por lo tanto, de una propuesta sumamente interesante que, no obstante, también presenta inconvenientes[383].

La oposición más enconada ha sido desarrollada por Carroll. Por un lado, siguiendo a Nock, el autor indica que la dedicación conjunta de templos es un procedimiento poco frecuente. Esta afirmación, realizada por Nock hace más de setenta años no es sostenible en la actualidad. De esta forma, Friesen ha demostrado que la aparición de emperadores en templos de otras divinidades es habitual: "Hay frecuentes ejemplos del período imperial romano que mencionan la colocación de las estatuas de emperadores en templos de otras divinidades o la dedicación a los emperadores de un edificio aparte en el recinto de un templo"[384].

Una segunda objeción de Carroll a la propuesta de Oliver y Geagan era que resultaba inconcebible que los atenienses hubieran llegado a ser tan serviles como para dedicar el Partenón a un emperador. La crítica pierde todo su fundamento cuando se estudian las prácticas de culto imperial atenienses en época de Nerón. El servilismo no era desde luego una novedad. Sólo las fiestas cívicas demuestran que no era extraño encontrar este tipo de asociaciones. Así, desde época de Claudio las dos celebraciones más importantes de la *polis*, los *Agones* de los Augustos y las *Panateneas*, demostraban la fidelidad de la ciudad al gobierno romano. Es el investigador moderno el que se subleva ante la posibilidad de que el máximo símbolo de la libertad ateniense fuera dedicado a un monarca. Los emperadores romanos hacía ya tiempo que se habían apropiado del mensaje ideológico de la Acrópolis y, muy especialmente, del valor del Partenón en la lucha contra los partos. Los símbolos de la libertad griega (o de ciertas *poleis* griegas como Atenas) habían sido fagocitados por el poder romano. La propaganda política imperial había instrumentalizado los símbolos tradicionales en su propio beneficio. El mensaje último radicaba en que la verdadera libertad sólo podía ser alcanzada bajo la férrea férula romana. Un ejemplo significativo es que Nerón fuera Zeus *Eleuterio*. De esta forma, la dedicación del templo al emperador no estaría fuera de la lógica del culto imperial y de la propaganda política romana[385].

Por otro lado, Carroll explica que si se tratara de una dedicación a Nerón, el epígrafe debería incluir a Atenea, pues de lo contrario se estaría implicando que la diosa abandonaba su templo. Es cierto que las dedicaciones suelen ser conjuntas, como en el teatro de Dionisio (Nerón y Dionisio Eleuterio). Sin embargo, en el templo de Ramnunte la inscripción sólo incluye el nombre de Livia, mientras que Pausanias indica que era un santuario de Némesis, cuyo culto siguió vivo sin duda después de la consagración del templo a la emperatriz. Por ello, es posible que la inscripción no significara necesariamente que la diosa fuera privada de su templo, sino más bien que un segundo inquilino se alojaba en él[386].

Por último, la crítica más acertada que plantea Carroll y la única que realmente dificulta la aceptación de la propuesta de Oliver y Geagan es que el nombre del emperador está en acusativo. Si se tratara de una dedicación el caso correcto sería el dativo o incluso el genitivo, como demuestra el ejemplo antes citado del templo de Livia en Ramnunte[387].

Tras rechazar las propuestas anteriores, Carroll plantea su propia explicación. Para el autor, la inscripción es un resumen de un decreto honorífico. El verbo elidido era ἐστεφάνωσε y no ἀνέθηκε. Por lo tanto, el decreto no suponía la dedicación de una estatua, sino la coronación del emperador Nerón con motivo de las campañas párticas de los años 61-62 d. C. Aunque la guerra contra el rey Vologeses se saldó con la derrota del cónsul Peto, durante buena parte del año 61 las noticias provenientes de Oriente hacían pensar en la victoria y anexión de Armenia. Con motivo de estos primeros éxitos se erigieron arcos del triunfo en Roma. También los atenienses, en opinión de Carroll, se adelantaron a los acontecimientos decretando honores para el emperador antes de que la guerra

---

[381] El texto en: CARROLL, 1982, págs. 11-25 (SEG 32, 251). La propuesta de culto a Nerón en el Partenón en: OLIVER, 1950, pág. 82; GEAGAN, 1967, págs. 25-26, y GEAGAN, 1979c, pág. 285. Sobre el Partenón y los rituales que se llevaban a cabo en él consultar: HERINGTON, 1955.
[382] La opinión fue defendida por: SMITH, 1896, pág. 339; WHEELER, 1896, págs. 230-231; D'OOGE, 1908, pág. 330; GRAINDOR, 1931, pág. 13, y JONES, 1978b, pág. 33 y notas 66 y 68. El caso apropiado para las dedicaciones de estatuas en: BENJAMIN y RAUBITSCHEK, 1959, págs. 65-68. La estatua de Adriano en: Paus. 1.24.7. La estatua de Julia Domna en: OLIVER, 1940. Las críticas a esta hipótesis en: CARROLL, 1982, págs. 61-62.
[383] La dedicación del Partenón a Nerón en: OLIVER, 1950, pág. 82; GEAGAN, 1967, págs. 25-26, y GEAGAN, 1979c, pág. 285. Para el templo de Ramnunte consultar: MILES, 1989.
[384] Las críticas a la explicación de Oliver y Geagan en: CARROLL, 1982, págs. 59-60. Sobre la escasez de templos compartidos entre dioses y emperadores: NOCK, 1930. La revisión de sus conclusiones en: FRIESEN, 1993, págs. 73-75 (cita en pág. 73). Ver también: HÄNLEIN-SCHÄFER, 1985.

[385] CARROLL, 1982, pág. 60. Nerón Zeus Eleuterio en: IG VII 2713; HOLLEAUX, 1888, líneas 48-52. Un único sacerdote para el Culto de Nerón y Zeus Eleuterio en Platea: IG II² 1990. La instrumentalización de los mensajes de libertad griegos en: GASCÓ, 1996, págs. 203-208. Sobre el mensaje antipersa de la Acrópolis en época romana: SPAWFORTH, 1994a.
[386] CARROLL, 1982, pág. 60. Teatro de Dionisio: IG II² 3182. Templo de Némesis: IG II² 3242+SEG 19, 202. La importancia del culto a Némesis en el Imperio romano: HORNUM, 1993 y FORTEA LÓPEZ, 1994. La continuidad del culto a Némesis en Ramnunte en: Paus. 1.33.2.
[387] El nombre del emperador está en acusativo: Αὐτοκρά/τορ[α] μέγιστον Νέ|ρωνα Καίσα|ρα Κλαύδιον Σεβασ-τὸν Γ[ερμ]ανικόν / θεοῦ υἱόν. El subrayado equivale a los puntos subíndice que indican letras poco claras. La crítica en: CARROLL, 1982, pág. 60. El nombre de Livia está en dativo: θεᾷ Λειβίᾳ.

hubiera terminado. Un paralelo al entusiasmo ateniense se encuentra en Afrodisias, donde un relieve del *Sebasteion* representa a Armenia postrada ante Nerón[388].

El problema principal que plantea la hipótesis de la coronación es que se trata de un espacio muy extraño para situar un decreto de este tipo. El lugar habitual para las inscripciones honoríficas es el ágora. El decreto que instaura el culto a Julia Domna como Atenea *Polias* debía publicarse en el altar de los *Sebastoi*. En Gitio, el decreto en el que se regulaban los *Agones* de los Augustos debía inscribirse en una columna que se emplazaría "en un lugar público, donde todos puedan verla", seguramente el ágora. La colocación en el arquitrabe de la fachada principal del Partenón de una corona cívica al emperador constituye, por lo tanto, una rareza. No obstante, es cierto que la aparición del nombre del emperador en acusativo en un lugar tan señalado es en sí misma sumamente extraña. Por lo tanto, aunque Carroll no parece resolver completamente el problema planteado por la inscripción, su propuesta debe aceptarse por el momento como la mejor solución planteada[389].

Cabe, con todo, proponer una solución alternativa que, sólo a modo de hipótesis de trabajo, puede ser interesante. Se trata de admitir que nos encontramos ante la dedicación de una estatua al último de los Julio-Claudios, como sugiere indefectiblemente el epígrafe, cuyo texto se situó en la entrada principal del Partenón puesto que la estatua del emperador se erigió efectivamente sobre dicha entrada. Me parece atractiva la posibilidad de que Nerón fuera incluido en la majestuosa composición del frontón principal del Partenón. La escena representaba el nacimiento de Atenea (Paus. 1.24.5), aunque las piezas conservadas son difíciles de interpretar, sobre todo las centrales que se han perdido casi en su totalidad. A pesar de la pérdida de las estatuas, al conocerse el tema del conjunto escultórico, puede inferirse que el lugar de honor estaría ocupado por Zeus y Atenea que fueron posiblemente acompañados por Hera. Dada la conocida relación de Nerón con Zeus, podríamos encontrarnos ante la consagración de una estatua del emperador asimilado con el dios principal de los griegos; incluso, es más, podría tratarse de la dedicación - quizás a través del retalle o el embellecimiento de la estatua- de la propia imagen de Zeus que ya se encontraba en el frontón del Partenón[390].

De esta forma, si se rechaza la atractiva interpretación de Oliver y Geagan, también debería negarse el culto a Nerón en el Partenón, puesto que la inscripción no implicaría la concesión de pleitesías divinas. Con todo, Spawforth, en su artículo sobre la tradición antipersa durante el Imperio Romano, aunque acepta la explicación de Carroll no descarta que el culto al último de los Julio-Claudios se llevara a cabo en este emblemático edificio[391].

Cualquiera que fuera el significado de la acción recogida en el epígrafe, su vida fue breve. Los atenienses removieron toda la inscripción sin tiempo para que las inclemencias meteorológicas perpetuaran los contornos de las letras. La rápida eliminación se debió sin duda a la *damnatio memoriae* de Nerón[392].

También se eliminó el recuerdo del último de los emperadores Julio-Claudios en el segundo espacio de la Acrópolis en el que posiblemente le rindieron culto los atenienses. Se trata del teatro de Dionisio. Como se indicó en el apartado 4.4, los juegos gladiatorios en Atenas se llevaron a cabo en este edificio. Los combates eran una parte fundamental en el culto a los emperadores. A lo largo de dicho apartado se intentó dilucidar si las luchas comenzaron durante el período Julio-Claudio. Entre los testimonios que se analizaron se encontraba la inscripción IG II^2 3182 en la que la *scaena frons* se dedicaba a Dionisio y Nerón.

Dilucidar si la dedicación incluía la concesión de pleitesías divinas en el teatro es una tarea difícil. No obstante, si los juegos gladiatorios comenzaron a realizarse en este período es significativo que la importante reforma del recinto en el que los combates se llevaban a cabo fuera dedicada al emperador.

4.5.2.- Lugares de culto imperial en la ciudad baja.

Durante los reinados de Claudio y Nerón, los emperadores debieron seguir siendo adorados en las mismas estructuras en las que lo fueron sus ancestros. No obstante, se ha sugerido la aparición de dos nuevos espacios para la adoración imperial: el templo de Apolo *Patroos* y el edificio conocido habitualmente como el *Agoranomion*.

El templo de Apolo *Patroos* se sitúa en el sector Suroeste del Ágora Clásica en la misma zona en la que, como se indicó en el apartado 3.4.2, recibió posiblemente culto Livia como Ártemis *Boulaia*. La identificación del santuario como espacio reservado para la adoración imperial se basa en la equiparación que los atenienses hicieron entre Claudio y dicha divinidad. Los testimonios que prueban la vinculación entre el emperador y Apolo son el epígrafe IG II^2 3274+SEG 22, 153 y la estatua de Claudio-Apolo[393].

Claudio fue Apolo *Patroos* en Atenas y, por ello, es lícito defender que fue adorado en el santuario tradicionalmente asignado a dicha deidad. Posteriormente, Nerón también fue asociado a Apolo. Un nuevo fragmento encontrado en el Ágora Clásica sugiere que la advocación con la que se vinculó este emperador fue también Apolo *Patroos*. De esta forma, el último de los Julio-Claudios pudo recibir culto en el santuario, continuando la presencia de los emperadores en dicho espacio[394].

Más problemática que la identificación del Templo de Apolo *Patroos* como espacio de culto imperial es la adscripción a dichos rituales del edificio habitualmente denominado *Agoranomion* (véase lám. 7d). La estructura fue interpretada por Graindor como la sede de los magistrados encargados del Ágora Romana. La hipótesis de Graindor fue matizada por Robinson y revisada por Travlos, para quien el *Agoranomion* se encontraba en las inmediaciones del sector occidental del Ágora Romana. La estructura quedaba, de esta forma, sin funcionalidad[395].

---

[388] La explicación de la inscripción como un decreto honorífico en: CARROLL, 1982, págs. 62-74. Los arcos de triunfo en: CARROLL, 1982, págs. 72-73. El relieve de Afrodisias en: SMITH, 1987, págs. 117-120, ilus. 16-18; cf. SPAWFORTH, 1994a, pág. 237.
[389] Sobre el lugar de colocación de los decretos: DOW, 1937a, págs. 27-28. Ver también: WOODHEAD, 1997. El decreto de Julia Domna: IG II^2, 1076=OLIVER, 1940. La inscripción de Gitio en: SEG 11, 923, líneas 36-40.
[390] Sobre la composición escultórica y sus problemas interpretativos consultar: HURWIT, 1999, págs. 177-179. La relación de Nerón y Zeus ya ha sido tratada con anterioridad en el presente trabajo; consultar *supra* y, a modo de ejemplo, IG VII 2713.
[391] La aceptación de la propuesta de Carroll en: SPAWFORTH, 1994a, págs. 234-239.

[392] El hecho de que las letras no hayan dejado huella indica la corta vida de la inscripción: CARROLL, 1982, pág. 7.
[393] IG II^2 3274+SEG 22, 153 es la dedicación de una estatua en bronce. La estatua de mármol de Claudio como Apolo en: VERMEULE, 1968, pág. 387, nº 4.
[394] Nerón Nuevo Apolo en: a) IG II^2, 3278; b) PEEK, 1942, *MDAI(A)* 67, pág. 45, nº 60; c) SEG 32, 252; MASTROCOSTAS, 1970, *AAA* 3.3, págs. 426-427, nº 1; d) SEG 34, 182, y e) SEG 44, 165. El nuevo fragmento del ágora en: SEG 34, 182 (véase lám. 1). Se ha establecido la posible vinculación de Nerón con Apolo *Patroos* al datarse el epígrafe por el sacerdocio de dicha divinidad.
[395] La identificación de la estructura al Este del Ágora Romana como *Agoranomion* en: GRAINDOR, 1927a, pág. 196. Dudas acertadas en: ROBINSON, 1943, págs. 303-305. Revisión en: TRAVLOS, 1971, pág. 37.

Hoff intentó subsanar esta laguna al interpretar el edificio como el *Sebasteion* de Atenas. Su tesis se basaba en el estudio arqueológico de las distintas fases edilicias del monumento y en la edición del epígrafe fundacional de la obra[396].

El edificio se alzó sobre una estoa helenística. La forma del mismo recuerda, en opinión de Hoff, a una basílica romana. Está situado en frente de la entrada oriental del Ágora Romana y el acceso al complejo se hacía tras ascender una escalera que salvaba el desnivel entre el propileo del mercado y el nivel de la antigua estoa (véase lám. 7c). Según los estudios arqueológicos realizados en el complejo, la estructura no estaba techada[397].

La inscripción fundacional se conserva en estado fragmentario. La única información segura es que el monumento se dedicó a Atenea *Archegetida* y los *Theoi Sebastoi*[398].

A pesar del interés de la hipótesis de Hoff, sus argumentos lamentablemente carecen de fundamento sólido. Su propuesta, por lo tanto, es una aportación sugerente que no puede sostenerse ante la parquedad de los restos materiales del edificio y la falta de una intervención arqueológica extensa en la zona. De hecho, ya Travlos apuntó otro uso sumamente interesante para la estructura. Según dicho autor, se trataría de un propileo colosal que conectaría el mercado romano con otro monumento situado al Este, posiblemente el *Teseion* o el *Diogeneion*. La dedicación de edificios a los emperadores fue una acción frecuente; en Tespias por ejemplo se le consagro a los dioses Augustos una estoa (SEG 31, 521). Otra cuestión distinta es dilucidar si se realizaría culto en ella[399].

Últimamente Walker ha apuntado que podría tratarse de la entrada elaborada a un *sebasteion*, de forma análoga al ejemplo de Afrodisias. En cualquier caso, la dedicación conjunta y la aparición de los *Theoi Sebastoi* es un dato que hay que tener en cuenta a pesar de que no se pueda concluir que se trate de una estructura dedicada al culto imperial. La investigación del resto del monumento es necesaria; aunque sea un objetivo bastante difícil, ya que el edificio está soterrado en una zona ajena al precinto preservado para la excavación. Queda además por dilucidar si los muros que rodean la torre de los Vientos y se conectan con el *Agoranomion* en su cara Norte pertenecen a este complejo -lo que afirmaría las conclusiones de Lippolis, como se indica más abajo[400].

Las hipótesis de Travlos y Walker antes mencionadas apuntan en la misma dirección. El edificio por su forma parece no parece ser el final del conjunto del Ágora Romana, como sugiere Hoff, sino todo lo contrario, una vía de unión entre el Ágora Clásica, el Ágora comercial o Romana y la parte oriental de la ciudad que es la que desgraciadamente peor se conoce. Por ello, la clave para mejorar la comprensión de este monumento es el estudio de la zona oriental de Atenas, que cuenta con menos volumen de publicaciones y análisis. Por esta razón, me parece tan acertado el estudio de Lippolis en el que interpreta el *Agoranomion* como la puerta de entrada a un edificio colosal, en su opinión un gimnasio, el *Ptolomeion*, del que forma parte también los restos atribuidos habitualmente al Panteón[401].

En conclusión, creo que el edificio en cuestión no era un *Sebasteion*. Sin duda se trata de un complejo consagrado a los emperadores, pero esto no implica en absoluto la realización de culto o la necesidad de que se trate de un templo. Las soluciones que me parecen más acertadas son aquellas que interpretan el edificio como una zona de paso. Se trataría de un camino porticado consagrado a los emperadores cuya función sería unir la zona comercial de Atenas, el Ágora Romana, con otra sección de la ciudad -objetivo que ya cumplía la antigua estoa helenística sobre la que se elevó el *Agoranomion*. Esta sección de la ciudad se aterrazó durante la antigüedad para permitir la construcción de edificios; a esta terraza daba paso el *Agoranomion*. Una misión similar cumplía la calle desarrollada en época de Trajano que unía el Ágora Clásica con la Romana. Mi opinión, por lo tanto, es que es un edificio de tránsito[402].

Otra cuestión distinta es a qué edificio daba paso. Como se indicó antes, se han propuesto tres alternativas: a) el *Teseion* o el *Diogeneion*; b) un *Sebasteion*, y c) otro gimnasio, el *Ptolomeion*. Cualquiera de las tres, a la espera de ulteriores estudios sobre la zona oriental de Atenas, puede ser válida.

4.5.3.- Continuidad de la presencia del culto imperial en la *chora* ateniense.

La aparición en el Ática de lugares para la adoración imperial se destacó en el apartado 3.4.3. Este fenómeno, que demuestra la vitalidad del culto en la ciudad, continuó durante los reinados de Claudio y Nerón.

Así, en el santuario de Némesis en Ramnunte se ha encontrado un altar consagrado a Claudio:

[Τιβε]ρίῳ Κλαυδίῳ [Καίσαρι]/ [Σεβασ]τῶι Γερμανικῷ[403]

El *temenos* de Némesis fue consagrado a Livia probablemente en época de Augusto, aunque la visión tradicional fecha la rededicación durante el reinado de Claudio y pone en relación el altar con el templo. Es probable que el espacio consagrado a la emperatriz y el ara de Claudio estén conectados, pues fue dicho emperador quien divinizó a Livia. No obstante, como se indicó en el apartado 3.1.3 la dedicación del templo no debió llevarse a cabo durante su reinado. La propuesta que se plantea en el presente trabajo es datar la consagración del templo en época de Augusto, único período durante el que la emperatriz se denominó con el nombre con el que aparece en la inscripción votiva: *θεᾶι Λειβίαι*[404].

La aparición de un altar de Claudio en el mismo recinto indica la continuidad de los rituales celebrados en el santuario que se había convertido así en un núcleo extraurbano consagrado al culto imperial. La vinculación de la diosa Némesis a la ideología imperial puede ser también un motivo que explique la perduración de los rituales[405].

La misma continuidad se observa en Eleusis donde se ha identificado en este período una capilla para la adoración de Agripina. Junto a las estructuras que se han descrito en el capítulo dedicado a los lugares de culto en época de Augusto y los primeros Julio-Claudios, aparecen, por lo tanto, otros lugares consagrados a los nuevos dioses imperiales. El

---

Para una reinterpretación de los testimonios arqueológicos provenientes del sector urbano situado al Este del Ágora Romana consultar: LIPPOLIS, 1995.
[396] El objetivo del autor en: HOFF, 1994, pág. 95.
[397] HOFF, 1994, págs. 93-104.
[398] La inscripción en: HOFF, 1994, pág. 107=SEG 44, 161; SEG 21, 846; IG II², 3183.
[399] Consultar: TRAVLOS, 1971, pág. 579.
[400] La nueva hipótesis en: WALKER, 1997, pág. 74. Sobre el *Sebasteion* de Afrodisias consultar: SMITH, 1987 y 1990; HUEBER, 1987; OUTSCHAR, 1987, y ERIM, 1992, págs. 52-65 con excelentes ilustraciones.
[401] LIPPOLIS, 1995 y MILLER, 1995.

[402] Sigo la opinión de Travlos aunque sin decantarme por la identificación del edificio o edificios a los que daba acceso el pórtico (TRAVLOS, 1971, pág. 579).
[403] IG II² 3275.
[404] La datación habitual en: DINSMOOR, 1961, pág. 188; BRONEER, 1932, págs. 397-398, y MILES, 1989, págs. 236-239. *Terminus post quem* en: DINSMOOR, 1961, pág. 188 que es seguido por MILES, 1989, pág. 237.
[405] Némesis en Ramnunte: MILES, 1989, págs. y FORTEA. LÓPEZ, 1994, págs. 24-30.

fragmento que permite pensar en la existencia de un monumento para el culto a Agripina es un entablamento de más de un metro de largo. La parquedad del documento impide saber, no obstante, la situación del edificio dentro del santuario, así como su arquitectura[406].

4.6.- La reforma del culto imperial durante los reinados de Claudio y Nerón: recapitulación.

Los rituales heterogéneos que se analizaron en el tercer capítulo de la presente obra se vieron superados por nuevas pleitesías concedidas a abstracciones de significado dinástico. El culto imperial evolucionaba, de esta forma, para adecuarse a la nueva percepción y semántica del régimen surgido en Roma con Augusto y que se había convertido en estable. Ya no se trataba del culto individual a un nuevo caudillo romano que había conquistado el poder por la fuerza de las armas y cuyo futuro podía ser incierto, sino que consistía en los rituales debidos a una casa de Augustos que gobernaban desde hacía mucho tiempo y que seguirían constituyendo una entidad estable a través de los años.

A lo largo de las páginas que conforman este cuarto capítulo se ha expuesto cómo esta percepción del poder tomaba cuerpo en dos nuevas abstracciones, *Domus Augusta* y los dioses Augustos, que fueron ampliamente utilizadas en todo el Oriente romano. Se ha destacado a su vez que estos conceptos surgen como sustento ideológico del nuevo orden político - maduro ya tras los primeros reinados Julio-Claudios-, presentando ventajas sustanciales sobre las anteriores honras individuales, ya que otorgaban una visión de continuidad capaz de asegurar la adhesión de los súbditos y la tranquilidad de los gobernantes. Además, constituyen mejores armas gubernativas, puesto que los emperadores pudieron cambiar y las dinastías caer, pero las abstracciones religiosas que sustentaban el fundamento del gobierno seguían intactas. Se trataba, por lo tanto, de conceptos de utilidad manifiesta para el poder central y que, con todo, también resultaban explicativos para el común de los provinciales que adoraban de esta forma a un poder político estable e inmutable. Sin embargo, esta suma de divinidades en un sólo concepto no acabó con los cultos personales de los emperadores, presentes y pasados, sino que se unió a ellos y constituía uno de sus apoyos más firmes.

Este tipo de abstracciones sintéticas y englobadoras de realidades difíciles de comprender recuerdan, por su naturaleza, a otras posteriores: son los soldados desconocidos, la festividad de Todos los Santos, la Patria, la Monarquía... Conceptos que, pese a resistir mal un análisis racional, son útiles en el ámbito político y religioso. El oscurantismo, la pobreza y la desinformación del pueblo preconizan un sentimiento común, instrumentalizado por el poder, en el que los conceptos descritos, generales y abstractos, encuentran un fecundo campo de cultivo.

Por ello, en el presente trabajo, se ha defendido que la disputa de los investigadores por identificar y aislar las personas adoradas bajo estos términos es una quimera, ya que su verdadero potencial y la causa de su éxito es precisamente su carácter englobador e inabarcable.

El análisis de los nuevos conceptos surgidos para explicar el gobierno de los emperadores se ha acompañado del estudio de la conformación del culto imperial en este momento. Las conclusiones obtenidas indican que en esta segunda etapa, el número de personajes adorados se reduce, a la vez que se jerarquizan definitivamente los sacerdocios mediante la unión indefectible del título de *archiereus* al sacerdote de la *Domus Augusta*. Estos procesos no se desarrollan impersonalmente; en Atenas conocemos al protagonista de la mayor parte de los cambios, Tiberio Claudio Novio.

La carrera de este singular prócer ateniense ha servido, a su vez, para destacar dos cuestiones que ya se habían señalado en el capítulo 3; sin embargo, éstas se demuestran más nítidamente con Novio: la vinculación y protagonismo de los oligarcas en la conformación y difusión del culto imperial y las posibilidades de la adoración a los emperadores para la promoción social. Como se ha expuesto, Novio se convirtió en el ateniense más poderoso durante los reinados de Claudio y Nerón; situación que demuestran sus ocho estrategias de los hoplitas y también su cargo de *archiereus*, epimeleta de la ciudad y agonóteta. De todos ellos, fue el cargo de sumo sacerdote de la *Domus* Augusta el que le permitió compartir la cúspide religiosa ateniense con otros personajes de las familias más nobles -Cérices y Eumólpidas- que copaban los cargos eleusinos. Se trata además de un cargo que pervivió ininterrumpidamente hasta el final del Principado y que superaba a anteriores creaciones atenienses, sobre todo la novedad de época de Claudio del sumo sacerdocio de Antonia *Minor*, que divergían de las soluciones apoyadas desde Roma que finalmente fueron las adoptadas por el conjunto de las ciudades griegas y con ellas Atenas.

Gracias al estudio de la vida de Novio también se ha podido apuntar la vitalidad política de la capital del Ática y los conflictos internos surgidos entre oligarcas atenienses con el objetivo de dotarse de cargos importantes y grandilocuentes. Así, se ha propuesto que cuando el sumo sacerdocio de Tiberio quedó vacante, la disputa por hacerse con la dignidad de *archiereus* derivó en una solución insólita, pues mientras el prócer menos poderoso conseguía el puesto de oficiante de Claudio, Novio, rico e influyente, por otra parte, ideaba y conseguía que se aprobara un sumo sacerdocio distinto no consagrado, como cabría esperar, al emperador en persona sino a su madre, Antonia *Minor*.

Una vez tratados los cambios en los sacerdotes de culto imperial, se centró la atención en las fiestas consagradas a la adoración de los emperadores y sus familiares. Los festejos atenienses sufrieron importantes mutaciones durante los reinados de Claudio y Nerón; cambios en los que Novio también participó activamente. Entre las celebraciones se ha diferenciado las típicamente griegas de los nuevos festejos gladiatorios profundamente influidos por los gustos romanos. Surgen así, ya con seguridad, los *Agones* de los Augustos y las *Panateneas Sebastas*. El estudio se ha detenido principalmente en los primeros, que se han interpretado -gracias a la revisión del conjunto de los textos epigráficos conservados que mencionan los *agones*- como la continuación de los festejos aprobados para conmemorar el día del nacimiento de Augusto y que fueron ampliados por Novio para adorar a los emperadores posteriores. De esta forma, se defiende que Atenas siguió contando con fiestas de periodicidad mensual a las que se unían una vez al año competiciones agonísticas. Fueron éstas las que Novio, en mi opinión, reorganizó y amplio para convertirse en el primer agonóteta de las mismas y afianzar, de esta forma, su primacía en la ciudad. Seguirían tratándose, además, de competiciones isopíticas como fueron las consagradas al primero de los Césares. Los *Agones* de los Augustos contaron con una celebración especial, los Grandes *Agones* de los Augustos, que acaecían con periodicidad desconocida.

A lo largo del presente capítulo se ha demostrado también que las fiestas más importantes y emblemáticas de la capital del Ática se incluyeron así mismo en el conjunto de rituales consagrados a los emperadores. La prueba definitiva de esta vinculación es la aparición de festejos de culto imperial en las *Panateneas*, que sumaron a su ancestral titulatura el epíteto de

---

[406] CLINTON, 1997, pág. 170.

Sebastas. Los textos que recuerdan esta vinculación son escasos y poco informativos, lo que impide el establecimiento de ulteriores conclusiones sobre la naturaleza de las innovaciones. Con todo, pese a que no pueda profundizarse en este aspecto, la asociación de las celebraciones más importantes de Atenas, y una de las más prestigiosas del mundo griego, con la adoración imperial sólo puede interpretarse como una muestra más de la vinculación afectiva de la oligarquía ática con el régimen imperial romano.

Junto a las fiestas de raigambre griega, otro aspecto importante que se ha destacado en este capítulo es la aparición en Atenas de juegos gladiatorios. Desgraciadamente no se cuenta con ningún documento que indique la fecha exacta en la que se produjo esta aparición; no obstante, se han empleado otras fuentes disponibles para establecer al menos una datación aproximada. De esta forma, gracias a dos textos (D. Chr. 31, 121-122 y Philostr. *VA*, 4. 22) y un epígrafe (IG II^2 3156) puede concluirse que las luchas de gladiadores comenzaron a celebrarse en Atenas durante el gobierno de la dinastía Julio-Claudia. La primera celebración, así como el nombre del prócer que la sufragó, no pueden identificarse -aunque el rey tracio Roimetalcas, durante el reinado de Calígula, llevó a cabo festejos de un tipo que solía acompañar a los juegos gladiatorios.

Con todo, interesó más en este capítulo el establecimiento del momento en el que las luchas fueron aceptadas por los ciudadanos de Atenas y pasaron a ser una tradición más entre las propias de los habitantes del Ática. Una tradición que, además, gozó de gran predicamento, como se ha demostrada a través del análisis de los textos antes señalados y de otros testimonios. El período en el que se produjo esta eclosión puede situarse con bastante seguridad durante los reinados de Claudio y Nerón. Al menos parece seguro que bajo estos emperadores se empezaron a llevar a cabo con asiduidad los espectáculos sangrientos. Una vez más, la actividad del importante oligarca Tiberio Claudio Novio se siente en la aparición y difusión de los juegos gladiatorios. Así, es él el evergeta que aparece como dedicante en la consagración de la *scaena frons* del teatro de Dionisio -lugar en el que se celebraban las luchas- a Nerón. Este hecho, unido a la propia situación de Novio en la provincia y la actividad del prócer en la aprobación de nuevas fiestas en Atenas, sugiere, aunque sólo como una hipótesis de trabajo, que fue el propio Novio el primer oligarca que ofreció este tipo de festejos a sus conciudadanos o, al menos, que fue uno de los protagonistas en la difusión de los mismos, como indica que fuera él quien sufragara la reforma del lugar en el que se celebraban los combates.

Además de llevar a cabo un análisis de los testimonios atenienses relativos a las luchas gladiatorias, se ha realizado también una reflexión sobre la relación existente entre el culto imperial y los combates. Resultaba especialmente interesante comprender el motivo por el cual los juegos gladiatorios se celebraban por la salud del emperador y con una frecuencia cíclica. En este sentido, se ha propuesto que la muerte en la arena no era sólo un espectáculo, era mucho más: se trataba de todo un ritual en el que la muerte de un hombre se realizaba para mantener en vida a otro, el emperador. Era, por lo tanto, un tipo de muerte por sustitución.

Con respecto a los combates gladiatorios también se ha incidido en sus posibilidades como herramienta para el sustento del régimen político y social existente. Se ha destacado así, cómo la ordenación de los habitantes de la *polis* y la *chora* en el teatro o el anfiteatro en función de su estatuto social permite recrear físicamente las diferencias sociales, mediante una herramienta que las hace a un tipo manifiestas y explicativas. A su vez, los juegos constituían un medio para la consolidación del poder imperial y de los próceres locales que eran los instrumentos por el que la lejana majestad del emperador se presentaba a los súbditos.

Por último, todas las mutaciones en los rituales y sacerdocios imperiales que se produjeron durante el reinado de los dos últimos Julio-Claudios llevaron emparejadas nuevas transformaciones en el aspecto físico de la ciudad. Entre los cambios más importantes deben destacarse los producidos en la Acrópolis, puesto que afectaron al emblemático Partenón y al no menos importante teatro de Dionisio.

El Partenón fue coronado con una inscripción en bronce en la que se honraba a Nerón y se mencionaba a Tiberio Claudio Novio (SEG 32, 251; CARROLL, 1982, pág. 16; IG II^2 3277). En el presente capítulo se han estudiado las distintas interpretaciones que se han realizado para explicar el singular epígrafe. Al final, se ha aceptado la propuesta de Carroll -para quién la inscripción era el testimonio de la coronación a Nerón por sus efímeras victorias sobre Armenia-, pues es la única que, por el momento, explica la aparición del nombre del emperador en acusativo. También se ha apuntado la posibilidad de que se tratara efectivamente de la dedicación de una estatua que se situaría en la parte superior del Partenón, aunque se trata sólo de una hipótesis de trabajo. También en la Acrópolis se produjeron cambios en el teatro de Dionisio, donde se reformó la *scaena frons* que fue dedicada, también por Novio, al emperador Nerón.

En la ciudad baja y en la *chora*, por otra parte, los cambios no fueron tan notorios y todo parece indicar que la norma fue la continuidad con respecto al período anterior. No obstante, se han estudiado aquellos espacios que pudieron ser utilizados para llevar a cabo prácticas de culto imperial. En la ciudad baja son dos: el templo de Apolo *Patroos* y en el *Agoranomion*. El primero es un candidato más que probable, debido, sobre todo, a la asociación tradicional de los emperadores romanos de este período con Apolo *Patroos*; sobre todo Claudio del que se ha conservado una estatua asimilado con el dios. El caso del *Agoranomion* es menos claro, pese a los esfuerzos por demostrar lo contrario de Hoff, puesto que se basan en la reconstrucción de una inscripción mal conservada. La propuesta de Hoff para identificar este edificio con un *sebasteion* tampoco tiene mayor fuerza. Por ello, por el momento -el monumento no se ha sometido a un análisis arqueológico profundo, por lo que las conclusiones podrían variar mucho tras dicho estudio- esta estructura no puede adscribirse al culto imperial, aunque es probable ulteriores investigaciones invaliden esta afirmación.

La misma continuidad con respecto a los lugares de culto se dio, como se comentó antes, en la *chora*. El estudio en este caso se ha limitado a apuntar dicha continuidad, sólo destacando la creación de un nuevo espacio cultual en Eleusis y la perduración expresa de los rituales de culto imperial en Ramnunte gracias a la aparición en dicho *demos* de un altar consagrado a Claudio (IG II^2 3275).

Fueron muchas, por lo tanto, las transformaciones que sufrió el culto a los emperadores durante los reinados de los dos últimos Julio-Claudios. Transformaciones profundas tanto en Atenas -plasmadas en la creación de nuevas fiestas, sacerdocios y lugares de culto-, como en el Imperio, en el énfasis situado en fórmulas de expresión que favorecieran la continuidad del poder y la perduración consiguiente del régimen político que denominamos Principado. Los cambios que se estaban gestando en este momento preconizaban la evolución ulterior protagonizada por Domiciano, adoptada a su vez por los Antoninos, y que se encaminaba -aunque no pretendemos realizar un análisis teletético, sino marcar las pautas de dirección del culto-, hacia el poder teocrático del que gozaron a todos los niveles los emperadores del final del Principado y del Dominado.

Epílogo.

Al terminar una obra es habitual ofrecer unas conclusiones generales que resuman los aspectos que han sido abordados en las páginas previas. En este trabajo, la necesaria síntesis ya se ha llevado a cabo en dos apartados de recapitulación, cuya presencia me exime de repetir lo escrito antes. Sin embargo, creo que es conveniente realizar una breve exposición de las ideas principales que se han propuesto y que son en su mayoría reflexiones novedosas sobre el culto a los emperadores romanos.

-La primera de estas reflexiones se refiere a la evolución del culto imperial. A partir de los testimonios del Ática, y de su contraste con los de otras *poleis*, se ha podido observar cómo el culto imperial presenta cambios notables en su conformación a lo largo del tiempo. Así, se ha mostrado que la forma en la que los atenienses rindieron culto a Augusto es igual a la que emplearon para honrar a reyes y magistrados anteriores. El primero de los Césares fue un nuevo general que ascendía al poder y la *polis* ateniense no tardó en incluirlo en sus rituales. Sin embargo, se trataba de celebraciones heterogéneas y carentes de la coherencia propia de los rituales que le seguirán. Se trataba, además, de pleitesías típicamente griegas sin que la mano de Roma ejerciera sobre ellas grandes cambios.

Esta conformación del culto al emperador, que debe entenderse, en mi opinión, como una continuidad de los rituales helenísticos, se transforma en los reinados posteriores a Augusto y, en concreto, las mutaciones se hacen manifiestas durante los gobiernos de Claudio y Nerón. La nueva organización más homogénea y con novedades como los juegos gladiatorios se aleja de las formas anteriores del culto. La imposición del Principado como forma de gobierno -es decir, el sometimiento del Mediterráneo a un único señor que impone los intereses propios y, a la vez, los de su clase- provoca un cambio cultural importante, una imperialización, que supuso a su vez importantes transformaciones en el culto imperial. De esta forma, los rituales concedidos al emperador se convierten en reflejo de la sutil mezcla de componentes romanos y griegos que estaba creando la cultura propia del Principado.

De la evolución señalada deriva otra de las ideas que se han defendido en el presente trabajo. Se trata de la noción de culto dinástico colectivo. En mi opinión, la aparición de un culto a los dioses Augustos supone la creación de una herramienta más desarrollada para el control de la población y el sustento ideológico del orden político del Imperio. Una abstracción, en definitiva, que superaba a los rituales individuales anteriores en su capacidad para fundamentar la situación privilegiada de los emperadores.

-La segunda reflexión es que el culto al emperador compartía una semántica común con los otros rituales sacros. Por ello, creo que los cultos imperiales deben incluirse en la esfera de lo religioso. Dos críticas pueden hacerse a esta conclusión: por un lado, que el emperador es distinto a los dioses y, por otro lado, que el culto imperial es sólo una manifestación política. Sin embargo, no es óbice para mi propuesta que el emperador fuera distinto a los demás dioses, pues el hecho de que fuera un dios no quiere decir que fuera igual a las otras deidades. Con todo, era definido por los griegos como tal y recibía las pleitesías propias de un dios.

En cuanto a la consideración del culto imperial como manifestación política creo que la respuesta está condicionada por la relación que el investigador entienda entre ambos conceptos. En mi opinión, política y religión sólo existen dentro del marco del estado, constituyendo política el gobierno de las personas y religión uno de los más importantes refrendos ideológicos en el que ésta se apoya. Por ello, efectivamente la adoración al emperador comparte características de los ámbitos que el hombre moderno define como política y religión. La dificultad aumenta cuando se comprende que ambos conceptos describen los comportamientos de una sociedad que no los había incorporado en su bagaje intelectual. Por lo tanto, el culto imperial en mi aproximación es entendido como religión y política a un tiempo; procedimiento mediante el cual he intentado ampliar la complejidad del debate antes que reducirlo a fórmulas demasiado simplificadoras.

-La tercera reflexión se refiere a las fuerzas sociales que propiciaron la aparición del culto imperial. Así, creo que el culto imperial es un vehículo para la promoción social que se suma a los procedimientos tradicionales y es en ocasiones alternativo a ellos -básicamente resulta una alternativa en los casos en los que los mecanismos para la promoción social de una determinada comunidad han dejado de servir como tales y han pasado a convertirse en herramientas para el mantenimiento del orden social establecido.

Así mismo, he optado por destacar la diversidad de los grupos sociales que conformaban las ciudades griegas y, a partir de esta consideración de partida, aplicar dicha diferencia social, que implica división de intereses y aspiraciones, al culto imperial para concluir que, seguramente, estos distintos grupos aceptarían el culto y se aplicarían a su difusión con desigual entusiasmo. Esta opinión no niega la cualidad explicativa del culto imperial -defendida con acierto por Price-; pero tampoco acepta que el mensaje transmitido fuera sólo uno, ni que fuera apoyado de la misma manera por aquellos que resultaban beneficiados y aquellos que se veían sometidos. De esta forma, en mi opinión la complejidad de las relaciones sociales propias de la *polis* aumentan a su vez la riqueza de posiciones frente al culto imperial que pueden rastrearse en las fuentes. He intentado huir mediante esta idea de una aproximación simple a la implantación y mantenimiento de cultos tan especiales como son los relacionados con los gobernantes. Frente a la posibilidad de dejarse seducir por la armonía entre clases que pregonan la mayor parte de las fuentes conservadas, he preferido mantener una, en mi opinión, sana distancia de cautela.

-Por último, otro aspecto que merece ser destacado es la importancia del territorio en el análisis de los rituales de culto imperial llevados a cabo en cualquier ciudad sometida a Roma. En mi opinión, de la misma forma que la religión cívica en períodos anteriores al Principado no puede explicarse sin estudiar los santuarios exteriores al nucleo urbano, así también en Época Imperial es necesario prestar atención a la *chora* para comprender la conformación religiosa de la *polis*. La adoración a los emperadores se inserta dentro de las manifestaciones rituales de la ciudad y, por lo tanto, también estuvo presente en los territorios periféricos. Es más, en buena medida la aceptación entusiasta del culto imperial por parte de la oligarquía urbana se manifiesta en la inclusión del emperador-dios en muchos santuarios extra-urbanos y no sólo en aquellos espacios del nucleo poblacional que permitían una fácil propaganda política.

Appendixes.

Appendix 1. Cult places. Buildings.

Appendix 2: Cult Places. Altars.
    Appendix 2.1: Altars of Augustus.
    Appendix 2.2: Altar of Tiberius.
    Appendix 2.3: Altars of Claudius.
    Appendix 2.4: Altars of Nero.
    Appendix 2.5: Altars of the Flavians.
    Appendix 2.6: Altars of Hadrian.
    Appendix 2.7: Altars of Antoninus Pius.
    Appendix 2.8: Altars of Marcus Aurelius and Lucius Verus.

Appendix 3: Imperial Priests.
    Appendix 3.1. Imperial Priests under Augustus, Tiberius and Caligula.
    Appendix 3.2: Imperial Priests under Claudius and Nero.
    Appendix 3.3: Athenian High Priests during the Principate.

Appendix 4: Identification of emperors and members of the Imperial family with traditional divinities.

Appendix 5: Imperial visits and number of altars dedicated to emperors.

Appendix 1. Cult places. Buildings (plates 2-7).

Augustus, Tiberius and Caligula (section 3.4).

Acropolis (section 3.4.1):

-1) Statue of *Sebasta Hygieia* in the Acropolis –next to the Propylaia. Might be an assimilation of Livia in the Acropolis with *Sebasta Hygieia=Salus Augusta*: IG II² 3240. On the relation between *Salus Augusta=Hygieia Sebasta* with Livia see: D. C. 44. 35. 2; cf. TAYLOR, 1931, pp. 199-200. See also BALDASSARRI, 1998, p. 69, n. 24. Graindor suggested that this was a statue of *Salus Augusta* but not assimilated to Livia: GRAINDOR, 1927a, pp. 156 and 205.

-2) Dedication of a building in the Asklepieion to Asklepios, Hygieia and Augustus: IG II² 3120. Comentary of the inscription in: BALDASSARRI, 1998, pp. 68-72. Pausanias did not mention a cult of Augustus in the Asklepieion: Paus. 1.21.4-5. On the Asklepieion of Athens see: TRAVLOS, 1972, pp. 127-137; ALESHIRE, 1989; and BALDASSARRI, 1998, pp. 64-74. For the cult of Asklepios see: EDELSTEIN and EDELSTEIN, 1945, vol. I., with texts and translations and vol. II for the conclusions. For a similar relation of the emperors with healing cults in Thasos: GROS, 1991, pág. 133

For the identification of the building dedicated in IG II² 3120 with a Propileo: TRAVLOS, 1971, p. 128 and BALDASSARRI, 1998, pp. 67-73 and 2001, p. 420, n. 65. The building is considered a stoa, built in the south of the sanctuary, by WALKER, 1979 and ALESHIRE, 1989, p. 7.

IG II² 3181 is the dedication of another building for a cult for the health of the emperor Tiberius.

-3) Temple of Roma and Augustus: Foundational inscription: IG II² 3173. Description of the monument: TRAVLOS, 1971, pp. 494-497. See also: BINDER, 1969, pp. 190-191 and *passim*; BALDASSARRI, 1995, pp. 70-71; HOFF, 1996, p. 188; BALDASSARRI, 1998, pp. 45-63. The building was modelled on the Erechtheion: SNIDJER, 1924. Excavation of the monument: KAWERAU, 1888; KAVVADIAS and KAWERAU, 1906, p. 102 with photographs in: BUNDGAARD, 1974. Further bibliography: GRAINDOR, 1927a, pp. 30-31 and 180-184; JUDEICH, 1931, p. 256; STEVENS, 1946, pp. 1 and 21; TRUMMER, 1980, pp. 54-59; HÄNLEIN-SCHÄFER, 1985, pp. 156-159 and HURWIT, 1999, pp. 279-281. Pausanias did not includ the building in his description of the Acropolis: Paus. 1.22.4-28.3.

The building continued to be used at least until the Severian Age, as it appeared in Athenian coins of that time: BMC *Attica*, no. 801-805 and SVORONOS, 1926, pp. 19-43. It might have been mentioned in a decree to Julia Domna: OLIVER, 1940, pp. 528-529, l. 39-40; see also BEARD, NORTH and PRICE, 1998, vol. II, pp. 257-258.

TORELLI, 1995, p. 28: the temple hosted a cult of Livia-Hestia.

Lower city (section 3.4.2):
-Classical Agora:

-4) Southwest Temple: On the temple see: DINSMOOR, 1982 and BALDASSARRI, 1998, pp. 202-208.

The assignation of the temple to the imperial cult in: THOMPSON, 1952, p. 91 and THOMPSON and WYCHERLEY, 1972, p. 166. The assignation is based in the finding of a statue base for Julia Sebasta Artemis *Boulaia* in the vicinity of the temple. The inscription is: SEG 22, 152; OLIVER, 1965a, *CPh* 60, p. 179. First published in: CROSBY, 1937, *Hesperia* 6, pp. 464-465, no. 12.

This hypothesis is not unanimously follow; see: DINSMOOR, 1982, p. 437 and OSANNA, 1995, *passim*. They believe the temple was dedicated to Athena because a sculpted torso of that goddess was founded near the temple. However, Baldassarri has argued lately that the torso belongs to the Temple of Ares where Athena was worshipped as Athena *Areia*: BALDASSARRI, 1998, p. 208. She believes the temple hosted the cult of Livia: BALDASSARRI, 1998, p. 202-108 and 2001, p. 419.

From the overall evidence, the association of this temple to the imperial cult cannot be supported by any definitive testimony. It is more plausible that the cult to Julia Sebasta (Livia) Artemis *Boulaia* was placed in the Tholos. However we cannot be sure of the existence of a cult to Livia under this denomination (see section 3.1.3 for other members of the imperial family).

-5) Temple of Ares: On the temple see: DINSMOOR, 1940; DINSMOOR, 1943; McALLISTER, 1959; TRAVLOS, 1971, pp. 104-111, and; THOMPSON and WYCHERLEY, 1972, pp. 162-165. See also lately: BALDASSARRI, 1998, pp. 153-172. The temple received the sima of the temple of Poseidon: DINSMOOR, 1974.

The relation of this temple with the imperial cult is based on the interpretation of IG II² 2953 and the assimilation of two members of the imperial family with Ares. Lately Spawforth has argued strongly against this hypothesis: SPAWFORTH, 1997, pp. 186-188.

Gaius Caesar, son of Julia and M. Agrippa, and Drusus Caesar, son of Tiberius, were both assimilated with Ares: LEVENSOHN y LEVENSOHN, 1947, *Hesperia* 16, pp. 68-69; IG II² 3250; BODNAR, 1960, pp. 164 y 165 and IG II² 3257. The most likely place for the consecration of both statues is the temple of Ares in the Classical Agora.

-6) Tholos: On the Tholos see in general: TRAVLOS, 1971, pp. 553-561 with previous bibliography.

For the traditional cults hosted in the Tholos see: THOMPSON, 1940, pp. 137-141. One of the principal deities worshipped in the Tholos was Artemis *Boulaia*: WYCHERLEY, 1957, pp. 55-57. As Livia is assimilated with Artemis *Boulaia* and the inscription that perpetuated this assimilation was found in the vicinity of the Tholos, it is very plausible that Livia was worshipped as Artemis *Boulaia* in the Tholos.

TORELLI, 1995, p. 28: the Tholos hosted a cult of Livia as Hestia.

-7) Stoa of Zeus Eleutherios: On the stoa see: TRAVLOS, 1971, pp. 527-533 with previous bibliography. For the annex built on the axis of the stoa see: THOMPSON, 1966 and BALDASSARRI, 1998, pp. 142-152. See also the archaeological report: THOMPSON, 1937.

During the excavations an imperial statue base with fragmentary inscription was found: THOMPSON, 1966, pp. 174-175 and 181. Thompson argued that the base was used for several statues and the annex hosted imperial divinities. He identified them as Tiberius and Livia since he believed the annex was built during the reign of Tiberius.

However, see also: TORELLI, 1995, pp. 21-22 who dates the annex to shortly after Actium; followed by BALDASSARRI, 1995, p. 74. He concludes that the building was consecrated to Augustus and Rome.

Lately, it has been pointed out that this statue base could be of Hadrianic date: SPAWFORTH, 1997, n. 21, comments from O. Palagia.

In this work it has been argued that the stoa could have been used to host a peculiar and specific Athenian cult such as Drusus Consul or Antonia *Minor* (for other possible imperial divinities found at Athens see section 3.1.3). The local development of the imperial cult is emphasised rather than relying only on those cults attested in other parts of the Empire. Zeus Eleutherios' relation with Augustus was emphasised by: THOMPSON, 1966, p. 184, however none of the examples he gave belongs to an Athenian context. The relation of later emperors with Zeus Eleutherios at Athens is better attested: GRAINDOR, 1931, p. 115 (Domitian Zeus Eleutherios) and RAUBITSCHEK, 1945 (Trajan). It is plausible that the changes belong to this later period.

However, a revision of the archaeological remains is strongly desirable. Meanwhile, any further reconstruction of the cults hosted in the stoa cannot be sustained with certainty.

-8) <u>Roman Agora</u>: IG II^2 3175. On the monument see: GRAINDOR, 1924; GRAINDOR, 1927a, pp. 184-197; ROBINSON, 1943, pp. 299-303; TRAVLOS, 1971, pp. 28-36; HOFF, 1989b, and; BALDASSARRI, 1998, pp. 99-113.

The Roman Agora is considered a place for emperor worship in: BENJAMIN and RAUBITSCHEK, 1959, p. 85, SHEAR, 1981, p. 360, HOFF, 1994, p. 112, n. 4 and BALDASSARRI, 1998, p. 103, n. 15. See also another interesting opinion in TORELLI, 1995, p. 19 who believes the building to be the centre of the imperial cult in Athens.

The identification of the complex as a place of imperial cult is based on: a) the discovery of a head of Augustus of the Prima Porta type: STAUROPOULOS, 1930-1931, p. 7, i. 8. b) The discovery of a statue of Lucius Caesar generally believed to have been placed on the West Propylaia: IG II^2 3251. It is possible that there was a twin statue of Gaius Caesar on the other gate: BALDASSARRI, 1998, p. 106. c) The discovery of a statue of Livia *Pronoia*: IG II^2 3238. d) The appearance of several imperial altars in the vicinity of the Roman Agora. e) The building was consecrated to Athena *Archegetides* (see: RE, II, 1, s. v. *Archegetis*). This goddess could be related to Venus Genetrix: D.C. 43.22.2;ct. HOFF, 1994, p. 108 and accepted by TORELLI, 1995, p. 19. Baldassarri suggests that this information is not well-founded: BALDASSARRI, 1998, p. 106, n. 25 who identifies the goddess Archegetis with Athena *Polias*.

A three-roomed complex in the south side of the building is proposed by HOFF, 1994, p. 112 as the possible place for the actual cult.

-9) <u>Olympieion</u>: On the Olympieion see: TRAVLOS, 1971, pp. 402-411 with previous bibliography. For later bibliography on the architecture of the temple see: BALDASSARRI, 2001, p. 408 and n. 17. For the Augustan phase of the temple see: BALDASSARRI, 1998, pp. 75-97.

The project to finish the temple and consecrate it to the Genius of Augustus in: Suet. *Aug.* 60. No imperial cult can be attested during the Julio-Claudian Dynasty.

Extra-urban sanctuaries and *Chora* (section 3.4.3):

-10) <u>Rhamnus</u>: Temple of Nemesis, later consecrated to Livia. On the temple see: MILES, 1989. A comparison with other temples from the same building project: KNELL, 1973.

The foundational inscription: IG II^2 3242+SEG 19, 202. On this inscription see: BRONEER, 1932, pp. 397-398, revised by OLIVER, 1950, p. 85, n. 18. Oliver's edition followed by: POUILLOUX, 1954, pp. 156-157 and DINSMOOR, 1961, pp. 179-204.

In this work it has been argued that the rededication of this temple to the empress was undertaken during the reign of Augustus (see section 3.1.3).

-11) <u>Delos</u>: Several imperial statue bases have been found in the vicinity of the Apollo temple in Delos (MAVROJANNIS, 1995, pp. 85-88). Statues of Augustus: Inscr. Délos 1588; Inscr. Délos 1589 (he was not called Augustus so this inscription belongs to the period between 31-27 BC); Inscr. Délos 1590, and; Inscr. Délos 1591 (*Pontifex Maximus*, after 12 BC). Statue of M. Agrippa: Inscr. Délos 1593. Statue of Julia: Inscr. Délos 1592. Possible statue of Gaius Caesar: Inscr. Délos 1594.

MAVROJANNIS, 1995 has argued that the temple of Apollo *Delios* was transformed into a temple of imperial cult. He has proposed that Augustus was *sunnaos* of Apollo starting from 12 BC (MAVROJANNIS, 1995, p. 94).

-12) <u>Eleusis</u>: On the Eleusinian mysteries see: MYLONAS, 1961; BURKERT, 1985, pp. 285-290; CLINTON, 1992 and 1993; and PRICE, 1999, pp. 102-107. On the sacred officials see: CLINTON, 1974. For the development of this cults under the Principate see: CLINTON, 1989b and 1997.

The imperial cult in Eleusis has been assessed by: CLINTON, 1997 and CLINTON, 1999, pp. 94-99. Clinton presented several evidences and discussed also the priesthoods of Kallikratides son of Syndromos of Trikorynthos (SEG 47, 218), Papios of Marathon (IG II^2 3261 and IG II^2 3524; c. CLINTON, 1997, p. 169; SEG 47, 224.), Praxagoras (SEG 47, 220; CLINTON, 1997, p. 167) and Polycharmos son of Eukles of Marathon (IG II^2 3530).

Clinton has identified the temple of imperial cult at Eleusis. It is a colonnaded building in the vicinity of the sea entrance to the sanctuary: CLINTON, 1997, p. 162. The identification is based on the finding of a statue of Tiberius and a statue without head, possibly Livia, in the surrounding area of the building.

It has been argued in the present work that there is not need to place the imperial cult at Eleusis in a single building. The worship of the imperial family was not confined only to one building, but it was placed in several locations throughout the sanctuary; see, for example, the shrine consecrated to Agrippina (SEG 47, 221; CLINTON, 1997, p. 170), as well as the honorific monument to Augustus and Livia (SEG 24, 212).

Claudius and Nero (section 4.5).

Acropolis (section 4.5.1):
-13) Parthenon: On the temple see in general: TRAVLOS, 1971, pp. 444- 457 with extensive bibliography. Lately see also: HURWIT, 1999, pp. 313-314, no. 3, and *passim*.

The west façade of the Parthenon was inscribed with a bronze inscription to Nero: SEG 32, 251; CARROLL, 1982, p. 16; IG II^2 3277. The emperor name is in the accusative case. The meaning of the inscription has been discussed thoroughly by CARROLL, 1982. It was interpreted as the dedication of a statue to Nero by SMITH, 1896, p. 339; WHEELER, 1896, p. 230-231; D'OOGE, 1908, p. 330; GRAINDOR, 1931, p. 13; and JONES, 1978b, p. 33 and n. 66 and 68. However, it was proposed later on that the Parthenon was consecrated to Nero: OLIVER, 1950, p. 82; GEAGAN, 1967, pp. 25-26; and GEAGAN, 1979c, p. 285.

Carroll criticised both hypothesis: CARROLL, 1982, pp. 61-62 (on the statue) and pp. 59-60 (on the consecration of the temple to Nero). Carroll has argued that the inscription was the coronation of Nero as an honour for his victories over the Armenian: CARROLL, 1982, pp. 62-74.

It may be argued that even though the inscription did not record the consecration of the Parthenon to Nero, the emperor received cult in the temple: SPAWFORTH, 1994a, pp. 234-239. The Parthenon is not a common temple, see: HERINGTON, 1955.

-14) Theatre of Dionysos: On the Theatre of Dionysos see: TRAVLOS, 1971, pp. 537-551 with extensive bibliography. See also: POLACCO, 1990.

The *scaena frons* of the Theatre of Dionysos was dedicated to Nero: IG II^2 3182. See also: BULLE, 1936, p. 61; GERKAN, 1941, p. 177; PICKARD-CAMBRIDGE, 1946, pp. 247-249 and OLIVER, 1950, p. 82. See recently: SPAWFORTH, 1997, n. 50.

The Theatre hosted the gladiatorial games in Athens: D. Chr. 31, 119 and Philostr., *VA*, 4.19-22. On the use of theatres for gladiatorial games see: GOLVIN, 1988, vol. I, pp. 237-249. See also: GOLVIN and LANDES, 1990, pp. 204-206; MORETTI, 1992, pp. 179-181, and DODGE, 1999, pp. 233-234. In section 4.4 the relation between imperial cult and gladiatorial games has been assessed.

Lower city (section 4.5.2):
-15) Temple of Apollo Patroos: On the temple see: TRAVLOS, 1971, pp. 96-99.

The association of this temple with the imperial cult is based on the assimilation of Claudius with Apollo Patroos: IG II^2 3274+SEG 22, 153. On Apollo Patroos at Athens: WYCHERLEY, 1957, pp. 50-53. See also: HEDRICK, 1988.

For the relation of Augustus and the Julio-Claudians' emperors with Apollo see Appendix 4 and section 3.2.1. There is also a statue of Claudius as Apollo: VERMEULE, 1968, p. 387, no. 4. Nero was also assimilated to Apollo: a) IG II^2, 3278; b) PEEK, 1942, *MDAI(A)* 67, p. 45, no. 60; c) SEG 32, 252; MASTROCOSTAS, 1970, *AAA* 3.3, pp. 426-427, no. 1; d) SEG 34, 182; and e) SEG 44, 165.

-16) *Agoranomion*: The building found east of the Roman Agora was interpreted as the *Agoranomion* of Athens in: GRAINDOR, 1927a, p. 196. ROBINSON, 1943, pp. 303-305 criticised Graindor's hypothesis. See finally TRAVLOS, 1971, p. 37 who suggested that the *Agoranomion* was located near the western propylon of the Roman Agora. The three inscription associated with the *Agoranomion* (IG II^2 3391, IG II^2 3238 and IG II^2 3602) were found in this spot, so Travlos' opinion is well-founded.

Since the arcuated building facing the eastern propylon of the Roman Agora is not the *Agoranomion*, Hoff suggested that this monument could be the *Sebasteion* of Athens: HOFF, 1994. His hypothesis is founded in a careful study of the complex and the foundational inscription: HOFF, 1994, p. 107; SEG 44, 161; SEG 21, 846; IG II^2, 3183. The monument was consecrated to Athena *Archegetides* and the *Theoi Sebastoi*.

In spite of Hoff's arguments, his proposal to identify this building with a *Sebasteion* cannot be sustained (MILLER, 1995, p. 205). The building is not a *Sebasteion*. It could be a monument linking two places: the Roman Agora and other building/s east of the Agora. It was most likely: a) a stoa linking the Roman Agora with the *Theseion* or the *Diogeneion* (TRAVLOS, 1971, p. 579), b) a stoa leading to a *Sebasteion* similar to that founded in Aphrodisias (WALKER, 1997, p. 74.; on the *Sebasteion* at Aphrodisias see: SMITH, 1987 and 1990; HUEBER, 1987; OUTSCHAR, 1987, and; ERIM, 1992, pp. 52-65 with excellent photographs); and c) a stoa linking the Roman Agora with the *Ptolemaion* (LIPPOLIS, 1995). It could also be a part of one of these buildings, most likely the gymnasium of Ptolemy (MILLER, 1995). In this work it has been argued that the development of Athens in the area east of the Roman Agora should be taken into account when interpreting the arcuated building: LIPPOLIS, 1995.

Extra-urban sanctuaries and Chora (section 4.5.3):
-17) Rhamnus: The imperial cult began in Rhamnus with the consecration of Nemesis' temple to Livia. An altar of Claudius (IG II^2 3275) demonstrates the continuity of the imperial rituals during this second period.

-18) Eleusis: The same continuity of the imperial rituals can be demonstrated in Eleusis. The new development is a shrine consecrated to Agrippina: SEG 47, 221; CLINTON, 1997, p. 170.

Appendix 2: Cult Places. Altars.

Appendix 2.1: Altars of Augustus.

Generic name	Date	Evidence	Bibliography	Find spot
1) Altar of Asklepios, Hygieia and Augustus	Reign of Augustus	IG II² 3176	BALDASSARRI, 1998, p. 70, n. 28.	Asklepieion
2) Altar of Rome and Augustus Caisar	Reign of Augustus	IG II² 3179	GRAINDOR, 1927a, p. 150 and n. 5	Near the Church of Panagiae Rombi
3) Altar of Augustus	Reign of Augustus	An unedited inscription from the Athenian Agora	GEAGAN, 1984, p. 74, n. 21.	Classical Agora
4) Altar of Augustus	Reign of Augustus	TRAVLOS and ALISON, 1965, *Hesperia* 34, 1965, pp. 164-166	TRAVLOS and ALISON, 1965, pp. 164-166.	Recorded by Ciryacos of Ancona in the Church of St. Dionysos the Areopagite, Areopagus
5) Altar of Augustus	Reign of Augustus	IG II², 3224/3225	BENJAMIN y RAUBITSCHEK, 1959, no. 8	Classical Agora or vicinity
6) Altar of Augustus	Reign of Augustus	IG II² 3226; KOUMANOUDES, 1872, *Athenaion* 1, p. 401	BENJAMIN and RAUBISCHEK, 1959, pp. 80-81, no. 9	Found near the Dipylon Gate
7) Altar of Augustus. Later consecrated to Nero, Vespasian and Titus	Reign of Augustus	IG II² 3229A (=3281) (altar of Augustus and Vespasian)+IG II² 3229B (=3282) (altar of Titus)+SEG 18,80e (Nero)	BENJAMIN, 1963, p. 82, no. 12.	Classical Agora or vicinity
8) Altar of Augustus. Later consecrated to Hadrian	Reign of Augustus	IG II² 3230	BENJAMIN and RAUBITSCHEK, 1959, pp. 82-83, no. 13. See also: HULA, 1898, pp. 27-28, no. 1	Classical Agora or vicinity. Found with three other slabs. The four formed an altar of Augustus, later consacreted to Hadrian
9) Altar of Augustus	Reign of Augustus	IG II² 3234	BENJAMIN and RAUBITSCHEK, 1959, no. 14	Unknown provenance, possibly classical Agora or vicinity
10) Altar of Augustus	Reign of Augustus	IG II² 3235	BENJAMIN and RAUBITSCHEK, 1959, no. 15	Classical Agora or vicinity
11) Altar of Augustus	Reign of Augustus	SEG 18, 73	BENJAMIN and RAUBITSCHEK, 1959, p. 75-76, no. 1	Found in a modern context norht of the Odeion, Classical Agora
12) Altar of Augustus	Reign of Augustus	SEG 18, 74	BENJAMIN and RAUBITSCHEK, 1959, p. 76, no. 2	Found in surface fill west of the Odeion, Classical Agora
13) Altar of Augustus	Reign of Augustus	SEG 18, 75	BENJAMIN and RAUBITSCHEK, 1959, pp. 76-77, no. 3	Found in the excavation for a modern cellar at the Corners of Hadrian and Mnesikles Streets, east of the Roman Agora
14) Altar of Augustus	Reign of Augustus	SEG 18, 76	BENJAMIN and RAUBITSCHEK, 1959, p. 77, no. 4	Found in a marble pile south of the Eleusinion
15) Altar of Augustus	Reign of Augustus	SEG 18, 77	BENJAMIN and RAUBITSCHEK, 1959, p. 77, no. 5	Found in a marble pile in the area of the Eleusinion
16) Altar of Augustus	Reign of Augustus	SEG 18, 78	BENJAMIN and RAUBITSCHEK, 1959, p. 78, no. 6	Classical Agora or vicinity
17) Altar of Augustus	Reign of Augustus	SEG 18, 79	BENJAMIN and RAUBITSCHEK, 1959, pp. 78-80, no. 7	Found in a modern house on Pluto Street, east of Monasteraki Square
18) Altar of Augustus	Reign of Augustus	SEG 18, 80c; IG II² 3227	BENJAMIN and RAUBITSCHEK, 1959, p. 81, no. 10	In the Olympieion

19) Altar of Augustus. Later consecrated to Tiberius and Hadrian	Reign of Augustus	SEG 18, 80d; IG II² 3228	BENJAMIN and RAUBITSCHEK, 1959, pp. 81-82, no. 11 and BENJAMIN, 1963, p. 68, no. 37. See also: HULA, 1898, pp. 28-29, no. 2		Classical Agora or vicinity
20) Altar of Augustus *Arquegetes* and *Soter*?	Reign of Augustus	IG II² 3237	GRAINDOR, 1927a, p. 45; HOFF, 1994, p. 108, n. 48.		Church of Hagios Soter, next to the Roman Market West Gate

Appendix 2.2: Altar of Tiberius.

Generic name	Date	Evidence	Bibliography	Find spot
1) Altar of Tiberius. Also consacrated to Augustus and later on to Hadrian	Reign of Tiberius	SEG 18, 80d; IG II² 3228	BENJAMIN and RAUBITSCHEK, 1959, pp. 81-82, no. 11 and BENJAMIN, 1963, p. 68, no. 37. See also: HULA, 1898, pp. 28-29, no. 2	Classical Agora or vicinity

Appendix 2.3: Altars of Claudius.

Generic name	Date	Evidence	Bibliography	Find spot
1) Altar of Claudius Sebastos (Rhamnus)	Reign of Claudius	IG II² 3275	SEG 31, 165	Near the Temple of Nemesis at Rhamnus

Appendix 2.4: Altars of Nero.

Generic name	Date	Evidences	Bibliography	Find spot
1) Altar of Nero, New Apollo	Reign of Nero	SEG 32, 252; MASTROCOSTAS, 1970, AAA 3.3, pp. 426-427, no. 1	MASTROCOSTAS, 1970, pp. 426-427, no.1, with ph.	Lekka Street; near Sintagma Square
2) Altar of Nero, New Apollo	Reign of Nero	IG II² 3278	GRAINDOR, 1927b, pp. 260-261, no. 23	Uncertain provenance
3) Altar of Nero, New Apollo	Reign of Nero	PEEK, 1942, *MDAI(A)* 67, p. 45, no. 60		Uncertain provenance
4) Altar of Nero, New Apollo	Reign of Nero	SEG 44, 165	SPETSIERI-CHOREM, 1995, pp. 141-142, with ph.	Found reused as a marker in a road under the foundations of the west peristyle of the Library of Hadrian
5) Altar of Nero. Later consacrated to Vespasian and Titus	Reign of Nero	SEG 18,80e (Nero)+IG II² 3229A (=3281) (altar of Augustus and Vespasian)+IG II² 3229B (=3282) (altar of Tito)	BENJAMIN, 1963, pág. 82, no. 12; HULA, 1898, pp. 29-30, no. 3.	Classical Agora or vicinity
6) Altar of Nero	Reign of Nero	SEG 34, 182	GEAGAN, 1984, p. 76, n. 35	Classical Agora

Appendix 2.5: Altars of the Flavians.

Generic Name	Date	Evidences	Bibliography
1) Altar of Vespasian	Reign of Vespasian	OLIVER, 1941b, *Hesperia* 10, p. 242, no. 41	
2) Altar of Vespasian. It was also consacrated to Augustus, Nero and Titus	Reign of Vespasian	IG II² 3229A (=3281) (inscription to Augustus and Vespasian)+IG II² 3229B (=3282) (inscription for Titus)+SEG 18,80e (Nero). All inscriptions cut in the same stone.	BENJAMIN, 1963, p. 82, no. 12. HULA, 1898, pp. 29-30, no. 3.
3) Altar of Titus. It was also consacrated to Augustus, Nero and Vespasian	Reign of Titus	IG II² 3229A (=3281) (inscription for Augustus and Vespasian)+IG II², 3229B (=3282) (altar of Titus)+SEG 18,80e (Nero). All inscriptions cut in the same stone.	BENJAMIN, 1963, p. 82, no. 12. HULA, 1898, pp. 29-30, no. 3.

Appendix 2.6: Altars of Hadrian.

	Generic Name	Date	Evidence	Bibliography
1)	Altar of Hadrian Olympios, *Soter kai Ktiste*	Reign of Hadrian (AD 128-AD 132)	MITSOS, *AD* 17, 1963, chron., p. 28	This altar was added by GEAGAN, 1984, p. 75, n. 25 to the 95 altars catalogued by BENJAMIN, 1963
2)	Altar of Hadrian Olympios, *Soter kai Ktiste*	Reign of Hadrian (AD 128-AD 132)	An unedited inscription from the Athenian Agora	This altar was added by GEAGAN, 1984, p. 75, n. 25 to the 95 altars catalogued by BENJAMIN, 1963
3)	Altar of Hadrian Olympios, *Soter kai Ktiste*	Reign of Hadrian (AD 128-AD 132)	An unedited inscription from the Athenian Agora	This altar was added by GEAGAN, 1984, p. 75, n. 25 to the 95 altars catalogued by BENJAMIN, 1963
4)	Altar of Hadrian Olympios, *Soter kai Ktiste*	Reign of Hadrian (AD 128-AD 132)	An unedited inscription from the Athenian Agora	This altar was added by GEAGAN, 1984, p. 75, n. 25 to the 95 altars catalogued by BENJAMIN, 1963
5)	Altar of Hadrian Olympios, *Soter kai Ktiste*	Reign of Hadrian (AD 128-AD 132)	An unedited inscription from the Athenian Agora	This altar was added by GEAGAN, 1984, p. 75, n. 25 to the 95 altars catalogued by BENJAMIN, 1963
6)	Altar of Hadrian Olympios, *Soter kai Ktiste*	Reign of Hadrian (AD 128-AD 132)	An unedited inscription from the Athenian Agora	This altar was added by GEAGAN, 1984, p. 75, n. 25 to the 95 altars catalogued by BENJAMIN, 1963
7)	Altar of Hadrian Olympios, *Soter kai Ktiste*	Reign of Hadrian (AD 128-AD 132)	OLIVER, 1941b, *Hesperia* 10, p. 249, no. 49	BENJAMIN, 1963, p. 68, no. 36
8)	Altar of Hadrian Olympios, *Soter kai Ktiste*	Reign of Hadrian (AD 128-AD 132)	OLIVER, 1941b, *Hesperia* 10, p. 250, no. 50	BENJAMIN, 1963, p. 67, no. 28
9)	Altar of Hadrian Olympios, *Soter kai Ktiste*	Reign of Hadrian (AD 128-AD 132)	OLIVER, 1941b, *Hesperia* 10, p. 250, no. 51	BENJAMIN, 1963, p. 68, no. 35
10)	Altar of Hadrian Olympios, *Soter kai Ktiste*	Reign of Hadrian (AD 128-AD 132)	OLIVER, 1941b, *Hesperia* 10, pp. 250-251, no. 52	BENJAMIN, 1963, p. 68, no. 32
11)	Altar of Hadrian Olympios, *Soter kai Ktiste*	Reign of Hadrian (AD 128-AD 132)	OLIVER, 1935, *Hesperia* 4, 1935, p. 60, no. 24	BENJAMIN, 1963, p. 67, no. 27
12)	Altar of Hadrian Olympios, *Soter kai Ktiste*	Reign of Hadrian (AD 128-AD 132)	IG II^2 3230; SEG 18, 80f;.	BENJAMIN and RAUBITSCHEK, 1959, pp. 82-83, no. 13 and BENJAMIN, 1963, p. 68, no. 38
13)	Altar of Hadrian Olympios, *Soter kai Ktiste*	Reign of Hadrian (AD 128-AD 132)	IG II^2 3324	BENJAMIN, 1963, p. 68, no. 39
14)	Altar of Hadrian Olympios, *Soter kai Ktiste*	Reign of Hadrian (AD 128-AD 132)	IG II^2 3325	BENJAMIN, 1963, p. 68, no. 40
15)	Altar of Hadrian Olympios, *Soter kai Ktiste*	Reign of Hadrian (AD 128-AD 132)	IG II^2 3326	BENJAMIN, 1963, p. 68, no. 41
16)	Altar of Hadrian Olympios, *Soter kai Ktiste*	Reign of Hadrian (AD 128-AD 132)	IG II^2 3327	BENJAMIN, 1963, p. 68, no. 42
17)	Altar of Hadrian Olympios, *Soter kai Ktiste*	Reign of Hadrian (AD 128-AD 132)	IG II^2 3328	BENJAMIN, 1963, p. 68, no. 43
18)	Altar of Hadrian Olympios, *Soter kai Ktiste*	Reign of Hadrian (AD 128-AD 132)	IG II^2 3329	BENJAMIN, 1963, p. 68, no. 44
19)	Altar of Hadrian Olympios, *Soter kai Ktiste*	Reign of Hadrian (AD 128-AD 132)	IG II^2 3330	BENJAMIN, 1963, p. 68, no. 45. See also: HULA, 1898, pp. 27-28, no. 1
20)	Altar of Hadrian Olympios, *Soter kai Ktiste*	Reign of Hadrian (AD 128-AD 132)	IG II^2 3331	BENJAMIN, 1963, p. 69, no. 46
21)	Altar of Hadrian Olympios, *Soter kai Ktiste*	Reign of Hadrian (AD 128-AD 132)	IG II^2 3332	BENJAMIN, 1963, p. 69, no. 47

Generic Name	Date	Evidence	Bibliography
22) Altar of Hadrian Olympios, *Soter kai Ktiste*	Reign of Hadrian (AD 128-AD 132)	IG II² 3333	BENJAMIN, 1963, p. 69, no. 48
23) Altar of Hadrian Olympios, *Soter kai Ktiste*	Reign of Hadrian (AD 128-AD 132)	IG II² 3334	BENJAMIN, 1963, p. 69, no. 49
24) Altar of Hadrian Olympios, *Soter kai Ktiste*	Reign of Hadrian (AD 128-AD 132)	IG II² 3335	BENJAMIN, 1963, p. 69, no. 50
25) Altar of Hadrian Olympios, *Soter kai Ktiste*	Reign of Hadrian (AD 128-AD 132)	IG II² 3336	BENJAMIN, 1963, p. 69, no. 51
26) Altar of Hadrian Olympios, *Soter kai Ktiste*	Reign of Hadrian (AD 128-AD 132)	IG II² 3337	BENJAMIN, 1963, p. 69, no. 52
27) Altar of Hadrian Olympios, *Soter kai Ktiste*	Reign of Hadrian (AD 128-AD 132)	IG II² 3338	BENJAMIN, 1963, p. 69, no. 53
28) Altar of Hadrian Olympios, *Soter kai Ktiste*	Reign of Hadrian (AD 128-AD 132)	IG II² 3339 (=3366)	BENJAMIN, 1963, p. 69, no. 54
29) Altar of Hadrian Olympios, *Soter kai Ktiste*	Reign of Hadrian (AD 128-AD 132)	IG II² 3340	BENJAMIN, 1963, p. 69, no. 55
30) Altar of Hadrian Olympios, *Soter kai Ktiste*	Reign of Hadrian (AD 128-AD 132)	IG II² 3341	BENJAMIN, 1963, p. 69, no. 56
31) Altar of Hadrian Olympios, *Soter kai Ktiste*	Reign of Hadrian (AD 128-AD 132)	IG II² 3342	BENJAMIN, 1963, p. 69, no. 57
32) Altar of Hadrian Olympios, *Soter kai Ktiste*	Reign of Hadrian (AD 128-AD 132)	IG II² 3343	BENJAMIN, 1963, pp. 69-70, no. 58
33) Altar of Hadrian Olympios, *Soter kai Ktiste*	Reign of Hadrian (AD 128-AD 132)	IG II² 3344	BENJAMIN, 1963, p. 70, no. 59
34) Altar of Hadrian Olympios, *Soter kai Ktiste*	Reign of Hadrian (AD 128-AD 132)	IG II² 3345	BENJAMIN, 1963, p. 70, no. 60
35) Altar of Hadrian Olympios, *Soter kai Ktiste*	Reign of Hadrian (AD 128-AD 132)	IG II² 3346	BENJAMIN, 1963, p. 70, no. 61
36) Altar of Hadrian Olympios, *Soter kai Ktiste*	Reign of Hadrian (AD 128-AD 132)	IG II² 3347 (=3379)	BENJAMIN, 1963, p. 70, no. 62
37) Altar of Hadrian Olympios, *Soter kai Ktiste*	Reign of Hadrian (AD 128-AD 132)	IG II² 3348	BENJAMIN, 1963, p. 70, no. 63
38) Altar of Hadrian Olympios, *Soter kai Ktiste*	Reign of Hadrian (AD 128-AD 132)	IG II² 3349	BENJAMIN, 1963, p. 70, no. 64
39) Altar of Hadrian Olympios, *Soter kai Ktiste*	Reign of Hadrian (AD 128-AD 132)	IG II² 3350	BENJAMIN, 1963, p. 70, no. 65
40) Altar of Hadrian Olympios, *Soter kai Ktiste*	Reign of Hadrian (AD 128-AD 132)	IG II² 3351	BENJAMIN, 1963, p. 70, no. 66
41) Altar of Hadrian Olympios, *Soter kai Ktiste*	Reign of Hadrian (AD 128-AD 132)	IG II² 3352	BENJAMIN, 1963, p. 70, no. 67
42) Altar of Hadrian Olympios, *Soter kai Ktiste*	Reign of Hadrian (AD 128-AD 132)	IG II² 3353	BENJAMIN, 1963, p. 70, no. 68
43) Altar of Hadrian Olympios, *Soter kai Ktiste*	Reign of Hadrian (AD 128-AD 132)	IG II² 3354	BENJAMIN, 1963, p. 70, no. 69
44) Altar of Hadrian Olympios, *Soter kai Ktiste*	Reign of Hadrian (AD 128-AD 132)	IG II² 3355	BENJAMIN, 1963, p. 70, no. 70
45) Altar of Hadrian Olympios, *Soter kai Ktiste*	Reign of Hadrian (AD 128-AD 132)	IG II² 3356	BENJAMIN, 1963, p. 70, no. 71
46) Altar of Hadrian Olympios, *Soter kai Ktiste*	Reign of Hadrian (AD 128-AD 132)	IG II² 3357	BENJAMIN, 1963, p. 70, no. 72
47) Altar of Hadrian Olympios, *Soter kai Ktiste*	Reign of Hadrian (AD 128-AD 132)	IG II² 3358	BENJAMIN, 1963, p. 70, no. 73
48) Altar of Hadrian Olympios, *Soter kai Ktiste*	Reign of Hadrian (AD 128-AD 132)	IG II² 3359	BENJAMIN, 1963, p. 70, no. 74

Generic Name	Date	Evidence	Bibliography
49) Altar of Hadrian Olympios, *Soter kai Ktiste*	Reign of Hadrian (AD 128-AD 132)	IG II² 3360	BENJAMIN, 1963, p. 70, no. 75
50) Altar of Hadrian Olympios, *Soter kai Ktiste*	Reign of Hadrian (AD 128-AD 132)	IG II² 3361	BENJAMIN, 1963, p. 70, no. 76
51) Altar of Hadrian Olympios, *Soter kai Ktiste*	Reign of Hadrian (AD 128-AD 132)	IG II² 3362	BENJAMIN, 1963, p. 70, no. 77
52) Altar of Hadrian Olympios, *Soter kai Ktiste*	Reign of Hadrian (AD 128-AD 132)	IG II² 3363	BENJAMIN, 1963, p. 70, no. 78
53) Altar of Hadrian Olympios, *Soter kai Ktiste*	Reign of Hadrian (AD 128-AD 132)	IG II² 3364	BENJAMIN, 1963, p. 70, no. 79
54) Altar of Hadrian Olympios, *Soter kai Ktiste*	Reign of Hadrian (AD 128-AD 132)	IG II² 3365	BENJAMIN, 1963, p. 70, no. 80
55) Altar of Hadrian Olympios, *Soter kai Ktiste*	Reign of Hadrian (AD 128-AD 132)	IG II² 3367	BENJAMIN, 1963, p. 70, no. 81
56) Altar of Hadrian Olympios, *Soter kai Ktiste*	Reign of Hadrian (AD 128-AD 132)	IG II² 3367a	BENJAMIN, 1963, p. 70, no. 82
57) Altar of Hadrian Olympios, *Soter kai Ktiste*	Reign of Hadrian (AD 128-AD 132)	IG II² 3368	BENJAMIN, 1963, p. 70, no. 83
58) Altar of Hadrian Olympios, *Soter kai Ktiste*	Reign of Hadrian (AD 128-AD 132)	IG II² 3369	BENJAMIN, 1963, p. 70, no. 84
59) Altar of Hadrian Olympios, *Soter kai Ktiste*	Reign of Hadrian (AD 128-AD 132)	IG II² 3370	BENJAMIN, 1963, p. 70, no. 85
60) Altar of Hadrian Olympios, *Soter kai Ktiste*	Reign of Hadrian (AD 128-AD 132)	IG II² 3371	BENJAMIN, 1963, pp. 70-71, no. 86
61) Altar of Hadrian Olympios, *Soter kai Ktiste*	Reign of Hadrian (AD 128-AD 132)	IG II² 3372	BENJAMIN, 1963, p. 71, no. 87
62) Altar of Hadrian Olympios, *Soter kai Ktiste*	Reign of Hadrian (AD 128-AD 132)	IG II² 3373	BENJAMIN, 1963, p. 71, no. 88
63) Altar of Hadrian Olympios, *Soter kai Ktiste*	Reign of Hadrian (AD 128-AD 132)	IG II² 3374	BENJAMIN, 1963, p. 71, no. 89
64) Altar of Hadrian Olympios, *Soter kai Ktiste*	Reign of Hadrian (AD 128-AD 132)	IG II² 3375	BENJAMIN, 1963, p. 71, no. 90
65) Altar of Hadrian Olympios, *Soter kai Ktiste*	Reign of Hadrian (AD 128-AD 132)	IG II² 3376	BENJAMIN, 1963, p. 71, no. 91
66) Altar of Hadrian Olympios, *Soter kai Ktiste*	Reign of Hadrian (AD 128-AD 132)	IG II² 3377	BENJAMIN, 1963, p. 71, no. 92
67) Altar of Hadrian Olympios, *Soter kai Ktiste*	Reign of Hadrian (AD 128-AD 132)	IG II² 3378	BENJAMIN, 1963, p. 71, no. 93
68) Altar of Hadrian Olympios, *Soter kai Ktiste*	Reign of Hadrian (AD 128-AD 132)	IG II² 3380	BENJAMIN, 1963, p. 71, no. 94
69) Altar of Hadrian Olympios, *Soter kai Ktiste*	Reign of Hadrian (AD 128-AD 132)	SEG 12, 147; MERITT, 1952, *Hesperia* 21, p. 369, no. 11	BENJAMIN, 1963, p. 67, no. 30
70) Altar of Hadrian Olympios, *Soter kai Ktiste*	Reign of Hadrian (AD 128-AD 132)	SEG 12, 148; MERITT, 1952, *Hesperia* 21, pp. 369-370, no. 12	BENJAMIN, 1963, p. 67, no. 29
71) Altar of Hadrian Olympios, *Soter kai Ktiste*	Reign of Hadrian (AD 128-AD 132)	SEG 14, 123	MERITT, 1954, p. 257, no. 43 and BENJAMIN, 1963, p. 68, no. 34
72) Altar of Hadrian Olympios, *Soter kai Ktiste*	Reign of Hadrian (AD 128-AD 132)	SEG 14, 124	MERITT, 1954, pp. 257-258, no. 44 and BENJAMIN, 1963, p. 68, no. 33
73) Altar of Hadrian Olympios, *Soter kai Ktiste*	Reign of Hadrian (AD 128-AD 132)	SEG 14, 125	MERITT, 1954, p. 258, no. 45 and BENJAMIN, 1963, p. 67, no. 31
74) Altar of Hadrian Olympios, *Soter kai Ktiste*	Reign of Hadrian (AD 128-AD 132)	SEG 18, 80d; IG II² 3228	BENJAMIN and RAUBITSCHEK, 1959, pp. 81-82, no. 11 and BENJAMIN, 1963, p. 68, no. 37. See also: HULA, 1898, pp. 28-29, no. 2

Generic Name	Date	Evidence	Bibliography
75) Altar of Hadrian Olympios, *Soter kai Ktiste*	Reign of Hadrian (AD 128-AD 132)	SEG 21, 705	BENJAMIN, 1963, p. 61, no. 1
76) Altar of Hadrian Olympios, *Soter kai Ktiste*	Reign of Hadrian (AD 128-AD 132)	SEG 21, 706	BENJAMIN, 1963, p. 61, no. 2
77) Altar of Hadrian *Soter* Olympios	Reign of Hadrian (AD 128-AD 132)	SEG 21, 707	BENJAMIN, 1963, p. 61, no. 3
78) Altar of Hadrian Olympios, *Soter kai Ktiste*	Reign of Hadrian (AD 128-AD 132)	SEG 21, 708	BENJAMIN, 1963, p. 61-62, no. 4
79) Altar of Hadrian Olympios, *Soter kai Ktiste*	Reign of Hadrian (AD 128-AD 132)	SEG 21, 709	BENJAMIN, 1963, p. 62, no. 5
80) Altar of Hadrian Olympios, *Soter kai Ktiste*	Reign of Hadrian (AD 128-AD 132)	SEG 21, 710	BENJAMIN, 1963, p. 62, no. 6
81) Altar of Hadrian Olympios, *Soter kai Ktiste*	Reign of Hadrian (AD 128-AD 132)	SEG 21, 711	BENJAMIN, 1963, p. 62, no. 7
82) Altar of Hadrian Olympios, *Soter kai Ktiste*	Reign of Hadrian (AD 128-AD 132)	SEG 21, 712	BENJAMIN, 1963, pp. 62-63, no. 8
83) Altar of Hadrian Olympios, *Soter kai Ktiste*	Reign of Hadrian (AD 128-AD 132)	SEG 21, 713	BENJAMIN, 1963, p. 63, no. 9b
84) Altar of Hadrian Olympios, *Soter kai Ktiste*	Reign of Hadrian (AD 128-AD 132)	SEG 21, 714	BENJAMIN, 1963, pp. 63-64, no. 10
85) Altar of Hadrian Olympios, *Soter kai Ktiste*	Reign of Hadrian (AD 128-AD 132)	SEG 21, 715	BENJAMIN, 1963, p. 64, no. 11
86) Altar of Hadrian Olympios, *Soter kai Ktiste*	Reign of Hadrian (AD 128-AD 132)	SEG 21, 716	BENJAMIN, 1963, p. 64, no. 12
87) Altar of Hadrian *Soter* Olympios	Reign of Hadrian (AD 128-AD 132)	SEG 21, 717	BENJAMIN, 1963, p. 64, no. 13
88) Altar of Hadrian Olympios, *Soter kai Ktiste*	Reign of Hadrian (AD 128-AD 132)	SEG 21, 718	BENJAMIN, 1963, p. 64, no. 14
89) Altar of Hadrian Olympios, *Soter kai Ktiste*	Reign of Hadrian (AD 128-AD 132)	SEG 21, 719	BENJAMIN, 1963, p. 65, no. 15a
90) Altar of Hadrian Olympios, *Soter kai Ktiste*	Reign of Hadrian (AD 128-AD 132)	SEG 21, 720	BENJAMIN, 1963, p. 65, no. 16
91) Altar of Hadrian Olympios, *Soter kai Ktiste*	Reign of Hadrian (AD 128-AD 132)	SEG 21, 721	BENJAMIN, 1963, pp. 65-66, no. 17
92) Altar of Hadrian Olympios, *Soter kai Ktiste*	Reign of Hadrian (AD 128-AD 132)	SEG 21, 722	BENJAMIN, 1963, p. 66, no. 18
93) Altar of Hadrian Olympios, *Soter kai Ktiste*	Reign of Hadrian (AD 128-AD 132)	SEG 21, 723	BENJAMIN, 1963, p. 66, no. 19
94) Altar of Hadrian Olympios, *Soter kai Ktiste*	Reign of Hadrian (AD 128-AD 132)	SEG 21, 724	BENJAMIN, 1963, p. 66, no. 20
95) Altar of Hadrian Olympios, *Soter kai Ktiste*	Reign of Hadrian (AD 128-AD 132)	SEG 21, 725	BENJAMIN, 1963, p. 66, no. 21
96) Altar of Hadrian Olympios, *Soter kai Ktiste*	Reign of Hadrian (AD 128-AD 132)	SEG 21, 726	BENJAMIN, 1963, pp. 66-67, no. 22
97) Altar of Hadrian Olympios, *Soter kai Ktiste*	Reign of Hadrian (AD 128-AD 132)	SEG 21, 727	BENJAMIN, 1963, p. 67, no. 23
98) Altar of Hadrian Olympios, *Soter kai Ktiste*	Reign of Hadrian (AD 128-AD 132)	SEG 21, 728	BENJAMIN, 1963, p. 67, no. 24
99) Altar of Hadrian Olympios, *Soter kai Ktiste*	Reign of Hadrian (AD 128-AD 132)	SEG 21, 729	BENJAMIN, 1963, p. 67, no. 25
100) Altar of Hadrian Olympios, *Soter kai Ktiste*	Reign of Hadrian (AD 128-AD 132)	SEG 21, 730	BENJAMIN, 1963, p. 67, no. 26
101) Altar of Hadrian Olympios, *Soter kai Ktiste*	Reign of Hadrian (AD 128-AD 132)	SEG 21, 731	BENJAMIN, 1963, p. 71, no. 95

Generic Name	Date	Evidence	Bibliography
102) Altar of Hadrian Olympios, *Soter kai Ktiste*	Reign of Hadrian (AD 128-AD 132)	SEG 44, 167	

Appendix 2.7: Altars of Antoninus Pius.

Generic name	Date	Evidence
1) Altar of Antoninus Pius?	Reign of Antoninus Pius	IG II^2 3392
2) Altar of Antoninus Pius?	Reign of Antoninus Pius	IG II^2 3393
3) Altar of Zeus Eleutherius Antoninus Pius Soter	Reign of Antoninus Pius	IG II^2 3396; originally from Athens?

Appendix 2.8: Altars of Marcus Aurelius and Lucius Verus.

Generic Name	Date	Evidence	Bibliography
1) Altar for the victory of Marcus Aurelius and Lucius Verus	A. D. 162-165	RAUBITSCHEK, 1966, *Hesperia* 35, p. 250-251, no. 12. Cor. *Ann. Épigr.* 1967, no. 447.	RAUBITSCHEK, 1966. FOLLET, 1976, p. 136 and n. 8, see also p. 55.
2) Altar for the salvation (*soteria*) and victory of Marcus Aurelius and Lucius Verus	A. D. 162-165	IG II^2 3403	RAUBITSCHEK, 1966. FOLLET, 1976, p. 136 and n. 8, see also p. 55.
3) Altar for the health (*Higieia*) and victory of Marcus Aurelius and Lucius Verus	A. D. 162-165	IG II^2 3404	RAUBISTCHEK, 1966. FOLLET, 1976, p. 136 and n. 8, see also p. 55.
4) Altar for the victory and health (*Higieia*) of Marcus Aurelius and Lucius Verus	A. D. 162-165	IG II^2 3405	RAUBITSCHEK, 1966. FOLLET, 1976, p. 136 and n. 8, see also p. 55.
5) Altar of Marcus Aurelius and Lucius Verus	Reign of Marcus Aurelius and Lucius Verus	IG II^2 3406	RAUBITSCHEK, 1966
6) Altar of Marcus Aurelius and Lucius Verus	Reign of Marcus Aurelius and Lucius Verus	IG II^2 4779	RAUBITSCHEK, 1966

Appendix 3: Imperial Priests.

Appendix 3.1. Imperial Priests under Augustus, Tiberius and Caligula

Period	Priesthood	Known Priest names	Evidences
Augustus	-Priest of Roma and Augustus Soter (in the Acropolis)	-Pammenes son of Zenon of Marathon	-Monopteros in the Acropolis: IG II^2 3173
	-Priest of Roma and Augustus Caesar	-Demostratos son of Dionysios of Pallene	-Temple of Livia in Rhamnus: IG II^2 3242+SEG 19, 202. -Seat in the Theatre of Dionysos: IG II^2 5114
	-Priest of Augustus Caesar	-Kallikratides son of Syndromos of Trikorynthos*	-Chair in the Theatre of Dionysos: IG II^2 5034. -SEG 47, 218; CLINTON, 1997, pp. 166-167.
	-Priest of the Demos, Graces and Roma	---	-Seat in the Theatre of Dionysos: IG II^2 5047
	-Priestess of Hestia in the Acropolis and Livia and Julia	---	-Seat in the Theatre of Dionysos: IG II^2 5097
	-Priest of Druso Consul	-Eponymous Archon	-GRAINDOR, 1922a, pp. 18-19.
	-Priest of Tiberius for life	-Papios of Marathon	-IG II^2 3261 -IG II^2 3524; c. CLINTON, 1997, p. 167; SEG 47, 224.
	-High Priest of Tiberius Caesar Augustus	-Polycharmos son of Eukles of Marathon	-IG II^2 3530
Tiberius	-Priest of Julia Sebasta	-Praxagoras	-SEG 47, 220; CLINTON, 1997, p. 167
	-Priestess of Julia Livilla	---	-IG II^2 5101; MERKEL, 1947, *Hesperia* 16, pp. 76-77.
	-Priest of Druso Consul	-Eponymous Archon	-GRAINDOR, 1922a, pp 18-19
	-Priestess of Antonia Minor	---	-Seat in the Theatre of Dionysos: IG II^2 5095
Caligula	---	---	---

---

* Doubtful identification.

Appendix 3.2: Imperial Priests under Claudius and Nero

Period	Priesthood	Known Priest names	Evidences
	-Priestess of Antonia	---	-Seat in the Theatre of Dionysos: IG II² 5095
Claudius	-High Priest of Antonia Sebasta	Tiberius Claudius Novius son of Philino of Oion	-IG II² 3535+SEG 21, 742
	-Priest of Claudius for life	Dionysodoros son of Sophokles of Sounion	-IG II² 3274+SEG 22, 153
	-Priest of Messalina	C. Silius Polykritos	-IG II² 3266b
	-Priest of Agrippina Sebasta	Tiberius Claudius Eukles son of Sostratos of Marathon	-SEG 47, 221; CLINTON, 1997, pp. 170.
	-Priest of Druso Consul	-Eponymous Archon	-GRAINDOR, 1922a, pp. 18-19.
Nero	-High Priest of Nero Caesar Sebastos for life ?	Tiberius Claudius Novius son of Philino of Oion	-IG II² 3182
	-High Priest of the House of the Sebastoi for life	Tiberius Claudius Novius son of Philino of Oion	-IG II² 1990
	-Priest of Druso Consul	-Eponymous Archon	-GRAINDOR, 1922a, pp. 18-19.

Appendix 3.3: Athenian High Priests during the Principate[407]

Known Priest names	Priesthood	Date	Evidences
-Polycharmos son of Eukles of Maratón	-High Priest of Tiberius Caesar Augustus	-Tiberius	-IG II² 3530
-Tiberius Claudius Novius son of Philino of Oion	-High Priest of Antonia Minor	-Claudius	-IG II² 3535+SEG 21, 742
-Tiberius Claudius Novius son of Philino of Oion	-High Priest of the House of the Sebastoi for life	-Nero	-IG II² 1990 -IG II² 3182 (following the reedition proposed in section 4.4)
-Tiberius Claudius Hipparchus of Marathon	-High Priest (no especification)	-Flavians	-Delph. 3.2, 66; OLIVER, 1950, I 34
-Tiberius Claudius Atticus of Marathon	-High Priest of Trajan -High Priest of the Sebastoi	-Trajan and Hadrian	-AE 1950, 34 (Trajan) -AE 1973, 493 (Trajan) -IG II² 3595 (Sebastoi) -IG II² 3596 (Sebastoi) -IG II² 3597 (Sebastoi) SIG³ 854; IG II² 3604b (High Priest)
-Tiberius Claudius Lysiades of Melite	-High Priest (no especification)	-Before AD 150	-OLIVER, 1941b, *Hesperia* 10, pp. 260-261, no. 65; IG II² 4007.
-Aelius Ardys	-High Priest of the Sebastoi	-After AD 150	-IG II² 3687
-Tiberius Claudius Herodes of Marathon (Herodes Atticus)	-High Priest (no especification)	-Marcus Aurelius	-IG II² 2090, lin. 7 -IG II² 3599+4523 (High Priest) -IG II² 3607 -IG II² 3608
-Memmius of Thorikos, the Altar Priest	-High Priest	-Before AD 180	-IG II² 3620
-Flavius Asclepiades of Diomeia	-High Priest of the Sebastoi and the Domus Augusta	-c. AD 240	-IG II² 2773

[407] A list of attested high priests in: OLIVER, 1950, pp 83-84. Oliver's list has been changed as proposed in: WOLOCH, 1973, p. 309. For the detailled commentary of the evidences as well as the refutation of some identification (like the one propossed by SCHMALZ and published by BALDASSARRI, 1998, p. 218, n. 9) see sections 3.1.3 and 4.2.

Appendix 4: Identification of emperors and members of the Imperial family with traditional divinities

Appendix 4: Identification of emperors and members of the Imperial family with traditional divinities			
Identities	Divinity	Probable Cult Location	Testimony or bibliographical reference
Augustus	-New Apollo	-Delos; Temple of Apollo -Athens (unknown)	-Inscr. Délos 1591; see MAVROJANNIS, 1995 -SEG 29, 167; PEPPAS-DELMOUSOU, 1979, *AJPh* 100 -SEG 17, 34
	-Zeus *Boulaio**	-Bouleuterion at Eleusis	-SEG 47, 218; CLINTON, 1997, pp. 166-167.
Livia	-Augusta Higea	-Acropolis	-IG II² 3240
	-Artemis *Boulaia*	-*Tholos* or Southwest Temple in the Classical Agora	-SEG 22, 152; OLIVER, 1965a, *CPh* 60, p. 179.
	-*Pronoia*	-Roman Agora	-IG II² 3238
	-Vesta-Hestia*	-Monopteros in the Acropolis and *Tholos* in the Classical Agora	-IG II² 5097
Gaius Caesar, son of Julia and M. Agrippa	-New Ares	-Temple of Ares	-LEVENSOHN y LEVENSOHN, 1947. *Hesperia* 16, pp. 68-69; IG II² 3250: BODNAR, 1960, pp. 164 y 165
Drusus Caesar, son of Tiberius	-New Ares	-Temple of Ares	-IG II² 3257
Drusilla	-New Aphrodite	-?	-SEG 34, 180; see also section 3.1.3.
Claudius	-Apollo *Patroos*	-Temple of Apollo *Patroos*	-IG II² 3274+SEG 22, 153
Nero	-New Apollo (*Patroos*?)	-Temple of Apollo *Patroos*?	- IG II² 3278 -PEEK, 1942, *MDAI(A)* 67, p. 45, no. 60 -SEG 32, 252; MASTROCOSTAS, 1970, *AAA* 3.3, pp. 426-427, no. 1 -SEG 34, 182 -SEG 44, 165

* Doubtful identifications.

Appendix 5: Imperial visits and number of altars by emperors

Appendix 5: Imperial visits and number of altars by emperors[408]		
Emperor	Number of visits (after rise to power)	Number of Altars
Augustus	3[409] (31 BC; 21 BC, and; 19 BC)	20
Tiberius	0	1
Caligula	0	0
Claudius	0	1
Nero	0 (expected?)	6
Vespasian	0 (expected?)	2
Titus	0	1
Domitian	0	0
Trajan	1 (AD 113)	0
Hadrian	3 (AD 124; AD 128/129 and AD 132/133)	102
Antoninus Pius	0	3?
Marcus Aurelius and Lucius Verus	Lucius Verus visits in AD 162	6

---

[408] For Athenian imperial altars see: BENJAMIN and RAUBITSCHEK, 1959 (Augustus to Hadrian); BENJAMIN, 1963 (altars of Hadrian); RAUBITSCHEK, 1966, (altars of Marcus Aurelius and Lucius Verus); GEAGAN, 1984, and Appendix 2. This figures are likely to change sustancialy after the publication of the Athenian Agora inscriptions'. On imperial visits see: GEAGAN, 1984 and also HOJTE, 2000.

[409] GEAGAN, 1984, only mention two visits of Augustus. Four visits in: HOFF, 1989a, p. 275, n. 45 and HOFF, 1989b, p. 5. He is mistaken about Augustus' visit to Athens in 12 BC: BOWERSOCK, 1991, p. 358 and HABICHT, 1991. Three visits in: BALDASSARRI, 1998, p. 28, n. 103.

Figuras.

Figura 1: Recorrido de la Procesión Panatenea.
Figura 2: Lugares de culto imperial en la Acrópolis ateniense.
Figura 3: Reconstrucción ideal de la esquina Noreste del Partenón.
Figura 4: Esquina Suroeste del Ágora Clásica.
Figura 5: El Ágora Clásica ateniense durante el Principado.
Figura 6: Remodelación de la estoa de Zeus Eleuterio.
Figura 7a: El Ágora Romana. Relación espacial entre el Ágora Romana y el Ágora Clásica.
Figura 7b: El Ágora Romana. Ágora Romana y zona adyacente.
Figura 8: Lugares de culto imperial en la *chora* ateniense.

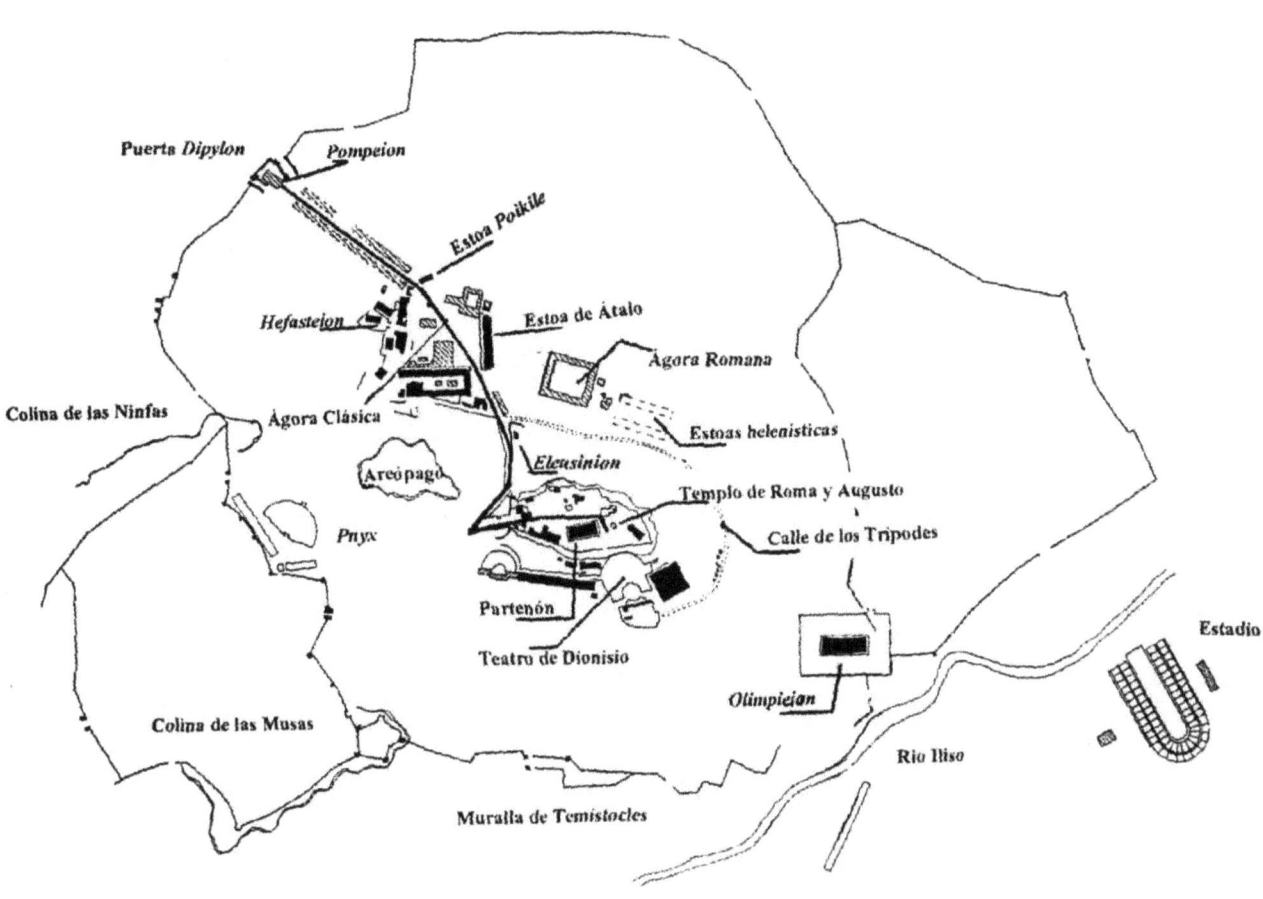

Figura 1: Recorrido de la Procesión Panatenea.
(Figura elaborada a partir de HURWIT, 1999, fig. 2.)

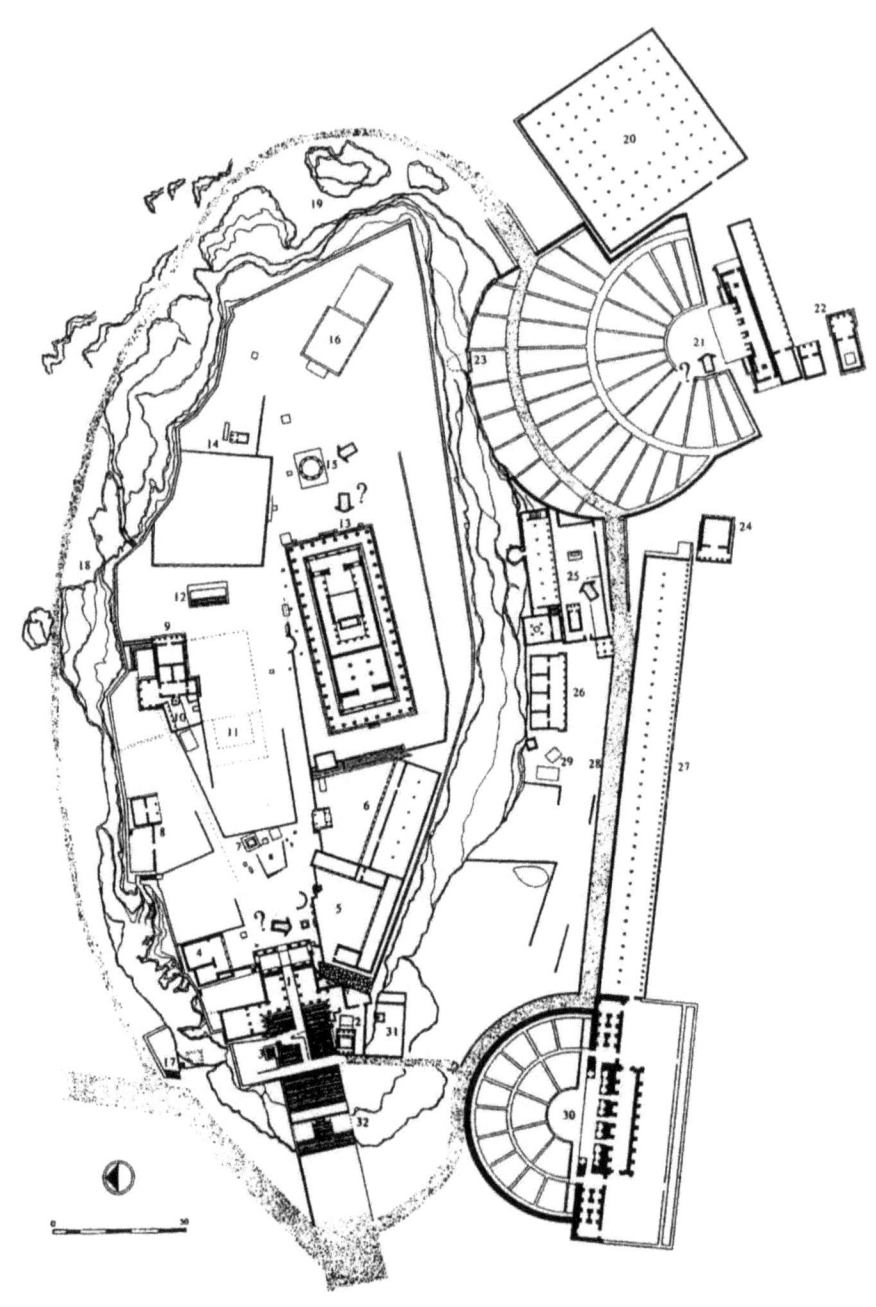

Figura 2: Lugares de culto imperial en la Acrópolis ateniense.
Los lugares de culto imperial en la Acrópolis se indican mediante flechas. Otras localizaciones posibles de culto imperial comentadas en el texto se señalan con una flecha y un signo de interrogación. 1. Propíleos. 2. Santuario de Atenea *Nike*. 3. Monumento de Eumenes II (posteriormente de Agripa). 4. Edificio noroeste. 5. Santuario de Ártemis *Brauronia*. 6. Calcoteca. 7. Atenea de Bronce. 8. Edificio III. 9. *Erecteion*. 10. *Pandrosieion*. 11. *Oristodomos*? 12. Altar de Atenea. 13. Partenón. 14. Santuario de Zeus *Polieos*. 15. Templo de Roma y Augusto. 16. Edificio IV. 17. Fuente de la Clepsidra. 18. Capilla de Afrodita y Eros. 19. *Cueva de Aglauro*? 20. Odeón de Pericles. 21. Teatro de Dionisio. 22. Templo de Dionisio. 23. Monumento a Trasilo. 24. Monumento de Nicias. 25. *Asclepieion*. 26. Estoa jónica. 27. Estoa de Eumenes II. 28. Camino alrededor de la Acrópolis. 29. Templos de Isis y Temis. 30. Odeón de Herodes Ático. 31. Santuario de Afrodita *Pandemos*. 32. Puerta *Beule*.
(Figura elaborada en base a HURWIT, 1999, fig. 3.)

Fig. 3: Reconstrucción ideal de la esquina nordeste del Partenón.
(Fuente: STEVENS, 1946.)

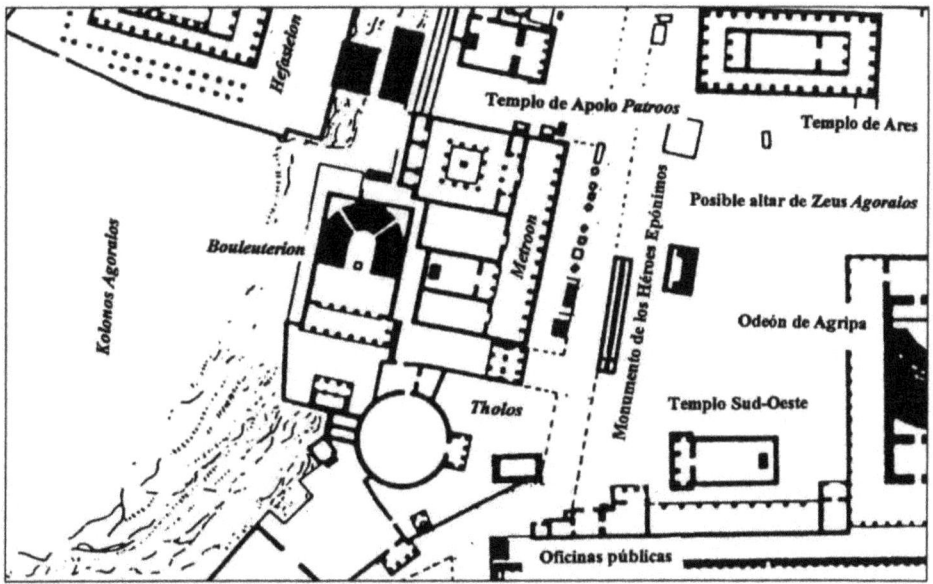

Fig. 4: Esquina sudoeste del Ágora Clásica.
(Fuente: Figura elaborada a partir de los originales de Camp, Academia Americana en Atenas.)

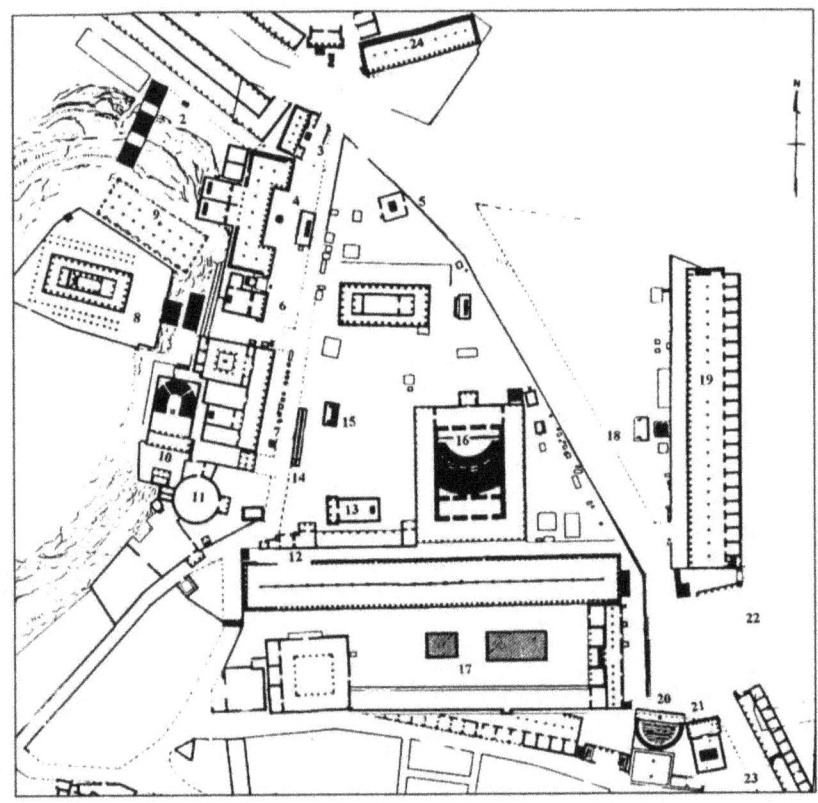

Fig. 5: El Ágora Clásica ateniense durante el Principado.
1. Calle en dirección a la puerta *Dipylon*. 2. Santuario del Pueblo y las Cárites. 3. Estoa *Basileos*. 4. Estoa de Zeus Eleuterio. 5. Altar de los 12 dioses. 6. Templo de Apolo *Patroos*. 7. *Metroon*. 8. *Hefaisteion*. 9. Posible Arsenal. 10. *Bouleuterion*. 11. *Tholos*. 12. Oficinas públicas. 13. Templo suroeste. 14. Monumento de los Héroes Epónimos. 15. Posible altar de Zeus *Agoraios*. 16. Odeón de Agripa. 17. Complejos de estoas al Sur del Ágora. 18. *Bema*. 19. Estoa de Átalo. 20. Ninfeo. 21. Templo sudeste. 22. Calle en dirección al Ágora Romana. 23. Camino de las Panateneas. 24. Estoa *Poikile*.
(Figura elaborada a partir del original de Camp; Academia Americana en Atenas.)

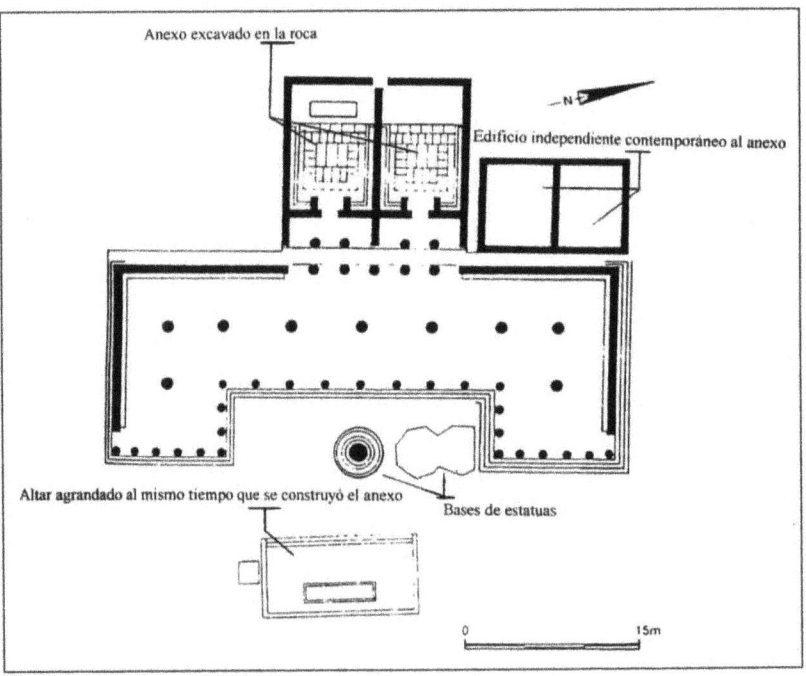

Fig. 6: Remodelación de la estoa de Zeus Eleuterio.
(Figura elaborada a partir de WALKER, 1997, fig. 2.)

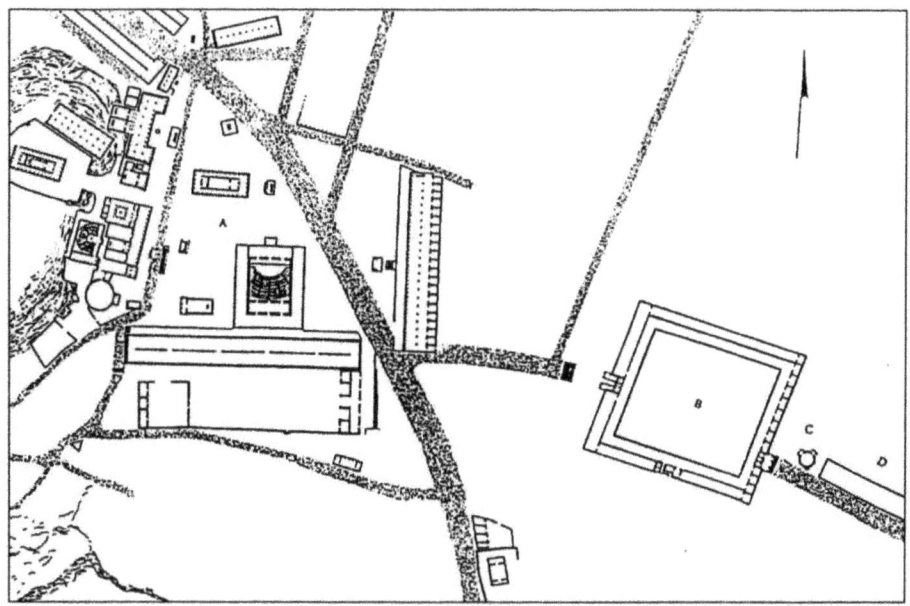

Fig. 7a: El Ágora Romana. Relación espacial entre el Ágora Romana y el Ágora Clásica.
A. Ágora Clásica. B. Ágora Romana. C. Torre de los Vientos. D. Estoa helenística, situada donde después se erigió el *Agoranomion*.
(Fuente: HOFF, 1994, fig. 8)

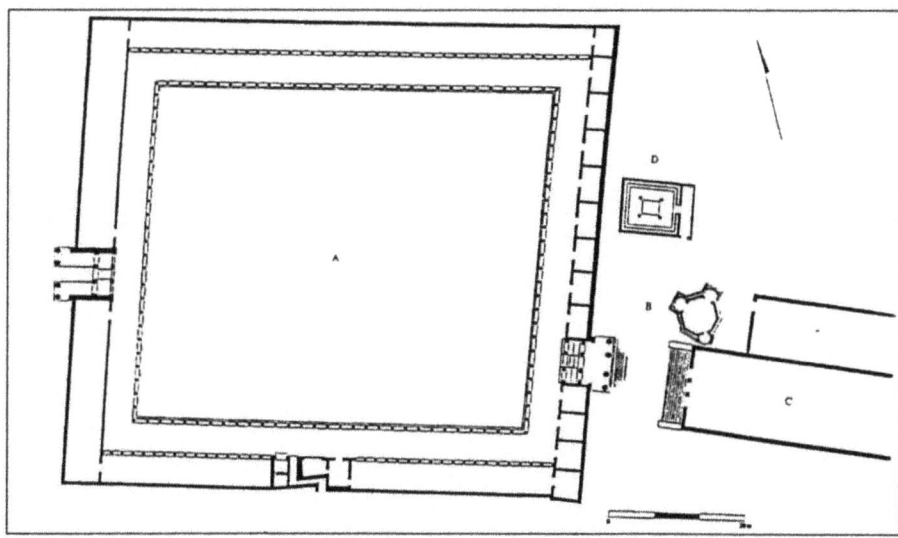

Fig. 7b: El Ágora Romana. Ágora Romana y zona adyacente.
A. Ágora Romana. B. Torre de los Vientos. C. *Agoranomion*. D. Letrinas.
(Fuente: HOFF, 1994, fig. 5.)

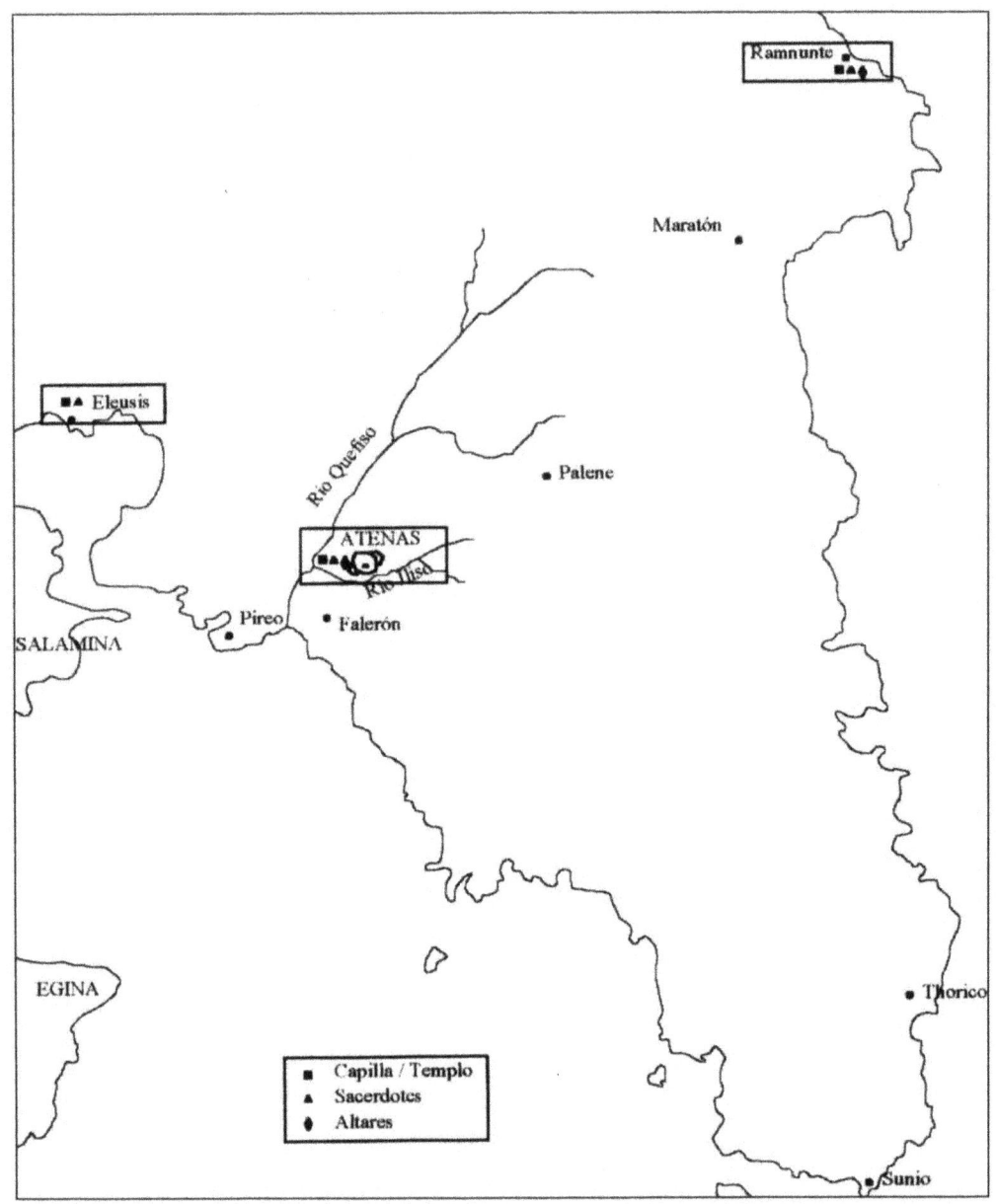

Figura 8: Lugares de culto imperial en la *chora* ateniense.

Láminas.

Lám. 1: Epígrafe SEG 34, 182. Posible relación de Nerón con Apolo *Patroos* en Atenas.
Lám. 2: Epígrafe SEG 34, 180. Drusila Nueva Afrodita.
Lám. 3a: Vista del *Asclepieion* desde la Acrópolis.
Lám. 3b: Planta del *Asclepieion* desde la Acrópolis.
Lám. 4: Epígrafe IG II^2 3120 que recoge la dedicación de un edificio a Asclepio, *Higiea* y Augusto.
Lám. 5a: Fragmento marmóreo con inscripción dedicada a Asclepio e Higieia por la salud del emperador Tiberio (IG II^2 3181).
Lám. 5b: Detalle del elemento arquitectónico con inscripción por la salud de Tiberio. Decoración de uno de los extremos.
Lám. 5c: Detalle del elemento arquitectónico con inscripción por la salud deTiberio. El extremo sin trabajar demuestra que la pieza se unía a otra; pueden verse también los restos de la inserción de la grapa.
Lám. 6a: Base de estatua para Julia *Sebasta* Ártemis *Boulaia* (SEG 22, 152; OLIVER, 1965a, *CPh* 60, pág. 179).
Lám. 6b: Vista lateral de la base de estatua para Julia *Sebasta* Ártemis *Boulaia*
Lám. 7a: Pórtico de orden jónico del Ágora Romana.
Lám. 7b: Entrada monumental de Atenea *Arqueguetides* al Ágora Romana desde el Este.
Lám. 7c: Relación espacial entre el *Agoranomion* y el Ágora Romana.12:
Lám. 7d: Fachada del *Agoranomion*.
Lám. 8: Epígrafe IG II^2 3274+SEG 22, 153. El emperador Claudio asociado con Apolo *Patroos*
Lám. 9a: Epígrafe IG II^2 4174. Tiberio Claudio Novio ocupa el puesto de agonóteta de los *agones* del emperador Claudio.
Lám. 9b: Lateral de la inscripción IG II^2 4174.
Lám. 10: Epígrafe SEG 47, 226.
Lám. 11a: Vista general de la parte central del Teatro de Dionisio.
Lám. 11b: Tronos del Teatro de Dionisio reservados a los principales sacerdotes atenienses.
Lám. 11c: Barrera de mármol construida en la orquesta del Teatro de Dionisio.
Láms. 11d y e: Detalles del fragmento marmóreo en el que aparece la dedicación de la *scaena frons* del Teatro de Dionisio (parte de IG II^2 3182).
Láms. 11f: Inscripción fragmentaria que recoge la dedicación de la *scaena frons* del Teatro de Dionisio (parte de IG II^2 3182).

Lám. 1: Epígrafe SEG 34, 182. Posible relación de Nerón con Apolo *Patroos* en Atenas.
(Fotografía: American School of Classical Studies at Athens. Agora excavations.)

Lám. 2: Epígrafe SEG 34, 180. Drusila Nueva Afrodita.
(Fotografía: American School of Classical Studies at Athens. Agora excavations.)

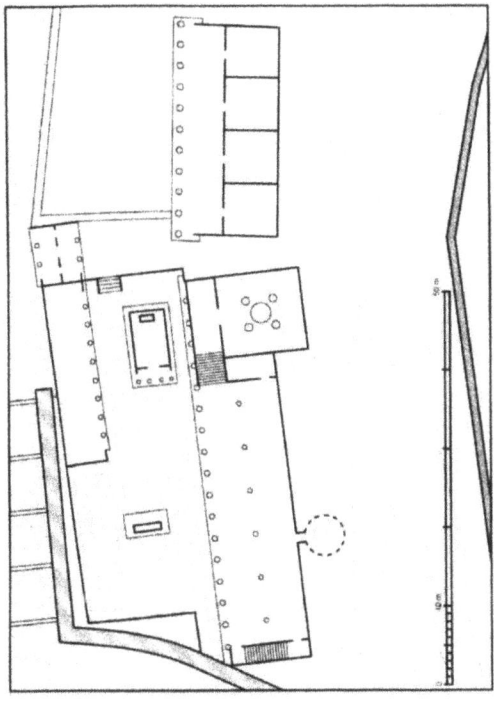

Lám. 3b: Planta del *Asclepieion*.
(Figura elaborada en base a TRAVLOS, 1971, fig. 171.)

Lám. 3a: Vista del *Asclepieion* desde la Acrópolis.
(Fotografía del autor.)

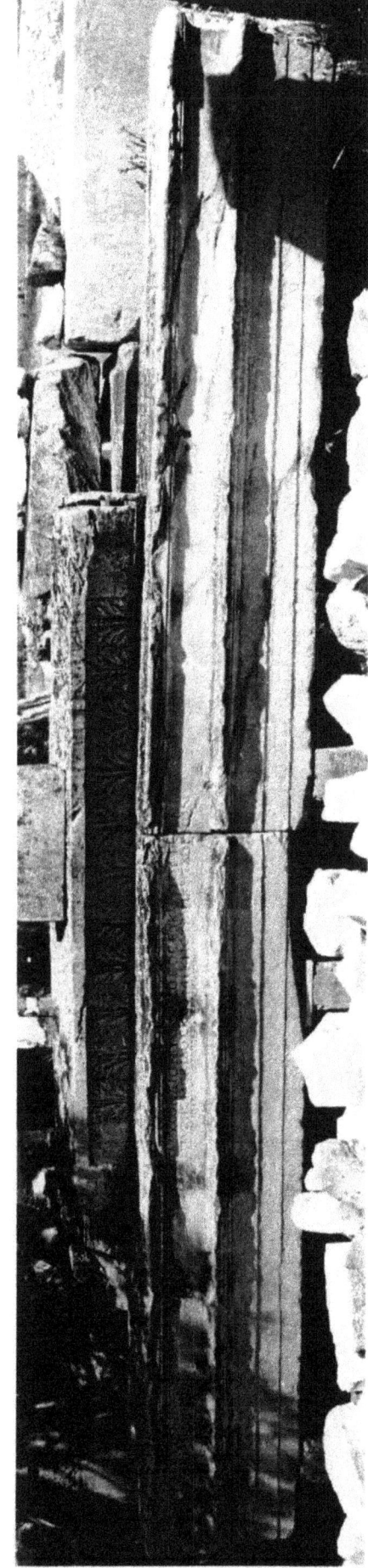

Lám. 4: Epígrafe IG II² 3120 que recoge la dedicación de un edificio a Asclepio, *Higiea* y Augusto.
(Fotografía del autor.)

Lám. 5a: Fragmento marmóreo con inscripción dedicada a Asclepio e Higieia por la salud del emperador Tiberio (IG II² 3181). (Fotografía del autor.)

Lám. 5b: Detalle del elemento arquitectónico con inscripción por la salud de Tiberio. Decoración de uno de los extremos. (Fotografía del autor.)

Lám. 5c: Detalle del elemento arquitectónico con inscripción por la salud de Tiberio. El extremo sin trabajar demuestra que la pieza se unía a otra; pueden verse también los restos de la inserción de la grapa. (Fotografía del autor.)

Lám. 6: Base de estatua para Julia *Sebasta* Ártemis *Boulaia* (SEG 22, 152; OLIVER, 1965a, *CPh* 60, pág. 179). La inscripción se encuentra en muy mal estado de conservación, aunque aún pueden apreciarse algunas letras. Se encuentra en el Ágora Clásica frente a la *Tholos*. (Fotografía del autor.)

Lám. 6b: Vista lateral de la base de estatua para Julia *Sebasta* Ártemis *Boulaia* (SEG 22, 152; OLIVER, 1965a, *CPh* 60, pág. 179). (Fotografía del autor.)

Lám. 7a: Pórtico de orden jónico del Ágora Romana. (Fotografía del autor.)

Lám. 7c: Relación espacial entre el *Agoranomion* y el Ágora Romana. Las escaleras de entrada al *Agoranomion* ascienden desde el Ágora Romana flanqueando la Torre de los Vientos. (Fotografía del autor.)

Lám. 7b: Entrada monumental de Atenea *Arqueguetides* al Ágora Romana desde el Este. (Fotografía del autor.)

Lám. 7d: Fachada del edificio conocido como *Agoranomion* con la escalera de acceso desde el Ágora Romana. (Fotografía del autor.)

Lám. 8: Epígrafe IG II² 3274+SEG 22, 153. El emperador Claudio asociado con Apolo *Patroos* (véase sobre todo el comienzo de la tercera línea).
(Fotografía del autor.)

Lám. 9a: Epígrafe IG II² 4174. Tiberio Claudio Novio ocupa el puesto de agonóteta de los *agones* del emperador Claudio (véanse las líneas 5 y 6).
(Fotografía del autor.)

Lám. 9b: Lateral de la inscripción.
(Fotografía del autor.)

Lám. 10: Epígrafe SEG 47, 226 encontrado en Eleusis. El fragmento conservado es sólo una pequeña porción del epígrafe original. Aunque el epígrafe se encuentra en buen estado de conservación, la fotografía ha sido tratada para resaltar las letras conservadas y poder así iluminar mejor la discusión sobre el epígrafe y las lecturas propuestas. (Fotografía del autor.)

Lám. 11a: Vista general de la parte central del Teatro de Dionisio.
(Fotografía del autor.)

Lám. 11b: Tronos del Teatro de Dionisio reservados a los principales sacerdotes atenienses.
(Fotografía del autor.)

Lám. 11c: Barrera de mármol del Teatro de Dionisio.
(Fotografía del autor.)

Láms. 11d y e: Detalles del fragmento marmóreo en el que aparece la dedicación de la *scaena frons* del Teatro de Dionisio (parte de IG II² 3182). (Fotografías del autor.)

Láms. 11f: Inscripción fragmentaria que recoge la dedicación de la *scaena frons* del Teatro de Dionisio (parte de IG II² 3182). (Fotografía del autor.)

Bibliografía.

ADAMS, A. (1989), "The Arch of Hadrian at Athens" en WALKER, y CAMERON, 1989, págs. 10-16.

ALCOCK, S. E. (1993a), *Graecia Capta. The Landscapes of Roman Greece*, Cambridge.

-(1993b), "Spaced-out Sanctuaries: The Ritual Landscape of Roman Greece", en SCOTT, E. (ed.), *Theoretical Roman Archaeology: First Conference Proceedings*, (Worldwide Archaeology Series, 4), Newcastle upon Tyne, págs. 155-165.

-(1994), "Minding the Gap in Hellenistic and Roman Greece", en ALCOCK, S. y OSBORNE, R., *Placing the Gods. Sanctuaries and Sacred Space in Ancient Greece*, Oxford, págs. 247-261.

-(1996), "Landscapes of Memory and the Authority of Pausanias", en *Pausanias historien*, (Entretiens Hardt, 41), Ginebra, págs. 241-267.

-(1997a), "Greece: A Landscape of Resistence?", en MATTINGLY, 1997, págs. 103-115.

-(ed,) (1997b), *The Early Roman Empire in the East*, Oxford.

-(1997c), "The Problem of Romanization, the Power of Athens", en HOFF y ROTROFF, 1997, págs. 1-7.

ALDERINK, L. J. (1989), "The Eleusinian Mysteries in roman Imperial times", *ANRW* II, 18.2, págs. 1457-1498.

ALESHIRE, S. B. (1989), *The Athenian Asklepieion. The People, their Dedications, and the Inventories*, Amsterdam.

-(1991), *Asklepios at Athens. Epigraphic and Prosopographic Essays on the Athenian Healing Cults*, Amsterdam.

-(1994), "The Demos and the Priests: the Selection of Sacred Officials at Athens from Cleisthenes to Augustus", en OSBORNE, R. y HORNBLOWER, S. (eds.), *Ritual, Finance, Politics. Athenian Democratic Accounts Presented to David Lewis*, Oxford.
-(1999), "The Identification of Archaizing Inscription from Roman Attica", *XI Congreso Internazionale di Epigrafia Greca e Latina*, Roma, Vol. II, págs. 153-161.

ALFÖLDI, A. (1970), *Die monarchische Repräsentation im römischen Kaiserreiche*, Darmstadt.

ALVAR EZQUERRA, J. (1990), "El contacto intercultural en los procesos de cambio", *Gerión* 8, págs. 11-27.

-(2001a), "El panteón de Carmona: destellos de la vida religiosa en una ciudad hispanorromana", en CABALLOS RUFINO, A. (ed.), *Carmona Romana*, Carmona, págs. 477-489.

-(2001b), *Los Misterios. Religiones "orientales" en el Imperio Romano*, Barcelona.

AMELING, W. (1983), *Herodes Atticus*, vols. I y II, Hildesheim.

ANDERSON, G. (1986), *Philostratus. Biography and Belles Lettres in the Third Century A. D.*, Londres-Sidney-Dover.

ARAFAT, K. W. (1996), *Pausanias' Greece. Ancient Artists and Roman Rulers*, Cambridge.

ARNIM, H. (1898), *Leben und Werke des Dio von Prusa*, Berlín.

ARRIGONI, G. (1985), "Donne e sport nel mondo greco. Religione e società", en ARRIGONI, G., *Le donne in Grecia*, Roma-Bari, págs. 55-128.

AUGUET, R. (1994), *Cruelty and Civilization: The Roman Games*, Londres-Nueva York, (reimp.).

AUSTIN, R. P. (1938), *The Stoichedon Style in Greek Inscriptions*, Londres.

BAELEN, J. (1956), *La Chronique du Parthénon*, París.

BALDASSARRI, P. (1995), "Augusto Soter: ipotesi sul monopteros dell'Acropoli ateniese", *Ostraka* 4, págs. 69-84.

-(1998), *ΣΕΒΑΣΤΩΙ ΣΩΤΗΡΙ. Edilizia monumentale ad Atene durante il "Saeculum Augustum"*, (Archaeologica, 124), Roma.

-(2001), "Lo specchio del potere: programmi edilizi ad Atene in età augustea", en MARC, J.-Y. y MORETTI, J.-C. (eds.), *Constructions publiques et programmes éditilaires en Grèce entre le IIe siècle av. J.-C. et le Ier siècle ap. J.-C.*, París.

BALLESTEROS, J. (1999), "Gladiadores en el Mediterráneo oriental (siglo II d. C.)", en CORTÉS COPETE, 1999a, págs. 389-392.

BALLESTEROS PASTOR, L. (1995), "Heracles y Dioniso, dos modelos en la propaganda de Mitrídates Eupátor", *Kolaios* 4, págs. 127-133.

-(1996), *Mitrídates Eupator, rey del Ponto*, Granada.

BALSDON, J. P. V. D. (1962), *Roman Women: Their History and Habits*, Londres.

BARTMAN, E. (1999), *Portraits of Livia. Imaging the imperial woman in Augustan Rome*, Cambridge.

BARRET, A. A. (1996), *Agrippina. Mother of Nero*, Londres.

BASLEZ, M.-F. (1989), "Citoyens et non-citoyens dans l'Athènes imperiale au Ier et au IIe siècles de nôtre ère", en WALKER, y CAMERON, 1989, págs. 17-36.

BAUMAN, R. A. (1992), *Women and Politics in Ancient Rome*, Londres-Nueva York.

BAYET, J. (1984), *La religión romana. Historia política y psicológica*, Madrid.

BEARD, M. (2002), *The Parthenon*, (Wonders of the World, 1), Londres.

BEARD, M. y NORTH, J. (1990), *Pagan Priests. Religion and Power in the Ancient World*, Londres.

BEARD, M., NORTH, J. y PRICE, S. (1998), *Religions of Rome*, vols. I y II, Cambridge.

BENGTSON, H. (1977), *Marcus Antonius. Triumvir und Herrscher des Orients*, Munich.

BENJAMIN, A. (1963), "The Altars of Hadrian and Hadrian's Panhellenic Program", *Hesperia* 32, págs. 57-86.

BENJAMIN, A. y RAUBITSCHEK, A. E. (1959), "Arae Augusti", *Hesperia* 28, págs. 65-85.

BERNABÉ PAJARES, A. (1992), *Vida de Apolonio de Tiana*, (BCG, 18), Madrid.

BERNAND, A. y BERNAND, E. (1998), "Un procurateur des effigies impériales à Alexandrie", *ZPE* 122, págs. 97-101.

BERTINELLI, M. G. A. (1987), "Germanico nella documentazione epigrafica", en BONAMENTE, G. y SEGOLONI, M. P. (eds.), *Germanico. La persona, la personalità, il personaggio nel bimillenario dalla nascita*, Roma, págs. 25-51.

BEURLIER, E. (1891), *Le culte impérial, son histoire et son organisation depuis Auguste jusqu'à Justinien*, París.

BIERS, W. R. y GEAGAN, D. J. (1970), "A New List of Victors in the Caesarea at Isthmia", *Hesperia* 39, págs. 79-93.

BILLAULT, A. (2000), *L'Univers de Philostrate*, (Coll. Latomus, 252), Bruselas.

BINDER, W. (1969), *Der Roma-Augustus Monopteros auf der Akropolis in Athen und sein typologischer Ort*, Stuttgart.

BLANCK, H. (1968), "Porträt-Gemälde als Ehrendenkmäler", *BJ* 168, págs. 1-12.

BODNAR, E. W. (1960), *Cyriacus of Ancona and Athens*, (Coll. Latomus, XLIII), Bruselas.

BOER, W. (1973), *Le Culte des Souverains dans l'Empire Romain*, (Entretiens Hardt, 19), Ginebra.

BOUSQUET, J. (1961), "Inscriptions de Delphes", *BCH* 85, págs. 69-97.

BOWERSOCK, G. (1964), "Augustus on Aegina", *CQ* 14, págs. 120-121.

-(1965), *Augustus and the Greek World*, Oxford.

-(1969), *Greek Sophists in the Roman Empire*, Oxford.

-(1973), "Greek Intellectuals and the Imperial Cult in the Second Century A. D.", en BOER, 1973, págs. 179-212.

-(1984), "Augustus and the East: the Problem of the Succession" en MILLAR, R. y SEGAL, E., *Caesar Augustus. Seven Aspects*, Oxford, págs. 169-188.

-(1987), "The Mechanics of Subversion in the Roman Provinces", en *Opposition et Résistences a l'Empire d'Auguste a Trajan*, (Entretiens Hardt, 33), Ginebra, págs. 291-320.

-(1991), reseña de WALKER, S. y CAMERON, A. (eds.) (1989), *The Greek Renaissance in the Roman Empire*, (Papers from the Tenth British Museum Classical Colloquium, Bulletin Supplement, 55), Londres, *AJA* 95, págs. 357-358.

BRADLEY, K. R. (1978), "The Chronology of Nero's Visit to Greece, A.D. 66/67", *Latomus* 37, págs. 61-72.

BRONEER, O. (1932), "Some Greek Inscriptions of Roman Date from Attica", *AJA* 36, págs. 393-400.

-(1959), "Excavations at Isthmia", *Hesperia* 28, págs. 298-343.

BRUNT, P. A. (1977), "Lex de Imperio Vespasiani", *JRS* 67, págs. 95-116.

BUCHHEIM, H. (1960), *Die Orientpolitik des Triumvirn M. Antonius*, Heidelber.

BUCKLER, W. H. (1935), "Auguste, Zeus Patroos", *RPhil* 61, págs. 177-188.

BULLE, H. (1936), "Weihinschrift an der Römischen Bühnenwand", en FIECHTER, (1936), págs. 60-66.

BUNDGAARD, J. A. (1974), *The Excavation of the Athenian Acropolis 1882-1890 (The Original Drawings edited from the Papers of Georg Kawerau)*, Copenhague.

BURKERT, W. (1985), *Greek Religion. Archaic and Classical*, Oxford.

-(1996), *Creation of the Sacred: Tracks of Biology in early Religions*, Cambridge, Ma-Londres.

BURNETT, A. (1999), "Buildings and Monuments on Roman Coins", en PAUL, G. M. y IERARDI, M. (ed.), *Roman Coins and Public Life under the Empire*, (E. Togo Salmon papers II), Ann Arbor, Mi, págs. 137-164.

BURNOUF, E. (1877), *La Ville et L'Acropole D'Athènes aux diverses époques*, París, 1877.

CABALLOS, A., ECK, W. y FERNÁNDEZ, F. (1996), *El Senadoconsulto de Gneo Pisón Padre*, Sevilla.

CALAME, C. (1990), *Thésée et l'imaginaire athénien. Légende et culte en Grèce antique*, Dijon-Quetigny.

CAMERON, A. (1998), *El mundo mediterráneo en la antigüedad tardía: 395-600*, Barcelona.

CAMP, J. M. (2001), *The Archaeology of Athens*, New Haven-Londres.

CAMPBELL, B. (1994), *The Roman Army 31 BC-AD 337: A Sourcebook*, Londres-Nueva York.

CANDAU MORÓN, J. M., GASCÓ, F. y RAMÍREZ DE VERGER, A. (eds.) (1988), *La imagen de la realeza en la Antigüedad*, Madrid.

CARROLL, K. K. (1982), *The Parthenon Inscription*, (GRBS Monographs, 9), Durham.

CASCAJERO, J. (1991), "Lucha de clases e ideología: introducción al estudio de la fábula esópica como fuente histórica", *Gerión* 9, págs. 11-58.

-(1992), "Lucha de clases e ideología: aproximación temática a las fábulas no contenidas en las colecciones anónimas", *Gerión* 10, págs. 23-63.

-(1993), "Escritura, oralidad e ideología. Hacia una reubicación de las fuentes escritas para la Historia Antigua", *Gerión* 11, págs. 95-144.

-(1997), "Necedad, sabiduría y verdad. El ser y el parecer o un debate por la legitimidad en la oralidad antigua", *Gerión* 15, págs. 27-77.

-(1998a), "Apología del asno. Fuentes escritas y fuentes orales tras la simbología del asno en la antigüedad", *Gerión* 16, págs. 11-38.

-(1998b), "Notas sobre la familia romana a través de las fuentes orales", en *ARYS* 1, págs. 109-117.

CASTRÉN, P. (1989), "The Post-Herulian Revival of Athens", en WALKER, y CAMERON, 1989, págs. 45-49.

-(1994), *Post-Herulian Athens: Aspects of Life and Culture in Athens A. D. 267-529*, Vammala.

CAVALLARO, M. A. (1984), *Spese e spettacoli. Aspetti economici-strutturali degli spettacoli nella Roma giulio-claudia*, (Antiquitas, 34), Bonn.

CAVVADIAS, P. y KAWERAU, G. (1906), *Die Ausgrabung der Akropolis*, Atenas.

CERFAUX, L. y TONDRIAU, J. (1957), *Le culte des souverains dans la civilisation greco-romaine*, París.

CHAMOUX, F. (1986), *Marc Antoine, dernier prince de l'Orient grec*, París.

CHARLESWORTH, M. P. (1937), "The Virtues of a Roman Emperor: Propaganda and the Creation of Belief", *PBA* 23, págs. 105-133.

-(1939), "The Refusal of Divine Honour, an Augustan Formula", *PBSR* 15, págs. 1-10.

CHIC GARCÍA, G. (1987-1988), "Datos para el estudio del culto imperial en la Colonia Augusta Firma Astigi", *Habis* 18-19, págs. 365-381.

-(1990), *Principios teóricos en la Historia Antigua*, Sevilla.

-(1997), *Historia económica de la Bética en la época de Augusto*, Sevilla.

CHILVER, G. E. F. (1950), "Augustus and the Roman Constitution 1939-1350", *Historia* 1, págs. 408-435.

CID LÓPEZ, R. (1986), *El culto al emperador en Numidia*, Oviedo.

-(1995), "El filohelenismo alejandrino de Calígula y el Culto de Drusila-*Panthea*", *Kolaios. Publicaciones Ocasionales* 4, Sevilla, págs. 345-363.

-(1997), "El protagonismo de las mujeres Julio-Claudias en la *Domus Caesarum*: los precedentes de las dinastías helenísticas", en PRESEDO, GUINEA, CORTÉS, y URÍAS, (1997), págs. 249-260.

-(1998), "Livia *versus* Diva Augusta", *ARYS* 1, 1998, págs. 139-155.

CIZEK, E. (1972), *L'époque de Néron et ses controverses idéologiques*, Leiden.

-(1982), *Néron*, París.

CLAUSS, M. (1999), *Kaiser und Gott: Herrscherkult im Römischen Reich*, Stuttgart-Leipzig.

CLAVEL-LÉVÊQUE, M. (1984), *L'Empire en jeux: espace symbolique et pratique sociale dans le monde romain*, París.

-(1986), "L'espace des jeux dans le monde romain: hégémonie, symbolique et pratique sociale", *ANRW* II, 16.3, págs. 2405-2563.

CLINTON, K. (1974), *The Sacred Officials of the Eleusinian Mysteries*, Filadelfia.

-(1989a), "Hadrian's Contribution to the Renaissance of Eleusis", en WALKER, y CAMERON, (1989), págs. 56-68.

-(1989b), "The Eleusinian Mysteries: Roman Initiates and Benefactors, Second Century B. C. to A. D. 267", *ANRW* II, 18.2, págs. 1499-1539.

-(1992), *Myth and Cult. The Iconography of the Eleusinian Mysteries*, Estocolmo.

-(1993), "The sanctuary of Demeter and Kore at Eleusis", en MARINATOS, N y HÄGG, R. (eds.), *Greek Sanctuaries: New Approaches*, Londres-Nueva York, págs. 110-124.

-(1997), "Eleusis and the Romans: Late Republic to Marcus Aurelius" en HOFF, y ROTROFF, (1997), págs. 161-181.

-(1999), "Eleusis from Augustus to the Antonines: Progress and Problems", en *XI Congresso Internazionale di Epigrafia Greca e Latina*, Roma, Vol. II, págs. 93-102.

COLIN, G. (1905), *Le culte d'Apollon Pythien à Athènes*, (BEFAR 93), Paris.

COPPOLA, A. (1997), "Consenso e dissenso ad Atene nell'età di Augusto", *RAL*, ser. IX, 8, págs. 661-673.

CORBIER, M. (1994), "À propos de la Tabula Siarensis: le Sénat, Germanicus et la domus Augusta", en GONZÁLEZ FERNÁNDEZ, J. (ed.), *Roma y las provincias. Realidad administrativa e ideología imperial*, Madrid.

CORTÉS COPETE, J. M. (1994), *Res Gestae diui Augusti*, Madrid.

-(1995), *Elio Aristides. Un sofista griego en el Imperio Romano*, Madrid.

-(1997a), "Problemas ideológicos de la integración griega en el Imperio", en PLÁCIDO, ALVAR, CASILLAS, y FORNIS, (1997), págs. 269-282.

-(1997b), "Adriano y Filipo II", en PRESEDO, GUINEA, CORTÉS, y URÍAS, (1997), págs. 405-410.

- (ed.) (1999a), *Epigrafía griega*, Madrid.

-(1999b), "Delfos, Colonia neroniana", *Habis* 30, págs. 235-249.

CROSBY, M. (1937), "Greek Inscriptions", *Hesperia* 6, págs. 442-468.

CULLEY, G. R. (1975), "The Restoration of Sanctuaries in Attica: IG, II^2, 1035", *Hesperia* 44, págs. 207-223.

-(1977), "The Restoration of Sanctuaries in Attica, II: IG, II^2, 1035", *Hesperia* 46, 1977, págs. 282-298.

CUMONT, F. (1ª ed, 1906; 1987), *Las religiones orientales y el paganismo romano*, Madrid.

DALY, Ll. W. (1950), "Roman Study Abroad", *AJPh* 71, 1950.

DAUX, G. (1941), "Athènes et Delphes", *HSPh* Suppl. 1, págs. 37-69.

DAVIES, J. K. (1977), "Athenian Citizenship: The Descent Group and the Alternatives", *CJ* 73, págs. 105-121.

DAY, J. (1942), *An Economic History of Roman Athens under Roman Domination*, Nueva York.

DE POLIGNAC, F. (1984), *La Naissance de la cité grecque*, París.

DEBEVOISE, N. C. (1968), *A Political History of Parthia*, Nueva York.

DESJARDINS, E. (1879), "Le Culte des Divi et le Culte de Rome et D'Auguste", *RPhil* 3, págs. 33-63.

DEUBNER, L. (1932), *Attische Feste*, Berlín.

DILKE, O. A. W. (1971), *The Roman Land Surveyors: An Introduction to the "Agrimensores"*, Newton Abbot.

DILLON, M. (1996), *Religion in the Ancient World: New Themes and Approaches*, Amsterdam.

-(1997), *Pilgrims and Pilgrimage in Ancient Greece*, Londres.

DINSMOOR, W. B. (1931), *The Archons of Athens in the Hellenistic Age*, Cambridge, MA.

-(1939), *The Athenian Archon List in the Light of Recent Discoveries*, Nueva York.

-(1940), "The Temple of Ares at Athens", *Hesperia* 9, págs. 1-52.

-(1943), "The Temple of Ares and the Roman Agora", *AJA* 47, págs. 383-384.

-(1961), "Rhamnountine Fantasies", *Hesperia* 30, págs. 179-204.

DINSMOOR, W. B. jr. (1974), "The Temple of Poseidon: A Missing Sima and Other Matters", *AJA* 78, págs. 211-238.

-(1982), "Anchoring Two Floating Temples", *Hesperia* 51, págs. 410-452.

DODGE, H. (1999), "Amusing the Masses: Buildings for Entertainment and Leisure in the Roman World", en POTTER y MATTINGLY, (1999), págs. 205-255.

DOMÍNGUEZ MONEDERO, A. J. (1995), *La Polis y la expansión colonial griega. Siglos VIII-VI*, Madrid.

D'OOGE, M. L. (1908), *The Acropolis of Athens*, Nueva York.

DOW, S. (1934), "The List of Athenian *Archontes*", *Hesperia* 3, págs. 140-190.

-(1937a), *Prytaneis. A Study of the Inscriptions Honoring the Athenian Councillors*, (Hesperia Supplement, 1), Atenas.

-(1937b), "The Egyptian Cults in Athens", *HThR* 30, págs. 183-232.

DREW-BEAR, T. (1974), "Representations of Temples on the Greek Imperial Coinage", *ANSMusN* 19, págs. 27-63.

DUMONT, A. (1876), *Essai sur l'Éphébie Attique*, vol. I, París.

DURKHEIM, E. (1ª ed. 1912; 1993), *Las formas elementales de la vida religiosa*, Madrid.

ECK, W. (1993), *Agrippina die Stadtgründerin Kölns. Eine Frau in der frühkaiserzeitlichen Politik*, (Schriftenreihe der Archäologischen Gesellschaft Köln, 22), Colonia.

EDELSTEIN, E. J. y EDELSTEIN, L. (1945), *Asclepius. A Collection and Interpretation of the Testimonies*, vols. I y II, Baltimore.

EHRENBERG, V. (1953), "Legatus Augusti et Tiberii?" en MYLONAS, G. E. y RAYMOND, D. (eds.), *Studies Presented to David Moore Robinson*, San Luis, 1953, págs. 938-944.

EHRENBERG, V. y JONES, A. H. M. (1955), *Documents Illustrating the Reigns of Augustus and Tiberius*, Oxford.

EHRHARDT, C. (1978), "Messalina and the Succession to Claudius", *Antichthon* 12, págs. 51-77.

ELSNER, J. (1992), "Pausanias: a Greek pilgrim in the Roman World", *P&P* 135, págs. 5-29.

ENGELS, D. W. (1990), *Roman Corinth: an Alternative Model for the Classical City*, Chicago.

ERIM, K. (1992), *Aphrodisias*, Estambul.

ETIENNE, R. (1958), *Le culte impérial dans la Péninsule Ibérique d'Auguste à Dioclétien*, Paris.

EVANS-PRITCHARD, E. E. (1ª ed. 1962; 1990), *Ensayos de Antropología Social*, Madrid.

-(1991), *Las teorías de la religión primitiva*, Madrid, (8º ed.; 1ª ed. inglesa 1965)

FABBRICOTTI, E. (1976), *Galba*, Roma.

FAYER, C. (1976), *Il culto della dea Roma. Origine e diffusione nell'Impero*, Pescara.

-(1994), *La familia Romana. Aspetti giuridici ed antiquari*, (Problemi e ricerche di Storia Antica, 16), Roma.

FEARS, J. R. (1977), *Princeps as Diis Electus: The Divine Election of the Emperor as a Political Concept at Rome*, (Papers and monographs of the American Academy at Rome XXVI), Roma, 1977: ver reseña Price, S. R. F., en *CR* 1979, págs. 277-279.

-(1981), "The Cult of Virtues and Roman Imperial Ideology", *ANRW* II, 17.2, págs. 827-948.

FERGUSON, W. S. (1911), *Hellenistic Athens. An Historical Essay*, Londres.

FERGUSON, J. (1970), *The Religions of the Roman Empire*, Londres.

FERGUSON-SMITH, M. (1994), "New Readings in the Demostheneia Inscription from Oinoanda", *Anat. St.* 44, págs. 59-64.

FERRARY, J. L. (1988), *Philhellénisme et impérialisme*, París.

FIECHTER, E. (1936), *Das Dionysostheater in Athen*, vol. III, (Antike griechische Theaterbauten, Heft 7), Stuttgart.

FISHWICK, D. (1987-1992), *The Imperial Cult in the Latin West*, Leiden.

FLOWER, H. I. (2000), "*Damnatio Memoriae* and Epigraphy" en VARNER, E. R. (ed.), *From Caligula to Constantine. Tyranny and Transformation in Roman Portraiture*, Atlanta.

FOLLET, S. (1976), *Athènes au IIe et au IIIe Siècle*, París.

-(1979), "Contribution a la chronologie attique du premier siècle de notre Ère", en WALKER y CAMERON (eds.), 1989, págs. 37-44.

-(2000), "Les deux archontes Pamménès du Ier siecle A. C. à Athènes", *REG* 113, págs. 188-192.

FORTEA LÓPEZ, F. (1994), *Némesis en el Occidente Romano: ensayo de interpretación histórica y corpus de materiales*, Zaragoza.

FOWLER, W. W. (1914), Roman Ideas of Deity in the Last Century Before the Christian Era, Londres.

FRANTZ, A. (1965), "From Paganism to Christianity in the Temples of Athens", *DOP* 19, págs. 187-205.

-(1988), *The Athenian Agora, XXIV, Late Antiquity A. D. 267-700*, Princeton, NJ.

FREDRICKSMEYER, E. A. (1979), "Divine Honors for Philip II", *TAPhA* 109, págs. 39-61.

-(1981), "On the Background of the Ruler Cult", en *Ancient Macedonian Studies in Honor of Charles F. Edson*, Tesalónica, págs. 145-156.

FREI, J. (1900), *De certaminibus thymelicis*, (Diss. Univ. Bâle).

FRIESEN, S. J. (1990), *Ephesus, twice neokoros*, (Diss. Uni. Harvard), Ann Arbor, Mi.

-(1993), *Twice Neokoros. Ephesus, Asia and the Cult of the Flavian Imperial Family*, (EPRO 116), Leiden-Nueva York-Colonia.

FUTRELL, A. (1997), *Blood in the Arena. The Spectacle of Roman Power*, Austin.

GAGÉ, J. (1955), *Apollon Romain*, (BEFAR 182), París.

-(1981), "Apollon impérial, garant des fata Romana", *ANRW* II, 17.2, págs. 561-630.

GALLOTA, B. (1987), *Germánico*, Roma.

GARLAND, R. S. J. (1984), "Religious Authority in Archaic and Classical Athens", *ABSA* 79, págs. 75-123.

-(1990), "Priests and Power in Classical Athens" en BEARD y NORTH (1990), págs. 73-91.

GARNSEY, P. y SALLER, R. (1991), *El Imperio Romano. Economía, sociedad y cultura*, Barcelona.

GARRIGUET, J. A. (2001), *Culto y poder en la Córdoba imperial romana*, Córdoba.

GASCÓ, F. (1985), "*Christianos ad Leonem*. Impacto y tipificación de los Cristianos durante los siglos II y III", *In Memoriam. Agustín Díaz Toledo*, Granada-Almeria, págs. 165-180.

-(1988a), "Buenos y malos emperadores en Casio Dion", en CANDAU, GASCÓ y RAMÍREZ DE VERGER (eds.), Madrid, págs. 115-140.

-(1988b), "Casio Dion y la rivalidad de las ciudades griegas", en PEREIRA, G. (ed.), *Actas del Primer Congreso Peninsular de Historia Antigua (Santiago de Compostela, 1-5 Julio, 1986)*, Santiago de Compostela, págs. 135-145.

-(1990), *Ciudades griegas en conflicto (s. I-III d. C.)*, Madrid.

-(traducción, introducción y notas) (1991), *Plutarco. Consejos Políticos*, Madrid.

-(1995), "Evérgetas, fiestas y conciencia cívica en las ciudades griegas de Época Imperial", ALVAR, J.,

BLÁZQUEZ, J. Mª. y WAGNER, C. G. (eds.), *Ritual y conciencia cívica en el Mundo Antiguo*, Madrid, págs. 165-170.

-(1996), "Maratón, Eurimedonte y Platea (*Praec. ger. reip.* 814 A-C)", *Opuscula Selecta*, Sevilla-Huelva, págs. 203-208.

GAUTHIER, P. (1985), *Les Cités Grecques et leurs Bienfaiteurs*, (BCH Supplément, 12), París.

GEAGAN, D. J. (1967), *The Athenian Constitution after Sulla*, Princeton, NJ.

-(1979a), "Roman Athens: Some Aspects of Life and Culture. I. 86 B. C. – A. D. 267", *ANRW* II, 7.1, págs.371-437.

-(1979b), "The Third Hoplite Generalship of Antipatros of Phlya", *AJPh* 100, págs. 59-68.

-(1979c), "Tiberius Claudius Novius, the Hoplite Generalship and the Epimeleteia of the Free City of Athens", *AJPh* 100, págs. 279-287.

-(1984), "Imperial Visits to Athens: the Epigraphical Evidence", en Πρακτικά τοῦ Η διεθνοῦς Συνεδρίου Ἑλληνικῆς καὶ Λατινικῆς Ἐπιγραφικῆς, Atenas, vol. I, págs. 69-78.

-(1992), "A Family of Marathon and Social Mobility in Athens of the First Century B. C.", *Phoenix* 46, págs. 29-44.

-(1996), "Who was Athena?", en DILLON, M. (ed.), *Religion in the Ancient World: New Themes and Approaches*, Amsterdam.

-(1997), "The Athenian Elite: Romanization, Resistance, and the Exercise of Power", en HOFF y ROTROFF, 1997, págs. 19-32.

-GEBHARD, E. R. (1996), "The Theater and the City", en SLATER, W. J. (ed.), *Roman Theater and Society. E. Togo Salmon Papers I*, Ann Arbor, Mi, págs. 113-127.

GEERTZ, C. (1ª ed. 1975; 2000), *La interpretación de las culturas*, Barcelona (10ª reimpresión)

GENIÈRE, J. de la, y ERIM, K. (1987), *Aphrodisias de Carie*, (Colloque du Centre de recherches archéologiques de l'Université de Lille III. 13 novembre 1985), Paris.

GERKAN, A. (1941), "Die neronische Scaenae Frons des Dionysostheaters in Athen", *JDAI* 56, págs. 163-177.

GIULIANO, A. (1965), *La cultura artistica delle province della Grecia in età romana*, Roma.

GOLVIN, J.-C. (1988), *L'Amphithéâtre Romain. Essai sur la théorisation de sa forme et de ses fonctions*, (Publications du Centre Pierre Paris, 18), vols. I-II, París.

GOLVIN, J.-C. y LANDES, C. (1990), *Amphitheatres et Gladiateurs*, París.

GORDON, R. (1979), "The Real and the Imaginary: Production and Religion in the Graeco-Roman World", *Art History* 2, págs. 5-34.

-(1990), "The Veil of power: emperors, sacrificers, and benefactors", en BEARD, y NORTH, 1990, págs. 199-231.

GOODENOUGH, E. R. (1928), "Hellenistic Kingship", *YClS* 1, págs. 55-102.

GOODMAN, M. (1997), *The Roman World 44 BC – AD 180*, Londres-Nueva York.

GRADEL, I. (2002), *Emperor Worship and Roman Religion*, Oxford.

GRAINDOR, P. (1914), "Inscriptions Attiques d'Époque Impériale", *BCH* 38, págs. 351-443.

-(1915), "Les cosmètes du Musée d'Athènes", *BCH* 39, págs. 241-401.

-(1922a), *Chronologie des Archontes Athèniens sous l'Empire*, Bruselas.

-(1922b), "Études sur l'éphébie attique sous l'Empire", *Musée Belge* 26, págs. 165-228.

-(1924), "Étude sur Athènes sous Auguste. III. Le Marché romain d'Athènes et la Tour des Vents", *Musée Belge* 28, págs. 109-121.

-(1927a), *Athènes sous Auguste*, El Cairo.

-(1927b), "Inscriptions attiques d'époque romaine", *BCH* 51, págs. 245-328.

-(1930), *Un milliardaire antique. Hérode Atticus et sa famille*, El Cairo.

-(1931), *Athènes de Tibère a Trajan*, El Cairo.

-(1934), *Athènes sous Hadrien*, El Cairo.

GRANT, M. (1967), *Gladiators*, Nueva York.

GRETHER, G. (1946), "Livia and the Roman Imperial Cult", *AJPh* 67, págs. 222-252.

GRIFFIN, M. T. (1984), *Nero. The End of a Dynasty*, Londres.

GROAG, E. (1939), *Die römischen Reichsbeamten von Achaia bis auf Diokletian*, (Schriften der Balkankommission, Antiquarische Abteilung, 9), Viena-Leipzig.

GROS, P. (1991), "Nouveau paysage urbain et cultes dynastiques: remarques sur l'idéologie de la ville augustéenne à partir des centres monumentaux d'Athènes, Thasos, Arles et Nîmes", en GOUDINEAU, C. y REBOURG, A. (ed.), *Les Villes Augustéennes de Gaule*, (Actes du Colloque international d'Autun 6, 7 et 8 juin 1985), Autun.

GUARDUCCI, M. (1967-1978), *Epigrafia Greca*, Roma, vols. I-IV.

-(1987), *L'Epigrafia greca dalle origini al tardo impero*, Roma.

GUINEA DÍAZ, P. (1997a), *Nicea estudio de una ciudad en la Bitinia romana*, Huelva.

-(1997b), "Las Demostenias de Enoanda y los bueyes aldeanos", en PRESEDO, GUINEA, CORTÉS, y URÍAS, (1997), págs. 463-471.

GUNDEL, H. G. (1953), "*Devotus numini maiestatique.* Zur Devotionsformel in Weihinschriften der römischen Kaiserzeit", *Epigraphica* 15, págs. 128-150.

HABICHT, C. (1969), *Die Inschriften des Asklepieions*, (Altertümer von Pergamon, 8.3), Berlín.

-(1970), *Gottmenschentum und griechische Städte*, Munich, (2ª ed.).

-(1985), *Pausania's Guide to Ancient Greece*, (Sather Classical Lectures, 50), Berkeley-Los Ángeles-Londres.

-(1987), "The Role of Athens in the Reorganization of the Delphic Amphictiony after 189 B.C.", *Hesperia* 56, págs. 59-71.

-(1991), "Was Augustus a Visitor at the Panathenaia?", *CPh* 86, págs. 226-228.

-(1996), "Salamis in der Zeit nach Sulla", *ZPE* 111, págs. 79-87.

-(1997), *Athens from Alexander to Anthony*, Cambrigde, MA.-Londres.

HAHN, U. (1994), *Die Frauen des römischen Kaiserhauses und ihre Ehrungen im griechischen Osten anhand epigraphischer und numismatischer zeugnisse von Livia bis Sabina*, Saarbrücken.

HÄNLEIN-SCHÄFER, H. (1985), *Veneratio Augusti: eine Studie zu den Tempeln des ersten römischen Kaiser*, (Archaeologica, 39), Roma.

HANSON, A. E. (1999), "The Roman Family", en POTTER y MATTINGLY, (1999), págs. 19-66.

HEDRICK, C. W. jr. (1988), "The Temple and Cult of Apollo Patroos in Athens", *AJA* 92, págs. 185-210.

HERINGTON, C. J. (1955), *Athena Parthenos and Athena Polias. A study in the Religion of Periclean Athens*, (Publications of the Faculty of Arts of the University of Manchester, 7), Manchester.

HITZL, K. (1991), *Die kaiserzeitliche Statuenausstattung des Metroon*, (Olympische Forschungen, 19), Berlín-Nueva York.

HOËT-van CAUWENBERGHE, C. (1999), "Notes sur le culte impérial dans le Péloponnèse", *ZPE* 125, págs. 177-181.

HOFF, M. C. (1989a), "Civil Disobedience and Unrest in Augustan Athens", *Hesperia* 58, págs. 267-276.

-(1989b), "The Early History of the Roman Agora at Athens", en WALKER y CAMERON (eds.), 1989, págs. 1-8.

-(1992), "Augustus, Apollo, and Athens", *MH* 49, págs. 223-232.

-(1994), "The so-called Agoranomion in Julio-Claudian Athens", *AA* 109, págs. 93-117.

-(1996), "The politics and architecture of the Athenian imperial cult", en SMALL, (1996), págs. 185-200.

-(1997), "*Laceratae Athenae*: Sulla's Siege of Athens in 87/6 B. C. and its Aftermath", en HOFF, y ROTROFF, (1997), págs. 33-51.

HOFF, M. C. y ROTROFF, S. I. (1997), *The Romanization of Athens*, (Oxbow Monograph, 94).

HOJTE, J. M. (2000), "Imperial Visits as Occasion for the Erection of Portrait Statues?", *ZPE* 133, págs. 221-235.

HOLLEAUX, M. (1888), "Discours de Néron prononcé à Corinthe pour rendre aux grecs la liberté", *BCH* 12, págs. 510-528.

-(1938-1968), *Études d'Épigraphie et d'Histoire Grecques*, vols. I-VI, París.

HÖLSCHER, T. (1984), "Actium und Salamis", *JDAI* 99, págs. 187-214.

HOPKINS, K. (1978), *Conquerors and Slaves*, Cambridge.

-(1983), *Death and Renewal*, Cambridge.

-(1999), *A World Full of Gods*, Londres.

HORNUM, M. B. (1993), *Nemesis, the Roman State and the Games*, (EPRO 117), Leiden-Nueva York-Colonia.

HOSKINS-WALBANK, M. E. (1996), "Evidence for the imperial cult in Julio-Claudian Corinth", en SMALL (1996), págs. 201-213.

HUEBER, F. (1987), "Der Baukomplex einer julisch-claudischen Kaiserkultanlage in Aphrodisias", en GENIÈRE y ERIM (1987), págs. 101-106

HULA, E. (1898), "Metagraphe attischer Kaiserinschriften", *JÖAI* 1, págs. 27-30.

HURWIT, J. M. (1999), *The Athenian Acropolis. History, Mythology, and Archaeology from the Neolithic Era to the Present*, Cambridge.

HUZAR, E. G. (1986), *Mark Antony. A biography*, Londres.

IDINOPULOS, T. A. y WILSON, B. C. (eds.) (1998), *What is Religion? Origins, Definitions, and Explanations*, (Studies in the History of Religions, 81), Leiden.

JONES, A. H. M. (1940), *The Greek City*, Oxford.

JONES, C. P. (1978a), "Three Foreigners in Attica", *Phoenix* 32, págs.

-(1978b), *The Roman World of Dio Chrysostom*, Cambridge, MA.-Londres.

JOST, M. (1992), "Sanctuaires ruraux et sanctuaires urbains en Arcadie", en *Le Sanctuaire Grec*, (Entretiens Hardt, 37), Ginebra, págs. 205-245.

JUDEICH, W. (1931), *Topograhie von Athen*, (2ª ed. revisada).

JUNKELMANN, M. (2000), "Familia Gladiatoria", en KÖHNE, E. y EWIGLEBEN, C. (eds.), *Gladiatorem und Caesaren*, Mainz-Rhein, págs. 39-80. CORREGIR.

KANTIRÉA, M. (2001), "Remarques sur le culte de la *domus Augusta* en Achaïe de la mort d'Auguste à Néron", en SALOMIES, (2001), págs. 51-60.

KANTOROWICZ, E. H. (1965), "Deus per naturam, deus per gratiam. A note on medieval political theology", en KANTOROWICZ, E. H., *Selected Studies*, Nueva York, págs. 121-137.

KAPETANOPOULOS, E. (1963), *The Early Expansion of Roman citizenship into Attica during the First Part of the Empire, 200 B. C.-A. D. 70*, (Diss. Yale University).

-(1964), "The Romanization of the Greek East: The Evidence of Athens", BASP 2, págs.

-(1970), "Some observations on *Roman Athens*", *Historia* 19, págs. 561-564.

-(1976), "Gaius Julius Nikanor, Neos Homeros kai Neos Themistokles", *Riv. F. C.* 104, págs. 375-377.

-(1992-1998), "The Reform of the Athenian Constitution under Hadrian", *Horos* 10-12, págs. 215-237.

KAPLAN, M. (1990), *Greeks and the Imperial Court, from Tiberius to Nero*, Nueva York.

KAVVADIAS, P. y KAWERAU, G. (1906), *Die Ausgrabung der Akropolis*, Atenas.

KAWERAU, G. (1888), "Der Tempel der Roma und des Augustus auf der Akropolis von Athen", *AntDenk* 1, págs. 13.

KELLY, C. (1998a), "Emperors as Gods, Angels as Bureaucrats: the Representation of Imperial Power in Late Antiquity", ARYS 1, págs. 301-326.

-(1998b), "Emperors, Government and Bureaucracy", *CAH* 13, 2ª ed., págs. 138-183.

KENNELL, N. (1988), "Νέρων περιοδονίκης", *AJPh* 109, págs. 239-251.

-(1995), *The Gymnasium of Virtue. Education and Culture in Ancient Sparta*, Chapel Hill-Londres.

KENT, J. H. (1966), *The Inscriptions 1926-1950*, (Corinth, 8.3), Princeton, NJ.

KLAFFENBACH, G. (1966), *Griechische Epigraphik*, Gotinga.

KLEINER, D. E. E. (1986), "Athens under the Romans: The Patronage of Emperors and Kings" en McCLENDON, C. B. (ed.), *Rome and the Provinces: The Transformation of Art in the Mediterranean*, New Haven, págs. 8-20.

KNELL, H. (1973), "Vier Attische Tempel Klassischer Zeit", *AA* 88, págs. 94-114.

KOKKINOS, N. (1992), *Antonia Augusta: Portrait of a Great Roman Lady*, Londres.

KORNEMANN, E. (1901), "Zur Geschichte der antiken Herrscherkulte", *Klio* 1, págs. 51-146.

KORRES, M. (1994), "The Parthenon from Antiquity to the 19th Century", en TOURNIKIOTIS, *The Parthenon and its Impact in Modern Times*, Atenas, págs. 138-161.

KOUMANOUDIS, A. (1872), "Ἀρχαιολογικαὶ εἰδήσεις καὶ επιγραφαὶ Αττικῆς ἀνέκδοτοι", *Athenaion* 1, págs. 395-401.

KROLL, J. H. (1973), "The Eleusis Hoard of Athenian Imperial Coins and Some Deposits from the Athenian Agora", *Hesperia* 42, 1973, págs. 312-333.

-(1997), "Coinage as an Index of Romanization" en HOFF, y ROTROFF, (1997), págs. 135-150.

KYLE, D. G. (1998), *Spectacles of Death in Ancient Rome*, Londres-Nueva York.

LAFFI, U. (1967), "Le iscrizioni relative all'introduzione nel 9 a. C. del nuovo calendario della provincia d'Asia", *SCO* 16, págs. 5-98.

LEMARCHAND, L. (1926), *Dion de Pruse. Les oeuvres d'avant l'exil*, París.

LEPPER, F. A. (1948), *Trajan's Parthian War*, Londres.

LEVENSOHN, M y LEVENSOHN, E. (1947), "Inscriptions on the South Slope of the Acropolis", *Hesperia* 16, págs. 63-74.

LÉVÊQUE, P. (1969), *Le monde hellénistique*, París.

LEVI, M. A. (1949), *Nerone e i suoi tempi*, Milán.

LÉVI-STRAUSS, C. (1961), *Le pensée sauvage*, París.

-(1964-1971), *Mythologiques. 1. Le cru et le cuit. 2. Du Miel aux cendres. 3. L'Origine des manières de Table. 4. L'Homme nu*, París.

LEVICK, B. (1990), *Claudius*, Londres.

LIERTZ, U. M. (1998), *Kult und Kaiser. Studien zu Kaiserkult und Kaiserverehrung in den germanischen Provinzen und in Gallia Belgica zur römischen Kaiserzeit*, Roma.

LIPPOLIS, E. (1995), "Tra il ginnasio di Tolomeo ed il *Serapeion*: la ricostruzione topografica di un quartiere monumentale di Atene", *Ostraka* 4, págs. 43-67.

LORAUX, N. (1981), *L'Invention d'Athènes*, (Civilisations et Sociétés, 65), París.

MAASS, P. (1972), *Die Prohedrie des Dionysostheaters in Athen*, (Vestigia 15), Munich.

MAGIE, D. (1950), *Roman Rule in Asia Minor*, vols. I y II, Princeton.

MALINOWSKI, B. (1ª ed. 1925; 1982), Magia, ciencia y religión, Madrid.

MANGANARO, G. (1996), "Le fonte epigrafiche greche", en GRACCO RUGGINI, L., *Storia Antica. Come leggere le fonti*, Bolonia, págs. 151-184.

MANNI, E. (1975), "Dall'avvento di Claudio all'acclamazione di Vespasiano", *ANRW* II, 2, págs. 131-148.

MANTAS, K. (1995), "Women and Athletics in the Roman East", *Nikephoros* 8, págs. 125-144.

MARTIN, P. M. (1990), *Antoine et Cléopâtre. La fin d'un rêve*, París.

-(1992-1994), *L'idée de royauté à Rome*, vols. I y II, Clermont-Ferrand.

MASTROCOSTAS, E. I. (1970), "Epigraphical Notes", *AAA* 3.3, págs. 426-428.

MATTINGLY, D. J. (ed.) (1997), *Dialogues in Roman Imperialism. Power, discourse, and discrepant experience in the Roman Empire*, (JRA Supplement, 23), Portsmouth, Rhode Island.

MAVROJANNIS, T. (1995), "Apollo Delio, Atene e Augusto", *Ostraka* 4, págs. 85-102.

McALLISTER, M. H. (1959), "The Temple of Ares at Athens. A Review of the Evidence", *Hesperia* XXVIII, págs. 1-64.

McKENDRICK, P. (1969), *The Athenian Aristocracy 399 to 31 B. C.*, (Martin Classical Lectures, XXIII), Cambridge, MA.

MELLOR, R. (1975), *ΘΕΑ ΡΩΜΗ. The Worship of the Goddess Roma in the Greek World*, (Hypomnemata 42), Gottinga.

-(1981), "The Goddess Roma", *ANRW* II, 17.2, págs. 950-1030.

MELMOUX, J. (1983), "La lutte pour le pouvoir en 51 et les difficultés imprévues d'Agrippine. Remarques sur Tacite. *Annales*, XII, 41, 5 et XII, 42, 1-5", *Latomus* 42, págs. 350-361.

MERITT, B. D. (1948), "Greek Inscriptions", *Hesperia* 17, págs. 1-53.

-(1952), "Greek Inscriptions", *Hesperia* 21, págs. 340-380.

-(1954), "Greek Inscriptions", *Hesperia* 23, págs. 233-283.

-(1961), *The Athenian Year*, Berkeley-Los Ángeles.

-(1977), "Athenian Archons 347/6-48/7 B.C.", *Historia* 26, págs. 177-188.

MERITT, B. D. y TRAILL, J. S. (1974), *The Athenian Agora, XV, Inscriptions: The Athenian Councillors*, Princeton, NJ.

MERKEL, W. R. (1947), "Notes on South-Slope Inscriptions", *Hesperia* 16, págs. 75-77.

MIKALSON, J. D. (1975), *The Sacred and Civil Calendar of the Athenian Year*, Princeton, NJ.

-(1998), *Religion in Hellenistic Athens*, Berkeley-Los Ángeles-Londres.

MILES, M. (1989), "A reconstruction of the Temple of Nemesis at Rhamnous", *Hesperia* 58, págs. 131-249.

MILLAR, F. (1986), "Epigrafía", en CRAWFORD, M. (ed.), *Fuentes para el estudio de la Historia Antigua*, Madrid, págs. 93-147.

-(1992), *The Emperor in the Roman World*, Londres, (2ª ed.).

-(1993a), *The Roman Near East 31 BC-AD 337*, Cambridge, MA-Londres.

-(1993b), "Ovid and the *Domus Augusta*: Rome Seen from Tomoi", *JRS* 83, págs. 1-17.

-(2000), "The First Revolution: Imperator Caesar, 36-28 BC", en *La Révolution Romaine après Ronald Syme*, (Entretiens Hardt, 46), Ginebra, págs. 1-38.

MILLER, S. G. (1995), "Architecture as Evidence for the Identity of the Early Polis", en HANSEN, M. H. (ed.), *Sources for the Ancient Greek City-State*, Copenague.

MILLET, M. (1990), *The Romanization of Britain. An Essay in Archaeological Interpretation*, Cambridge.

MIRÓN PÉREZ, Mª D. (1996), *Mujeres, religión y poder: el culto imperial en el occidente mediterráneo*, Granada.

MITCHELL, S. (1990), "Festivals, games, and civic life in Roman Asia Minor", *JRS* 80, págs. 183-193.

MITSOS, T. (1963), "*Έργα ΥΔΡΕΞ ὁδοῦ Ἑρμοῦ*", *AD* 17, chron., pág. 28.

MOMIGLIANO, A. (1932), *L'opera dell'imperatore Claudio*, Florencia.

MORETTI, J.-C. (1992), "L'adaptation des théâtres de Grèce aux spectacles impériaux", en LANDES, C. y KRAMÉROVSKIS, V., *Spectacula-II. Le théâtre antique et ses spectacles*, (Actes du Colloque tenu au Musée Archéologique Henri Prades de Lattes les 27, 28, 29 et 30 avril 1989), Lattes-Cedex.

MORETTI, L. (1953), *Inscrizione agonistiche greche*, Roma.

MORRIS, B. (1995), *Introducción al estudio antropológico de la religión*, Barcelona.

MYLONAS, G. E. (1961), *Eleusis and the Eleusinian Mysteries*, Princeton, NJ.-Londres.

NAFISSI, M. (1995), "Tiberius Claudius Attalos Andragathos e le origini di Synnada. I culti plataici di Zeus Eleutherios e della *Homonoia ton Hellenon* ed il Panhellenion", *Ostraka* 4, págs. 119-136.

NARDONI, D. (1989), *I gladiatori romani*, Roma.

NEILS, J. (ed.) (1992), *Goddess and Polis: The Panathenaic Festival in Ancient Athens*, Princeton, NJ.

-(ed.) (1996), *Worshipping Athena. Panathenaia and Parthenon*, Madison, WI.

NEUBAUER, R. (1869), *Commentationes epigraphicae*, Berlín.

NOCK, A. D. (1930), "*ΣΥΝΝΑΟΣ ΘΕΟΣ*", *HSPh* 41, págs. 1-62.

-(1934), "The Institution of Ruler-Worship", *CAH* 10, 1ª ed., págs. 481-489.

OGILVIE, R. M. (1995), *Los romanos y sus dioses*, Madrid.

OLIVER, J. H. (1940), "Julia Domna as Athena Polias", en *Athenian Studies in honor of W. S. Ferguson*, (Harv. Stud. Class. Philol. Suplement 1), págs. 521-530.

-(1941a), *The Sacred Gerusia*, (Hesperia Supplement, 6), Princeton, NJ.

-(1941b), "Greek Inscriptións. Greek and Latin Inscriptions. Excavations in the Athenian Agora", *Hesperia* 10, págs. 65-90 y 237-261.

-(1949), "Patrons Providing Financial Aid to the Tribes of Roman Athens", *AJPh* 70, págs. 299-308.

-(1950), *The Athenian Expounders of the Sacred and Ancestral Law*, Baltimore.

-(1952), "The Eleusinian Endowment", *Hesperia* 21, págs. 381-399.

-(1965a), "Livia as Artemis Boulaia at Athens", *CPh* 60, pág. 179.

-(1965b), "Attic Text Reflecting the Influence of Cleopatra", *GRBS* 6, págs. 291-294.

-(1965c), "Athens and Roman Problems around Moesia", *GRBS* 6, págs. 51-55.

-(1966), "Lollia Paulina, Memmius Regulus and Caligula", *Hesperia* 35, págs. 150-153.

-(1968), *The Civilizing Power*, (Transactions of the American Philosophical Society, 58.1), Filadelfia.

-(1970), *Marcus Aurelius: Aspects of Civic and Cultural Policy in the East*, (Hesperia Supplement, 13), Princeton, NJ.

-(1971), "Epaminondas of Acraephia", *GRBS* 12, págs. 221-237.

-(1972), "On the Hellenic Policy of Augustus and Agrippa in 27 B. C.", *AJPh* 93, págs. 190-197.

-(1973), "Imperial Commissioners in Achaia", *GRBS* 14, págs. 389-405.

-(1976), "Imperial Commissioners Again", *GRBS* 17, págs. 369-370.

-(1977), "Roman Emperors and Athenian Ephebes", *Historia* 26, págs. 89-94.

-(1978), "Panachaeans and Panhellenes", *Hesperia* 47, págs. 185-191.

-(1980), "From *Gennêtai* to *Curiales*", *Hesperia* 49, págs. 30-56.

-(1981), "Roman Emperors and Athens", *Historia* 30, 1981, págs. 412-423.

-(1989), *Greek Constitutions of early Roman Emperors from inscriptions and papyri*, (Memoirs of the American Philosophical Society, 178), Filadelfia.

OLIVER, J. H. y PALMER, R. E. A. (1955), "Minutes of an Act of the Roman Senate", *Hesperia* 24, págs. 320-349.

OSANNA, M. (1995), "Thesmophorion ed Eleusinion ad Atene: problemi topografici e culturali", *Ostraka* 5, págs. 103-118.

OSBORNE, R. (1985), *Demos: The Discovery of Classical Attika*, Cambridge.

OUTSCHAR, U. (1987), "Betrachtungen zur kunstgeschichtlichen Stellung des Sebasteions in Aphrodisias", en GENIÈRE y ERIM (1987), págs. 107-113.

PALAGIA, O. (1997), "Classical Encounters: Attic Sculpture after Sulla", en HOFF, y ROTROFF, págs. 81-95.

PANI, M. (1991), "Lotte per il potere e vicende dinastiche. Il principato fra Tiberio e Nerone", SCHIAVONE, A., *Storia di Roma*, vol. II, Turín, págs. 221-252.

PAPACHATZIS, N. D. (1974-1981), *Pausaniou Ellados Periegesis*, vols. I-V, Atenas.

PARKE, H. W. (1977), *Festivals of the Athenians*, Londres.

PARKER, R. (1996), *Athenian Religion: A History*, Oxford.

PEEK, W. (1941), "Attischen Urkunden", *AM* 66, págs. 171-217.

-(1942), "Attische Inschriften", *MDAI(A)* 67, págs. 1-217.

-(1972), *Neue Inschriften von Epidauros*, Berlín.

PELEKIDIS, C. (1962), *Histoire de l'Ephébie attique*, París.

PEPPAS-DELMOUSOU, D. (1979), "A Statue Base for Augustus. IG II² 3262 + IG II² 4725", *AJPh* 100, págs. 125-132.

PETRAKOS, B. (1983), *A Concise Guide to Rhamnous*.

PICKARD-CAMBRIDGE, A. W. (1946), *The Theatre of Dionysus in Athens*, Oxford.

PITTAKIS, K. S. (1835), *L'ancienne Athènes*, Atenas.

PLÁCIDO, D. (1981), "Isis, la oligarquía ateniense y las tradiciones áticas", *MHA* 5, págs. 249-252.

-(1995), "Las transformaciones de la ciudad de Atenas desde el inicio de la intervención romana hasta la crisis del siglo III", en *Kolaios. Publicaciones ocasionales* 4, Sevilla, págs. 241-251.

-(1997), *La sociedad ateniense. La evolución social en Atenas durante la guerra del Peloponeso*, Barcelona.

-(1998), "Los rituales áticos, entre Génos, Dêmos y Pólis", *ARYS* 1, págs. 63-65.

-(2001), "El territorio del Ática, entre unidad y dispersión", en LÓPEZ BARJA, P. y REBOREDA MORILLO, S. (eds.), *Fronteras e identidades en el mundo griego antiguo*, (III Reunión de Historiadores), Santiago de Compostela, págs. 181-194.

PLÁCIDO, D., ALVAR, J., CASILLAS, J. M. y FORNIS, C. (eds.) (1997), *Imágenes de la Polis*, Madrid.

PLATVOET, J. G. y MOLENDIJK, A. L. (eds.) (1999), *The Pragmatics of Defining Religion. Contexts, Concepts, and Contests*, (Studies in the History of Religions, 84), Leiden.

PLEKET, H. W. (1965), "An aspect of the emperor cult: imperial mysteries", *HThR* 58, págs. 331-347.

POLACCO, L. (1990), *Il teatro di Dionisio Eleutereo ad Atene*, (Monografie della Scuola Archeologica di Atene e delle Missioni Italiane in Oriente, 4), Roma.

POLITT, J. J. (1965), "The Egyptian Gods in Attica: Some Epigraphical Evidence", *Hesperia* 34, págs. 125-130.

PORTEFAIX, L. (1993), "Ancient Ephesus: Processions as Media of Religious and Secular Propaganda", en AHLBÄCK, T., *The Problem of Ritual*, (Scripta Instituti Donneriani Aboensis 15), Estocolmo, págs. 195-210.

POTTER, D. S. (1999), "Entertainers in the Roman Empire", en POTTER y MATTINGLY, (1999), págs. 256-325.

POTTER, D. S. y MATTINGLY, D. J. (1999), *Life, Death, and Entertainment in the Roman Empire*, Ann Arbor, Mi.

PRÉAUX, C. (1984), *El mundo helenístico*, Vols. I y II, Barcelona.

PRESEDO, F. J., GUINEA, P., CORTÉS, J. M. y URÍAS, R. (eds.) (1997), Χαῖρε. *Homenaje al Profesor Fernando Gascó*, Sevilla.

PRICE, M. J. (1976), "Architecture on Ancient Coins", *British Museum Yearbook* 1, págs. 33-46.

PRICE M. J. y TRELL, B. L. (1977), *Coins and their Cities*, Detroit.

PRICE, S. R. F. (1984), *Rituals and Power. The Roman imperial cult in Asia Minor*, Cambridge.

-(1999), *Religions of the Ancient Greeks*, Cambridge.

PRITCHETT, W. K. (1999), *Pausanias Periegetes II*, (ΑΡΧΑΙΑ ΕΛΛΑΣ 7), Amsterdan.

PRITCHETT, W. K. y NEUGEBAUER, O. (1947), *The Calendars of Athens*, Cambridge, MA, 1947.

PURCELL, N. (1987), "The Nicopolitan Synoecism and Roman Urban Policy" en CHRYSOS, E. (ed.), *Nicopolis I, Proceedings of the first International Symposium on Nicopolis (23-29 September 1984)*, Preveza, págs. 71-90.

RAUBITSCHEK, A. E. (1943), "Greek Inscriptions", *Hesperia* 12.

(1945), "Hadrian as the Son of Zeus Eleutherios", *AJA* 49, págs. 128-133.

-(1946), "Octavia's Deification at Athens", *TAPhA* 77, págs. 146-150.

-(1948), "Sophocles of Sunion", *JÖAI* 37, col. 35-40.

-(1954), "The New Homer", *Hesperia* 23, págs. 317-319.

-(1966), "Altars of Marcus Aurelius and Lucius Verus", *Hesperia* 35, págs. 250-251.

REINACH, Th. (1890), *Mithridates Eupator, roi de Pont*, París.

REINMUTH, O. W. (1929), *The Foreigners in the Athenian Ephebia*, Lincoln.

-(1948), "The Ephebate and Citizenship in Attica", *TAPhA* 79, págs. 211-231.

REYNOLDS, J. (1980), "The origins and beginings of imperial cult at Aphrodisias", *PCPhS* 206, págs. 70-84.

-(1981), "New evidence for imperial cult in Julio-Claudian Aphrodisias", *ZPE* 43, págs. 317-327.

-(1982), *Aphrodisias and Rome*, (JRS Monographs I).

-(1986), "Further information on imperial cult at Aphrodisias", *StudClas* 24, págs. 109-117.

-(1996), "Ruler-cult at Aphrodisias in the late Republic and under the Julio-Claudian emperors" en SMALL, (1996), págs. 41-50.

RIDGWAY, B. S. (1992), "Images of Athena on the Acropolis" en NEILS, (1992), págs. 119-142.

RIEWALD, P. (1912), *De Imperatorum Romanorum Cum Certis Dis et Comparatione et Aequatione*, (Dissertationes Philologicae Halenses, XX, 3), La Haya, 1912.

RIVES, J. B. (1995), *Religión and authority in Roman Carthage from Augustus to Constantine*, Oxford.

RIZAKIS, A. D. (1997), "Roman Colonies in the Province of Achaia: Territories, Land and Population" en ALCOCK, (1997b), págs. 15-36.

ROBERT, L. (1937), *Études Anatoliennes*, (Études Orientales, 5), París.

-(1938), *Études épigraphiques et philologiques*, París.

-(1940), *Les Gladiateurs dans l'Orient grec*, París.

-(1961), "Épigraphie", en *Encyclopédie de la Pléiade. La histoire et ses méthodes*, París, págs. 453-497.

-(1966), "Sur un décret d'Ilion et sur un papyrus concernant des cultes royaux", en *Essays in Honor of C. Bradford Welles*, (American Studies in Papyrology, 1), págs. 175-210.

-(1969-1990), *Opera Minora Selecta*, vols. I-VII, Amsterdam.

-(1984), "Discours d'ouverture", en Πρακτικά τοῦ Η διεθνούς Συνεδρίου Ελληνικῆς καὶ Λατινικῆς Επιγραφικῆς, Atenas, vol. I.

ROBERT, L y ROBERT, J. (1949), "Bulletin Épigraphique", *REG* 62, págs. 92-162.

-(1989), *Claros, I. Décrets Hellénistiques*, París.

ROBERTSON, N. (1992), *Festivals and Legends: The Formation of Greek Cities in the Light of Public Ritual*, (Phoenix, Supplementary Volume, 31), Toronto-Buffalo-Londrés.

-(1996), "Athena's Shrines and Festivals" en NEILS, 1996, págs. 27-77.

ROBINSON, H. S. (1943), "The Tower of the Winds and the Roman Market-Place", *AJA* 47, págs. 291-305.

ROGERS, G. M. (1991a), *The Sacred Identity of Ephesus*, Londres-Nueva York.

-(1991b), "Demosthenes of Oenoanda and Models of Evergetism", *JRS* 81, págs. 91-100.

ROMER, F. E. (1978), "A Numismatic Date for the Departure of C. Caesar?", *TAPhA* 108, págs. 187-202.

ROSE, C. B. (1997), *Dynastic Commemoration and Imperial Portraiture in the Julio-Claudian Period*, Cambridge.

ROSTOVTZEFF, M. (1926), *Social and Economical History of the Roman Empire*, Oxford.

-(1930), "L'empereur Tibère et le culte impérial", *RH* 163, págs. 1-26.

ROUSSEL, P. (1916), *Délos colonie athènienne*, París.

SALLER, R. (1984), "*Familia, domus*, and the Roman conception of the family", *Phoenix* 38, págs. 336-355.

SALOMIES, O. (2001), *The Greek East in the Roman Context. Proceedings of a Colloquium Organised by the Finnish Institute at Athens, May 21 and 22, 1999*, (Papers and Monographs of the Finnish Institute at Athens, 7), Helsinki.

SAN BERNARDINO, J. (1995), "La construcción de la *Anticivitas* romana: culto estatal *versus* cultos cívicos", *Kolaios. Publicaciones ocasionales* 4, Sevilla, págs. 387-399.

SARIKAKIS, T. Chr. (1976), *The Hoplite General in Athens. A Prosopography*, Chicago (2ª ed.).

SARTRE, M. (1994), *El Oriente Romano*, Madrid.

-(2001), *D'Alexandre à Zénobie. Histoire du Levant antique Ive siècle av. J.-C.-IIIe siècle ap. J.-C.*, Paris, 2001.

SCHMALZ, G. C. R. (1996), "Athens, Augustus, and the Settlement of 21 B. C.", *GRBS* 37, págs. 381-398.

SCOTT, K. (1929), "Octavian's Propaganda and Antony's *de sua ebrietate*", *CPh* 24, págs. 133-141.

-(1931), "The Significance of Statues in Precious Metals in Emperor Worship", *TAPhA* 61, págs. 101-123.

-(1933), "The Political Propaganda of 44-30 B. C.", *MAAR* 11, págs. 7-49.

-(1ª ed. 1936; reimp. 1975), *The Imperial Cult under the Flavians*.

SEYRIG, H. (1929), "Inscriptions de Gythion", *RA* 29, págs. 81-106.

SHEAR, T. L. Jr. (1973a), "The Athenian Agora: Excavations of 1971", *Hesperia* 42, págs. 121-179.

-(1973b), "The Athenian Agora: Excavations of 1972", *Hesperia* 42, págs. 359-407.

-(1975), "The Athenian Agora: Excavations of 1973-1974", *Hesperia* 44, págs. 331-374.

-(1978), *Kallias of Sphettos and the Revolt of Athens in 286 B. C.*, (Hesperia Supplement, 17), Princeton, NJ.

-(1981), "Athens: From City-State to Provincial town", *Hesperia* 50, págs. 356-377.

SHERK, R. K. (1988), *The Roman Empire: Augustus to Hadrian*, Cambridge.

SIMON, E. (1983), *Festivals of Attica. An Archaeological Commentary*, Madison, WI.

SJÖQVIST, E. (1954), "Kaisareion, A Study in Architectural Iconography", *ORom* 1, págs. 86-108.

SKIAS, A. N. (1897), "Ἐπιγραφαὶ Ἐλευσῖνος", *AEph* 1897, columnas 32-66.

SMADJA, E. (1980), "Remarques sur le débuts du culte impérial en Afrique sous le règne d'Àuguste", en *Religions, pouvoir, rapports sociaux*, (Centre de Recherches d'Histoire Ancienne, 32), París, págs. 151-169.

SMALL, A. (ed.) (1996), *Subject and Ruler: The Cult of the Ruling Power in Classical Antiquity*, Ann Arbor, Mi.

SMALLWOOD, E. M. (1967), *Documents Illustrating the Principates of Gaius, Claudius and Nero*, Cambridge.

SMITH, C. (1896), "Report on Archaeology in Greece, 1896), *JHS* 16, pág. 339.

SMITH, J. Z. (1978), *Map is not Territory. Studies in the History of Religions*, Leiden.

SMITH, R. R. R. (1987), "The Imperial Reliefs from the Sebasteion at Aphrodisias", *JRS* 77, págs. 88-138.

-(1990), "Myth and Allegory in the *Sebasteion*" en ROUECHÉ, C. y ERIM, K. (eds.), *Aphodisias Papers: Recent Work in Architecture and Sculpture*, (JRA Supplement, 1), Ann Arbor, Mi, págs. 89-100.

SNIDJER, G. A. S. (1924), "Sur le Temple de Rome et Auguste et L'Erechthéion sur l'Acropole d'Athènes", *RA* 19, págs. 223-226.

SOKOLOWSKI, F. (1955), *Lois sacrées de l'Asie Mineure*, (École Française d'Athènes. Travaux et Mémoires des Anciens Membres Étrangers de l'École et de divers savant, IX), París.

-(1962), *Lois sacrées de l'Asie Mineure*, (École Française d'Athènes. Travaux et Mémoires des Anciens Membres Étrangers de l'École et de divers savant, 11), París.

-(1969), *Lois sacrées des cités grecques*, (École Française d'Athènes. Travaux et Mémoires des Anciens Membres Étrangers de l'École et de divers savant, 18), París.

SPAWFORTH, A. J. S. (1989), "Agonistic Festivals in Roman Greece", en WALKER, y CAMERON, (1989), págs. 193-197.

-(1994a), "Symbol of Unity? The Persian-Wars Tradition in the Roman Empire", en HORNBLOWER, S. (ed.), *Greek Historiography*, Oxford, págs. 233-247.

-(1994b), Corinth, Argos, and the Imperial Cult, Pseudo-Julian, Letters 198", *Hesperia* 63, págs. 211-232.

-(1995), "C. Iulius Spartiaticus, First of the Acheans: A Correction", *Hesperia* 64, págs. 225.

-(1996), "Roman Corinth: The Formation of a Colonial Elite", en RIZAKIS, A. D. (ed.), *Roman Onomastics in the Greek East: Social and Political Aspects*, (Meletemata 21), Atenas, págs. 167-182.

-(1997), "The Early Reception of the Imperial Cult in Athens: Problems and Ambiguities", en HOFF, y ROTROFF, (1997), págs. 183-201.

SPEIDEL, M. (1978), "The Cult of the Genii in the Roman Army and a new Military Deity", *ANRW* II, 16.2, págs. 1542-1555.

SPETSIERI-CHOREMI, A. (1995), "Library of Hadrian at Athens. Recent Finds", *Ostraka* 4, págs. 137-147.

STAMIRES, G. A. (1957), "Greek Inscriptions", *Hesperia* 26, págs. 236-270.

STAUROPOULOS, F. D. (1930-1931), "Ἀνασκαφαὶ Ῥωμανικῆς Ἀγοράς", *AD* 13, págs. 1-14.

STE. CROIX, G. E. M. (1983 ed. corr.), *The Class Struggle in the Ancient Greek World from the Archaic Age to the Arab Conquests*, Londres, (1ª ed. 1981).

STEIN, A. (1940), *Die Legaten von Moesien*, (Dissertationes Pannonicae, ser. 1, Fasc. 2), Budapest.

STEVENS, G. P. (1946), "The northeast corner of the Parthenon", *Hesperia* 15, págs. 1-26.

STROUD, R. S. (1971), "Inscriptions from the North Slope of the Acropolis I", *Hesperia* 40, págs. 146-204.

SVORONOS, J. (1926), *Les monnaies d'Athènes*, Munich.

SYME, R. (1939), *The Roman Revolution*, Oxford.

-(1995), *Anatolica. Studies in Strabo*, Oxford.

TAEGER, F. (1957), *Charisma. Studien zur Geschichte des antiken Herrscherkultes*, Stuttgart.

TAYLOR, L. R. (1931), *The Divinity of the Roman Emperor*, Middletown.

THOMPSON, H. A. (1937), "The American Excavations in the Athenian Agora XI Report. Buildings on the West Side of the Agora", *Hesperia* 6, págs. 1-227.

-(1940), *The Tholos of Athens and its Predecessors*, (Hesperia Supplement, 4), Baltimore.

-(1952), "Excavations in the Athenian Agora: 1951", *Hesperia* 21, págs. 83-113.

-(1962), "Itinerant Temples of Attica", *AJA* 66, pág. 200.

-(1966), "The Annex to the Stoa of Zeus in the Athenian Agora", *Hesperia* 35, págs. 171-187.

-(1987), "The Impact of Roman Architects and Architecture on Athens: 170 B. C.- A. D. 170", en MACREADY, S. y THOMPSON, H. A., *Roman Architecture in the Greek World*, (The Society of Antiquaries of London, Occasional Papers New Series 10), págs. 1-17.

THOMPSON, H. A. y WYCHERLEY, R. E. (1972), *The Athenian Agora, XIV, The Agora of Athens. The History, Shape and Uses of an Ancient City Center*, Princeton, NJ.

TORELLI, M. (1995), "L'immagine dell'ideologia augstea nell'agorà di Atene", *Ostraka* 4, págs. 9-31.

TOUTAIN, J. (1905-1907), *Les Cultes païens dans l'Empire romain*, París.

TRACY, S. V. (1988), "Ephebic Inscriptions from Athens: Addenda and Corrigenda", *Hesperia* 57, págs. 249-252.

-(1991), "*TO MH ΔΙΣ ΑΡΧΕΙΝ*", *CPhil* 86, págs. 201-204.

TRAILL, J. S. (1975), *The Political Organization of Attica. A Study of the Demes, Trittyes, and Phylai, and their representation in the Athenian Council*, (Hesperia Supplement, 14), Princeton, NJ.

TRAVLOS, J. (1971), *Pictorical Dictionary of Ancient Athens*, Nueva York.

TRAVLOS, J. y FRANTZ, A. (1965), "The Church of St. Dionysos the Areopagite and the Palace of the Archbishop of Athens in the 16th Century", *Hesperia* 34, págs. 157-202.

TRUMMER, R. (1980), *Die Denkmäler des Kaiserkults in der römischen Provinz Achaia*, (Diss. Uni. Graz, 52), Graz.

TUCHELT, K. (1981), "Zum Problem Kaisareion-Sebasteion. Eine Frage zu den Anfängen des römischen Kaiserkultes", *MDAI(I)* 31, págs. 167-186.

TURNER, V. W. (1969), *The Ritual Process*, Harmondsworth.

URÍAS, R. (1997), "Prácticas políticas de las aristocracias griegas en época imperial", en PLÁCIDO, ALVAR, CASILLAS, y FORNIS, (1997), págs. 283-296

VANDERPOOL, E. (1959), "Athens Honors the Emperor Tiberius", *Hesperia* 28, págs. 86-90.

-(1968), "Three Inscriptions from Eleusis", *AD* 23, págs. 7-9.

VERDÉLIS, N. M.(1947-1948), "Inscriptions de l'Agora romaine d'Athènes", *BCH* 71-72, págs. 39-46.

VERMEULE, C. C. (1968), *Roman Imperial Art in Greece and Asia Minor*, Cambridge, MA.

VERSNEL, H. S. (1981), "Self-sacrifice, compensation and the anonymous gods", en *Le sacrifice dans l'antiquité*, (Entretiens Hardt, 27), Ginebra, págs. 135-194.

-(1988), "Geef de keizer wat des keizers is en Gode wat Gods is. Een essay over een utopisch conflict", *Lampas* 21, págs. 233-256.

-(1990), *Ter Unus. Isis, Dionysos, Hermes. Three Studies in Henotheism*, (Studies in Greek and Roman Religion, 6.1), Leiden-Nueva York-Copenhague-Colonia.

-VEYNE, P. (1961), "Ordo et Populus, génies et chefs de file", *MEFRA* 73, págs. 229-274.

-(1962), "Les honneurs posthumes de Flavia Domitilla et les dédicaces grecques et latines", *Latomus* 21, págs. 49-98.

VITTINGHOFF, F. (1936), *Der Staatsfeind in der römischen Kaiserzeit: Untersuchungen zur "damnatio memoriae"*, Berlín.

WALKER, S. (1979), "A Sanctuary of Isis on the South Slope of the Athenian Acropolis", *ABSA* 74, págs. 243-257.

-(1997), "Athens under Augustus", en HOFF, y ROTROFF, (1997), págs. 67-80.

WALKER, S. y CAMERON, A. (eds.) (1989), *The Greek Renaissance in the Roman Empire*, (Papers from the Tenth British Museum Classical Colloquium, Bulletin Supplement, 55), Londres.

WALBANK, M. B. (1982), "Regulations for an Athenian Festival", *Hesperia Supplement* 19, págs. 173-182.

WARD-PERKINS, J. B. (1981), *Roman imperial architecture*, Harmondsworth.

WEAVER, P. R. C. (1972), *Familia Caesaris. A social Study of the Emperor's freedmen and Slaves*, Cambridge.

WEBER, M. (1ª ed. 1922; 1997), *Sociología de la religión*, Madrid.

WEINSTOCK, S. (1971), *Divus Julius*, Oxford.

WELCH, K. (1999), "Negotiating Roman Spectacle Architecture in the Greek World: Athens and Corinth", en BERGMANN, B y KONDOLEON, C., *The Art of Ancient Spectacle*, (Studies in the History of Art, 56), New Haven-Londres, págs. 125-145.

WEST, A. B. (1931), *Latin Inscriptions, 1896-1926*, (Corinth, 8.2), Cambridge, Mass.

WHEELER, B. (1896), "The Parthenon Inscription", *AJA* 11, págs. 230-231.

WHITEHEAD, D. (1986), *The Demes of Attica, 508/7 CA. 250 BC. A Political and Social Study*, Princeton, NJ.

WHITEHORNE, J. (1995), "The Pagan Cults of Roman Oxyrhynchus", *ANRW* II, 18.5, págs. 3050-3091.

WIEDEMANN, (1992), Emperors and Gladiators, Londres-Nueva York.

WIEGAND, T. (1908), *Sechster vorläufiger Bericht über die von den Königlichen Museen in Milet und Didyma unternommenen Ausgrabungen*, Berlín.

WILL, E. (1997), "Shipping Amphoras as Indicators of Economic Romanization in Athens", en HOFF, y ROTROFF, 1997, págs. 117-133.

WILL, E., MOSSÉ, C. y GOUKOWSKY, P. (1998), *El mundo griego y el Oriente*, vol. II, Madrid.

WINKES, R. (1995), *Livia, Octavia, Iulia. Porträts und Darstellungen*, (Archaeologia Transatlantica XIII), Louvain-la Neuve.

WISEMAN, J. (1979), "Corinth and Rome, I: 228 BC-AD 267", *ANRW* II, 7.1, págs. 438-548.

WOLOCH, M. (1971), "Roman and Athenian citizenship at Athens A. D. 96-161", *Historia* XX, págs. 743-750.

-(1973), *Roman Citizenship and the Athenian Elite A. D. 96-161. Two Prosopographical Catalogues*, Amsterdam.

WOOD, S. E. (2000), *Imperial Women. A Study in Public Images, 40 BC-AD 68*, Leiden-Boston-Colonia.

WOODHEAD, A. G. (1981a), *The Study of Greek Inscriptions*, Cambridge, (2ª ed.).

-(1981b), "Athens and Demetrios Poliorketes at the End of the Fourth Century B. C.", en *Ancient Macedonian Studies in Honor of Charles F. Edson*, Tesalónica, págs. 357-367.

-(1997), *The Athenian Agora, XVI, Inscriptions: The Decrees*, Princeton, NJ.

WOOLF, G. (1997), "The Roman Urbanization of the East" en ALCOCK, (1997b), págs. 1-14.

WÖRRLE, M. (1988), *Stadt und Fest im kaiserzeitlichen Kleinasien. Studien zu einer agonistischen Stiftung aus Oinoanda*, (Vestigia, 39), Munich.

WYCHERLEY, R. E. (1957), *The Athenian Agora, III, Literary and Epigraphical Testimonia*, Princeton, NJ.

ZANKER, P. (1968), *Forum Augustum. Das Bildprogramm*, Tübingen.

-(1988), *The Power of Images in the Age of Augustus*, Ann Arbor, Mi.

Índice de autores clásicos citados en el texto.

Ap., *Met.*, IV, 13	76
Ap., *Met.*, X, 18-19	74
Ap., *Met.*, X, 18-35	73
App. *BC.* 5. 7	15
Aristid. *Or.* 13. 112	38
Arr., *Epict.*, 2, 23-24	74
Artem. 4-58	74
Athen., *Leg.* 35	75
Call. *Dian.* 232	52
Cat. 64.395	52
Cic. *Leg.* 2.36	30
Curt. V.1.20	38
D. C. 44. 35. 2	43, 85
D. C. 48.39.2	16
D. C. 50.4.1	20
D. C. 50.5.3	16
D. C. 50.15.2	17
D. C. 51.1.4	17
D. C. 51.2.1	18
D. C. 51.4.1	30
D. C. 53.20	71, 72
D. C. 54.6.1	19
D. C. 54.7.2	18
D. C. 54.7.3	17, 18
D. C. 54.28.3	75
D. C. 54.35.2	31
D. C. 59.8.3	72
D. C. 60.5.1	63
D. C. 61.16.2	64
D. C. 69.11	72
D. Chr. 31, 116	18
D. Chr. 31, 119	73, 74, 87
D. Chr. 31, 121-122	7, 30, 74, 81
D. *Ep.* XVIII, 141	38
D. L. 6. 63	16
D. S. 20.46.1-4	33
Eus. *Hist.* CXCVII.4	5, 19
Fedro, 5.7.27	72
H. A. *Marc. Aur.*, 19	71
H. A. *Hadrian*, 19, 3	73, 76
H. A. *Hadrian.*, 14	72
Harp. s. v. *Apolo Patroos*	38
J. *B.J.* VII.73	37
Justino, 24, 3	38
Lucianus, *Anach.*, 37	74
Lucianus, *Demon.*, 57	73, 74
Mac. 1, 1, 54-56	37
Oros. VI.22.2	5, 19
Ov. *Met.* III, 406	52
Ov. *Met.* XIV, 694	52
Ov. *Ponticas* IV.13.19	31
Paul. Petr. *Hist. Misc.* VII. 25	5, 19
Paus. 1.8. 4	47
Paus. 1.21.4-5	43, 85
Paus. 1.22.4-28.3	44, 45, 85
Paus. 1.24.5	78
Paus. 1.24.7	77
Paus. 1.33.2	52, 77
Paus. 1.33.2-8	52
Paus. 4.31.1-2	18
Paus. 8.46.1-5	
Philostr., *VA*, 4.19-22	73, 74
Philostr., *VA*, 4.22	
Pl. *Euthd.* 302 c-d	
Plut. *Ant.* 4.1-2	
Plut. *Ant.* 24.1	
Plut. *Ant.* 24.3	
Plut. *Ant.* 33.2	
Plut. *Ant.* 34.1	
Plut. *Ant.* 54.4	
Plut. *Ant.* 57.1-2	
Plut. *Ant.* 60.2-3	
Plut. *Ant.* 60.3	
Plut. *Ant.* 68.1-3	
Plut. *Ant.* 68.4-5	
Plut. *Ant.* 72.1	
Plut. *Consejos Políticos*, 822 B	
Plut. *Demetr.* 40.8	
Plut. *Demetr.* 8.4-9.1	
Plut., *Moralia*, 270 E-F	
Plu. *Per.* 13.12-13	
Plut., *Regum et Imperatorum Apophthegmata*, Mor. 270 E-	
Sen. *Octav.* 611	
Sen. *Suas.* 1.6-7	
Servius, *Ad Aen.*, 10.519	
Suet. *Aug.* 51	
Suet. *Aug.* 52	
Suet. *Aug.* 93	
Suet. *Caes.* 79.3	
Suet. *Calig.* 4.1	
Suet. *Claud.* 11.2	
Suet. *Calig.* 14.2	
Suet. *Calig.* 27.2	
Suet. *Claud.* 26	
Suet. *Nero* 25	
Tac. *Ann.* 1.76	
Tac. *Ann.* 2.53	
Tac. *Ann.* 2.55.1-2	
Tac. *Ann.* 2.55.1-3	
Tac. *Ann.* 4. 37	
Tac. *Ann.* 11.26-38	
Tac. *Ann.* 12.22	
Tac. *Ann.* 13.31	
Tac. *Ann.* 14.13	
Taciano, *Discursos a los griegos*, 23	
Teoph. de Alex., *Const. Apost.*, 8, 31, 9	
Teoph. de Alex., *Los tres libros a Autólico*, 3, 15	
Tert., *Spect.*, 12	
Tuc. III. 104	
Verg. *Eglo.* IV	
Vitr. IV, 8, 1	

Índice de magistraturas, instituciones y órganos de gobierno atenienses.

Agonótesia..........29, 35, 40, 41, 61, 62, 66, 67, 68, 69, 71, 75, 80, 107, 113
Agoránomia 24, 69, 70
Arcontado 24, 25, 26, 27, 28, 30, 35, 39, 43, 49, 61, 63, 73
Areópago 18, 32, 54, 61, 62, 67, 76
Asamblea 18
Boulé.. 39, 47
Efebía............... 1, 12, 18, 22, 33, 34, 38, 39, 40, 41, 42, 54, 70
Estrategía de los hoplitas......19, 24, 25, 26, 28, 29, 35, 49, 61, 62, 64, 67, 68, 76, 80
Gimnasiarquía...24, 42, 61
Heraldo del Areópago..61
Hierofante 25, 30, 74
Pritanía 47

Índice epigráfico.

AE 1950, nº 34	97
AE 1973, nº 493	97
CARROLL, 1982, pág. 16=IG II^2 3277	61, 76, 81
CIL II 1305	72
CIL IV 1180	72
CIL IV 1196	72
CIL IV 1197	72
CIL IV 1198	72
CIL VI 930=31207	57
CIL VIII 7969	72
CIL VIII 8324	72
CIL X 4760	72
CIL XIV 2080	72
Corinth 8.2, 68	59
Corinth 8.2, 81	34
Delph. 3.2, 61	19
Delph. 3.2, 66	97
I. Ephesos I, 27	41, 53
IG II^2 1006	39
IG II^2 1040	19
IG II^2 1043	16, 34, 35
IG II^2 1071	46
IG II^2 1076	36, 46, 50, 59, 66
IG II^2 1723	67
IG II^2 1963	41
IG II^2 1967	41
IG II^2 1969	41
IG II^2 1990	60, 61, 64, 96, 97
IG II^2 2024	41
IG II^2 2090	97
IG II^2 2111/2	24
IG II^2 2773	97
IG II^2 2953	47, 48, 85
IG II^2 3120	43, 85, 107, 109
IG II^2 3156	7, 81
IG II^2 3173	24, 25, 27, 44, 52, 85, 95
IG II^2 3176	30, 43, 88
IG II^2 3181	44, 85, 107, 110
IG II^2 3182	7, 75, 77, 78, 87, 96, 97, 107, 116
IG II^2 3230; SEG 18, 80f.	90
IG II^2 3233	5, 19
IG II^2 3238	31, 50, 86, 87, 98
IG II^2 3240	31, 43, 85, 98
IG II^2 3241	28
IG II^2 3242+SEG 19, 202	6, 25, 26, 27, 28, 77, 86, 95
IG II^2 3255	41
IG II^2 3258	41
IG II^2 3259	41
IG II^2 3260	41
IG II^2 3261	24, 29, 31, 32, 86, 95
IG II^2 3264 (=IG VII 195)	60
IG II^2 3266b	63, 96
IG II^2 3268	27
IG II^2 3270	61, 66, 67, 68
IG II^2 3271	68
IG II^2 3274+SEG 22, 153	24, 62, 63, 68, 78, 87, 96, 98, 107, 113
IG II^2 3275	79, 81, 87, 89
IG II^2 3278	24, 89, 98
IG II^2 3287	76
IG II^2 3324	90
IG II^2 3325	90
IG II^2 3326	90
IG II^2 3327	90
IG II^2 3328	90
IG II^2 3329	90
IG II^2 3330	90
IG II^2 3331	90
IG II^2 3332	90
IG II^2 3333	91
IG II^2 3334	91
IG II^2 3335	91
IG II^2 3336	91
IG II^2 3337	91
IG II^2 3338	91
IG II^2 3339 (=3366)	91
IG II^2 3340	91
IG II^2 3341	91
IG II^2 3342	91
IG II^2 3343	91
IG II^2 3344	91
IG II^2 3345	91
IG II^2 3346	91
IG II^2 3347 (=3379)	91
IG II^2 3348	91
IG II^2 3349	91
IG II^2 3350	91
IG II^2 3351	91
IG II^2 3352	91
IG II^2 3353	91
IG II^2 3354	91
IG II^2 3355	91
IG II^2 3356	91
IG II^2 3357	91
IG II^2 3358	91
IG II^2 3359	91
IG II^2 3360	92
IG II^2 3361	92
IG II^2 3362	92
IG II^2 3363	92
IG II^2 3364	92
IG II^2 3365	92
IG II^2 3367	92
IG II^2 3367a	92
IG II^2 3368	92
IG II^2 3369	92
IG II^2 3370	92
IG II^2 3371	92
IG II^2 3372	92
IG II^2 3373	92
IG II^2 3374	92
IG II^2 3375	92
IG II^2 3376	92
IG II^2 3377	92
IG II^2 3378	92
IG II^2 3380	92
IG II^2 3403	94
IG II^2 3404	94
IG II^2 3405	94
IG II^2 3406	94
IG II^2 3530	24, 29, 86, 95, 97
IG II^2 3535+SEG 21, 742	63, 67, 68, 69, 71, 96, 97
IG II^2 3562	50, 65, 70
IG II2 3572	30
IG II2 3589	30
IG II^2 3594	24
IG II^2 3595	97
IG II^2 3596	97

IG II² 3597	97
IG II² 3599+4523	97
IG II² 3607	97
IG II² 3608	97
IG II² 3620	97
IG II² 3687	97
IG II² 4174	61, 67, 68, 107, 113
IG II² 4779	94
IG II² 4995	38
IG II² 5022	23
IG II² 5034	23, 25, 95
IG II² 5095	30, 63, 95, 96
IG II² 5097	23, 31, 95, 98
IG II² 5101	95
IG II² 5102	31
IG II² 5114	25, 26, 95
IG II² 5145	31
IG III 1005	30
IG III 1009	30
IG III 1010	30
IG III 1078	30
IG III 1085	30
IG III 1088	30
IG V, 1, 1167	69
IG V, 1, 463	59
IG VII 2711	54
IG VII 2712	54
IG VII 2713	60, 64, 77, 78
IG XII Supp. 124	60
IGRom IV 39=IG XII 2, 58	35, 36, 38
IGRom IV 78b	32
IGRom IV 145	32
IGRom IV 206	63
IGRom IV 249	28
IGRom IV 328	32
IGRom IV 353=Inschr. Pergamon II, 374, b	36, 67
IGRom IV 464	32
IGRom IV 476	32
IGRom IV 1251	36
IGRom IV 1261	36
IGRom IV 1265	36
ILS 112	46
ILS 8784=IG XII 8, 381	28
Inschr. Pergamon VIII, 2, 366	37
Inscr. Délos 1588	52, 86
Inscr. Délos 1589	52, 86
Inscr. Délos 1590	52, 86
Inscr. Délos 1591	52, 86, 98
Inscr. Délos 1592	24, 52, 86
Inscr. Délos 1593	24, 52, 86
Inscr. Délos 1594	24, 52, 86
Inscr. Délos 1605	24
Inscr. Délos 1624	24
Inscr. Délos 1625	24
Inscr. Délos 1626	24
Inscr. Délos 1628	71
Inscr. Délos 1629	62
Inscr. Délos 1956	24
Inscr. Délos 2515	24
Inscr. Délos 2516	24
Inscr. Délos 2517	24
Inscr. Délos 2518	24
Inscr. Magn. 156	32
MERITT, Hesperia 17, 1948, pág. 41, n° 29; ROBERT y ROBERT, REG 62, 1949, pág. 107, n° 45	35
MERITT y TRAIL, 1974, pág. 223, n° 282	29
MERITT y TRAILL, 1974, pág. 224, n° 284	35
MERITT y TRAILL, 1974, págs. 227-228, n° 290	35
OGI 332	37
OLIVER, 1935, Hesperia 4, 1935, pág. 60, n° 24	90
OLIVER, 1941b, Hesperia 10, págs. 72-77, n° 32	30
OLIVER, 1941b, Hesperia 10, pág. 242, n° 41	89
OLIVER, 1941b, Hesperia 10, pág. 249, n° 49	90
OLIVER, 1941b, Hesperia 10, pág. 250, n° 50	90
OLIVER, 1941b, Hesperia 10, pág. 250, n° 51	90
OLIVER, 1941b, Hesperia 10, págs. 250-251, n° 52	90
OLIVER, 1941b, Hesperia 10, pp. 260-261, n° 65; IG II² 4007	97
RAUBITSCHEK, 1966, Hesperia 35, págs. 250-251, n° 12.	94
SEG 11, 923	5, 38, 40, 50, 53, 78
SEG 12, 148	92
SEG 12, 157	5, 19
SEG 14, 77	16
SEG 14, 123	92
SEG 14, 124	92
SEG 14, 125	92
SEG 15, 532	28
SEG 17, 34; STAMIRES, Hesperia 26, 1957, págs. 260-265, n° 98	5, 24, 35, 46, 66, 67, 98
SEG 18, 80d	89, 92
SEG 21, 492	16
SEG 21, 705	93
SEG 21, 706	93
SEG 21, 707	93
SEG 21, 708	93
SEG 21, 709	93
SEG 21, 710	93
SEG 21, 711	93
SEG 21, 712	93
SEG 21, 713	93
SEG 21, 714	93
SEG 21, 715	93
SEG 21, 716	93
SEG 21, 717	93
SEG 21, 718	93
SEG 21, 719	93
SEG 21, 720	93
SEG 21, 721	93
SEG 21, 722	93
SEG 21, 723	93
SEG 21, 724	93
SEG 21, 725	93
SEG 21, 726	93
SEG 21, 727	93
SEG 21, 728	93
SEG 21, 729	93
SEG 21, 730	93
SEG 21, 731	93
SEG 21, 742=IG II² 3535	62, 68
SEG 22, 114	16
SEG 22, 153=IG II² 3274	24, 63, 78, 87, 96, 98
SEG 23, 206	70
SEG 23, 73	16
SEG 23, 77	16
SEG 24, 212	28, 29, 52, 86
SEG 28, 206	70
SEG 29, 167	24, 40, 98
SEG 30, 93	19, 25
SEG 31, 521	79
SEG 32, 252	24, 68, 78, 87, 89, 98
SEG 33, 1055	28
SEG 34, 180	32, 98, 107, 108
SEG 34, 182	24, 68, 78, 87, 89, 98, 107, 108

SEG 44, 161; IG II², 3183	79, 87
SEG 44, 165	24, 68, 78, 87, 89, 98
SEG 44, 167	94
SEG 47, 218	25, 29, 86, 95, 98
SEG 47, 220	31, 32
SEG 47, 221	86, 87, 96
SEG 47, 226	7, 67, 68, 69
SIG³ 790	60
SIG³ 796B	30
SIG³ 802	67, 68, 70
SIG³ 804	60
SIG³ 808	60
SIG³ 854	97
SOKOLOWSKI, 1955, nº 33	37
SOKOLOWSKI, 1969, nº 14=PEEK, 1941, *AM* 66, págs. 181-195	38